U0540641

"全民普法手册"系列

全民生态环保普法手册

QUANMIN SHENGTAI HUANBAO
PUFA SHOUCE

法律出版社法规中心　编

法律出版社
LAW PRESS·CHINA
北京

图书在版编目（CIP）数据

全民生态环保普法手册 / 法律出版社法规中心编. — 北京：法律出版社，2025. -- ISBN 978 - 7 - 5244 - 0115 - 5

Ⅰ. D922.680.4

中国国家版本馆 CIP 数据核字第 20252ED338 号

全民生态环保普法手册
QUANMIN SHENGTAI HUANBAO
PUFA SHOUCE

法律出版社法规中心 编

责任编辑 陶玉霞
装帧设计 李 瞻

出版发行 法律出版社	开本 A5
编辑统筹 法规出版分社	印张 12　　字数 405 千
责任校对 董 昱	版本 2025 年 4 月第 1 版
责任印制 耿润瑜	印次 2025 年 4 月第 1 次印刷
经　　销 新华书店	印刷 涿州市星河印刷有限公司

地址：北京市丰台区莲花池西里 7 号（100073）
网址：www.lawpress.com.cn　　　　　销售电话：010 - 83938349
投稿邮箱：info@lawpress.com.cn　　 客服电话：010 - 83938350
举报盗版邮箱：jbwq@lawpress.com.cn　咨询电话：010 - 63939796
版权所有 · 侵权必究

书号：ISBN 978 - 7 - 5244 - 0115 - 5　　　定价：45.00 元
凡购买本社图书，如有印装错误，我社负责退换。电话：010 - 83938349

目 录

一、综 合

中华人民共和国环境保护法（2014.4.24 修订） …………………… 1
全国污染源普查条例（2019.3.2 修订） …………………………… 12
生态环境标准管理办法（2020.12.15） …………………………… 18

二、环境污染防治

中华人民共和国放射性污染防治法（2003.6.28） ………………… 27
中华人民共和国核安全法（2017.9.1） …………………………… 37
中华人民共和国水污染防治法（2017.6.27 修正） ………………… 55
中华人民共和国土壤污染防治法（2018.8.31） …………………… 75
中华人民共和国大气污染防治法（2018.10.26 修正） ……………… 94
中华人民共和国固体废物污染环境防治法（2020.4.29 修订） …… 117
中华人民共和国噪声污染防治法（2021.12.24） ………………… 141
饮用水水源保护区污染防治管理规定（2010.12.22 修正） ……… 157
医疗废物管理条例（2011.1.8 修订） …………………………… 161
城镇排水与污水处理条例（2013.10.2） ………………………… 170
危险化学品安全管理条例（2013.12.7 修订） …………………… 182

三、生态保护

中华人民共和国湿地保护法（2021.12.24） ……………………… 207
中华人民共和国自然保护区条例（2017.10.7 修订） ……………… 218
生态保护补偿条例（2024.4.6） ………………………………… 225

四、应急处理

突发环境事件信息报告办法(2011.4.18) ……………………… 231
突发环境事件调查处理办法(2014.12.19) …………………… 235
突发环境事件应急管理办法(2015.4.16) ……………………… 239

五、环境监察与监测

环境监察办法(2012.7.25) ……………………………………… 246
环境保护主管部门实施限制生产、停产整治办法(2014.12.19) …… 250
环境监测管理办法(2007.7.25) ………………………………… 253

六、税　　收

中华人民共和国环境保护税法(2018.10.26 修正) …………… 258
中华人民共和国环境保护税法实施条例(2017.12.25) ……… 269

七、环境执法

环境保护主管部门实施按日连续处罚办法(2014.12.19) …… 274
生态环境行政处罚办法(2023.5.8) ……………………………… 277
生态环境行政处罚听证程序规定(2024.12.17) ……………… 294
生态环境部行政复议办法(2024.4.11) ………………………… 298
环保举报热线工作管理办法(2021.12.13 修正) ……………… 307
生态环境信访工作办法(2024.12.20) …………………………… 311

八、法律责任

中华人民共和国刑法(节录)(2023.12.29 修正) ……………… 320
生态环境损害赔偿管理规定(2022.4.26) ……………………… 323
最高人民法院关于审理生态环境损害赔偿案件的若干规定(试行)

(2020.12.29修正) …… 330
最高人民法院关于审理环境民事公益诉讼案件适用法律若干问题的解释(2020.12.29修正) …… 334
最高人民法院关于生态环境侵权案件适用禁止令保全措施的若干规定(2021.12.27) …… 339
最高人民法院关于审理生态环境侵权纠纷案件适用惩罚性赔偿的解释(2022.1.12) …… 341
最高人民法院关于审理生态环境侵权责任纠纷案件适用法律若干问题的解释(2023.8.14) …… 344
最高人民法院关于生态环境侵权民事诉讼证据的若干规定(2023.8.14) …… 349
最高人民法院、最高人民检察院关于办理环境污染刑事案件适用法律若干问题的解释(2023.8.8) …… 354

附 录

1. 最高人民法院指导性案例 …… 360
2. 最高人民检察院指导性案例 …… 371

一、综　合

中华人民共和国环境保护法

1. 1989年12月26日第七届全国人民代表大会常务委员会第十一次会议通过
2. 2014年4月24日第十二届全国人民代表大会常务委员会第八次会议修订

目　录

第一章　总　则
第二章　监督管理
第三章　保护和改善环境
第四章　防治污染和其他公害
第五章　信息公开和公众参与
第六章　法律责任
第七章　附　则

第一章　总　则

第一条　【立法目的】①为保护和改善环境,防治污染和其他公害,保障公众健康,推进生态文明建设,促进经济社会可持续发展,制定本法。

第二条　【环境的含义】本法所称环境,是指影响人类生存和发展的各种天然的和经过人工改造的自然因素的总体,包括大气、水、海洋、土地、矿藏、森林、草原、湿地、野生生物、自然遗迹、人文遗迹、自然保护区、风景名胜区、城市和乡村等。

第三条　【适用范围】本法适用于中华人民共和国领域和中华人民共和国管辖的其他海域。

第四条　【基本国策】保护环境是国家的基本国策。

---

① 条文主旨为编者所加,下同。——编者注

国家采取有利于节约和循环利用资源、保护和改善环境、促进人与自然和谐的经济、技术政策和措施,使经济社会发展与环境保护相协调。

第五条　【基本原则】环境保护坚持保护优先、预防为主、综合治理、公众参与、损害担责的原则。

第六条　【环境保护义务】一切单位和个人都有保护环境的义务。

地方各级人民政府应当对本行政区域的环境质量负责。

企业事业单位和其他生产经营者应当防止、减少环境污染和生态破坏,对所造成的损害依法承担责任。

公民应当增强环境保护意识,采取低碳、节俭的生活方式,自觉履行环境保护义务。

第七条　【环保科教】国家支持环境保护科学技术研究、开发和应用,鼓励环境保护产业发展,促进环境保护信息化建设,提高环境保护科学技术水平。

第八条　【加大财政投入】各级人民政府应当加大保护和改善环境、防治污染和其他公害的财政投入,提高财政资金的使用效益。

第九条　【环保宣传与舆论监督】各级人民政府应当加强环境保护宣传和普及工作,鼓励基层群众性自治组织、社会组织、环境保护志愿者开展环境保护法律法规和环境保护知识的宣传,营造保护环境的良好风气。

教育行政部门、学校应当将环境保护知识纳入学校教育内容,培养学生的环境保护意识。

新闻媒体应当开展环境保护法律法规和环境保护知识的宣传,对环境违法行为进行舆论监督。

第十条　【环保工作管理体制】国务院环境保护主管部门,对全国环境保护工作实施统一监督管理;县级以上地方人民政府环境保护主管部门,对本行政区域环境保护工作实施统一监督管理。

县级以上人民政府有关部门和军队环境保护部门,依照有关法律的规定对资源保护和污染防治等环境保护工作实施监督管理。

第十一条　【奖励】对保护和改善环境有显著成绩的单位和个人,由人民政府给予奖励。

第十二条　【环境日】每年6月5日为环境日。

第二章　监督管理

第十三条　【环保规划】县级以上人民政府应当将环境保护工作纳入国民经

济和社会发展规划。

国务院环境保护主管部门会同有关部门,根据国民经济和社会发展规划编制国家环境保护规划,报国务院批准并公布实施。

县级以上地方人民政府环境保护主管部门会同有关部门,根据国家环境保护规划的要求,编制本行政区域的环境保护规划,报同级人民政府批准并公布实施。

环境保护规划的内容应当包括生态保护和污染防治的目标、任务、保障措施等,并与主体功能区规划、土地利用总体规划和城乡规划等相衔接。

第十四条 【政策制定考虑环境影响】国务院有关部门和省、自治区、直辖市人民政府组织制定经济、技术政策,应当充分考虑对环境的影响,听取有关方面和专家的意见。

第十五条 【环境质量标准制定】国务院环境保护主管部门制定国家环境质量标准。

省、自治区、直辖市人民政府对国家环境质量标准中未作规定的项目,可以制定地方环境质量标准;对国家环境质量标准中已作规定的项目,可以制定严于国家环境质量标准的地方环境质量标准。地方环境质量标准应当报国务院环境保护主管部门备案。

国家鼓励开展环境基准研究。

第十六条 【污染物排放标准制定】国务院环境保护主管部门根据国家环境质量标准和国家经济、技术条件,制定国家污染物排放标准。

省、自治区、直辖市人民政府对国家污染物排放标准中未作规定的项目,可以制定地方污染物排放标准;对国家污染物排放标准中已作规定的项目,可以制定严于国家污染物排放标准的地方污染物排放标准。地方污染物排放标准应当报国务院环境保护主管部门备案。

第十七条 【环境监测】国家建立、健全环境监测制度。国务院环境保护主管部门制定监测规范,会同有关部门组织监测网络,统一规划国家环境质量监测站(点)的设置,建立监测数据共享机制,加强对环境监测的管理。

有关行业、专业等各类环境质量监测站(点)的设置应当符合法律法规规定和监测规范的要求。

监测机构应当使用符合国家标准的监测设备,遵守监测规范。监测机构及其负责人对监测数据的真实性和准确性负责。

第十八条 【预警机制制定】省级以上人民政府应当组织有关部门或者委托专业机构,对环境状况进行调查、评价,建立环境资源承载能力监测预警机制。

第十九条 【环境影响评价】编制有关开发利用规划,建设对环境有影响的项目,应当依法进行环境影响评价。

未依法进行环境影响评价的开发利用规划,不得组织实施;未依法进行环境影响评价的建设项目,不得开工建设。

第二十条 【区域联防联控】国家建立跨行政区域的重点区域、流域环境污染和生态破坏联合防治协调机制,实行统一规划、统一标准、统一监测、统一的防治措施。

前款规定以外的跨行政区域的环境污染和生态破坏的防治,由上级人民政府协调解决,或者由有关地方人民政府协商解决。

第二十一条 【鼓励和支持措施】国家采取财政、税收、价格、政府采购等方面的政策和措施,鼓励和支持环境保护技术装备、资源综合利用和环境服务等环境保护产业的发展。

第二十二条 【鼓励和支持减排企业】企业事业单位和其他生产经营者,在污染物排放符合法定要求的基础上,进一步减少污染物排放的,人民政府应当依法采取财政、税收、价格、政府采购等方面的政策和措施予以鼓励和支持。

第二十三条 【环境污染整治企业】企业事业单位和其他生产经营者,为改善环境,依照有关规定转产、搬迁、关闭的,人民政府应当予以支持。

第二十四条 【现场检查制度】县级以上人民政府环境保护主管部门及其委托的环境监察机构和其他负有环境保护监督管理职责的部门,有权对排放污染物的企业事业单位和其他生产经营者进行现场检查。被检查者应当如实反映情况,提供必要的资料。实施现场检查的部门、机构及其工作人员应当为被检查者保守商业秘密。

第二十五条 【环保部门行政强制措施权】企业事业单位和其他生产经营者违反法律法规规定排放污染物,造成或者可能造成严重污染的,县级以上人民政府环境保护主管部门和其他负有环境保护监督管理职责的部门,可以查封、扣押造成污染物排放的设施、设备。

第二十六条 【环境保护目标责任制和考核评价制度】国家实行环境保护目标责任制和考核评价制度。县级以上人民政府应当将环境保护目标完成情况纳入对本级人民政府负有环境保护监督管理职责的部门及其负责人和下级人民政府及其负责人的考核内容,作为对其考核评价的重要依据。考核结果应当向社会公开。

第二十七条 【人大监督】县级以上人民政府应当每年向本级人民代表大会或者人民代表大会常务委员会报告环境状况和环境保护目标完成情况,对发生的重大环境事件应当及时向本级人民代表大会常务委员会报告,依法接受监督。

第三章 保护和改善环境

第二十八条 【地方政府改善环境质量】地方各级人民政府应当根据环境保护目标和治理任务,采取有效措施,改善环境质量。

未达到国家环境质量标准的重点区域、流域的有关地方人民政府,应当制定限期达标规划,并采取措施按期达标。

第二十九条 【生态保护红线】国家在重点生态功能区、生态环境敏感区和脆弱区等区域划定生态保护红线,实行严格保护。

各级人民政府对具有代表性的各种类型的自然生态系统区域,珍稀、濒危的野生动植物自然分布区域,重要的水源涵养区域,具有重大科学文化价值的地质构造、著名溶洞和化石分布区、冰川、火山、温泉等自然遗迹,以及人文遗迹、古树名木,应当采取措施予以保护,严禁破坏。

第三十条 【保护生物多样性】开发利用自然资源,应当合理开发,保护生物多样性,保障生态安全,依法制定有关生态保护和恢复治理方案并予以实施。

引进外来物种以及研究、开发和利用生物技术,应当采取措施,防止对生物多样性的破坏。

第三十一条 【生态保护补偿】国家建立、健全生态保护补偿制度。

国家加大对生态保护地区的财政转移支付力度。有关地方人民政府应当落实生态保护补偿资金,确保其用于生态保护补偿。

国家指导受益地区和生态保护地区人民政府通过协商或者按照市场规则进行生态保护补偿。

第三十二条 【保护大气、水、土壤】国家加强对大气、水、土壤等的保护,建立和完善相应的调查、监测、评估和修复制度。

第三十三条 【农业与农村环境保护】各级人民政府应当加强对农业环境的保护,促进农业环境保护新技术的使用,加强对农业污染源的监测预警,统筹有关部门采取措施,防治土壤污染和土地沙化、盐渍化、贫瘠化、石漠化、地面沉降以及防治植被破坏、水土流失、水体富营养化、水源枯竭、种源灭绝等生态失调现象,推广植物病虫害的综合防治。

县级、乡级人民政府应当提高农村环境保护公共服务水平，推动农村环境综合整治。

第三十四条 【海洋环境保护】国务院和沿海地方各级人民政府应当加强对海洋环境的保护。向海洋排放污染物、倾倒废弃物，进行海岸工程和海洋工程建设，应当符合法律法规规定和有关标准，防止和减少对海洋环境的污染损害。

第三十五条 【城乡建设的环境保护】城乡建设应当结合当地自然环境的特点，保护植被、水域和自然景观，加强城市园林、绿地和风景名胜区的建设与管理。

第三十六条 【绿色采购、绿色消费】国家鼓励和引导公民、法人和其他组织使用有利于保护环境的产品和再生产品，减少废弃物的产生。

国家机关和使用财政资金的其他组织应当优先采购和使用节能、节水、节材等有利于保护环境的产品、设备和设施。

第三十七条 【地方政府组织处理生活废弃物】地方各级人民政府应当采取措施，组织对生活废弃物的分类处置、回收利用。

第三十八条 【公民环境保护义务】公民应当遵守环境保护法律法规，配合实施环境保护措施，按照规定对生活废弃物进行分类放置，减少日常生活对环境造成的损害。

第三十九条 【国家监测制度和研究】国家建立、健全环境与健康监测、调查和风险评估制度；鼓励和组织开展环境质量对公众健康影响的研究，采取措施预防和控制与环境污染有关的疾病。

第四章　防治污染和其他公害

第四十条 【促进清洁生产和资源循环利用】国家促进清洁生产和资源循环利用。

国务院有关部门和地方各级人民政府应当采取措施，推广清洁能源的生产和使用。

企业应当优先使用清洁能源，采用资源利用率高、污染物排放量少的工艺、设备以及废弃物综合利用技术和污染物无害化处理技术，减少污染物的产生。

第四十一条 【防污设施的设计、施工与投产】建设项目中防治污染的设施，应当与主体工程同时设计、同时施工、同时投产使用。防治污染的设施应当符合经批准的环境影响评价文件的要求，不得擅自拆除或者闲置。

第四十二条 【排污者防治污染责任】排放污染物的企业事业单位和其他生产经营者,应当采取措施,防治在生产建设或者其他活动中产生的废气、废水、废渣、医疗废物、粉尘、恶臭气体、放射性物质以及噪声、振动、光辐射、电磁辐射等对环境的污染和危害。

排放污染物的企业事业单位,应当建立环境保护责任制度,明确单位负责人和相关人员的责任。

重点排污单位应当按照国家有关规定和监测规范安装使用监测设备,保证监测设备正常运行,保存原始监测记录。

严禁通过暗管、渗井、渗坑、灌注或者篡改、伪造监测数据,或者不正常运行防治污染设施等逃避监管的方式违法排放污染物。

第四十三条 【排污费和环境保护税】排放污染物的企业事业单位和其他生产经营者,应当按照国家有关规定缴纳排污费。排污费应当全部专项用于环境污染防治,任何单位和个人不得截留、挤占或者挪作他用。

依照法律规定征收环境保护税的,不再征收排污费。

第四十四条 【重点污染物排放总量控制】国家实行重点污染物排放总量控制制度。重点污染物排放总量控制指标由国务院下达,省、自治区、直辖市人民政府分解落实。企业事业单位在执行国家和地方污染物排放标准的同时,应当遵守分解落实到本单位的重点污染物排放总量控制指标。

对超过国家重点污染物排放总量控制指标或者未完成国家确定的环境质量目标的地区,省级以上人民政府环境保护主管部门应当暂停审批其新增重点污染物排放总量的建设项目环境影响评价文件。

第四十五条 【排污许可管理制度】国家依照法律规定实行排污许可管理制度。

实行排污许可管理的企业事业单位和其他生产经营者应当按照排污许可证的要求排放污染物;未取得排污许可证的,不得排放污染物。

第四十六条 【工艺、设备和产品实行淘汰制度】国家对严重污染环境的工艺、设备和产品实行淘汰制度。任何单位和个人不得生产、销售或者转移、使用严重污染环境的工艺、设备和产品。

禁止引进不符合我国环境保护规定的技术、设备、材料和产品。

第四十七条 【突发环境事件处理】各级人民政府及其有关部门和企业事业单位,应当依照《中华人民共和国突发事件应对法》的规定,做好突发环境事件的风险控制、应急准备、应急处置和事后恢复等工作。

县级以上人民政府应当建立环境污染公共监测预警机制,组织制定预警方案;环境受到污染,可能影响公众健康和环境安全时,依法及时公布预警信息,启动应急措施。

企业事业单位应当按照国家有关规定制定突发环境事件应急预案,报环境保护主管部门和有关部门备案。在发生或者可能发生突发环境事件时,企业事业单位应当立即采取措施处理,及时通报可能受到危害的单位和居民,并向环境保护主管部门和有关部门报告。

突发环境事件应急处置工作结束后,有关人民政府应当立即组织评估事件造成的环境影响和损失,并及时将评估结果向社会公布。

第四十八条 【化学物品和含有放射性物质物品安全控制和管理】生产、储存、运输、销售、使用、处置化学物品和含有放射性物质的物品,应当遵守国家有关规定,防止污染环境。

第四十九条 【农业、农村环境污染防治】各级人民政府及其农业等有关部门和机构应当指导农业生产经营者科学种植和养殖,科学合理施用农药、化肥等农业投入品,科学处置农用薄膜、农作物秸秆等农业废弃物,防止农业面源污染。

禁止将不符合农用标准和环境保护标准的固体废物、废水施入农田。施用农药、化肥等农业投入品及进行灌溉,应当采取措施,防止重金属和其他有毒有害物质污染环境。

畜禽养殖场、养殖小区、定点屠宰企业等的选址、建设和管理应当符合有关法律法规规定。从事畜禽养殖和屠宰的单位和个人应采取措施,对畜禽粪便、尸体和污水等废弃物进行科学处置,防止污染环境。

县级人民政府负责组织农村生活废弃物的处置工作。

第五十条 【农村环境污染防治资金支持】各级人民政府应当在财政预算中安排资金,支持农村饮用水水源地保护、生活污水和其他废弃物处理、畜禽养殖和屠宰污染防治、土壤污染防治和农村工矿污染治理等环境保护工作。

第五十一条 【农村环境卫生设施和环境保护公共设施建设】各级人民政府应当统筹城乡建设污水处理设施及配套管网,固体废物的收集、运输和处置等环境卫生设施,危险废物集中处置设施、场所以及其他环境保护公共设施,并保障其正常运行。

第五十二条 【环境污染责任保险】国家鼓励投保环境污染责任保险。

第五章 信息公开和公众参与

第五十三条 【环境权利及其保障机制】公民、法人和其他组织依法享有获取环境信息、参与和监督环境保护的权利。

各级人民政府环境保护主管部门和其他负有环境保护监督管理职责的部门,应当依法公开环境信息、完善公众参与程序,为公民、法人和其他组织参与和监督环境保护提供便利。

第五十四条 【环境信息公开】国务院环境保护主管部门统一发布国家环境质量、重点污染源监测信息及其他重大环境信息。省级以上人民政府环境保护主管部门定期发布环境状况公报。

县级以上人民政府环境保护主管部门和其他负有环境保护监督管理职责的部门,应当依法公开环境质量、环境监测、突发环境事件以及环境行政许可、行政处罚、排污费的征收和使用情况等信息。

县级以上地方人民政府环境保护主管部门和其他负有环境保护监督管理职责的部门,应当将企业事业单位和其他生产经营者的环境违法信息记入社会诚信档案,及时向社会公布违法者名单。

第五十五条 【企业环境信息公开】重点排污单位应当如实向社会公开其主要污染物的名称、排放方式、排放浓度和总量、超标排放情况,以及防治污染设施的建设和运行情况,接受社会监督。

第五十六条 【公众参与】对依法应当编制环境影响报告书的建设项目,建设单位应当在编制时向可能受影响的公众说明情况,充分征求意见。

负责审批建设项目环境影响评价文件的部门在收到建设项目环境影响报告书后,除涉及国家秘密和商业秘密的事项外,应当全文公开;发现建设项目未充分征求公众意见的,应当责成建设单位征求公众意见。

第五十七条 【举报】公民、法人和其他组织发现任何单位和个人有污染环境和破坏生态行为的,有权向环境保护主管部门或者其他负有环境保护监督管理职责的部门举报。

公民、法人和其他组织发现地方各级人民政府、县级以上人民政府环境保护主管部门和其他负有环境保护监督管理职责的部门不依法履行职责的,有权向其上级机关或者监察机关举报。

接受举报的机关应当对举报人的相关信息予以保密,保护举报人的合法权益。

第五十八条 【环境公益诉讼】对污染环境、破坏生态,损害社会公共利益的行为,符合下列条件的社会组织可以向人民法院提起诉讼:

(一)依法在设区的市级以上人民政府民政部门登记;

(二)专门从事环境保护公益活动连续五年以上且无违法记录。

符合前款规定的社会组织向人民法院提起诉讼,人民法院应当依法受理。

提起诉讼的社会组织不得通过诉讼牟取经济利益。

第六章 法 律 责 任

第五十九条 【按日计罚制度】企业事业单位和其他生产经营者违法排放污染物,受到罚款处罚,被责令改正,拒不改正的,依法作出处罚决定的行政机关可以自责令改正之日的次日起,按照原处罚数额按日连续处罚。

前款规定的罚款处罚,依照有关法律法规按照防治污染设施的运行成本、违法行为造成的直接损失或者违法所得等因素确定的规定执行。

地方性法规可以根据环境保护的实际需要,增加第一款规定的按日连续处罚的违法行为的种类。

第六十条 【超标超总量的法律责任】企业事业单位和其他生产经营者超过污染物排放标准或者超过重点污染物排放总量控制指标排放污染物的,县级以上人民政府环境保护主管部门可以责令其采取限制生产、停产整治等措施;情节严重的,报经有批准权的人民政府批准,责令停业、关闭。

第六十一条 【擅自开工建设的法律责任】建设单位未依法提交建设项目环境影响评价文件或者环境影响评价文件未经批准,擅自开工建设的,由负有环境保护监督管理职责的部门责令停止建设,处以罚款,并可以责令恢复原状。

第六十二条 【违规公开环境信息的法律责任】违反本法规定,重点排污单位不公开或者不如实公开环境信息的,由县级以上地方人民政府环境保护主管部门责令公开,处以罚款,并予以公告。

第六十三条 【行政拘留】企业事业单位和其他生产经营者有下列行为之一,尚不构成犯罪的,除依照有关法律法规规定予以处罚外,由县级以上人民政府环境保护主管部门或者其他有关部门将案件移送公安机关,对其直接负责的主管人员和其他直接责任人员,处十日以上十五日以下拘留;情节较轻的,处五日以上十日以下拘留:

(一)建设项目未依法进行环境影响评价,被责令停止建设,拒不执行的;

(二)违反法律规定,未取得排污许可证排放污染物,被责令停止排污,拒不执行的;

(三)通过暗管、渗井、渗坑、灌注或者篡改、伪造监测数据,或者不正常运行防治污染设施等逃避监管的方式违法排放污染物的；

（四）生产、使用国家明令禁止生产、使用的农药，被责令改正，拒不改正的。

第六十四条 【侵权责任】因污染环境和破坏生态造成损害的，应当依照《中华人民共和国侵权责任法》的有关规定承担侵权责任。

第六十五条 【环境服务机构与污染者的连带责任】环境影响评价机构、环境监测机构以及从事环境监测设备和防治污染设施维护、运营的机构，在有关环境服务活动中弄虚作假，对造成的环境污染和生态破坏负有责任的，除依照有关法律法规规定予以处罚外，还应当与造成环境污染和生态破坏的其他责任者承担连带责任。

第六十六条 【诉讼时效期间】提起环境损害赔偿诉讼的时效期间为三年，从当事人知道或者应当知道其受到损害时起计算。

第六十七条 【上级对下级进行监督】上级人民政府及其环境保护主管部门应当加强对下级人民政府及其有关部门环境保护工作的监督。发现有关工作人员有违法行为，依法应当给予处分的，应当向其任免机关或者监察机关提出处分建议。

依法应当给予行政处罚，而有关环境保护主管部门不给予行政处罚的，上级人民政府环境保护主管部门可以直接作出行政处罚的决定。

第六十八条 【监管部门的法律责任】地方各级人民政府、县级以上人民政府环境保护主管部门和其他负有环境保护监督管理职责的部门有下列行为之一的，对直接负责的主管人员和其他直接责任人员给予记过、记大过或者降级处分；造成严重后果的，给予撤职或者开除处分，其主要负责人应当引咎辞职：

（一）不符合行政许可条件准予行政许可的；

（二）对环境违法行为进行包庇的；

（三）依法应当作出责令停业、关闭的决定而未作出的；

（四）对超标排放污染物、采用逃避监管的方式排放污染物、造成环境事故以及不落实生态保护措施造成生态破坏等行为，发现或者接到举报未及时查处的；

（五）违反本法规定，查封、扣押企业事业单位和其他生产经营者的设施、设备的；

（六）篡改、伪造或者指使篡改、伪造监测数据的；

（七）应当依法公开环境信息而未公开的；

（八）将征收的排污费截留、挤占或者挪作他用的；

（九）法律法规规定的其他违法行为。

第六十九条　【刑事责任】违反本法规定，构成犯罪的，依法追究刑事责任。

第七章　附　　则

第七十条　【施行日期】本法自2015年1月1日起施行。

全国污染源普查条例

1. 2007年10月9日国务院令第508号公布
2. 根据2019年3月2日国务院令第709号《关于修改部分行政法规的决定》修订

第一章　总　　则

第一条　为了科学、有效地组织实施全国污染源普查，保障污染源普查数据的准确性和及时性，根据《中华人民共和国统计法》和《中华人民共和国环境保护法》，制定本条例。

第二条　污染源普查的任务是，掌握各类污染源的数量、行业和地区分布情况，了解主要污染物的产生、排放和处理情况，建立健全重点污染源档案、污染源信息数据库和环境统计平台，为制定经济社会发展和环境保护政策、规划提供依据。

第三条　本条例所称污染源，是指因生产、生活和其他活动向环境排放污染物或者对环境产生不良影响的场所、设施、装置以及其他污染发生源。

第四条　污染源普查按照全国统一领导、部门分工协作、地方分级负责、各方共同参与的原则组织实施。

第五条　污染源普查所需经费，由中央和地方各级人民政府共同负担，并列入相应年度的财政预算，按时拨付，确保足额到位。

　　污染源普查经费应当统一管理，专款专用，严格控制支出。

第六条　全国污染源普查每10年进行1次，标准时点为普查年份的12月31日。

第七条　报刊、广播、电视和互联网等新闻媒体，应当及时开展污染源普查工作的宣传报道。

第二章 污染源普查的对象、范围、内容和方法

第八条 污染源普查的对象是中华人民共和国境内有污染源的单位和个体经营户。

第九条 污染源普查对象有义务接受污染源普查领导小组办公室、普查人员依法进行的调查,并如实反映情况,提供有关资料,按照要求填报污染源普查表。

污染源普查对象不得迟报、虚报、瞒报和拒报普查数据;不得推诿、拒绝和阻挠调查;不得转移、隐匿、篡改、毁弃原材料消耗记录、生产记录、污染物治理设施运行记录、污染物排放监测记录以及其他与污染物产生和排放有关的原始资料。

第十条 污染源普查范围包括:工业污染源,农业污染源,生活污染源,集中式污染治理设施和其他产生、排放污染物的设施。

第十一条 工业污染源普查的主要内容包括:企业基本登记信息,原材料消耗情况,产品生产情况,产生污染的设施情况,各类污染物产生、治理、排放和综合利用情况,各类污染防治设施建设、运行情况等。

农业污染源普查的主要内容包括:农业生产规模,用水、排水情况,化肥、农药、饲料和饲料添加剂以及农用薄膜等农业投入品使用情况,秸秆等种植业剩余物处理情况以及养殖业污染物产生、治理情况等。

生活污染源普查的主要内容包括:从事第三产业的单位的基本情况和污染物的产生、排放、治理情况,机动车污染物排放情况,城镇生活能源结构和能源消费量,生活用水量、排水量以及污染物排放情况等。

集中式污染治理设施普查的主要内容包括:设施基本情况和运行状况,污染物的处理处置情况,渗滤液、污泥、焚烧残渣和废气的产生、处置以及利用情况等。

第十二条 每次污染源普查的具体范围和内容,由国务院批准的普查方案确定。

第十三条 污染源普查采用全面调查的方法,必要时可以采用抽样调查的方法。

污染源普查采用全国统一的标准和技术要求。

第三章 污染源普查的组织实施

第十四条 全国污染源普查领导小组负责领导和协调全国污染源普查工作。

全国污染源普查领导小组办公室设在国务院生态环境主管部门,负责全国污染源普查日常工作。

第十五条　县级以上地方人民政府污染源普查领导小组,按照全国污染源普查领导小组的统一规定和要求,领导和协调本行政区域的污染源普查工作。

县级以上地方人民政府污染源普查领导小组办公室设在同级生态环境主管部门,负责本行政区域的污染源普查日常工作。

乡(镇)人民政府、街道办事处和村(居)民委员会应当广泛动员和组织社会力量积极参与并认真做好污染源普查工作。

第十六条　县级以上人民政府生态环境主管部门和其他有关部门,按照职责分工和污染源普查领导小组的统一要求,做好污染源普查相关工作。

第十七条　全国污染源普查方案由全国污染源普查领导小组办公室拟订,经全国污染源普查领导小组审核同意,报国务院批准。

全国污染源普查方案应当包括:普查的具体范围和内容、普查的主要污染物、普查方法、普查的组织实施以及经费预算等。

拟订全国污染源普查方案,应当充分听取有关部门和专家的意见。

第十八条　全国污染源普查领导小组办公室根据全国污染源普查方案拟订污染源普查表,报国家统计局审定。

省、自治区、直辖市人民政府污染源普查领导小组办公室,可以根据需要增设本行政区域污染源普查附表,报全国污染源普查领导小组办公室批准后使用。

第十九条　在普查启动阶段,污染源普查领导小组办公室应当进行单位清查。

县级以上人民政府机构编制、民政、市场监督管理以及其他具有设立审批、登记职能的部门,应当向同级污染源普查领导小组办公室提供其审批或者登记的单位资料,并协助做好单位清查工作。

污染源普查领导小组办公室应当以本行政区域现有的基本单位名录库为基础,按照全国污染源普查方案确定的污染源普查的具体范围,结合有关部门提供的单位资料,对污染源逐一核实清查,形成污染源普查单位名录。

第二十条　列入污染源普查范围的大、中型工业企业,应当明确相关机构负责本企业污染源普查表的填报工作,其他单位应当指定人员负责本单位污染源普查表的填报工作。

第二十一条　污染源普查领导小组办公室可以根据工作需要，聘用或者从有关单位借调人员从事污染源普查工作。

污染源普查领导小组办公室应当与聘用人员依法签订劳动合同，支付劳动报酬，并为其办理社会保险。借调人员的工资由原单位支付，其福利待遇保持不变。

第二十二条　普查人员应当坚持实事求是，恪守职业道德，具有执行普查任务所需要的专业知识。

污染源普查领导小组办公室应当对普查人员进行业务培训，对考核合格的颁发全国统一的普查员工作证。

第二十三条　普查人员依法独立行使调查、报告、监督和检查的职权，有权查阅普查对象的原材料消耗记录、生产记录、污染物治理设施运行记录、污染物排放监测记录以及其他与污染物产生和排放有关的原始资料，并有权要求普查对象改正其填报的污染源普查表中不真实、不完整的内容。

第二十四条　普查人员应当严格执行全国污染源普查方案，不得伪造、篡改普查资料，不得强令、授意普查对象提供虚假普查资料。

普查人员执行污染源调查任务，不得少于2人，并应当出示普查员工作证；未出示普查员工作证的，普查对象可以拒绝接受调查。

第二十五条　普查人员应当依法直接访问普查对象，指导普查对象填报污染源普查表。污染源普查表填写完成后，应当由普查对象签字或者盖章确认。普查对象应当对其签字或者盖章的普查资料的真实性负责。

污染源普查领导小组办公室对其登记、录入的普查资料与普查对象填报的普查资料的一致性负责，并对其加工、整理的普查资料的准确性负责。

污染源普查领导小组办公室在登记、录入、加工和整理普查资料过程中，对普查资料有疑义的，应当向普查对象核实，普查对象应当如实说明或者改正。

第二十六条　各地方、各部门、各单位的负责人不得擅自修改污染源普查领导小组办公室、普查人员依法取得的污染源普查资料；不得强令或者授意污染源普查领导小组办公室、普查人员伪造或者篡改普查资料；不得对拒绝、抵制伪造或者篡改普查资料的普查人员打击报复。

第四章　数据处理和质量控制

第二十七条　污染源普查领导小组办公室应当按照全国污染源普查方案和有关标准、技术要求进行数据处理，并按时上报普查数据。

第二十八条 污染源普查领导小组办公室应当做好污染源普查数据备份和数据入库工作,建立健全污染源信息数据库,并加强日常管理和维护更新。

第二十九条 污染源普查领导小组办公室应当按照全国污染源普查方案,建立污染源普查数据质量控制岗位责任制,并对普查中的每个环节进行质量控制和检查验收。

污染源普查数据不符合全国污染源普查方案或者有关标准、技术要求的,上一级污染源普查领导小组办公室可以要求下一级污染源普查领导小组办公室重新调查,确保普查数据的一致性、真实性和有效性。

第三十条 全国污染源普查领导小组办公室统一组织对污染源普查数据的质量核查。核查结果作为评估全国或者各省、自治区、直辖市污染源普查数据质量的重要依据。

污染源普查数据的质量达不到规定要求的,有关污染源普查领导小组办公室应当在全国污染源普查领导小组办公室规定的时间内重新进行污染源普查。

第五章　数据发布、资料管理和开发应用

第三十一条 全国污染源普查公报,根据全国污染源普查领导小组的决定发布。

地方污染源普查公报,经上一级污染源普查领导小组办公室核准发布。

第三十二条 普查对象提供的资料和污染源普查领导小组办公室加工、整理的资料属于国家秘密的,应当注明秘密的等级,并按照国家有关保密规定处理。

污染源普查领导小组办公室、普查人员对在污染源普查中知悉的普查对象的商业秘密,负有保密义务。

第三十三条 污染源普查领导小组办公室应当建立污染源普查资料档案管理制度。污染源普查资料档案的保管、调用和移交应当遵守国家有关档案管理规定。

第三十四条 国家建立污染源普查资料信息共享制度。

污染源普查领导小组办公室应当在污染源信息数据库的基础上,建立污染源普查资料信息共享平台,促进普查成果的开发和应用。

第三十五条 污染源普查取得的单个普查对象的资料严格限定用于污染源普查目的,不得作为考核普查对象是否完成污染物总量削减计划的依据,

不得作为依照其他法律、行政法规对普查对象实施行政处罚和征收排污费的依据。

第六章 表彰和处罚

第三十六条 对在污染源普查工作中做出突出贡献的集体和个人,应当给予表彰和奖励。

第三十七条 地方、部门、单位的负责人有下列行为之一的,依法给予处分,并由县级以上人民政府统计机构予以通报批评;构成犯罪的,依法追究刑事责任:

(一)擅自修改污染源普查资料的;

(二)强令、授意污染源普查领导小组办公室、普查人员伪造或者篡改普查资料的;

(三)对拒绝、抵制伪造或者篡改普查资料的普查人员打击报复的。

第三十八条 普查人员不执行普查方案,或者伪造、篡改普查资料,或者强令、授意普查对象提供虚假普查资料的,依法给予处分。

污染源普查领导小组办公室、普查人员泄露在普查中知悉的普查对象商业秘密的,对直接负责的主管人员和其他直接责任人员依法给予处分;对普查对象造成损害的,应当依法承担民事责任。

第三十九条 污染源普查对象有下列行为之一的,污染源普查领导小组办公室应当及时向同级人民政府统计机构通报有关情况,提出处理意见,由县级以上人民政府统计机构责令改正,予以通报批评;情节严重的,可以建议对直接负责的主管人员和其他直接责任人员依法给予处分:

(一)迟报、虚报、瞒报或者拒报污染源普查数据的;

(二)推诿、拒绝或者阻挠普查人员依法进行调查的;

(三)转移、隐匿、篡改、毁弃原材料消耗记录、生产记录、污染物治理设施运行记录、污染物排放监测记录以及其他与污染物产生和排放有关的原始资料的。

单位有本条第一款所列行为之一的,由县级以上人民政府统计机构予以警告,可以处5万元以下的罚款。

个体经营户有本条第一款所列行为之一的,由县级以上人民政府统计机构予以警告,可以处1万元以下的罚款。

第四十条 污染源普查领导小组办公室应当设立举报电话和信箱,接受社会各界对污染源普查工作的监督和对违法行为的检举,并对检举有功的人员依法给予奖励，对检举的违法行为，依法予以查处。

第七章 附 则

第四十一条 军队、武装警察部队的污染源普查工作，由中国人民解放军总后勤部按照国家统一规定和要求组织实施。

新疆生产建设兵团的污染源普查工作，由新疆生产建设兵团按照国家统一规定和要求组织实施。

第四十二条 本条例自公布之日起施行。

生态环境标准管理办法

1. 2020年12月15日生态环境部令第17号公布
2. 自2021年2月1日起施行

第一章 总 则

第一条 为加强生态环境标准管理工作，依据《中华人民共和国环境保护法》《中华人民共和国标准化法》等法律法规，制定本办法。

第二条 本办法适用于生态环境标准的制定、实施、备案和评估。

第三条 本办法所称生态环境标准，是指由国务院生态环境主管部门和省级人民政府依法制定的生态环境保护工作中需要统一的各项技术要求。

第四条 生态环境标准分为国家生态环境标准和地方生态环境标准。

国家生态环境标准包括国家生态环境质量标准、国家生态环境风险管控标准、国家污染物排放标准、国家生态环境监测标准、国家生态环境基础标准和国家生态环境管理技术规范。国家生态环境标准在全国范围或者标准指定区域范围执行。

地方生态环境标准包括地方生态环境质量标准、地方生态环境风险管控标准、地方污染物排放标准和地方其他生态环境标准。地方生态环境标准在发布该标准的省、自治区、直辖市行政区域范围或者标准指定区域范围执行。

有地方生态环境质量标准、地方生态环境风险管控标准和地方污染物排放标准的地区，应当依法优先执行地方标准。

第五条 国家和地方生态环境质量标准、生态环境风险管控标准、污染物排放标准和法律法规规定强制执行的其他生态环境标准,以强制性标准的形式发布。法律法规未规定强制执行的国家和地方生态环境标准,以推荐性标准的形式发布。

强制性生态环境标准必须执行。

推荐性生态环境标准被强制性生态环境标准或者规章、行政规范性文件引用并赋予其强制执行效力的,被引用的内容必须执行,推荐性生态环境标准本身的法律效力不变。

第六条　国务院生态环境主管部门依法制定并组织实施国家生态环境标准,评估国家生态环境标准实施情况,开展地方生态环境标准备案,指导地方生态环境标准管理工作。

省级人民政府依法制定地方生态环境质量标准、地方生态环境风险管控标准和地方污染物排放标准,并报国务院生态环境主管部门备案。机动车等移动源大气污染物排放标准由国务院生态环境主管部门统一制定。

地方各级生态环境主管部门在各自职责范围内组织实施生态环境标准。

第七条　制定生态环境标准,应当遵循合法合规、体系协调、科学可行、程序规范等原则。

制定国家生态环境标准,应当根据生态环境保护需求编制标准项目计划,组织相关事业单位、行业协会、科研机构或者高等院校等开展标准起草工作,广泛征求国家有关部门、地方政府及相关部门、行业协会、企业事业单位和公众等方面的意见,并组织专家进行审查和论证。具体工作程序与要求由国务院生态环境主管部门另行制定。

第八条　制定生态环境标准,不得增加法律法规规定之外的行政权力事项或者减少法定职责;不得设定行政许可、行政处罚、行政强制等事项,增加办理行政许可事项的条件,规定出具循环证明、重复证明、无谓证明的内容;不得违法减损公民、法人和其他组织的合法权益或者增加其义务;不得超越职权规定应由市场调节、企业和社会自律、公民自我管理的事项;不得违法制定含有排除或者限制公平竞争内容的措施,违法干预或者影响市场主体正常生产经营活动,违法设置市场准入和退出条件等。

生态环境标准中不得规定采用特定企业的技术、产品和服务,不得出现特定企业的商标名称,不得规定采用尚在保护期内的专利技术和配方不公开的试剂,不得规定使用国家明令禁止或者淘汰使用的试剂。

第九条　生态环境标准发布时,应当留出适当的实施过渡期。

生态环境质量标准、生态环境风险管控标准、污染物排放标准等标准发布前,应当明确配套的污染防治、监测、执法等方面的指南、标准、规范及相关制定或者修改计划,以及标准宣传培训方案,确保标准有效实施。

第二章 生态环境质量标准

第十条 为保护生态环境,保障公众健康,增进民生福祉,促进经济社会可持续发展,限制环境中有害物质和因素,制定生态环境质量标准。

第十一条 生态环境质量标准包括大气环境质量标准、水环境质量标准、海洋环境质量标准、声环境质量标准、核与辐射安全基本标准。

第十二条 制定生态环境质量标准,应当反映生态环境质量特征,以生态环境基准研究成果为依据,与经济社会发展和公众生态环境质量需求相适应,科学合理确定生态环境保护目标。

第十三条 生态环境质量标准应当包括下列内容:

（一）功能分类；

（二）控制项目及限值规定；

（三）监测要求；

（四）生态环境质量评价方法；

（五）标准实施与监督等。

第十四条 生态环境质量标准是开展生态环境质量目标管理的技术依据,由生态环境主管部门统一组织实施。

实施大气、水、海洋、声环境质量标准,应当按照标准规定的生态环境功能类型划分功能区,明确适用的控制项目指标和控制要求,并采取措施达到生态环境质量标准的要求。

实施核与辐射安全基本标准,应当确保核与辐射的公众暴露风险可控。

第三章 生态环境风险管控标准

第十五条 为保护生态环境,保障公众健康,推进生态环境风险筛查与分类管理,维护生态环境安全,控制生态环境中的有害物质和因素,制定生态环境风险管控标准。

第十六条 生态环境风险管控标准包括土壤污染风险管控标准以及法律法规规定的其他环境风险管控标准。

第十七条 制定生态环境风险管控标准,应当根据环境污染状况、公众健康风险、生态环境风险、环境背景值和生态环境基准研究成果等因素,区分不同保护对象和用途功能,科学合理确定风险管控要求。

第十八条 生态环境风险管控标准应当包括下列内容:

(一)功能分类;

(二)控制项目及风险管控值规定;

(三)监测要求;

(四)风险管控值使用规则;

(五)标准实施与监督等。

第十九条 生态环境风险管控标准是开展生态环境风险管理的技术依据。

实施土壤污染风险管控标准,应当按照土地用途分类管理,管控风险,实现安全利用。

第四章 污染物排放标准

第二十条 为改善生态环境质量,控制排入环境中的污染物或者其他有害因素,根据生态环境质量标准和经济、技术条件,制定污染物排放标准。

国家污染物排放标准是对全国范围内污染物排放控制的基本要求。地方污染物排放标准是地方为进一步改善生态环境质量和优化经济社会发展,对本行政区域提出的国家污染物排放标准补充规定或者更加严格的规定。

第二十一条 污染物排放标准包括大气污染物排放标准、水污染物排放标准、固体废物污染控制标准、环境噪声排放控制标准和放射性污染防治标准等。

水和大气污染物排放标准,根据适用对象分为行业型、综合型、通用型、流域(海域)或者区域型污染物排放标准。

行业型污染物排放标准适用于特定行业或者产品污染源的排放控制;综合型污染物排放标准适用于行业型污染物排放标准适用范围以外的其他行业污染源的排放控制;通用型污染物排放标准适用于跨行业通用生产工艺、设备、操作过程或者特定污染物、特定排放方式的排放控制;流域(海域)或者区域型污染物排放标准适用于特定流域(海域)或者区域范围内的污染源排放控制。

第二十二条 制定行业型或者综合型污染物排放标准,应当反映所管控行业的污染物排放特征,以行业污染防治可行技术和可接受生态环境风险为主要依据,科学合理确定污染物排放控制要求。

制定通用型污染物排放标准,应当针对所管控的通用生产工艺、设备、操作过程的污染物排放特征,或者特定污染物、特定排放方式的排放特征,以污染防治可行技术、可接受生态环境风险、感官阈值等为主要依据,科学合理确定污染物排放控制要求。

制定流域(海域)或者区域型污染物排放标准,应当围绕改善生态环境质量、防范生态环境风险、促进转型发展,在国家污染物排放标准基础上作出补充规定或者更加严格的规定。

第二十三条 污染物排放标准应当包括下列内容:

(一)适用的排放控制对象、排放方式、排放去向等情形;

(二)排放控制项目、指标、限值和监测位置等要求,以及必要的技术和管理措施要求;

(三)适用的监测技术规范、监测分析方法、核算方法及其记录要求;

(四)达标判定要求;

(五)标准实施与监督等。

第二十四条 污染物排放标准按照下列顺序执行:

(一)地方污染物排放标准优先于国家污染物排放标准;地方污染物排放标准未规定的项目,应当执行国家污染物排放标准的相关规定。

(二)同属国家污染物排放标准的,行业型污染物排放标准优先于综合型和通用型污染物排放标准;行业型或者综合型污染物排放标准未规定的项目,应当执行通用型污染物排放标准的相关规定。

(三)同属地方污染物排放标准的,流域(海域)或者区域型污染物排放标准优先于行业型污染物排放标准,行业型污染物排放标准优先于综合型和通用型污染物排放标准。流域(海域)或者区域型污染物排放标准未规定的项目,应当执行行业型或者综合型污染物排放标准的相关规定;流域(海域)或者区域型、行业型或者综合型污染物排放标准均未规定的项目,应当执行通用型污染物排放标准的相关规定。

第二十五条 污染物排放标准规定的污染物排放方式、排放限值等是判定污染物排放是否超标的技术依据。排放污染物或者其他有害因素,应当符合污染物排放标准规定的各项控制要求。

第五章 生态环境监测标准

第二十六条 为监测生态环境质量和污染物排放情况,开展达标评定和风险筛查与管控,规范布点采样、分析测试、监测仪器、卫星遥感影像质量、量值传递、质量控制、数据处理等监测技术要求,制定生态环境监测标准。

第二十七条 生态环境监测标准包括生态环境监测技术规范、生态环境监测分析方法标准、生态环境监测仪器及系统技术要求、生态环境标准样品等。

第二十八条 制定生态环境监测标准应当配套支持生态环境质量标准、生态环境风险管控标准、污染物排放标准的制定和实施,以及优先控制化学品环境管理、国际履约等生态环境管理及监督执法需求,采用稳定可靠且经过验证的方法,在保证标准的科学性、合理性、普遍适用性的前提下提高便捷性,易于推广使用。

第二十九条 生态环境监测技术规范应当包括监测方案制定、布点采样、监测项目与分析方法、数据分析与报告、监测质量保证与质量控制等内容。

生态环境监测分析方法标准应当包括试剂材料、仪器与设备、样品、测定操作步骤、结果表示等内容。

生态环境监测仪器及系统技术要求应当包括测定范围、性能要求、检验方法、操作说明及校验等内容。

第三十条 制定生态环境质量标准、生态环境风险管控标准和污染物排放标准时,应当采用国务院生态环境主管部门制定的生态环境监测分析方法标准;国务院生态环境主管部门尚未制定适用的生态环境监测分析方法标准的,可以采用其他部门制定的监测分析方法标准。

对生态环境质量标准、生态环境风险管控标准和污染物排放标准实施后发布的生态环境监测分析方法标准,未明确是否适用于相关标准的,国务院生态环境主管部门可以组织开展适用性、等效性比对;通过比对的,可以用于生态环境质量标准、生态环境风险管控标准和污染物排放标准中控制项目的测定。

第三十一条 对地方生态环境质量标准、地方生态环境风险管控标准或者地方污染物排放标准中规定的控制项目,国务院生态环境主管部门尚未制定适用的国家生态环境监测分析方法标准的,可以在地方生态环境质量标准、地方生态环境风险管控标准或者地方污染物排放标准中规定相应的监测分析方法,或者采用地方生态环境监测分析方法标准。适用于该控制项目监测的国家生态环境监测分析方法标准实施后,地方生态环境监测分析方法不再执行。

第六章 生态环境基础标准

第三十二条 为统一规范生态环境标准的制订技术工作和生态环境管理工

作中具有通用指导意义的技术要求,制定生态环境基础标准,包括生态环境标准制订技术导则,生态环境通用术语、图形符号、编码和代号(代码)及其相应的编制规则等。

第三十三条 制定生态环境标准制订技术导则,应当明确标准的定位、基本原则、技术路线、技术方法和要求,以及对标准文本及编制说明等材料的内容和格式要求。

第三十四条 制定生态环境通用术语、图形符号、编码和代号(代码)编制规则等,应当借鉴国际标准和国内标准的相关规定,做到准确、通用、可辨识,力求简洁易懂。

第三十五条 制定生态环境标准,应当符合相应类别生态环境标准制订技术导则的要求,采用生态环境基础标准规定的通用术语、图形符号、编码和代号(代码)编制规则等,做到标准内容衔接、体系协调、格式规范。

在生态环境保护工作中使用专业用语和名词术语,设置图形标志,对档案信息进行分类、编码等,应当采用相应的术语、图形、编码技术标准。

第七章 生态环境管理技术规范

第三十六条 为规范各类生态环境保护管理工作的技术要求,制定生态环境管理技术规范,包括大气、水、海洋、土壤、固体废物、化学品、核与辐射安全、声与振动、自然生态、应对气候变化等领域的管理技术指南、导则、规程、规范等。

第三十七条 制定生态环境管理技术规范应当有明确的生态环境管理需求,内容科学合理,针对性和可操作性强,有利于规范生态环境管理工作。

第三十八条 生态环境管理技术规范为推荐性标准,在相关领域环境管理中实施。

第八章 地方生态环境标准

第三十九条 地方生态环境质量标准、地方生态环境风险管控标准和地方污染物排放标准可以对国家相应标准中未规定的项目作出补充规定,也可以对国家相应标准中已规定的项目作出更加严格的规定。

第四十条 对本行政区域内没有国家污染物排放标准的特色产业、特有污染物,或者国家有明确要求的特定污染源或者污染物,应当补充制定地方污染物排放标准。

有下列情形之一的,应当制定比国家污染物排放标准更严格的地方污染物排放标准：

（一）产业密集、环境问题突出的；

（二）现有污染物排放标准不能满足行政区域内环境质量要求的；

（三）行政区域环境形势复杂，无法适用统一的污染物排放标准的。

国务院生态环境主管部门应当加强对地方污染物排放标准制定工作的指导。

第四十一条 制定地方流域（海域）或者区域型污染物排放标准，应当按照生态环境质量改善要求，进行合理分区，确定污染物排放控制要求，促进流域（海域）或者区域内行业优化布局、调整结构、转型升级。

第四十二条 制定地方生态环境标准，或者提前执行国家污染物排放标准中相应排放控制要求的，应当根据本行政区域生态环境质量改善需求和经济、技术条件，进行全面评估论证，并充分听取各方意见。

第四十三条 地方生态环境质量标准、地方生态环境风险管控标准和地方污染物排放标准发布后，省级人民政府或者其委托的省级生态环境主管部门应当依法报国务院生态环境主管部门备案。

第四十四条 地方生态环境质量标准、地方生态环境风险管控标准和地方污染物排放标准报国务院生态环境主管部门备案时，应当提交标准文本、编制说明、发布文件等材料。

标准编制说明应当设立专章，说明与该标准适用范围相同或者交叉的国家生态环境标准中控制要求的对比分析情况。

第四十五条 国务院生态环境主管部门收到地方生态环境标准备案材料后，予以备案，并公开相关备案信息；发现问题的，可以告知相关省级生态环境主管部门，建议按照法定程序修改。

第四十六条 依法提前实施国家机动车大气污染物排放标准中相应阶段排放限值的，应当报国务院生态环境主管部门备案。

第四十七条 新发布实施的国家生态环境质量标准、生态环境风险管控标准或者污染物排放标准规定的控制要求严于现行的地方生态环境质量标准、生态环境风险管控标准或者污染物排放标准的，地方生态环境质量标准、生态环境风险管控标准或者污染物排放标准，应当依法修订或者废止。

第九章 标准实施评估及其他规定

第四十八条 为掌握生态环境标准实际执行情况及存在的问题，提升生态环境标准科学性、系统性、适用性，标准制定机关应当根据生态环境和经济社会发展形势,结合相关科学技术进展和实际工作需要,组织评估生态环境标准实施情况,并根据评估结果对标准适时进行修订。

第四十九条 强制性生态环境标准应当定期开展实施情况评估,与其配套的推荐性生态环境标准实施情况可以同步开展评估。

第五十条 生态环境质量标准实施评估,应当依据生态环境基准研究进展,针对生态环境质量特征的演变,评估标准技术内容的科学合理性。

生态环境风险管控标准实施评估,应当依据环境背景值、生态环境基准和环境风险评估研究进展,针对环境风险特征的演变,评估标准风险管控要求的科学合理性。

污染物排放标准实施评估,应当关注标准实施中普遍反映的问题,重点评估标准规定内容的执行情况,论证污染控制项目、排放限值等设置的合理性,分析标准实施的生态环境效益、经济成本、达标技术和达标率,开展影响标准实施的制约因素分析并提出解决建议。

生态环境监测标准和生态环境管理技术规范的实施评估,应当结合标准使用过程中反馈的问题、建议和相关技术手段的发展,重点评估标准规定内容的适用性和科学性,以及与生态环境质量标准、生态环境风险管控标准和污染物排放标准的协调性。

第五十一条 生态环境标准由其制定机关委托的出版机构出版、发行,依法公开。省级以上人民政府生态环境主管部门应当在其网站上公布相关的生态环境标准,供公众免费查阅、下载。

第五十二条 生态环境标准由其制定机关负责解释,标准解释与标准正文具有同等效力。相关技术单位可以受标准制定机关委托,对标准内容提供技术咨询。

第十章 附 则

第五十三条 本办法由国务院生态环境主管部门负责解释。

第五十四条 本办法自 2021 年 2 月 1 日起施行。《环境标准管理办法》(国家环境保护总局令第 3 号)和《地方环境质量标准和污染物排放标准备案管理办法》(环境保护部令第 9 号)同时废止。

二、环境污染防治

中华人民共和国放射性污染防治法

1. 2003年6月28日第十届全国人民代表大会常务委员会第三次会议通过
2. 2003年6月28日中华人民共和国主席令第6号公布
3. 自2003年10月1日起施行

目　录

第一章　总　则
第二章　放射性污染防治的监督管理
第三章　核设施的放射性污染防治
第四章　核技术利用的放射性污染防治
第五章　铀（钍）矿和伴生放射性矿开发利用的放射性污染防治
第六章　放射性废物管理
第七章　法律责任
第八章　附　则

第一章　总　则

第一条　【立法目的】为了防治放射性污染，保护环境，保障人体健康，促进核能、核技术的开发与和平利用，制定本法。

第二条　【调整范围】本法适用于中华人民共和国领域和管辖的其他海域在核设施选址、建造、运行、退役和核技术、铀（钍）矿、伴生放射性矿开发利用过程中发生的放射性污染的防治活动。

第三条　【工作方针】国家对放射性污染的防治，实行预防为主、防治结合、严格管理、安全第一的方针。

第四条　【科技开发和国际合作】国家鼓励、支持放射性污染防治的科学研究和技术开发利用，推广先进的放射性污染防治技术。

国家支持开展放射性污染防治的国际交流与合作。

第五条　【环保规划和宣传教育】县级以上人民政府应当将放射性污染防治工作纳入环境保护规划。

县级以上人民政府应当组织开展有针对性的放射性污染防治宣传教育,使公众了解放射性污染防治的有关情况和科学知识。

第六条　【检举控告权】任何单位和个人有权对造成放射性污染的行为提出检举和控告。

第七条　【奖励】在放射性污染防治工作中作出显著成绩的单位和个人,由县级以上人民政府给予奖励。

第八条　【管理体制】国务院环境保护行政主管部门对全国放射性污染防治工作依法实施统一监督管理。

国务院卫生行政部门和其他有关部门依据国务院规定的职责,对有关的放射性污染防治工作依法实施监督管理。

第二章　放射性污染防治的监督管理

第九条　【防治标准】国家放射性污染防治标准由国务院环境保护行政主管部门根据环境安全要求、国家经济技术条件制定。国家放射性污染防治标准由国务院环境保护行政主管部门和国务院标准化行政主管部门联合发布。

第十条　【监测制度】国家建立放射性污染监测制度。国务院环境保护行政主管部门会同国务院其他有关部门组织环境监测网络,对放射性污染实施监测管理。

第十一条　【监督检查制度】国务院环境保护行政主管部门和国务院其他有关部门,按照职责分工,各负其责,互通信息,密切配合,对核设施、铀(钍)矿开发利用中的放射性污染防治进行监督检查。

县级以上地方人民政府环境保护行政主管部门和同级其他有关部门,按照职责分工,各负其责,互通信息,密切配合,对本行政区域内核技术利用、伴生放射性矿开发利用中的放射性污染防治进行监督检查。

监督检查人员进行现场检查时,应当出示证件。被检查的单位必须如实反映情况,提供必要的资料。监督检查人员应当为被检查单位保守技术秘密和业务秘密。对涉及国家秘密的单位和部位进行检查时,应当遵守国家有关保守国家秘密的规定,依法办理有关审批手续。

第十二条　【责任原则】核设施营运单位、核技术利用单位、铀(钍)矿和伴生放射性矿开发利用单位,负责本单位放射性污染的防治,接受环境保护行政主管部门和其他有关部门的监督管理,并依法对其造成的放射性污染承担责任。

第十三条　【安全与防护措施】核设施营运单位、核技术利用单位、铀(钍)矿和伴生放射性矿开发利用单位,必须采取安全与防护措施,预防发生可能导致放射性污染的各类事故,避免放射性污染危害。

核设施营运单位、核技术利用单位、铀(钍)矿和伴生放射性矿开发利用单位,应当对其工作人员进行放射性安全教育、培训,采取有效的防护安全措施。

第十四条　【资格与资质管理】国家对从事放射性污染防治的专业人员实行资格管理制度;对从事放射性污染监测工作的机构实行资质管理制度。

第十五条　【运输规定】运输放射性物质和含放射源的射线装置,应当采取有效措施,防止放射性污染。具体办法由国务院规定。

第十六条　【放射性标识和警示说明】放射性物质和射线装置应当设置明显的放射性标识和中文警示说明。生产、销售、使用、贮存、处置放射性物质和射线装置的场所,以及运输放射性物质和含放射源的射线装置的工具,应当设置明显的放射性标志。

第十七条　【达标规定】含有放射性物质的产品,应当符合国家放射性污染防治标准;不符合国家放射性污染防治标准的,不得出厂和销售。

使用伴生放射性矿渣和含有天然放射性物质的石材做建筑和装修材料,应当符合国家建筑材料放射性核素控制标准。

第三章　核设施的放射性污染防治

第十八条　【核设施选址】核设施选址,应当进行科学论证,并按照国家有关规定办理审批手续。在办理核设施选址审批手续前,应当编制环境影响报告书,报国务院环境保护行政主管部门审查批准;未经批准,有关部门不得办理核设施选址批准文件。

第十九条　【核设施安全许可】核设施营运单位在进行核设施建造、装料、运行、退役等活动前,必须按照国务院有关核设施安全监督管理的规定,申请领取核设施建造、运行许可证和办理装料、退役等审批手续。

核设施营运单位领取有关许可证或者批准文件后,方可进行相应的建造、装料、运行、退役等活动。

第二十条　【核设施环境影响评价】核设施营运单位应当在申请领取核设

建造、运行许可证和办理退役审批手续前编制环境影响报告书,报国务院环境保护行政主管部门审查批准;未经批准,有关部门不得颁发许可证和办理批准文件。

第二十一条　【防治设施建设及验收】与核设施相配套的放射性污染防治设施,应当与主体工程同时设计、同时施工、同时投入使用。

放射性污染防治设施应当与主体工程同时验收;验收合格的,主体工程方可投入生产或者使用。

第二十二条　【进口核设施标准】进口核设施,应当符合国家放射性污染防治标准;没有相应的国家放射性污染防治标准的,采用国务院环境保护行政主管部门指定的国外有关标准。

第二十三条　【核设施规划限制区制度】核动力厂等重要核设施外围地区应当划定规划限制区。规划限制区的划定和管理办法,由国务院规定。

第二十四条　【监测规定】核设施营运单位应当对核设施周围环境中所含的放射性核素的种类、浓度以及核设施流出物中的放射性核素总量实施监测,并定期向国务院环境保护行政主管部门和所在地省、自治区、直辖市人民政府环境保护行政主管部门报告监测结果。

国务院环境保护行政主管部门负责对核动力厂等重要核设施实施监督性监测,并根据需要对其他核设施的流出物实施监测。监督性监测系统的建设、运行和维护费用由财政预算安排。

第二十五条　【营运单位职责】核设施营运单位应当建立健全安全保卫制度,加强安全保卫工作,并接受公安部门的监督指导。

核设施营运单位应当按照核设施的规模和性质制定核事故场内应急计划,做好应急准备。

出现核事故应急状态时,核设施营运单位必须立即采取有效的应急措施控制事故,并向核设施主管部门和环境保护行政主管部门、卫生行政部门、公安部门以及其他有关部门报告。

第二十六条　【核事故应急制度】国家建立健全核事故应急制度。

核设施主管部门、环境保护行政主管部门、卫生行政部门、公安部门以及其他有关部门,在本级人民政府的组织领导下,按照各自的职责依法做好核事故应急工作。

中国人民解放军和中国人民武装警察部队按照国务院、中央军事委员会的有关规定在核事故应急中实施有效的支援。

第二十七条　【核设施退役】核设施营运单位应当制定核设施退役计划。

核设施的退役费用和放射性废物处置费用应当预提,列入投资概算或者生产成本。核设施的退役费用和放射性废物处置费用的提取和管理办法,由国务院财政部门、价格主管部门会同国务院环境保护行政主管部门、核设施主管部门规定。

第四章 核技术利用的放射性污染防治

第二十八条 【许可登记制度】生产、销售、使用放射性同位素和射线装置的单位,应当按照国务院有关放射性同位素与射线装置放射防护的规定申请领取许可证,办理登记手续。

转让、进口放射性同位素和射线装置的单位以及装备有放射性同位素的仪表的单位,应当按照国务院有关放射性同位素与射线装置放射防护的规定办理有关手续。

第二十九条 【环境影响评价和放射性同位素备案制】生产、销售、使用放射性同位素和加速器、中子发生器以及含放射源的射线装置的单位,应当在申请领取许可证前编制环境影响评价文件,报省、自治区、直辖市人民政府环境保护行政主管部门审查批准;未经批准,有关部门不得颁发许可证。

国家建立放射性同位素备案制度。具体办法由国务院规定。

第三十条 【放射防护设施的建设】新建、改建、扩建放射工作场所的放射防护设施,应当与主体工程同时设计、同时施工、同时投入使用。

放射防护设施应当与主体工程同时验收;验收合格的,主体工程方可投入生产或者使用。

第三十一条 【放射性同位素存放要求】放射性同位素应当单独存放,不得与易燃、易爆、腐蚀性物品等一起存放,其贮存场所应当采取有效的防火、防盗、防射线泄漏的安全防护措施,并指定专人负责保管。贮存、领取、使用、归还放射性同位素时,应当进行登记、检查,做到账物相符。

第三十二条 【放射性废物和废旧放射源处理】生产、使用放射性同位素和射线装置的单位,应当按照国务院环境保护行政主管部门的规定对其产生的放射性废物进行收集、包装、贮存。

生产放射源的单位,应当按照国务院环境保护行政主管部门的规定回收和利用废旧放射源;使用放射源的单位,应当按照国务院环境保护行政主管部门的规定将废旧放射源交回生产放射源的单位或者送交专门从事放射性固体废物贮存、处置的单位。

第三十三条 【放射源的安全保护措施】生产、销售、使用、贮存放射源的单位,应当建立健全安全保卫制度,指定专人负责,落实安全责任制,制定必要的事故应急措施。发生放射源丢失、被盗和放射性污染事故时,有关单位和个人必须立即采取应急措施,并向公安部门、卫生行政部门和环境保护行政主管部门报告。

公安部门、卫生行政部门和环境保护行政主管部门接到放射源丢失、被盗和放射性污染事故报告后,应当报告本级人民政府,并按照各自的职责立即组织采取有效措施,防止放射性污染蔓延、减少事故损失。当地人民政府应当及时将有关情况告知公众,并做好事故的调查、处理工作。

第五章　铀(钍)矿和伴生放射性矿开发利用的放射性污染防治

第三十四条　【编制环境影响报告书及报批】开发利用或者关闭铀(钍)矿的单位,应当在申请领取采矿许可证或者办理退役审批手续前编制环境影响报告书,报国务院环境保护行政主管部门审查批准。

开发利用伴生放射性矿的单位,应当在申请领取采矿许可证前编制环境影响报告书,报省级以上人民政府环境保护行政主管部门审查批准。

第三十五条　【"三同时"要求和验收规定】与铀(钍)矿和伴生放射性矿开发利用建设项目相配套的放射性污染防治设施,应当与主体工程同时设计、同时施工、同时投入使用。

放射性污染防治设施应当与主体工程同时验收;验收合格的,主体工程方可投入生产或者使用。

第三十六条　【铀(钍)矿流出物和周围环境监测】铀(钍)矿开发利用单位应当对铀(钍)矿的流出物和周围的环境实施监测,并定期向国务院环境保护行政主管部门和所在地省、自治区、直辖市人民政府环境保护行政主管部门报告监测结果。

第三十七条　【尾矿处置】对铀(钍)矿和伴生放射性矿开发利用过程中产生的尾矿,应当建造尾矿库进行贮存、处置;建造的尾矿库应当符合放射性污染防治的要求。

第三十八条　【铀(钍)矿退役计划】铀(钍)矿开发利用单位应当制定铀(钍)矿退役计划。铀矿退役费用由国家财政预算安排。

第六章　放射性废物管理

第三十九条　【尽量减少废物排放】核设施营运单位、核技术利用单位、铀

(钍)矿和伴生放射性矿开发利用单位,应当合理选择和利用原材料,采用先进的生产工艺和设备,尽量减少放射性废物的产生量。

第四十条　【排放须符合标准】向环境排放放射性废气、废液,必须符合国家放射性污染防治标准。

第四十一条　【申请、报告放射性核素排放量】产生放射性废气、废液的单位向环境排放符合国家放射性污染防治标准的放射性废气、废液,应当向审批环境影响评价文件的环境保护行政主管部门申请放射性核素排放量,并定期报告排放计量结果。

第四十二条　【放射性废液受控排放】产生放射性废液的单位,必须按照国家放射性污染防治标准的要求,对不得向环境排放的放射性废液进行处理或者贮存。

产生放射性废液的单位,向环境排放符合国家放射性污染防治标准的放射性废液,必须采用符合国务院环境保护行政主管部门规定的排放方式。

禁止利用渗井、渗坑、天然裂隙、溶洞或者国家禁止的其他方式排放放射性废液。

第四十三条　【放射性固体废物处置方式】低、中水平放射性固体废物在符合国家规定的区域实行近地表处置。

高水平放射性固体废物实行集中的深地质处置。

α放射性固体废物依照前款规定处置。

禁止在内河水域和海洋上处置放射性固体废物。

第四十四条　【处置场所选址规划和地方政府责任】国务院核设施主管部门会同国务院环境保护行政主管部门根据地质条件和放射性固体废物处置的需要,在环境影响评价的基础上编制放射性固体废物处置场所选址规划,报国务院批准后实施。

有关地方人民政府应当根据放射性固体废物处置场所选址规划,提供放射性固体废物处置场所的建设用地,并采取有效措施支持放射性固体废物的处置。

第四十五条　【放射性固体废物处置的收费】产生放射性固体废物的单位,应当按照国务院环境保护行政主管部门的规定,对其产生的放射性固体废物进行处理后,送交放射性固体废物处置单位处置,并承担处置费用。

放射性固体废物处置费用收取和使用管理办法,由国务院财政部门、价格主管部门会同国务院环境保护行政主管部门规定。

第四十六条 【固体废物处置许可证制度】设立专门从事放射性固体废物贮存、处置的单位,必须经国务院环境保护行政主管部门审查批准,取得许可证。具体办法由国务院规定。

禁止未经许可或者不按照许可的有关规定从事贮存和处置放射性固体废物的活动。

禁止将放射性固体废物提供或者委托给无许可证的单位贮存和处置。

第四十七条 【禁止入境规定】禁止将放射性废物和被放射性污染的物品输入中华人民共和国境内或者经中华人民共和国境内转移。

第七章 法律责任

第四十八条 【监管人员违法责任】放射性污染防治监督管理人员违反法律规定,利用职务上的便利收受他人财物、谋取其他利益,或者玩忽职守,有下列行为之一的,依法给予行政处分;构成犯罪的,依法追究刑事责任:

(一)对不符合法定条件的单位颁发许可证和办理批准文件的;

(二)不依法履行监督管理职责的;

(三)发现违法行为不予查处的。

第四十九条 【对违规报告、拒绝检查的处罚】违反本法规定,有下列行为之一的,由县级以上人民政府环境保护行政主管部门或者其他有关部门依据职权责令限期改正,可以处二万元以下罚款:

(一)不按照规定报告有关环境监测结果的;

(二)拒绝环境保护行政主管部门和其他有关部门进行现场检查,或者被检查时不如实反映情况和提供必要资料的。

第五十条 【违反环境影响评价规定】违反本法规定,未编制环境影响评价文件,或者环境影响评价文件未经环境保护行政主管部门批准,擅自进行建造、运行、生产和使用等活动的,由审批环境影响评价文件的环境保护行政主管部门责令停止违法行为,限期补办手续或者恢复原状,并处一万元以上二十万元以下罚款。

第五十一条 【违反防治、防护设施建设规定】违反本法规定,未建造放射性污染防治设施、放射防护设施,或者防治防护设施未经验收合格,主体工程即投入生产或者使用的,由审批环境影响评价文件的环境保护行政主管部门责令停止违法行为,限期改正,并处五万元以上二十万元以下罚款。

第五十二条 【擅自进行核设施建造等活动】违反本法规定,未经许可或者批准,核设施营运单位擅自进行核设施的建造、装料、运行、退役等活动的,由国务院环境保护行政主管部门责令停止违法行为,限期改正,并处二十万元以上五十万元以下罚款;构成犯罪的,依法追究刑事责任。

第五十三条　【违反放射性同位素和射线装置规定】违反本法规定,生产、销售、使用、转让、进口、贮存放射性同位素和射线装置以及装备有放射性同位素的仪表的,由县级以上人民政府环境保护行政主管部门或者其他有关部门依据职权责令停止违法行为,限期改正,逾期不改正的,责令停产停业或者吊销许可证;有违法所得的,没收违法所得;违法所得十万元以上的,并处违法所得一倍以上五倍以下罚款;没有违法所得或者违法所得不足十万元的,并处一万元以上十万元以下罚款;构成犯罪的,依法追究刑事责任。

第五十四条　【产生放射性废物单位的违规责任】违反本法规定,有下列行为之一的,由县级以上人民政府环境保护行政主管部门责令停止违法行为,限期改正,处以罚款;构成犯罪的,依法追究刑事责任:

（一）未建造尾矿库或者不按照放射性污染防治的要求建造尾矿库,贮存、处置铀(钍)矿和伴生放射性矿的尾矿的;

（二）向环境排放不得排放的放射性废气、废液的;

（三）不按照规定的方式排放放射性废液,利用渗井、渗坑、天然裂隙、溶洞或者国家禁止的其他方式排放放射性废液的;

（四）不按照规定处理或者贮存不得向环境排放的放射性废液的;

（五）将放射性固体废物提供或者委托给无许可证的单位贮存和处置的。

有前款第(一)项、第(二)项、第(三)项、第(五)项行为之一的,处十万元以上二十万元以下罚款;有前款第(四)项行为的,处一万元以上十万元以下罚款。

第五十五条　【违反放射性标识规定安全保卫、报告制度】违反本法规定,有下列行为之一的,由县级以上人民政府环境保护行政主管部门或者其他有关部门依据职权责令限期改正;逾期不改正的,责令停产停业,并处二万元以上十万元以下罚款;构成犯罪的,依法追究刑事责任:

（一）不按照规定设置放射性标识、标志、中文警示说明的;

（二）不按照规定建立健全安全保卫制度和制定事故应急计划或者应急措施的;

（三）不按照规定报告放射源丢失、被盗情况或者放射性污染事故的。

第五十六条 【产生放射性固体废物单位的违规责任】产生放射性固体废物的单位,不按照本法第四十五条的规定对其产生的放射性固体废物进行处置的,由审批该单位立项环境影响评价文件的环境保护行政主管部门责令停止违法行为,限期改正;逾期不改正的,指定有处置能力的单位代为处置,所需费用由产生放射性固体废物的单位承担,可以并处二十万元以下罚款;构成犯罪的,依法追究刑事责任。

第五十七条 【违法从事放射性固体废物贮存和处置】违反本法规定,有下列行为之一的,由省级以上人民政府环境保护行政主管部门责令停产停业或者吊销许可证;有违法所得的,没收违法所得;违法所得十万元以上的,并处违法所得一倍以上五倍以下罚款;没有违法所得或者违法所得不足十万元的,并处五万元以上十万元以下罚款;构成犯罪的,依法追究刑事责任:

(一)未经许可,擅自从事贮存和处置放射性固体废物活动的;

(二)不按照许可的有关规定从事贮存和处置放射性固体废物活动的。

第五十八条 【放射性废物和被放射性污染的物品非法入境】向中华人民共和国境内输入放射性废物和被放射性污染的物品,或者经中华人民共和国境内转移放射性废物和被放射性污染的物品的,由海关责令退运该放射性废物和被放射性污染的物品,并处五十万元以上一百万元以下罚款;构成犯罪的,依法追究刑事责任。

第五十九条 【放射性污染损害民事责任】因放射性污染造成他人损害的,应当依法承担民事责任。

第八章　附　　则

第六十条 【军用设施、装备的放射性污染防治】军用设施、装备的放射性污染防治,由国务院和军队的有关主管部门依照本法规定的原则和国务院、中央军事委员会规定的职责实施监督管理。

第六十一条 【相关职业病防治】劳动者在职业活动中接触放射性物质造成的职业病的防治,依照《中华人民共和国职业病防治法》的规定执行。

第六十二条 【用语含义】本法中下列用语的含义:

(一)放射性污染,是指由于人类活动造成物料、人体、场所、环境介质表面或者内部出现超过国家标准的放射性物质或者射线。

(二)核设施,是指核动力厂(核电厂、核热电厂、核供汽供热厂等)和其他反应堆（研究堆、实验堆、临界装置等）；核燃料生产、加工、贮存和后处理设施；放射性废物的处理和处置设施等。

（三）核技术利用，是指密封放射源、非密封放射源和射线装置在医疗、工业、农业、地质调查、科学研究和教学等领域中的使用。

（四）放射性同位素，是指某种发生放射性衰变的元素中具有相同原子序数但质量不同的核素。

（五）放射源，是指除研究堆和动力堆核燃料循环范畴的材料以外，永久密封在容器中或者有严密包层并呈固态的放射性材料。

（六）射线装置，是指 X 线机、加速器、中子发生器以及含放射源的装置。

（七）伴生放射性矿，是指含有较高水平天然放射性核素浓度的非铀矿（如稀土矿和磷酸盐矿等）。

（八）放射性废物，是指含有放射性核素或者被放射性核素污染，其浓度或者比活度大于国家确定的清洁解控水平，预期不再使用的废弃物。

第六十三条 【施行日期】本法自 2003 年 10 月 1 日起施行。

中华人民共和国核安全法

1. 2017 年 9 月 1 日第十二届全国人民代表大会常务委员会第二十九次会议通过
2. 2017 年 9 月 1 日中华人民共和国主席令第 73 号公布
3. 自 2018 年 1 月 1 日起施行

目　录

第一章　总　　则
第二章　核设施安全
第三章　核材料和放射性废物安全
第四章　核事故应急
第五章　信息公开和公众参与
第六章　监督检查
第七章　法律责任
第八章　附　　则

第一章 总　　则

第一条　【立法目的】为了保障核安全,预防与应对核事故,安全利用核能,保护公众和从业人员的安全与健康,保护生态环境,促进经济社会可持续发展,制定本法。

第二条　【适用范围】在中华人民共和国领域及管辖的其他海域内,对核设施、核材料及相关放射性废物采取充分的预防、保护、缓解和监管等安全措施,防止由于技术原因、人为原因或者自然灾害造成核事故,最大限度减轻核事故情况下的放射性后果的活动,适用本法。

核设施,是指:

(一)核电厂、核热电厂、核供汽供热厂等核动力厂及装置;

(二)核动力厂以外的研究堆、实验堆、临界装置等其他反应堆;

(三)核燃料生产、加工、贮存和后处理设施等核燃料循环设施;

(四)放射性废物的处理、贮存、处置设施。

核材料,是指:

(一)铀-235 材料及其制品;

(二)铀-233 材料及其制品;

(三)钚-239 材料及其制品;

(四)法律、行政法规规定的其他需要管制的核材料。

放射性废物,是指核设施运行、退役产生的,含有放射性核素或者被放射性核素污染,其浓度或者比活度大于国家确定的清洁解控水平,预期不再使用的废弃物。

第三条　【核安全观】国家坚持理性、协调、并进的核安全观,加强核安全能力建设,保障核事业健康发展。

第四条　【方针原则】从事核事业必须遵循确保安全的方针。

核安全工作必须坚持安全第一、预防为主、责任明确、严格管理、纵深防御、独立监管、全面保障的原则。

第五条　【责任单位】核设施营运单位对核安全负全面责任。

为核设施营运单位提供设备、工程以及服务等的单位,应当负相应责任。

第六条　【主管部门】国务院核安全监督管理部门负责核安全的监督管理。

国务院核工业主管部门、能源主管部门和其他有关部门在各自职责范围内负责有关的核安全管理工作。

国家建立核安全工作协调机制,统筹协调有关部门推进相关工作。

第七条 【核安全规划】国务院核安全监督管理部门会同国务院有关部门编制国家核安全规划,报国务院批准后组织实施。

第八条 【核安全标准】国家坚持从高从严建立核安全标准体系。

国务院有关部门按照职责分工制定核安全标准。核安全标准是强制执行的标准。

核安全标准应当根据经济社会发展和科技进步适时修改。

第九条 【核安全文化】国家制定核安全政策,加强核安全文化建设。

国务院核安全监督管理部门、核工业主管部门和能源主管部门应当建立培育核安全文化的机制。

核设施营运单位和为其提供设备、工程以及服务等的单位应当积极培育和建设核安全文化,将核安全文化融入生产、经营、科研和管理的各个环节。

第十条 【核安全技术】国家鼓励和支持核安全相关科学技术的研究、开发和利用,加强知识产权保护,注重核安全人才的培养。

国务院有关部门应当在相关科研规划中安排与核设施、核材料安全和辐射环境监测、评估相关的关键技术研究专项,推广先进、可靠的核安全技术。

核设施营运单位和为其提供设备、工程以及服务等的单位、与核安全有关的科研机构等单位,应当持续开发先进、可靠的核安全技术,充分利用先进的科学技术成果,提高核安全水平。

国务院和省、自治区、直辖市人民政府及其有关部门对在科技创新中做出重要贡献的单位和个人,按照有关规定予以表彰和奖励。

第十一条 【核安全保护权利】任何单位和个人不得危害核设施、核材料安全。

公民、法人和其他组织依法享有获取核安全信息的权利,受到核损害的,有依法获得赔偿的权利。

第十二条 【安全保卫制度】国家加强对核设施、核材料的安全保卫工作。

核设施营运单位应当建立和完善安全保卫制度,采取安全保卫措施,防范对核设施、核材料的破坏、损害和盗窃。

第十三条 【国际合作机制】国家组织开展与核安全有关的国际交流与合作,完善核安全国际合作机制,防范和应对核恐怖主义威胁,履行中华人民共和国缔结或者参加的国际公约所规定的义务。

第二章 核设施安全

第十四条 【合理布局、分类管理】国家对核设施的选址、建设进行统筹规划,科学论证,合理布局。

国家根据核设施的性质和风险程度等因素,对核设施实行分类管理。

第十五条 【核设施营运单位应具备的条件】核设施营运单位应当具备保障核设施安全运行的能力,并符合下列条件:

(一)有满足核安全要求的组织管理体系和质量保证、安全管理、岗位责任等制度;

(二)有规定数量、合格的专业技术人员和管理人员;

(三)具备与核设施安全相适应的安全评价、资源配置和财务能力;

(四)具备必要的核安全技术支撑和持续改进能力;

(五)具备应急响应能力和核损害赔偿财务保障能力;

(六)法律、行政法规规定的其他条件。

第十六条 【设置核设施纵深防御体系】核设施营运单位应当依照法律、行政法规和标准的要求,设置核设施纵深防御体系,有效防范技术原因、人为原因和自然灾害造成的威胁,确保核设施安全。

核设施营运单位应当对核设施进行定期安全评价,并接受国务院核安全监督管理部门的审查。

第十七条 【建立并实施质量保证体系】核设施营运单位和为其提供设备、工程以及服务等的单位应当建立并实施质量保证体系,有效保证设备、工程和服务等的质量,确保设备的性能满足核安全标准的要求,工程和服务等满足核安全相关要求。

第十八条 【控制辐射照射】核设施营运单位应当严格控制辐射照射,确保有关人员免受超过国家规定剂量限值的辐射照射,确保辐射照射保持在合理、可行和尽可能低的水平。

第十九条 【实施放射性核素总量监测】核设施营运单位应当对核设施周围环境中所含的放射性核素的种类、浓度以及核设施流出物中的放射性核素总量实施监测,并定期向国务院环境保护主管部门和所在地省、自治区、直辖市人民政府环境保护主管部门报告监测结果。

第二十条 【培训考核及劳动防护】核设施营运单位应当按照国家有关规定,制定培训计划,对从业人员进行核安全教育和技能培训并进行考核。

核设施营运单位应当为从业人员提供相应的劳动防护和职业健康检

查,保障从业人员的安全和健康。

第二十一条 【厂址保护与规划限制区】省、自治区、直辖市人民政府应当对国家规划确定的核动力厂等重要核设施的厂址予以保护,在规划期内不得变更厂址用途。

省、自治区、直辖市人民政府应当在核动力厂等重要核设施周围划定规划限制区,经国务院核安全监督管理部门同意后实施。

禁止在规划限制区内建设可能威胁核设施安全的易燃、易爆、腐蚀性物品的生产、贮存设施以及人口密集场所。

第二十二条 【核设施安全许可制度】国家建立核设施安全许可制度。

核设施营运单位进行核设施选址、建造、运行、退役等活动,应当向国务院核安全监督管理部门申请许可。

核设施营运单位要求变更许可文件规定条件的,应当报国务院核安全监督管理部门批准。

第二十三条 【核设施场址选择审查】核设施营运单位应当对地质、地震、气象、水文、环境和人口分布等因素进行科学评估,在满足核安全技术评价要求的前提下,向国务院核安全监督管理部门提交核设施选址安全分析报告,经审查符合核安全要求后,取得核设施场址选择审查意见书。

第二十四条 【核设施设计安全要求】核设施设计应当符合核安全标准,采用科学合理的构筑物、系统和设备参数与技术要求,提供多样保护和多重屏障,确保核设施运行可靠、稳定和便于操作,满足核安全要求。

第二十五条 【建造申请材料】核设施建造前,核设施营运单位应当向国务院核安全监督管理部门提出建造申请,并提交下列材料:

(一)核设施建造申请书;

(二)初步安全分析报告;

(三)环境影响评价文件;

(四)质量保证文件;

(五)法律、行政法规规定的其他材料。

第二十六条 【建造相关要求】核设施营运单位取得核设施建造许可证后,应当确保核设施整体性能满足核安全标准的要求。

核设施建造许可证的有效期不得超过十年。有效期届满,需要延期建造的,应当报国务院核安全监督管理部门审查批准。但是,有下列情形之一且经评估不存在安全风险的除外:

(一)国家政策或者行为导致核设施延期建造;

(二)用于科学研究的核设施;

(三)用于工程示范的核设施;

(四)用于乏燃料后处理的核设施。

核设施建造完成后应当进行调试,验证其是否满足设计的核安全要求。

第二十七条 【运行申请材料与运行相关要求】核设施首次装投料前,核设施营运单位应当向国务院核安全监督管理部门提出运行申请,并提交下列材料:

(一)核设施运行申请书;

(二)最终安全分析报告;

(三)质量保证文件;

(四)应急预案;

(五)法律、行政法规规定的其他材料。

核设施营运单位取得核设施运行许可证后,应当按照许可证的规定运行。

核设施运行许可证的有效期为设计寿期。在有效期内,国务院核安全监督管理部门可以根据法律、行政法规和新的核安全标准的要求,对许可证规定的事项作出合理调整。

核设施营运单位调整下列事项的,应当报国务院核安全监督管理部门批准:

(一)作为颁发运行许可证依据的重要构筑物、系统和设备;

(二)运行限值和条件;

(三)国务院核安全监督管理部门批准的与核安全有关的程序和其他文件。

第二十八条 【延期申请】核设施运行许可证有效期届满需要继续运行的,核设施营运单位应当于有效期届满前五年,向国务院核安全监督管理部门提出延期申请,并对其是否符合核安全标准进行论证、验证,经审查批准后,方可继续运行。

第二十九条 【停闭管理】核设施终止运行后,核设施营运单位应当采取安全的方式进行停闭管理,保证停闭期间的安全,确保退役所需的基本功能、技术人员和文件。

第三十条 【退役申请材料与退役相关要求】核设施退役前,核设施营运单位应当向国务院核安全监督管理部门提出退役申请,并提交下列材料:

(一)核设施退役申请书;
(二)安全分析报告;
(三)环境影响评价文件;
(四)质量保证文件;
(五)法律、行政法规规定的其他材料。

核设施退役时,核设施营运单位应当按照合理、可行和尽可能低的原则处理、处置核设施场址的放射性物质,将构筑物、系统和设备的放射性水平降低至满足标准的要求。

核设施退役后,核设施所在地省、自治区、直辖市人民政府环境保护主管部门应当对核设施场址及其周围环境中所含的放射性核素的种类和浓度组织监测。

第三十一条 【进出口核设施规定】进口核设施,应当满足中华人民共和国有关核安全法律、行政法规和标准的要求,并报国务院核安全监督管理部门审查批准。

出口核设施,应当遵守中华人民共和国有关核设施出口管制的规定。

第三十二条 【安全技术审查与意见征询】国务院核安全监督管理部门应当依照法定条件和程序,对核设施安全许可申请组织安全技术审查,满足核安全要求的,在技术审查完成之日起二十日内,依法作出准予许可的决定。

国务院核安全监督管理部门审批核设施建造、运行许可申请时,应当向国务院有关部门和核设施所在地省、自治区、直辖市人民政府征询意见,被征询意见的单位应当在三个月内给予答复。

第三十三条 【技术审评】国务院核安全监督管理部门组织安全技术审查时,应当委托与许可申请单位没有利益关系的技术支持单位进行技术审评。受委托的技术支持单位应当对其技术评价结论的真实性、准确性负责。

第三十四条 【核安全专家委员会】国务院核安全监督管理部门成立核安全专家委员会,为核安全决策提供咨询意见。

制定核安全规划和标准,进行核设施重大安全问题技术决策,应当咨询核安全专家委员会的意见。

第三十五条 【核安全报告、经验反馈制度】国家建立核设施营运单位核安全报告制度,具体办法由国务院有关部门制定。

国务院有关部门应当建立核安全经验反馈制度,并及时处理核安全报告信息,实现信息共享。

核设施营运单位应当建立核安全经验反馈体系。

第三十六条 【提供检验服务的单位和机构要求】为核设施提供核安全设备设计、制造、安装和无损检验服务的单位，应当向国务院核安全监督管理部门申请许可。境外机构为境内核设施提供核安全设备设计、制造、安装和无损检验服务的，应当向国务院核安全监督管理部门申请注册。

国务院核安全监督管理部门依法对进口的核安全设备进行安全检验。

第三十七条 【特殊工艺人员的任职资格】核设施操纵人员以及核安全设备焊接人员、无损检验人员等特种工艺人员应当按照国家规定取得相应资格证书。

核设施营运单位以及核安全设备制造、安装和无损检验单位应当聘用取得相应资格证书的人员从事与核设施安全专业技术有关的工作。

第三章 核材料和放射性废物安全

第三十八条 【核材料持有单位的保护措施】核设施营运单位和其他有关单位持有核材料，应当按照规定的条件依法取得许可，并采取下列措施，防止核材料被盗、破坏、丢失、非法转让和使用，保障核材料的安全与合法利用：

（一）建立专职机构或者指定专人保管核材料；

（二）建立核材料衡算制度，保持核材料收支平衡；

（三）建立与核材料保护等级相适应的实物保护系统；

（四）建立信息保密制度，采取保密措施；

（五）法律、行政法规规定的其他措施。

第三十九条 【确保乏燃料的安全责任】产生、贮存、运输、后处理乏燃料的单位应当采取措施确保乏燃料的安全，并对持有的乏燃料承担核安全责任。

第四十条 【放射性废物应分类处置】放射性废物应当实行分类处置。

低、中水平放射性废物在国家规定的符合核安全要求的场所实行近地表或者中等深度处置。

高水平放射性废物实行集中深地质处置，由国务院指定的单位专营。

第四十一条 【减量化、无害化处理】核设施营运单位、放射性废物处理处置单位应当对放射性废物进行减量化、无害化处理、处置，确保永久安全。

第四十二条 【选址规划】国务院核工业主管部门会同国务院有关部门和省、自治区、直辖市人民政府编制低、中水平放射性废物处置场所的选址规划，报国务院批准后组织实施。

国务院核工业主管部门会同国务院有关部门编制高水平放射性废物处置场所的选址规划,报国务院批准后组织实施。

放射性废物处置场所的建设应当与核能发展的要求相适应。

第四十三条 【行政许可制度】国家建立放射性废物管理许可制度。

专门从事放射性废物处理、贮存、处置的单位,应当向国务院核安全监督管理部门申请许可。

核设施营运单位利用与核设施配套建设的处理、贮存设施,处理、贮存本单位产生的放射性废物的,无需申请许可。

第四十四条 【放射性废液、废气处理】核设施营运单位应当对其产生的放射性固体废物和不能经净化排放的放射性废液进行处理,使其转变为稳定的、标准化的固体废物后,及时送交放射性废物处置单位处置。

核设施营运单位应当对其产生的放射性废气进行处理,达到国家放射性污染防治标准后,方可排放。

第四十五条 【放射性废物处置记录档案】放射性废物处置单位应当按照国家放射性污染防治标准的要求,对其接收的放射性废物进行处置。

放射性废物处置单位应当建立放射性废物处置情况记录档案,如实记录处置的放射性废物的来源、数量、特征、存放位置等与处置活动有关的事项。记录档案应当永久保存。

第四十六条 【放射性废物处置设施关闭制度】国家建立放射性废物处置设施关闭制度。

放射性废物处置设施有下列情形之一的,应当依法办理关闭手续,并在划定的区域设置永久性标记:

(一)设计服役期届满;

(二)处置的放射性废物已经达到设计容量;

(三)所在地区的地质构造或者水文地质等条件发生重大变化,不适宜继续处置放射性废物;

(四)法律、行政法规规定的其他需要关闭的情形。

第四十七条 【安全监护计划】放射性废物处置设施关闭前,放射性废物处置单位应当编制放射性废物处置设施关闭安全监护计划,报国务院核安全监督管理部门批准。

安全监护计划应当包括下列主要内容:

(一)安全监护责任人及其责任;

(二)安全监护费用;

(三)安全监护措施；

(四)安全监护期限。

放射性废物处置设施关闭后，放射性废物处置单位应当按照经批准的安全监护计划进行安全监护；经国务院核安全监督管理部门会同国务院有关部门批准后，将其交由省、自治区、直辖市人民政府进行监护管理。

第四十八条　【预提相关费用】核设施营运单位应当按照国家规定缴纳乏燃料处理处置费用，列入生产成本。

核设施营运单位应当预提核设施退役费用、放射性废物处置费用，列入投资概算、生产成本，专门用于核设施退役、放射性废物处置。具体办法由国务院财政部门、价格主管部门会同国务院核安全监督管理部门、核工业主管部门和能源主管部门制定。

第四十九条　【运输分类管理】国家对核材料、放射性废物的运输实行分类管理，采取有效措施，保障运输安全。

第五十条　【运输保障措施】国家保障核材料、放射性废物的公路、铁路、水路等运输，国务院有关部门应当加强对公路、铁路、水路等运输的管理，制定具体的保障措施。

第五十一条　【保护监督】国务院核工业主管部门负责协调乏燃料运输管理活动，监督有关保密措施。

公安机关对核材料、放射性废物道路运输的实物保护实施监督，依法处理可能危及核材料、放射性废物安全运输的事故。通过道路运输核材料、放射性废物的，应当报启运地县级以上人民政府公安机关按照规定权限批准；其中，运输乏燃料或者高水平放射性废物的，应当报国务院公安部门批准。

国务院核安全监督管理部门负责批准核材料、放射性废物运输包装容器的许可申请。

第五十二条　【托运人的运输责任及承运人的运输资质】核材料、放射性废物的托运人应当在运输中采取有效的辐射防护和安全保卫措施，对运输中的核安全负责。

乏燃料、高水平放射性废物的托运人应当向国务院核安全监督管理部门提交有关核安全分析报告，经审查批准后方可开展运输活动。

核材料、放射性废物的承运人应当依法取得国家规定的运输资质。

第五十三条　【相关法律适用】通过公路、铁路、水路等运输核材料、放射性废物，本法没有规定的，适用相关法律、行政法规和规章关于放射性物品运输、危险货物运输的规定。

第四章 核事故应急

第五十四条 【核事故应急协调委员会】国家设立核事故应急协调委员会，组织、协调全国的核事故应急管理工作。

省、自治区、直辖市人民政府根据实际需要设立核事故应急协调委员会，组织、协调本行政区域内的核事故应急管理工作。

第五十五条 【各级核事故应急预案的制定与修订】国务院核工业主管部门承担国家核事故应急协调委员会日常工作，牵头制定国家核事故应急预案，经国务院批准后组织实施。国家核事故应急协调委员会成员单位根据国家核事故应急预案部署，制定本单位核事故应急预案，报国务院核工业主管部门备案。

省、自治区、直辖市人民政府指定的部门承担核事故应急协调委员会的日常工作，负责制定本行政区域内场外核事故应急预案，报国家核事故应急协调委员会审批后组织实施。

核设施营运单位负责制定本单位场内核事故应急预案，报国务院核工业主管部门、能源主管部门和省、自治区、直辖市人民政府指定的部门备案。

中国人民解放军和中国人民武装警察部队按照国务院、中央军事委员会的规定，制定本系统支援地方的核事故应急工作预案，报国务院核工业主管部门备案。

应急预案制定单位应当根据实际需要和情势变化，适时修订应急预案。

第五十六条 【应急培训和演练】核设施营运单位应当按照应急预案，配备应急设备，开展应急工作人员培训和演练，做好应急准备。

核设施所在地省、自治区、直辖市人民政府指定的部门，应当开展核事故应急知识普及活动，按照应急预案组织有关企业、事业单位和社区开展核事故应急演练。

第五十七条 【核事故应急准备金制度】国家建立核事故应急准备金制度，保障核事故应急准备与响应工作所需经费。核事故应急准备金管理办法，由国务院制定。

第五十八条 【核事故应急分级管理】国家对核事故应急实行分级管理。

发生核事故时，核设施营运单位应当按照应急预案的要求开展应急响应,减轻事故后果,并立即向国务院核工业主管部门、核安全监督管理部门和省、自治区、直辖市人民政府指定的部门报告核设施状况,根据需要提出场外应急响应行动建议。

第五十九条 【核事故应急救援】国家核事故应急协调委员会按照国家核事故应急预案部署,组织协调国务院有关部门、地方人民政府、核设施营运单位实施核事故应急救援工作。

中国人民解放军和中国人民武装警察部队按照国务院、中央军事委员会的规定,实施核事故应急救援工作。

核设施营运单位应当按照核事故应急救援工作的要求,实施应急响应支援。

第六十条 【应急信息发布及国际通报救援工作】国务院核工业主管部门或者省、自治区、直辖市人民政府指定的部门负责发布核事故应急信息。

国家核事故应急协调委员会统筹协调核事故应急国际通报和国际救援工作。

第六十一条 【核事故调查处理】各级人民政府及其有关部门、核设施营运单位等应当按照国务院有关规定和授权,组织开展核事故后的恢复行动、损失评估等工作。

核事故的调查处理,由国务院或者其授权的部门负责实施。

核事故场外应急行动的调查处理,由国务院或者其指定的机构负责实施。

第六十二条 【应急响应】核材料、放射性废物运输的应急应当纳入所经省、自治区、直辖市场外核事故应急预案或者辐射应急预案。发生核事故时,由事故发生地省、自治区、直辖市人民政府负责应急响应。

第五章　信息公开和公众参与

第六十三条 【国务院各级部门核安全信息公开、报告义务】国务院有关部门及核设施所在地省、自治区、直辖市人民政府指定的部门应当在各自职责范围内依法公开核安全相关信息。

国务院核安全监督管理部门应当依法公开与核安全有关的行政许可,以及核安全有关活动的安全监督检查报告、总体安全状况、辐射环境质量和核事故等信息。

国务院应当定期向全国人民代表大会常务委员会报告核安全情况。

第六十四条 【核设施营运单位信息公开义务】核设施营运单位应当公开本

单位核安全管理制度和相关文件、核设施安全状况、流出物和周围环境辐射监测数据、年度核安全报告等信息。具体办法由国务院核安全监督管理部门制定。

第六十五条 【公众对核安全信息的知晓、申请获取权】对依法公开的核安全信息,应当通过政府公告、网站以及其他便于公众知晓的方式,及时向社会公开。

公民、法人和其他组织,可以依法向国务院核安全监督管理部门和核设施所在地省、自治区、直辖市人民政府指定的部门申请获取核安全相关信息。

第六十六条 【重大核安全事项应征求利益相关方的意见】核设施营运单位应当就涉及公众利益的重大核安全事项通过问卷调查、听证会、论证会、座谈会,或者采取其他形式征求利益相关方的意见,并以适当形式反馈。

核设施所在地省、自治区、直辖市人民政府应当就影响公众利益的重大核安全事项举行听证会、论证会、座谈会,或者采取其他形式征求利益相关方的意见,并以适当形式反馈。

第六十七条 【核安全宣传活动】核设施营运单位应当采取下列措施,开展核安全宣传活动:

(一)在保证核设施安全的前提下,对公众有序开放核设施;
(二)与学校合作,开展对学生的核安全知识教育活动;
(三)建设核安全宣传场所,印制和发放核安全宣传材料;
(四)法律、行政法规规定的其他措施。

第六十八条 【公众举报及不得编造、散布虚假信息】公民、法人和其他组织有权对存在核安全隐患或者违反核安全法律、行政法规的行为,向国务院核安全监督管理部门或者其他有关部门举报。

公民、法人和其他组织不得编造、散布核安全虚假信息。

第六十九条 【涉密信息公开的规定】涉及国家秘密、商业秘密和个人信息的政府信息公开,按照国家有关规定执行。

第六章 监督检查

第七十条 【核安全监督检查制度】国家建立核安全监督检查制度。

国务院核安全监督管理部门和其他有关部门应当对从事核安全活动的单位遵守核安全法律、行政法规、规章和标准的情况进行监督检查。

国务院核安全监督管理部门可以在核设施集中的地区设立派出机构。

国务院核安全监督管理部门或者其派出机构应当向核设施建造、运行、退役等现场派遣监督检查人员，进行核安全监督检查。

第七十一条　【核安全监管技术研发】国务院核安全监督管理部门和其他有关部门应当加强核安全监管能力建设，提高核安全监管水平。

国务院核安全监督管理部门应当组织开展核安全监管技术研究开发，保持与核安全监督管理相适应的技术评价能力。

第七十二条　【核安全监督检查措施】国务院核安全监督管理部门和其他有关部门进行核安全监督检查时，有权采取下列措施：

（一）进入现场进行监测、检查或者核查；

（二）调阅相关文件、资料和记录；

（三）向有关人员调查、了解情况；

（四）发现问题的，现场要求整改。

国务院核安全监督管理部门和其他有关部门应当将监督检查情况形成报告，建立档案。

第七十三条　【配合义务】对国务院核安全监督管理部门和其他有关部门依法进行的监督检查，从事核安全活动的单位应当予以配合，如实说明情况，提供必要资料，不得拒绝、阻挠。

第七十四条　【监督检查人员的职责要求】核安全监督检查人员应当忠于职守，勤勉尽责，秉公执法。

核安全监督检查人员应当具备与监督检查活动相应的专业知识和业务能力，并定期接受培训。

核安全监督检查人员执行监督检查任务，应当出示有效证件，对获知的国家秘密、商业秘密和个人信息，应当依法予以保密。

第七章　法　律　责　任

第七十五条　【未依法对许可申请进行审批等行为的法律责任】违反本法规定，有下列情形之一的，对直接负责的主管人员和其他直接责任人员依法给予处分：

（一）国务院核安全监督管理部门或者其他有关部门未依法对许可申请进行审批的；

（二）国务院有关部门或者核设施所在地省、自治区、直辖市人民政府指定的部门未依法公开核安全相关信息的；

（三）核设施所在地省、自治区、直辖市人民政府未就影响公众利益的

重大核安全事项征求利益相关方意见的;

（四）国务院核安全监督管理部门或者其他有关部门未将监督检查情况形成报告，或者未建立档案的;

（五）核安全监督检查人员执行监督检查任务，未出示有效证件，或者对获知的国家秘密、商业秘密、个人信息未依法予以保密的;

（六）国务院核安全监督管理部门或者其他有关部门，省、自治区、直辖市人民政府有关部门有其他滥用职权、玩忽职守、徇私舞弊行为的。

第七十六条 【危害核设施、核材料安全等行为的处罚】违反本法规定，危害核设施、核材料安全，或者编造、散布核安全虚假信息，构成违反治安管理行为的，由公安机关依法给予治安管理处罚。

第七十七条 【未设置核设施纵深防御体系等行为的处罚】违反本法规定，有下列情形之一的，由国务院核安全监督管理部门或者其他有关部门责令改正，给予警告;情节严重的，处二十万元以上一百万元以下的罚款;拒不改正的，责令停止建设或者停产整顿:

（一）核设施营运单位未设置核设施纵深防御体系的;

（二）核设施营运单位或者为其提供设备、工程以及服务等的单位未建立或者未实施质量保证体系的;

（三）核设施营运单位未按照要求控制辐射照射剂量的;

（四）核设施营运单位未建立核安全经验反馈体系的;

（五）核设施营运单位未就涉及公众利益的重大核安全事项征求利益相关方意见的。

第七十八条 【违反规划限制区规定的法律责任】违反本法规定，在规划限制区内建设可能威胁核设施安全的易燃、易爆、腐蚀性物品的生产、贮存设施或者人口密集场所的，由国务院核安全监督管理部门责令限期拆除，恢复原状，处十万元以上五十万元以下的罚款。

第七十九条 【核设施营运单位未经许可从事核设施建造运行等活动行为的处罚】违反本法规定，核设施营运单位有下列情形之一的，由国务院核安全监督管理部门责令改正，处一百万元以上五百万元以下的罚款;拒不改正的，责令停止建设或者停产整顿;有违法所得的，没收违法所得;造成环境污染的，责令限期采取治理措施消除污染，逾期不采取措施的，指定有能力的单位代为履行，所需费用由污染者承担;对直接负责的主管人员和其他直接责任人员，处五万元以上二十万元以下的罚款:

（一）未经许可，从事核设施建造、运行或者退役等活动的;

(二)未经许可,变更许可文件规定条件的;

(三)核设施运行许可证有效期届满,未经审查批准,继续运行核设施的;

(四)未经审查批准,进口核设施的。

第八十条 【核设施营运单位未对核设施进行定期安全评价等行为的处罚】违反本法规定,核设施营运单位有下列情形之一的,由国务院核安全监督管理部门责令改正,给予警告;情节严重的,处五十万元以上二百万元以下的罚款;造成环境污染的,责令限期采取治理措施消除污染,逾期不采取措施的,指定有能力的单位代为履行,所需费用由污染者承担:

(一)未对核设施进行定期安全评价,或者不接受国务院核安全监督管理部门审查的;

(二)核设施终止运行后,未采取安全方式进行停闭管理,或者未确保退役所需的基本功能、技术人员和文件的;

(三)核设施退役时,未将构筑物、系统或者设备的放射性水平降低至满足标准的要求的;

(四)未将产生的放射性固体废物或者不能经净化排放的放射性废液转变为稳定的、标准化的固体废物,及时送交放射性废物处置单位处置的;

(五)未对产生的放射性废气进行处理,或者未达到国家放射性污染防治标准排放的。

第八十一条 【核设施营运单位未对核素总量实施监测等行为的处罚】违反本法规定,核设施营运单位未对核设施周围环境中所含的放射性核素的种类、浓度或者核设施流出物中的放射性核素总量实施监测,或者未按照规定报告监测结果的,由国务院环境保护主管部门或者所在地省、自治区、直辖市人民政府环境保护主管部门责令改正,处十万元以上五十万元以下的罚款。

第八十二条 【受委托的技术支持单位出具虚假技术评价结论行为的处罚】违反本法规定,受委托的技术支持单位出具虚假技术评价结论的,由国务院核安全监督管理部门处二十万元以上一百万元以下的罚款;有违法所得的,没收违法所得;对直接负责的主管人员和其他直接责任人员处十万元以上二十万元以下的罚款。

第八十三条 【未经许可为核设施提供核安全设备相关服务等行为的处罚】违反本法规定,有下列情形之一的,由国务院核安全监督管理部门责令改正,处五十万元以上一百万元以下的罚款;有违法所得的,没收违法所得;

对直接负责的主管人员和其他直接责任人员处二万元以上十万元以下的罚款：

（一）未经许可，为核设施提供核安全设备设计、制造、安装或者无损检验服务的；

（二）未经注册，境外机构为境内核设施提供核安全设备设计、制造、安装或者无损检验服务的。

第八十四条　【聘用未取得相应资格证书的人员从事技术工作行为的处罚】违反本法规定，核设施营运单位或者核安全设备制造、安装、无损检验单位聘用未取得相应资格证书的人员从事与核设施安全专业技术有关的工作的，由国务院核安全监督管理部门责令改正，处十万元以上五十万元以下的罚款；拒不改正的，暂扣或者吊销许可证，对直接负责的主管人员和其他直接责任人员处二万元以上十万元以下的罚款。

第八十五条　【未经许可持有核材料行为的处罚】违反本法规定，未经许可持有核材料的，由国务院核工业主管部门没收非法持有的核材料，并处十万元以上五十万元以下的罚款；有违法所得的，没收违法所得。

第八十六条　【未经许可从事放射性废物处理等行为的处罚】违反本法规定，有下列情形之一的，由国务院核安全监督管理部门责令改正，处十万元以上五十万元以下的罚款；情节严重的，处五十万元以上二百万元以下的罚款；造成环境污染的，责令限期采取治理措施消除污染，逾期不采取措施的，指定有能力的单位代为履行，所需费用由污染者承担：

（一）未经许可，从事放射性废物处理、贮存、处置活动的；

（二）未建立放射性废物处置情况记录档案，未如实记录与处置活动有关的事项，或者未永久保存记录档案的；

（三）对应当关闭的放射性废物处置设施，未依法办理关闭手续的；

（四）关闭放射性废物处置设施，未在划定的区域设置永久性标记的；

（五）未编制放射性废物处置设施关闭安全监护计划的；

（六）放射性废物处置设施关闭后，未按照经批准的安全监护计划进行安全监护的。

第八十七条　【未按规定制定应急预案等行为的处罚】违反本法规定，核设施营运单位有下列情形之一的，由国务院核安全监督管理部门责令改正，处十万元以上五十万元以下的罚款；对直接负责的主管人员和其他直接责任人员，处二万元以上五万元以下的罚款：

（一）未按照规定制定场内核事故应急预案的；

（二）未按照应急预案配备应急设备，未开展应急工作人员培训或者演练的；

（三）未按照核事故应急救援工作的要求，实施应急响应支援的。

第八十八条 【未按规定公开相关信息的处罚】违反本法规定，核设施营运单位未按照规定公开相关信息的，由国务院核安全监督管理部门责令改正；拒不改正的，处十万元以上五十万元以下的罚款。

第八十九条 【拒绝、阻挠行为的处罚】违反本法规定，对国务院核安全监督管理部门或者其他有关部门依法进行的监督检查，从事核安全活动的单位拒绝、阻挠的，由国务院核安全监督管理部门或者其他有关部门责令改正，可以处十万元以上五十万元以下的罚款；拒不改正的，暂扣或者吊销其许可证；构成违反治安管理行为的，由公安机关依法给予治安管理处罚。

第九十条 【损害赔偿责任】因核事故造成他人人身伤亡、财产损失或者环境损害的，核设施营运单位应当按照国家核损害责任制度承担赔偿责任，但能够证明损害是因战争、武装冲突、暴乱等情形造成的除外。

为核设施营运单位提供设备、工程以及服务等的单位不承担核损害赔偿责任。核设施营运单位与其有约定的，在承担赔偿责任后，可以按照约定追偿。

核设施营运单位应当通过投保责任保险、参加互助机制等方式，作出适当的财务保证安排，确保能够及时、有效履行核损害赔偿责任。

第九十一条 【刑事责任】违反本法规定，构成犯罪的，依法追究刑事责任。

第八章　附　　则

第九十二条 【军工、军事核安全规定】军工、军事核安全，由国务院、中央军事委员会依照本法规定的原则另行规定。

第九十三条 【用语含义】本法中下列用语的含义：

核事故，是指核设施内的核燃料、放射性产物、放射性废物或者运入运出核设施的核材料所发生的放射性、毒害性、爆炸性或者其他危害性事故，或者一系列事故。

纵深防御，是指通过设定一系列递进并且独立的防护、缓解措施或者实物屏障，防止核事故发生，减轻核事故后果。

核设施营运单位，是指在中华人民共和国境内，申请或者持有核设施安全许可证，可以经营和运行核设施的单位。

核安全设备，是指在核设施中使用的执行核安全功能的设备，包括核安全机械设备和核安全电气设备。

乏燃料,是指在反应堆堆芯内受过辐照并从堆芯永久卸出的核燃料。

停闭,是指核设施已经停止运行,并且不再启动。

退役,是指采取去污、拆除和清除等措施,使核设施不再使用的场所或者设备的辐射剂量满足国家相关标准的要求。

经验反馈,是指对核设施的事件、质量问题和良好实践等信息进行收集、筛选、评价、分析、处理和分发,总结推广良好实践经验,防止类似事件和问题重复发生。

托运人,是指在中华人民共和国境内,申请将托运货物提交运输并获得批准的单位。

第九十四条　【施行日期】本法自 2018 年 1 月 1 日起施行。

中华人民共和国水污染防治法

1. 1984 年 5 月 11 日第六届全国人民代表大会常务委员会第五次会议通过
2. 根据 1996 年 5 月 15 日第八届全国人民代表大会常务委员会第十九次会议《关于修改〈中华人民共和国水污染防治法〉的决定》第一次修正
3. 2008 年 2 月 28 日第十届全国人民代表大会常务委员会第三十二次会议修订
4. 根据 2017 年 6 月 27 日第十二届全国人民代表大会常务委员会第二十八次会议《关于修改〈中华人民共和国水污染防治法〉的决定》第二次修正

目　　录

第一章　总　　则
第二章　水污染防治的标准和规划
第三章　水污染防治的监督管理
第四章　水污染防治措施
　第一节　一般规定
　第二节　工业水污染防治
　第三节　城镇水污染防治
　第四节　农业和农村水污染防治
　第五节　船舶水污染防治
第五章　饮用水水源和其他特殊水体保护
第六章　水污染事故处置

第七章　法律责任
第八章　附　　则

第一章　总　　则

第一条　【立法目的】为了保护和改善环境，防治水污染，保护水生态，保障饮用水安全，维护公众健康，推进生态文明建设，促进经济社会可持续发展，制定本法。

第二条　【适用范围】本法适用于中华人民共和国领域内的江河、湖泊、运河、渠道、水库等地表水体以及地下水体的污染防治。

海洋污染防治适用《中华人民共和国海洋环境保护法》。

第三条　【水污染防治原则】水污染防治应当坚持预防为主、防治结合、综合治理的原则，优先保护饮用水水源，严格控制工业污染、城镇生活污染，防治农业面源污染，积极推进生态治理工程建设，预防、控制和减少水环境污染和生态破坏。

第四条　【政府水污染防治责任】县级以上人民政府应当将水环境保护工作纳入国民经济和社会发展规划。

地方各级人民政府对本行政区域的水环境质量负责，应当及时采取措施防治水污染。

第五条　【河长制】省、市、县、乡建立河长制，分级分段组织领导本行政区域内江河、湖泊的水资源保护、水域岸线管理、水污染防治、水环境治理等工作。

第六条　【水环境保护目标责任制和考核评价制度】国家实行水环境保护目标责任制和考核评价制度，将水环境保护目标完成情况作为对地方人民政府及其负责人考核评价的内容。

第七条　【水污染防治的科研、技术推广和宣传教育】国家鼓励、支持水污染防治的科学技术研究和先进适用技术的推广应用，加强水环境保护的宣传教育。

第八条　【水环境生态保护补偿机制】国家通过财政转移支付等方式，建立健全对位于饮用水水源保护区区域和江河、湖泊、水库上游地区的水环境生态保护补偿机制。

第九条　【水污染防治监督管理体制】县级以上人民政府环境保护主管部门对水污染防治实施统一监督管理。

交通主管部门的海事管理机构对船舶污染水域的防治实施监督管理。

县级以上人民政府水行政、国土资源、卫生、建设、农业、渔业等部门以及重要江河、湖泊的流域水资源保护机构，在各自的职责范围内，对有关水污染防治实施监督管理。

第十条　【不得超过标准和总量控制指标排污】排放水污染物，不得超过国家或者地方规定的水污染物排放标准和重点水污染物排放总量控制指标。

第十一条　【违法行为的检举及突出贡献的表彰】任何单位和个人都有义务保护水环境，并有权对污染损害水环境的行为进行检举。

县级以上人民政府及其有关主管部门对在水污染防治工作中做出显著成绩的单位和个人给予表彰和奖励。

第二章　水污染防治的标准和规划

第十二条　【水环境质量标准的制定】国务院环境保护主管部门制定国家水环境质量标准。

省、自治区、直辖市人民政府可以对国家水环境质量标准中未作规定的项目，制定地方标准，并报国务院环境保护主管部门备案。

第十三条　【省界水体水环境质量标准的确定】国务院环境保护主管部门会同国务院水行政主管部门和有关省、自治区、直辖市人民政府，可以根据国家确定的重要江河、湖泊流域水体的使用功能以及有关地区的经济、技术条件，确定该重要江河、湖泊流域的省界水体适用的水环境质量标准，报国务院批准后施行。

第十四条　【水污染物排放标准的制定】国务院环境保护主管部门根据国家水环境质量标准和国家经济、技术条件，制定国家水污染物排放标准。

省、自治区、直辖市人民政府对国家水污染物排放标准中未作规定的项目，可以制定地方水污染物排放标准；对国家水污染物排放标准中已作规定的项目，可以制定严于国家水污染物排放标准的地方水污染物排放标准。地方水污染物排放标准须报国务院环境保护主管部门备案。

向已有地方水污染物排放标准的水体排放污染物的，应当执行地方水污染物排放标准。

第十五条　【水污染防治标准的修订】国务院环境保护主管部门和省、自治区、直辖市人民政府，应当根据水污染防治的要求和国家或者地方的经济、技术条件，适时修订水环境质量标准和水污染物排放标准。

第十六条　【水污染防治规划】防治水污染应当按流域或者按区域进行统一

规划。国家确定的重要江河、湖泊的流域水污染防治规划,由国务院环境保护主管部门会同国务院经济综合宏观调控、水行政等部门和有关省、自治区、直辖市人民政府编制,报国务院批准。

前款规定外的其他跨省、自治区、直辖市江河、湖泊的流域水污染防治规划,根据国家确定的重要江河、湖泊的流域水污染防治规划和本地实际情况,由有关省、自治区、直辖市人民政府环境保护主管部门会同同级水行政等部门和有关市、县人民政府编制,经有关省、自治区、直辖市人民政府审核,报国务院批准。

省、自治区、直辖市内跨县江河、湖泊的流域水污染防治规划,根据国家确定的重要江河、湖泊的流域水污染防治规划和本地实际情况,由省、自治区、直辖市人民政府环境保护主管部门会同同级水行政等部门编制,报省、自治区、直辖市人民政府批准,并报国务院备案。

经批准的水污染防治规划是防治水污染的基本依据,规划的修订须经原批准机关批准。

县级以上地方人民政府应当根据依法批准的江河、湖泊的流域水污染防治规划,组织制定本行政区域的水污染防治规划。

第十七条 【限期达标规划】有关市、县级人民政府应当按照水污染防治规划确定的水环境质量改善目标的要求,制定限期达标规划,采取措施按期达标。

有关市、县级人民政府应当将限期达标规划报上一级人民政府备案,并向社会公开。

第十八条 【公开达标规划执行情况】市、县级人民政府每年在向本级人民代表大会或者其常务委员会报告环境状况和环境保护目标完成情况时,应当报告水环境质量限期达标规划执行情况,并向社会公开。

第三章 水污染防治的监督管理

第十九条 【建设项目的环境影响评价和"三同时"制度】新建、改建、扩建直接或者间接向水体排放污染物的建设项目和其他水上设施,应当依法进行环境影响评价。

建设单位在江河、湖泊新建、改建、扩建排污口的,应当取得水行政主管部门或者流域管理机构同意;涉及通航、渔业水域的,环境保护主管部门在审批环境影响评价文件时,应当征求交通、渔业主管部门的意见。

建设项目的水污染防治设施,应当与主体工程同时设计、同时施工、同时投入使用。水污染防治设施应当符合经批准或者备案的环境影响评价文件的要求。

第二十条 【重点水污染物排放总量控制制度】国家对重点水污染物排放实施总量控制制度。

重点水污染物排放总量控制指标,由国务院环境保护主管部门在征求国务院有关部门和各省、自治区、直辖市人民政府意见后,会同国务院经济综合宏观调控部门报国务院批准并下达实施。

省、自治区、直辖市人民政府应当按照国务院的规定削减和控制本行政区域的重点水污染物排放总量。具体办法由国务院环境保护主管部门会同国务院有关部门规定。

省、自治区、直辖市人民政府可以根据本行政区域水环境质量状况和水污染防治工作的需要,对国家重点水污染物之外的其他水污染物排放实行总量控制。

对超过重点水污染物排放总量控制指标或者未完成水环境质量改善目标的地区,省级以上人民政府环境保护主管部门应当会同有关部门约谈该地区人民政府的主要负责人,并暂停审批新增重点水污染物排放总量的建设项目的环境影响评价文件。约谈情况应当向社会公开。

第二十一条 【排污许可制度】直接或者间接向水体排放工业废水和医疗污水以及其他按照规定应当取得排污许可证方可排放的废水、污水的企业事业单位和其他生产经营者,应当取得排污许可证;城镇污水集中处理设施的运营单位,也应当取得排污许可证。排污许可证应当明确排放水污染物的种类、浓度、总量和排放去向等要求。排污许可的具体办法由国务院规定。

禁止企业事业单位和其他生产经营者无排污许可证或者违反排污许可证的规定向水体排放前款规定的废水、污水。

第二十二条 【排污口的设置】向水体排放污染物的企业事业单位和其他生产经营者,应当按照法律、行政法规和国务院环境保护主管部门的规定设置排污口;在江河、湖泊设置排污口的,还应当遵守国务院水行政主管部门的规定。

第二十三条 【排污自动监测制度】实行排污许可管理的企业事业单位和其他生产经营者应当按照国家有关规定和监测规范,对所排放的水污染物自行监测,并保存原始监测记录。重点排污单位还应当安装水污染物排放自动监测设备,与环境保护主管部门的监控设备联网,并保证监测设备正常运行。具体办法由国务院环境保护主管部门规定。

应当安装水污染物排放自动监测设备的重点排污单位名录,由设区的市级以上地方人民政府环境保护主管部门根据本行政区域的环境容量、重点水污染物排放总量控制指标的要求以及排污单位排放水污染物的种类、数量和浓度等因素,商同级有关部门确定。

第二十四条　【监测数据的真实性和准确性】实行排污许可管理的企业事业单位和其他生产经营者应当对监测数据的真实性和准确性负责。

环境保护主管部门发现重点排污单位的水污染物排放自动监测设备传输数据异常,应当及时进行调查。

第二十五条　【水环境质量监测和水污染物排放监测】国家建立水环境质量监测和水污染物排放监测制度。国务院环境保护主管部门负责制定水环境监测规范,统一发布国家水环境状况信息,会同国务院水行政等部门组织监测网络,统一规划国家水环境质量监测站(点)的设置,建立监测数据共享机制,加强对水环境监测的管理。

第二十六条　【省界水体的监测】国家确定的重要江河、湖泊流域的水资源保护工作机构负责监测其所在流域的省界水体的水环境质量状况,并将监测结果及时报国务院环境保护主管部门和国务院水行政主管部门;有经国务院批准成立的流域水资源保护领导机构的,应当将监测结果及时报告流域水资源保护领导机构。

第二十七条　【水资源的开发、利用和调节、调度】国务院有关部门和县级以上地方人民政府开发、利用和调节、调度水资源时,应当统筹兼顾,维持江河的合理流量和湖泊、水库以及地下水体的合理水位,保障基本生态用水,维护水体的生态功能。

第二十八条　【重要江河、湖泊的流域水环境保护联合协调机制】国务院环境保护主管部门应当会同国务院水行政等部门和有关省、自治区、直辖市人民政府,建立重要江河、湖泊的流域水环境保护联合协调机制,实行统一规划、统一标准、统一监测、统一的防治措施。

第二十九条　【生态环境功能保护】国务院环境保护主管部门和省、自治区、直辖市人民政府环境保护主管部门应当会同同级有关部门根据流域生态环境功能需要,明确流域生态环境保护要求,组织开展流域环境资源承载能力监测、评价,实施流域环境资源承载能力预警。

县级以上地方人民政府应当根据流域生态环境功能需要,组织开展江河、湖泊、湿地保护与修复,因地制宜建设人工湿地、水源涵养林、沿河沿湖植被缓冲带和隔离带等生态环境治理与保护工程,整治黑臭水体,提高流域环境资源承载能力。

从事开发建设活动,应当采取有效措施,维护流域生态环境功能,严守生态保护红线。

第三十条 【现场检查】环境保护主管部门和其他依照本法规定行使监督管理权的部门,有权对管辖范围内的排污单位进行现场检查,被检查的单位应当如实反映情况,提供必要的资料。检查机关有义务为被检查的单位保守在检查中获取的商业秘密。

第三十一条 【跨区域水污染纠纷的处理】跨行政区域的水污染纠纷,由有关地方人民政府协商解决,或者由其共同的上级人民政府协调解决。

第四章 水污染防治措施

第一节 一般规定

第三十二条 【有毒有害水污染物名录】国务院环境保护主管部门应当会同国务院卫生主管部门,根据对公众健康和生态环境的危害和影响程度,公布有毒有害水污染物名录,实行风险管理。

排放前款规定名录中所列有毒有害水污染物的企业事业单位和其他生产经营者,应当对排污口和周边环境进行监测,评估环境风险,排查环境安全隐患,并公开有毒有害水污染物信息,采取有效措施防范环境风险。

第三十三条 【禁止排放油类等废液】禁止向水体排放油类、酸液、碱液或者剧毒废液。

禁止在水体清洗装贮过油类或者有毒污染物的车辆和容器。

第三十四条 【禁止排放、倾倒放射性废弃物】禁止向水体排放、倾倒放射性固体废物或者含有高放射性和中放射性物质的废水。

向水体排放含低放射性物质的废水,应当符合国家有关放射性污染防治的规定和标准。

第三十五条 【限制排放含热废水】向水体排放含热废水,应当采取措施,保证水体的水温符合水环境质量标准。

第三十六条 【限制排放含病原体的污水】含病原体的污水应当经过消毒处理;符合国家有关标准后,方可排放。

第三十七条 【禁止排放、倾倒固体废弃物】禁止向水体排放、倾倒工业废渣、城镇垃圾和其他废弃物。

禁止将含有汞、镉、砷、铬、铅、氰化物、黄磷等的可溶性剧毒废渣向水体排放、倾倒或者直接埋入地下。

存放可溶性剧毒废渣的场所，应当采取防水、防渗漏、防流失的措施。

第三十八条　【禁止堆放、存贮固体废弃物和其他污染物】禁止在江河、湖泊、运河、渠道、水库最高水位线以下的滩地和岸坡堆放、存贮固体废弃物和其他污染物。

第三十九条　【禁止篡改、伪造监测数据和以逃避监管的方式排放水污染物】禁止利用渗井、渗坑、裂隙、溶洞，私设暗管，篡改、伪造监测数据，或者不正常运行水污染防治设施等逃避监管的方式排放水污染物。

第四十条　【采取措施防止地下水污染】化学品生产企业以及工业集聚区、矿山开采区、尾矿库、危险废物处置场、垃圾填埋场等的运营、管理单位，应当采取防渗漏等措施，并建设地下水水质监测井进行监测，防止地下水污染。

加油站等的地下油罐应当使用双层罐或者采取建造防渗池等其他有效措施，并进行防渗漏监测，防止地下水污染。

禁止利用无防渗漏措施的沟渠、坑塘等输送或者存贮含有毒污染物的废水、含病原体的污水和其他废弃物。

第四十一条　【地下水开采的要求】多层地下水的含水层水质差异大的，应当分层开采；对已受污染的潜水和承压水，不得混合开采。

第四十二条　【地下作业防止污染地下水】兴建地下工程设施或者进行地下勘探、采矿等活动，应当采取防护性措施，防止地下水污染。

报废矿井、钻井或者取水井等，应当实施封井或者回填。

第四十三条　【人工回灌的要求】人工回灌补给地下水，不得恶化地下水质。

第二节　工业水污染防治

第四十四条　【政府及有关部门防治工业水污染的职责】国务院有关部门和县级以上地方人民政府应当合理规划工业布局，要求造成水污染的企业进行技术改造，采取综合防治措施，提高水的重复利用率，减少废水和污染物排放量。

第四十五条　【工业废水的排放要求】排放工业废水的企业应当采取有效措施，收集和处理产生的全部废水，防止污染环境。含有毒有害水污染物的工业废水应当分类收集和处理，不得稀释排放。

工业集聚区应当配套建设相应的污水集中处理设施，安装自动监测设备,与环境保护主管部门的监控设备联网,并保证监测设备正常运行。

向污水集中处理设施排放工业废水的,应当按照国家有关规定进行预处理,达到集中处理设施处理工艺要求后方可排放。

第四十六条 【落后工艺和设备的限期淘汰制度】国家对严重污染水环境的落后工艺和设备实行淘汰制度。

国务院经济综合宏观调控部门会同国务院有关部门,公布限期禁止采用的严重污染水环境的工艺名录和限期禁止生产、销售、进口、使用的严重污染水环境的设备名录。

生产者、销售者、进口者或者使用者应当在规定的期限内停止生产、销售、进口或者使用列入前款规定的设备名录中的设备。工艺的采用者应当在规定的期限内停止采用列入前款规定的工艺名录中的工艺。

依照本条第二款、第三款规定被淘汰的设备,不得转让给他人使用。

第四十七条 【禁止新建严重污染水环境的生产项目】国家禁止新建不符合国家产业政策的小型造纸、制革、印染、染料、炼焦、炼硫、炼砷、炼汞、炼油、电镀、农药、石棉、水泥、玻璃、钢铁、火电以及其他严重污染水环境的生产项目。

第四十八条 【企业防治水污染的义务】企业应当采用原材料利用效率高、污染物排放量少的清洁工艺,并加强管理,减少水污染物的产生。

第三节 城镇水污染防治

第四十九条 【城镇污水处理设施的建设和收费】城镇污水应当集中处理。

县级以上地方人民政府应当通过财政预算和其他渠道筹集资金,统筹安排建设城镇污水集中处理设施及配套管网,提高本行政区域城镇污水的收集率和处理率。

国务院建设主管部门应当会同国务院经济综合宏观调控、环境保护主管部门,根据城乡规划和水污染防治规划,组织编制全国城镇污水处理设施建设规划。县级以上地方人民政府组织建设、经济综合宏观调控、环境保护、水行政等部门编制本行政区域的城镇污水处理设施建设规划。县级以上地方人民政府建设主管部门应当按照城镇污水处理设施建设规划,组织建设城镇污水集中处理设施及配套管网,并加强对城镇污水集中处理设施运营的监督管理。

城镇污水集中处理设施的运营单位按照国家规定向排污者提供污水处理的有偿服务,收取污水处理费用,保证污水集中处理设施的正常运行。

收取的污水处理费用应当用于城镇污水集中处理设施的建设运行和污泥处理处置,不得挪作他用。

城镇污水集中处理设施的污水处理收费、管理以及使用的具体办法,由国务院规定。

第五十条　【对城镇污水集中处理设施的进水出水水质的要求】向城镇污水集中处理设施排放水污染物,应当符合国家或者地方规定的水污染物排放标准。

城镇污水集中处理设施的运营单位,应当对城镇污水集中处理设施的出水水质负责。

环境保护主管部门应当对城镇污水集中处理设施的出水水质和水量进行监督检查。

第五十一条　【安全处理处置污泥】城镇污水集中处理设施的运营单位或者污泥处理处置单位应当安全处理处置污泥,保证处理处置后的污泥符合国家标准,并对污泥的去向等进行记录。

第四节　农业和农村水污染防治

第五十二条　【农村污水、垃圾的处理】国家支持农村污水、垃圾处理设施的建设,推进农村污水、垃圾集中处理。

地方各级人民政府应当统筹规划建设农村污水、垃圾处理设施,并保障其正常运行。

第五十三条　【化肥、农药等产品要适应水环境保护要求】制定化肥、农药等产品的质量标准和使用标准,应当适应水环境保护要求。

第五十四条　【使用、运输、存贮和处置农药的要求】使用农药,应当符合国家有关农药安全使用的规定和标准。

运输、存贮农药和处置过期失效农药,应当加强管理,防止造成水污染。

第五十五条　【科学、合理施用化肥和农药】县级以上地方人民政府农业主管部门和其他有关部门,应当采取措施,指导农业生产者科学、合理地施用化肥和农药,推广测土配方施肥技术和高效低毒低残留农药,控制化肥和农药的过量使用,防止造成水污染。

第五十六条　【防止畜禽养殖场、养殖小区污染水环境】国家支持畜禽养殖场、养殖小区建设畜禽粪便、废水的综合利用或者无害化处理设施。

畜禽养殖场、养殖小区应当保证其畜禽粪便、废水的综合利用或者无害化处理设施正常运转,保证污水达标排放,防止污染水环境。

畜禽散养密集区所在地县、乡级人民政府应当组织对畜禽粪便污水进行分户收集、集中处理利用。

第五十七条 【防止水产养殖污染水环境】从事水产养殖应当保护水域生态环境,科学确定养殖密度,合理投饵和使用药物,防止污染水环境。

第五十八条 【防止农田灌溉污染环境】农田灌溉用水应当符合相应的水质标准,防止污染土壤、地下水和农产品。

禁止向农田灌溉渠道排放工业废水或者医疗污水。向农田灌溉渠道排放城镇污水以及未综合利用的畜禽养殖废水、农产品加工废水的,应当保证其下游最近的灌溉取水点的水质符合农田灌溉水质标准。

第五节 船舶水污染防治

第五十九条 【对船舶排放污水的禁止和限制】船舶排放含油污水、生活污水,应当符合船舶污染物排放标准。从事海洋航运的船舶进入内河和港口的,应当遵守内河的船舶污染物排放标准。

船舶的残油、废油应当回收,禁止排入水体。

禁止向水体倾倒船舶垃圾。

船舶装载运输油类或者有毒货物,应当采取防止溢流和渗漏的措施,防止货物落水造成水污染。

进入中华人民共和国内河的国际航线船舶排放压载水的,应当采用压载水处理装置或者采取其他等效措施,对压载水进行灭活等处理。禁止排放不符合规定的船舶压载水。

第六十条 【对船舶配置防污设备和器材的要求】船舶应当按照国家有关规定配置相应的防污设备和器材,并持有合法有效的防止水域环境污染的证书与文书。

船舶进行涉及污染物排放的作业,应当严格遵守操作规程,并在相应的记录簿上如实记载。

第六十一条 【对有关船舶作业活动和污染物、废弃物接收作业单位的要求】港口、码头、装卸站和船舶修造厂所在地市、县级人民政府应当统筹规划建设船舶污染物、废弃物的接收、转运及处理处置设施。

港口、码头、装卸站和船舶修造厂应当备有足够的船舶污染物、废弃物的接收设施。从事船舶污染物、废弃物接收作业,或者从事装载油类、污染危害性货物船舱清洗作业的单位,应当具备与其运营规模相适应的接收处理能力。

第六十二条 【船舶作业防止污染的要求】船舶及有关作业单位从事有污染风险的作业活动，应当按照有关法律法规和标准，采取有效措施，防止造成水污染。海事管理机构、渔业主管部门应当加强对船舶及有关作业活动的监督管理。

船舶进行散装液体污染危害性货物的过驳作业，应当编制作业方案，采取有效的安全和污染防治措施，并报作业地海事管理机构批准。

禁止采取冲滩方式进行船舶拆解作业。

第五章 饮用水水源和其他特殊水体保护

第六十三条 【饮用水水源保护区制度】国家建立饮用水水源保护区制度。饮用水水源保护区分为一级保护区和二级保护区；必要时，可以在饮用水水源保护区外围划定一定的区域作为准保护区。

饮用水水源保护区的划定，由有关市、县人民政府提出划定方案，报省、自治区、直辖市人民政府批准；跨市、县饮用水水源保护区的划定，由有关市、县人民政府协商提出划定方案，报省、自治区、直辖市人民政府批准；协商不成的，由省、自治区、直辖市人民政府环境保护主管部门会同同级水行政、国土资源、卫生、建设等部门提出划定方案，征求同级有关部门的意见后，报省、自治区、直辖市人民政府批准。

跨省、自治区、直辖市的饮用水水源保护区，由有关省、自治区、直辖市人民政府商有关流域管理机构划定；协商不成的，由国务院环境保护主管部门会同同级水行政、国土资源、卫生、建设等部门提出划定方案，征求国务院有关部门的意见后，报国务院批准。

国务院和省、自治区、直辖市人民政府可以根据保护饮用水水源的实际需要，调整饮用水水源保护区的范围，确保饮用水安全。有关地方人民政府应当在饮用水水源保护区的边界设立明确的地理界标和明显的警示标志。

第六十四条 【饮用水水源保护区内禁止设置排污口】在饮用水水源保护区内，禁止设置排污口。

第六十五条 【饮用水水源一级保护区的管理】禁止在饮用水水源一级保护区内新建、改建、扩建与供水设施和保护水源无关的建设项目；已建成的与供水设施和保护水源无关的建设项目，由县级以上人民政府责令拆除或者关闭。

禁止在饮用水水源一级保护区内从事网箱养殖、旅游、游泳、垂钓或者其他可能污染饮用水水体的活动。

第六十六条 【饮用水水源二级保护区的管理】禁止在饮用水水源二级保护区内新建、改建、扩建排放污染物的建设项目；已建成的排放污染物的建设项目，由县级以上人民政府责令拆除或者关闭。

在饮用水水源二级保护区内从事网箱养殖、旅游等活动的，应当按照规定采取措施，防止污染饮用水水体。

第六十七条 【饮用水水源准保护区的管理】禁止在饮用水水源准保护区内新建、扩建对水体污染严重的建设项目；改建建设项目，不得增加排污量。

第六十八条 【在准保护区内采取措施防止污染】县级以上地方人民政府应当根据保护饮用水水源的实际需要，在准保护区内采取工程措施或者建造湿地、水源涵养林等生态保护措施，防止水污染物直接排入饮用水水体，确保饮用水安全。

第六十九条 【防止饮用水水源受到污染的措施】县级以上地方人民政府应当组织环境保护等部门，对饮用水水源保护区、地下水型饮用水水源的补给区及供水单位周边区域的环境状况和污染风险进行调查评估，筛查可能存在的污染风险因素，并采取相应的风险防范措施。

饮用水水源受到污染可能威胁供水安全的，环境保护主管部门应当责令有关企业事业单位和其他生产经营者采取停止排放水污染物等措施，并通报饮用水供水单位和供水、卫生、水行政等部门；跨行政区域的，还应当通报相关地方人民政府。

第七十条 【拓展水源措施】单一水源供水城市的人民政府应当建设应急水源或者备用水源，有条件的地区可以开展区域联网供水。

县级以上地方人民政府应当合理安排、布局农村饮用水水源，有条件的地区可以采取城镇供水管网延伸或者建设跨村、跨乡镇联片集中供水工程等方式，发展规模集中供水。

第七十一条 【饮用水水质监测】饮用水供水单位应当做好取水口和出水口的水质检测工作。发现取水口水质不符合饮用水水源水质标准或者出水口水质不符合饮用水卫生标准的，应当及时采取相应措施，并向所在地市、县级人民政府供水主管部门报告。供水主管部门接到报告后，应当通报环境保护、卫生、水行政等部门。

饮用水供水单位应当对供水水质负责，确保供水设施安全可靠运行，保证供水水质符合国家有关标准。

第七十二条 【公开饮用水安全状况信息】县级以上地方人民政府应当组织有关部门监测、评估本行政区域内饮用水水源、供水单位供水和用户水龙头出水的水质等饮用水安全状况。

县级以上地方人民政府有关部门应当至少每季度向社会公开一次饮用水安全状况信息。

第七十三条 【对特殊水体的保护措施】国务院和省、自治区、直辖市人民政府根据水环境保护的需要,可以规定在饮用水水源保护区内,采取禁止或者限制使用含磷洗涤剂、化肥、农药以及限制种植养殖等措施。

第七十四条 【特殊水体保护区的划定】县级以上人民政府可以对风景名胜区水体、重要渔业水体和其他具有特殊经济文化价值的水体划定保护区,并采取措施,保证保护区的水质符合规定用途的水环境质量标准。

第七十五条 【不得在特殊水体新建排污口】在风景名胜区水体、重要渔业水体和其他具有特殊经济文化价值的水体的保护区内,不得新建排污口。在保护区附近新建排污口,应当保证保护区水体不受污染。

第六章 水污染事故处置

第七十六条 【依法做好水污染事故应急处置工作】各级人民政府及其有关部门,可能发生水污染事故的企业事业单位,应当依照《中华人民共和国突发事件应对法》的规定,做好突发水污染事故的应急准备、应急处置和事后恢复等工作。

第七十七条 【企业事业单位防止污染事故发生的措施】可能发生水污染事故的企业事业单位,应当制定有关水污染事故的应急方案,做好应急准备,并定期进行演练。

生产、储存危险化学品的企业事业单位,应当采取措施,防止在处理安全生产事故过程中产生的可能严重污染水体的消防废水、废液直接排入水体。

第七十八条 【水污染事故报告程序】企业事业单位发生事故或者其他突发性事件,造成或者可能造成水污染事故的,应当立即启动本单位的应急方案,采取隔离等应急措施,防止水污染物进入水体,并向事故发生地的县级以上地方人民政府或者环境保护主管部门报告。环境保护主管部门接到报告后,应当及时向本级人民政府报告,并抄送有关部门。

造成渔业污染事故或者渔业船舶造成水污染事故的,应当向事故发生地的渔业主管部门报告,接受调查处理。其他船舶造成水污染事故的,应当向事故发生地的海事管理机构报告,接受调查处理;给渔业造成损害的,海事管理机构应当通知渔业主管部门参与调查处理。

第七十九条 【饮用水安全突发事件的应急预案】市、县级人民政府应当组织编制饮用水安全突发事件应急预案。

饮用水供水单位应当根据所在地饮用水安全突发事件应急预案,制定相应的突发事件应急方案,报所在地市、县级人民政府备案,并定期进行演练。

饮用水水源发生水污染事故,或者发生其他可能影响饮用水安全的突发性事件,饮用水供水单位应当采取应急处理措施,向所在地市、县级人民政府报告,并向社会公开。有关人民政府应当根据情况及时启动应急预案,采取有效措施,保障供水安全。

第七章 法律责任

第八十条 【水污染监督管理部门的法律责任】环境保护主管部门或者其他依照本法规定行使监督管理权的部门,不依法作出行政许可或者办理批准文件的,发现违法行为或者接到对违法行为的举报后不予查处的,或者有其他未依照本法规定履行职责的行为的,对直接负责的主管人员和其他直接责任人员依法给予处分。

第八十一条 【拒绝、阻挠监督检查和弄虚作假的法律责任】以拖延、围堵、滞留执法人员等方式拒绝、阻挠环境保护主管部门或者其他依照本法规定行使监督管理权的部门的监督检查,或者在接受监督检查时弄虚作假的,由县级以上人民政府环境保护主管部门或者其他依照本法规定行使监督管理权的部门责令改正,处二万元以上二十万元以下的罚款。

第八十二条 【违反水污染防治管理有关规定的法律责任】违反本法规定,有下列行为之一的,由县级以上人民政府环境保护主管部门责令限期改正,处二万元以上二十万元以下的罚款;逾期不改正的,责令停产整治:

(一)未按照规定对所排放的水污染物自行监测,或者未保存原始监测记录的;

(二)未按照规定安装水污染物排放自动监测设备,未按照规定与环境保护主管部门的监控设备联网,或者未保证监测设备正常运行的;

(三)未按照规定对有毒有害水污染物的排污口和周边环境进行监测,或者未公开有毒有害水污染物信息的。

第八十三条 【超标排污或者超过排放总量控制指标排污等的法律责任】违

反本法规定,有下列行为之一的,由县级以上人民政府环境保护主管部门责令改正或者责令限制生产、停产整治,并处十万元以上一百万元以下的罚款;情节严重的,报经有批准权的人民政府批准,责令停业、关闭:

(一)未依法取得排污许可证排放水污染物的;

(二)超过水污染物排放标准或者超过重点水污染物排放总量控制指标排放水污染物的;

(三)利用渗井、渗坑、裂隙、溶洞,私设暗管,篡改、伪造监测数据,或者不正常运行水污染防治设施等逃避监管的方式排放水污染物的;

(四)未按照规定进行预处理,向污水集中处理设施排放不符合处理工艺要求的工业废水的。

第八十四条 【违法设置排污口的法律责任】在饮用水水源保护区内设置排污口的,由县级以上地方人民政府责令限期拆除,处十万元以上五十万元以下的罚款;逾期不拆除的,强制拆除,所需费用由违法者承担,处五十万元以上一百万元以下的罚款,并可以责令停产整治。

除前款规定外,违反法律、行政法规和国务院环境保护主管部门的规定设置排污口的,由县级以上地方人民政府环境保护主管部门责令限期拆除,处二万元以上十万元以下的罚款;逾期不拆除的,强制拆除,所需费用由违法者承担,处十万元以上五十万元以下的罚款;情节严重的,可以责令停产整治。

未经水行政主管部门或者流域管理机构同意,在江河、湖泊新建、改建、扩建排污口的,由县级以上人民政府水行政主管部门或者流域管理机构依据职权,依照前款规定采取措施,给予处罚。

第八十五条 【违法排放水污染物的法律责任】有下列行为之一的,由县级以上地方人民政府环境保护主管部门责令停止违法行为,限期采取治理措施,消除污染,处以罚款;逾期不采取治理措施的,环境保护主管部门可以指定有治理能力的单位代为治理,所需费用由违法者承担:

(一)向水体排放油类、酸液、碱液的;

(二)向水体排放剧毒废液,或者将含有汞、镉、砷、铬、铅、氰化物、黄磷等的可溶性剧毒废渣向水体排放、倾倒或者直接埋入地下的;

(三)在水体清洗装贮过油类、有毒污染物的车辆或者容器的;

(四)向水体排放、倾倒工业废渣、城镇垃圾或者其他废弃物,或者在江河、湖泊、运河、渠道、水库最高水位线以下的滩地、岸坡堆放、存贮固体废弃物或者其他污染物的;

（五）向水体排放、倾倒放射性固体废物或者含有高放射性、中放射性物质的废水的；

（六）违反国家有关规定或者标准，向水体排放含低放射性物质的废水、热废水或者含病原体的污水的；

（七）未采取防渗漏等措施，或者未建设地下水水质监测井进行监测的；

（八）加油站等的地下油罐未使用双层罐或者采取建造防渗池等其他有效措施，或者未进行防渗漏监测的；

（九）未按照规定采取防护性措施，或者利用无防渗漏措施的沟渠、坑塘等输送或者存贮含有毒污染物的废水、含病原体的污水或者其他废弃物的。

有前款第三项、第四项、第六项、第七项、第八项行为之一的，处二万元以上二十万元以下的罚款。有前款第一项、第二项、第五项、第九项行为之一的，处十万元以上一百万元以下的罚款；情节严重的，报经有批准权的人民政府批准，责令停业、关闭。

第八十六条　【违反淘汰落后生产工艺和设备制度的法律责任】违反本法规定，生产、销售、进口或者使用列入禁止生产、销售、进口、使用的严重污染水环境的设备名录中的设备，或者采用列入禁止采用的严重污染水环境的工艺名录中的工艺的，由县级以上人民政府经济综合宏观调控部门责令改正，处五万元以上二十万元以下的罚款；情节严重的，由县级以上人民政府经济综合宏观调控部门提出意见，报请本级人民政府责令停业、关闭。

第八十七条　【建设严重污染水环境生产项目的法律责任】违反本法规定，建设不符合国家产业政策的小型造纸、制革、印染、染料、炼焦、炼硫、炼砷、炼汞、炼油、电镀、农药、石棉、水泥、玻璃、钢铁、火电以及其他严重污染水环境的生产项目的，由所在地的市、县人民政府责令关闭。

第八十八条　【处理处置后的污泥不符合国家标准的法律责任】城镇污水集中处理设施的运营单位或者污泥处理处置单位，处理处置后的污泥不符合国家标准，或者对污泥去向等未进行记录的，由城镇排水主管部门责令限期采取治理措施，给予警告；造成严重后果的，处十万元以上二十万元以下的罚款；逾期不采取治理措施的，城镇排水主管部门可以指定有治理能力的单位代为治理，所需费用由违法者承担。

第八十九条　【违反船舶污染防治规定的法律责任】船舶未配置相应的防污染设备和器材，或者未持有合法有效的防止水域环境污染的证书与文书的,由海事管理机构、渔业主管部门按照职责分工责令限期改正,处二千元以上二万元以下的罚款;逾期不改正的,责令船舶临时停航。

　　船舶进行涉及污染物排放的作业,未遵守操作规程或者未在相应的记录簿上如实记载的,由海事管理机构、渔业主管部门按照职责分工责令改正,处二千元以上二万元以下的罚款。

第九十条　【违反船舶作业规定的法律责任】违反本法规定,有下列行为之一的,由海事管理机构、渔业主管部门按照职责分工责令停止违法行为,处一万元以上十万元以下的罚款;造成水污染的,责令限期采取治理措施,消除污染,处二万元以上二十万元以下的罚款;逾期不采取治理措施的,海事管理机构、渔业主管部门按照职责分工可以指定有治理能力的单位代为治理,所需费用由船舶承担:

　　(一)向水体倾倒船舶垃圾或者排放船舶的残油、废油的;

　　(二)未经作业地海事管理机构批准,船舶进行散装液体污染危害性货物的过驳作业的;

　　(三)船舶及有关作业单位从事有污染风险的作业活动,未按照规定采取污染防治措施的;

　　(四)以冲滩方式进行船舶拆解的;

　　(五)进入中华人民共和国内河的国际航线船舶,排放不符合规定的船舶压载水的。

第九十一条　【违反饮用水水源保护区规定的法律责任】有下列行为之一的,由县级以上地方人民政府环境保护主管部门责令停止违法行为,处十万元以上五十万元以下的罚款;并报经有批准权的人民政府批准,责令拆除或者关闭:

　　(一)在饮用水水源一级保护区内新建、改建、扩建与供水设施和保护水源无关的建设项目的;

　　(二)在饮用水水源二级保护区内新建、改建、扩建排放污染物的建设项目的;

　　(三)在饮用水水源准保护区内新建、扩建对水体污染严重的建设项目,或者改建建设项目增加排污量的。

　　在饮用水水源一级保护区内从事网箱养殖或者组织进行旅游、垂钓或者其他可能污染饮用水水体的活动的,由县级以上地方人民政府环境保护主管部门责令停止违法行为,处二万元以上十万元以下的罚款。个人在饮用水水源一级保护区内游泳、垂钓或者从事其他可能污染饮用水水体的活动的,由县级以上地方人民政府环境保护主管部门责令停止违法行为,可以处五百元以下的罚款。

第九十二条 【饮用水水质不符合国家规定标准的法律责任】饮用水供水单位供水水质不符合国家规定标准的,由所在地市、县级人民政府供水主管部门责令改正,处二万元以上二十万元以下的罚款;情节严重的,报经有批准权的人民政府批准,可以责令停业整顿;对直接负责的主管人员和其他直接责任人员依法给予处分。

第九十三条 【企业事业单位违反水污染事故应急处置规定的法律责任】企业事业单位有下列行为之一的,由县级以上人民政府环境保护主管部门责令改正;情节严重的,处二万元以上十万元以下的罚款:

(一)不按照规定制定水污染事故的应急方案的;

(二)水污染事故发生后,未及时启动水污染事故的应急方案,采取有关应急措施的。

第九十四条 【企业事业单位造成水污染事故的法律责任】企业事业单位违反本法规定,造成水污染事故的,除依法承担赔偿责任外,由县级以上人民政府环境保护主管部门依照本条第二款的规定处以罚款,责令限期采取治理措施,消除污染;未按照要求采取治理措施或者不具备治理能力的,由环境保护主管部门指定有治理能力的单位代为治理,所需费用由违法者承担;对造成重大或者特大水污染事故的,还可以报经有批准权的人民政府批准,责令关闭;对直接负责的主管人员和其他直接责任人员可以处上一年度从本单位取得的收入百分之五十以下的罚款;有《中华人民共和国环境保护法》第六十三条规定的违法排放水污染物等行为之一,尚不构成犯罪的,由公安机关对直接负责的主管人员和其他直接责任人员处十日以上十五日以下的拘留;情节较轻的,处五日以上十日以下的拘留。

对造成一般或者较大水污染事故的,按照水污染事故造成的直接损失的百分之二十计算罚款;对造成重大或者特大水污染事故的,按照水污染事故造成的直接损失的百分之三十计算罚款。

造成渔业污染事故或者渔业船舶造成水污染事故的,由渔业主管部门进行处罚;其他船舶造成水污染事故的,由海事管理机构进行处罚。

第九十五条 【复查】企业事业单位和其他生产经营者违法排放水污染物,受到罚款处罚,被责令改正的,依法作出处罚决定的行政机关应当组织复查,发现其继续违法排放水污染物或者拒绝、阻挠复查的,依照《中华人民共和国环境保护法》的规定按日连续处罚。

第九十六条 【水污染损害的民事责任】因水污染受到损害的当事人,有权要求排污方排除危害和赔偿损失。

由于不可抗力造成水污染损害的,排污方不承担赔偿责任;法律另有规定的除外。

水污染损害是由受害人故意造成的,排污方不承担赔偿责任。水污染损害是由受害人重大过失造成的,可以减轻排污方的赔偿责任。

水污染损害是由第三人造成的,排污方承担赔偿责任后,有权向第三人追偿。

第九十七条 【损害赔偿责任和赔偿金额纠纷的解决途径】因水污染引起的损害赔偿责任和赔偿金额的纠纷,可以根据当事人的请求,由环境保护主管部门或者海事管理机构、渔业主管部门按照职责分工调解处理;调解不成的,当事人可以向人民法院提起诉讼。当事人也可以直接向人民法院提起诉讼。

第九十八条 【水污染损害赔偿诉讼中的举证责任倒置】因水污染引起的损害赔偿诉讼,由排污方就法律规定的免责事由及其行为与损害结果之间不存在因果关系承担举证责任。

第九十九条 【水污染侵权共同诉讼、支持诉讼和法律援助】因水污染受到损害的当事人人数众多的,可以依法由当事人推选代表人进行共同诉讼。

环境保护主管部门和有关社会团体可以依法支持因水污染受到损害的当事人向人民法院提起诉讼。

国家鼓励法律服务机构和律师为水污染损害诉讼中的受害人提供法律援助。

第一百条 【环境监测机构在损害赔偿纠纷中可以接受委托提供监测数据】因水污染引起的损害赔偿责任和赔偿金额的纠纷,当事人可以委托环境监测机构提供监测数据。环境监测机构应当接受委托,如实提供有关监测数据。

第一百零一条 【刑事责任】违反本法规定,构成犯罪的,依法追究刑事责任。

第八章 附 则

第一百零二条 【特定用语的含义】本法中下列用语的含义:

(一)水污染,是指水体因某种物质的介入,而导致其化学、物理、生物或者放射性等方面特性的改变,从而影响水的有效利用,危害人体健康或者破坏生态环境,造成水质恶化的现象。

(二)水污染物,是指直接或者间接向水体排放的,能导致水体污染的物质。

(三)有毒污染物,是指那些直接或者间接被生物摄入体内后,可能导致该生物或者其后代发病、行为反常、遗传异变、生理机能失常、机体变形或者死亡的污染物。

(四)污泥,是指污水处理过程中产生的半固态或者固态物质。

(五)渔业水体,是指划定的鱼虾类的产卵场、索饵场、越冬场、洄游通道和鱼虾贝藻类的养殖场的水体。

第一百零三条 【施行日期】本法自2008年6月1日起施行。

中华人民共和国土壤污染防治法

1. 2018年8月31日第十三届全国人民代表大会常务委员会第五次会议通过
2. 2018年8月31日中华人民共和国主席令第8号公布
3. 自2019年1月1日起施行

目 录

第一章 总 则
第二章 规划、标准、普查和监测
第三章 预防和保护
第四章 风险管控和修复
　第一节 一般规定
　第二节 农用地
　第三节 建设用地
第五章 保障和监督
第六章 法律责任
第七章 附 则

第一章 总 则

第一条 【立法目的】为了保护和改善生态环境,防治土壤污染,保障公众健康,推动土壤资源永续利用,推进生态文明建设,促进经济社会可持续发展,制定本法。

第二条 【适用范围、调整对象和基本定义】在中华人民共和国领域及管辖的其他海域从事土壤污染防治及相关活动，适用本法。

本法所称土壤污染，是指因人为因素导致某种物质进入陆地表层土壤，引起土壤化学、物理、生物等方面特性的改变，影响土壤功能和有效利用，危害公众健康或者破坏生态环境的现象。

第三条 【基本原则】土壤污染防治应当坚持预防为主、保护优先、分类管理、风险管控、污染担责、公众参与的原则。

第四条 【基本义务】任何组织和个人都有保护土壤、防止土壤污染的义务。

土地使用权人从事土地开发利用活动，企业事业单位和其他生产经营者从事生产经营活动，应当采取有效措施，防止、减少土壤污染，对所造成的土壤污染依法承担责任。

第五条 【地方政府责任和考核制度】地方各级人民政府应当对本行政区域土壤污染防治和安全利用负责。

国家实行土壤污染防治目标责任制和考核评价制度，将土壤污染防治目标完成情况作为考核评价地方各级人民政府及其负责人、县级以上人民政府负有土壤污染防治监督管理职责的部门及其负责人的内容。

第六条 【各级政府基本职责】各级人民政府应当加强对土壤污染防治工作的领导，组织、协调、督促有关部门依法履行土壤污染防治监督管理职责。

第七条 【土壤污染防治监管体制】国务院生态环境主管部门对全国土壤污染防治工作实施统一监督管理；国务院农业农村、自然资源、住房城乡建设、林业草原等主管部门在各自职责范围内对土壤污染防治工作实施监督管理。

地方人民政府生态环境主管部门对本行政区域土壤污染防治工作实施统一监督管理；地方人民政府农业农村、自然资源、住房城乡建设、林业草原等主管部门在各自职责范围内对土壤污染防治工作实施监督管理。

第八条 【土壤环境信息共享机制】国家建立土壤环境信息共享机制。

国务院生态环境主管部门应当会同国务院农业农村、自然资源、住房城乡建设、水利、卫生健康、林业草原等主管部门建立土壤环境基础数据库，构建全国土壤环境信息平台，实行数据动态更新和信息共享。

第九条 【支持科技研发和国际交流】国家支持土壤污染风险管控和修复、监测等污染防治科学技术研究开发、成果转化和推广应用，鼓励土壤污染防治产业发展，加强土壤污染防治专业技术人才培养，促进土壤污染防治科学技术进步。

国家支持土壤污染防治国际交流与合作。

第十条　【宣传教育和公众参与】各级人民政府及其有关部门、基层群众性自治组织和新闻媒体应当加强土壤污染防治宣传教育和科学普及，增强公众土壤污染防治意识，引导公众依法参与土壤污染防治工作。

第二章　规划、标准、普查和监测

第十一条　【土壤污染防治规划】县级以上人民政府应当将土壤污染防治工作纳入国民经济和社会发展规划、环境保护规划。

设区的市级以上地方人民政府生态环境主管部门应当会同发展改革、农业农村、自然资源、住房城乡建设、林业草原等主管部门，根据环境保护规划要求、土地用途、土壤污染状况普查和监测结果等，编制土壤污染防治规划，报本级人民政府批准后公布实施。

第十二条　【风险管控标准】国务院生态环境主管部门根据土壤污染状况、公众健康风险、生态风险和科学技术水平，并按照土地用途，制定国家土壤污染风险管控标准，加强土壤污染防治标准体系建设。

省级人民政府对国家土壤污染风险管控标准中未作规定的项目，可以制定地方土壤污染风险管控标准；对国家土壤污染风险管控标准中已作规定的项目，可以制定严于国家土壤污染风险管控标准的地方土壤污染风险管控标准。地方土壤污染风险管控标准应当报国务院生态环境主管部门备案。

土壤污染风险管控标准是强制性标准。

国家支持对土壤环境背景值和环境基准的研究。

第十三条　【标准制定】制定土壤污染风险管控标准，应当组织专家进行审查和论证，并征求有关部门、行业协会、企业事业单位和公众等方面的意见。

土壤污染风险管控标准的执行情况应当定期评估，并根据评估结果对标准适时修订。

省级以上人民政府生态环境主管部门应当在其网站上公布土壤污染风险管控标准，供公众免费查阅、下载。

第十四条　【土壤污染状况普查和详查】国务院统一领导全国土壤污染状况普查。国务院生态环境主管部门会同国务院农业农村、自然资源、住房城乡建设、林业草原等主管部门，每十年至少组织开展一次全国土壤污染状况普查。

国务院有关部门、设区的市级以上地方人民政府可以根据本行业、本行政区域实际情况组织开展土壤污染状况详查。

第十五条　【土壤环境监测制度】国家实行土壤环境监测制度。

国务院生态环境主管部门制定土壤环境监测规范，会同国务院农业农村、自然资源、住房城乡建设、水利、卫生健康、林业草原等主管部门组织监测网络，统一规划国家土壤环境监测站（点）的设置。

第十六条　【农用地地块重点监测】地方人民政府农业农村、林业草原主管部门应当会同生态环境、自然资源主管部门对下列农用地地块进行重点监测：

（一）产出的农产品污染物含量超标的；

（二）作为或者曾作为污水灌溉区的；

（三）用于或者曾用于规模化养殖、固体废物堆放、填埋的；

（四）曾作为工矿用地或者发生过重大、特大污染事故的；

（五）有毒有害物质生产、贮存、利用、处置设施周边的；

（六）国务院农业农村、林业草原、生态环境、自然资源主管部门规定的其他情形。

第十七条　【建设用地地块重点监测】地方人民政府生态环境主管部门应当会同自然资源主管部门对下列建设用地地块进行重点监测：

（一）曾用于生产、使用、贮存、回收、处置有毒有害物质的；

（二）曾用于固体废物堆放、填埋的；

（三）曾发生过重大、特大污染事故的；

（四）国务院生态环境、自然资源主管部门规定的其他情形。

第三章　预防和保护

第十八条　【规划和项目环境影响评价】各类涉及土地利用的规划和可能造成土壤污染的建设项目，应当依法进行环境影响评价。环境影响评价文件应当包括对土壤可能造成的不良影响及应当采取的相应预防措施等内容。

第十九条　【有毒有害物质经营单位义务】生产、使用、贮存、运输、回收、处置、排放有毒有害物质的单位和个人，应当采取有效措施，防止有毒有害物质渗漏、流失、扬散，避免土壤受到污染。

第二十条　【土壤有毒有害物质名录】国务院生态环境主管部门应当会同国务院卫生健康等主管部门，根据对公众健康、生态环境的危害和影响程度，对土壤中有毒有害物质进行筛查评估,公布重点控制的土壤有毒有害物质名录,并适时更新。

第二十一条 【土壤污染重点监管单位名录】设区的市级以上地方人民政府生态环境主管部门应当按照国务院生态环境主管部门的规定,根据有毒有害物质排放等情况,制定本行政区域土壤污染重点监管单位名录,向社会公开并适时更新。

土壤污染重点监管单位应当履行下列义务:

(一)严格控制有毒有害物质排放,并按年度向生态环境主管部门报告排放情况;

(二)建立土壤污染隐患排查制度,保证持续有效防止有毒有害物质渗漏、流失、扬散;

(三)制定、实施自行监测方案,并将监测数据报生态环境主管部门。

前款规定的义务应当在排污许可证中载明。

土壤污染重点监管单位应当对监测数据的真实性和准确性负责。生态环境主管部门发现土壤污染重点监管单位监测数据异常,应当及时进行调查。

设区的市级以上地方人民政府生态环境主管部门应当定期对土壤污染重点监管单位周边土壤进行监测。

第二十二条 【拆除设施的土壤污染防治】企业事业单位拆除设施、设备或者建筑物、构筑物的,应当采取相应的土壤污染防治措施。

土壤污染重点监管单位拆除设施、设备或者建筑物、构筑物的,应当制定包括应急措施在内的土壤污染防治工作方案,报地方人民政府生态环境、工业和信息化主管部门备案并实施。

第二十三条 【矿产资源开发防治土壤污染】各级人民政府生态环境、自然资源主管部门应当依法加强对矿产资源开发区域土壤污染防治的监督管理,按照相关标准和总量控制的要求,严格控制可能造成土壤污染的重点污染物排放。

尾矿库运营、管理单位应当按照规定,加强尾矿库的安全管理,采取措施防止土壤污染。危库、险库、病库以及其他需要重点监管的尾矿库的运营、管理单位应当按照规定,进行土壤污染状况监测和定期评估。

第二十四条 【鼓励使用新技术、新材料】国家鼓励在建筑、通信、电力、交通、水利等领域的信息、网络、防雷、接地等建设工程中采用新技术、新材料,防止土壤污染。

禁止在土壤中使用重金属含量超标的降阻产品。

第二十五条 【**两类特殊设施的土壤污染防治**】建设和运行污水集中处理设施、固体废物处置设施，应当依照法律法规和相关标准的要求，采取措施防止土壤污染。

地方人民政府生态环境主管部门应当定期对污水集中处理设施、固体废物处置设施周边土壤进行监测；对不符合法律法规和相关标准要求的，应当根据监测结果，要求污水集中处理设施、固体废物处置设施运营单位采取相应改进措施。

地方各级人民政府应当统筹规划、建设城乡生活污水和生活垃圾处理、处置设施，并保障其正常运行，防止土壤污染。

第二十六条 【**农药、化肥的生产使用管理**】国务院农业农村、林业草原主管部门应当制定规划，完善相关标准和措施，加强农用地农药、化肥使用指导和使用总量控制，加强农用薄膜使用控制。

国务院农业农村主管部门应当加强农药、肥料登记，组织开展农药、肥料对土壤环境影响的安全性评价。

制定农药、兽药、肥料、饲料、农用薄膜等农业投入品及其包装物标准和农田灌溉用水水质标准，应当适应土壤污染防治的要求。

第二十七条 【**引导农民合理使用农业投入品**】地方人民政府农业农村、林业草原主管部门应当开展农用地土壤污染防治宣传和技术培训活动，扶持农业生产专业化服务，指导农业生产者合理使用农药、兽药、肥料、饲料、农用薄膜等农业投入品，控制农药、兽药、化肥等的使用量。

地方人民政府农业农村主管部门应当鼓励农业生产者采取有利于防止土壤污染的种养结合、轮作休耕等农业耕作措施；支持采取土壤改良、土壤肥力提升等有利于土壤养护和培育的措施；支持畜禽粪便处理、利用设施的建设。

第二十八条 【**向农用地排放污水、污泥的管理规定**】禁止向农用地排放重金属或者其他有毒有害物质含量超标的污水、污泥，以及可能造成土壤污染的清淤底泥、尾矿、矿渣等。

县级以上人民政府有关部门应当加强对畜禽粪便、沼渣、沼液等收集、贮存、利用、处置的监督管理，防止土壤污染。

农田灌溉用水应当符合相应的水质标准，防止土壤、地下水和农产品污染。地方人民政府生态环境主管部门应当会同农业农村、水利主管部门加强对农田灌溉用水水质的管理，对农田灌溉用水水质进行监测和监督检查。

第二十九条 【农业投入品使用的鼓励性规定】国家鼓励和支持农业生产者采取下列措施：

（一）使用低毒、低残留农药以及先进喷施技术；

（二）使用符合标准的有机肥、高效肥；

（三）采用测土配方施肥技术、生物防治等病虫害绿色防控技术；

（四）使用生物可降解农用薄膜；

（五）综合利用秸秆、移出高富集污染物秸秆；

（六）按照规定对酸性土壤等进行改良。

第三十条 【农业投入品废弃物的回收处理】禁止生产、销售、使用国家明令禁止的农业投入品。

农业投入品生产者、销售者和使用者应当及时回收农药、肥料等农业投入品的包装废弃物和农用薄膜，并将农药包装废弃物交由专门的机构或者组织进行无害化处理。具体办法由国务院农业农村主管部门会同国务院生态环境等主管部门制定。

国家采取措施，鼓励、支持单位和个人回收农业投入品包装废弃物和农用薄膜。

第三十一条 【未污染土壤和未利用地保护】国家加强对未污染土壤的保护。

地方各级人民政府应当重点保护未污染的耕地、林地、草地和饮用水水源地。

各级人民政府应当加强对国家公园等自然保护地的保护，维护其生态功能。

对未利用地应当予以保护，不得污染和破坏。

第三十二条 【居民区和学校等敏感单位的保护】县级以上地方人民政府及其有关部门应当按照土地利用总体规划和城乡规划，严格执行相关行业企业布局选址要求，禁止在居民区和学校、医院、疗养院、养老院等单位周边新建、改建、扩建可能造成土壤污染的建设项目。

第三十三条 【土壤资源保护和合理利用】国家加强对土壤资源的保护和合理利用。对开发建设过程中剥离的表土，应当单独收集和存放，符合条件的应当优先用于土地复垦、土壤改良、造地和绿化等。

禁止将重金属或者其他有毒有害物质含量超标的工业固体废物、生活垃圾或者污染土壤用于土地复垦。

第三十四条 【进口土壤的检验检疫】因科学研究等特殊原因,需要进口土壤的,应当遵守国家出入境检验检疫的有关规定。

第四章　风险管控和修复

第一节　一般规定

第三十五条 【土壤风险管控和修复的主要环节】土壤污染风险管控和修复,包括土壤污染状况调查和土壤污染风险评估、风险管控、修复、风险管控效果评估、修复效果评估、后期管理等活动。

第三十六条 【土壤污染状况调查报告】实施土壤污染状况调查活动,应当编制土壤污染状况调查报告。

　　土壤污染状况调查报告应当主要包括地块基本信息、污染物含量是否超过土壤污染风险管控标准等内容。污染物含量超过土壤污染风险管控标准的,土壤污染状况调查报告还应当包括污染类型、污染来源以及地下水是否受到污染等内容。

第三十七条 【土壤污染状况风险评估报告】实施土壤污染风险评估活动,应当编制土壤污染风险评估报告。

　　土壤污染风险评估报告应当主要包括下列内容:
　　(一)主要污染物状况;
　　(二)土壤及地下水污染范围;
　　(三)农产品质量安全风险、公众健康风险或者生态风险;
　　(四)风险管控、修复的目标和基本要求等。

第三十八条 【对风险管控、修复活动的要求】实施风险管控、修复活动,应当因地制宜、科学合理,提高针对性和有效性。

　　实施风险管控、修复活动,不得对土壤和周边环境造成新的污染。

第三十九条 【实施风险管控、修复活动前的移除、防扩散措施】实施风险管控、修复活动前,地方人民政府有关部门有权根据实际情况,要求土壤污染责任人、土地使用权人采取移除污染源、防止污染扩散等措施。

第四十条 【风险管控、修复活动的环境保护要求】实施风险管控、修复活动中产生的废水、废气和固体废物,应当按照规定进行处理、处置,并达到相关环境保护标准。

　　实施风险管控、修复活动中产生的固体废物以及拆除的设施、设备或者建筑物、构筑物属于危险废物的,应当依照法律法规和相关标准的要求进行处置。

修复施工期间,应当设立公告牌,公开相关情况和环境保护措施。

第四十一条 【对异位修复活动的环境保护要求】修复施工单位转运污染土壤的,应当制定转运计划,将运输时间、方式、线路和污染土壤数量、去向、最终处置措施等,提前报所在地和接收地生态环境主管部门。

转运的污染土壤属于危险废物的,修复施工单位应当依照法律法规和相关标准的要求进行处置。

第四十二条 【效果评估报告】实施风险管控效果评估、修复效果评估活动,应当编制效果评估报告。

效果评估报告应当主要包括是否达到土壤污染风险评估报告确定的风险管控、修复目标等内容。

风险管控、修复活动完成后,需要实施后期管理的,土壤污染责任人应当按照要求实施后期管理。

第四十三条 【第三方服务单位的条件要求】从事土壤污染状况调查和土壤污染风险评估、风险管控、修复、风险管控效果评估、修复效果评估、后期管理等活动的单位,应当具备相应的专业能力。

受委托从事前款活动的单位对其出具的调查报告、风险评估报告、风险管控效果评估报告、修复效果评估报告的真实性、准确性、完整性负责,并按照约定对风险管控、修复、后期管理等活动结果负责。

第四十四条 【突发事件造成的土壤污染防治】发生突发事件可能造成土壤污染的,地方人民政府及其有关部门和相关企业事业单位以及其他生产经营者应当立即采取应急措施,防止土壤污染,并依照本法规定做好土壤污染状况监测、调查和土壤污染风险评估、风险管控、修复等工作。

第四十五条 【土壤污染责任的承担主体】土壤污染责任人负有实施土壤污染风险管控和修复的义务。土壤污染责任人无法认定的,土地使用权人应当实施土壤污染风险管控和修复。

地方人民政府及其有关部门可以根据实际情况组织实施土壤污染风险管控和修复。

国家鼓励和支持有关当事人自愿实施土壤污染风险管控和修复。

第四十六条 【污染担责】因实施或者组织实施土壤污染状况调查和土壤污染风险评估、风险管控、修复、风险管控效果评估、修复效果评估、后期管理等活动所支出的费用,由土壤污染责任人承担。

第四十七条 【土壤污染责任人变更的责任承担】土壤污染责任人变更的,

由变更后承继其债权、债务的单位或者个人履行相关土壤污染风险管控和修复义务并承担相关费用。

第四十八条 【土壤污染责任人的认定】土壤污染责任人不明确或者存在争议的，农用地由地方人民政府农业农村、林业草原主管部门会同生态环境、自然资源主管部门认定，建设用地由地方人民政府生态环境主管部门会同自然资源主管部门认定。认定办法由国务院生态环境主管部门会同有关部门制定。

第二节 农用地

第四十九条 【农用地分类】国家建立农用地分类管理制度。按照土壤污染程度和相关标准，将农用地划分为优先保护类、安全利用类和严格管控类。

第五十条 【永久基本农田的划分和管理要求】县级以上地方人民政府应当依法将符合条件的优先保护类耕地划为永久基本农田，实行严格保护。

在永久基本农田集中区域，不得新建可能造成土壤污染的建设项目；已经建成的，应当限期关闭拆除。

第五十一条 【拟开垦为耕地的调查和分类管理】未利用地、复垦土地等拟开垦为耕地的，地方人民政府农业农村主管部门应当会同生态环境、自然资源主管部门进行土壤污染状况调查，依法进行分类管理。

第五十二条 【农用地土壤污染状况调查和风险评估】对土壤污染状况普查、详查和监测、现场检查表明有土壤污染风险的农用地地块，地方人民政府农业农村、林业草原主管部门应当会同生态环境、自然资源主管部门进行土壤污染状况调查。

对土壤污染状况调查表明污染物含量超过土壤污染风险管控标准的农用地地块，地方人民政府农业农村、林业草原主管部门应当会同生态环境、自然资源主管部门组织进行土壤污染风险评估，并按照农用地分类管理制度管理。

第五十三条 【安全利用方案】对安全利用类农用地地块，地方人民政府农业农村、林业草原主管部门，应当结合主要作物品种和种植习惯等情况，制定并实施安全利用方案。

安全利用方案应当包括下列内容：

（一）农艺调控、替代种植；

（二）定期开展土壤和农产品协同监测与评价；

（三）对农民、农民专业合作社及其他农业生产经营主体进行技术指导和培训；

（四）其他风险管控措施。

第五十四条 【风险管控措施】对严格管控类农用地地块，地方人民政府农业农村、林业草原主管部门应当采取下列风险管控措施：

（一）提出划定特定农产品禁止生产区域的建议，报本级人民政府批准后实施；

（二）按照规定开展土壤和农产品协同监测与评价；

（三）对农民、农民专业合作社及其他农业生产经营主体进行技术指导和培训；

（四）其他风险管控措施。

各级人民政府及其有关部门应当鼓励对严格管控类农用地采取调整种植结构、退耕还林还草、退耕还湿、轮作休耕、轮牧休牧等风险管控措施，并给予相应的政策支持。

第五十五条 【地下水、饮用水水源污染防治】安全利用类和严格管控类农用地地块的土壤污染影响或者可能影响地下水、饮用水水源安全的，地方人民政府生态环境主管部门应当会同农业农村、林业草原等主管部门制定防治污染的方案，并采取相应的措施。

第五十六条 【农用地风险管控要求】对安全利用类和严格管控类农用地地块，土壤污染责任人应当按照国家有关规定以及土壤污染风险评估报告的要求，采取相应的风险管控措施，并定期向地方人民政府农业农村、林业草原主管部门报告。

第五十七条 【修复方案、效果评估】对产出的农产品污染物含量超标，需要实施修复的农用地地块，土壤污染责任人应当编制修复方案，报地方人民政府农业农村、林业草原主管部门备案并实施。修复方案应当包括地下水污染防治的内容。

修复活动应当优先采取不影响农业生产、不降低土壤生产功能的生物修复措施，阻断或者减少污染物进入农作物食用部分，确保农产品质量安全。

风险管控、修复活动完成后，土壤污染责任人应当另行委托有关单位对风险管控效果、修复效果进行评估，并将效果评估报告报地方人民政府农业农村、林业草原主管部门备案。

农村集体经济组织及其成员、农民专业合作社及其他农业生产经营主体等负有协助实施土壤污染风险管控和修复的义务。

第三节 建设用地

第五十八条 【建设用地风险管控和修复名录制度】国家实行建设用地土壤污染风险管控和修复名录制度。

建设用地土壤污染风险管控和修复名录由省级人民政府生态环境主管部门会同自然资源等主管部门制定,按照规定向社会公开,并根据风险管控、修复情况适时更新。

第五十九条 【土壤污染状况调查】对土壤污染状况普查、详查和监测、现场检查表明有土壤污染风险的建设用地地块,地方人民政府生态环境主管部门应当要求土地使用权人按照规定进行土壤污染状况调查。

用途变更为住宅、公共管理与公共服务用地的,变更前应当按照规定进行土壤污染状况调查。

前两款规定的土壤污染状况调查报告应当报地方人民政府生态环境主管部门,由地方人民政府生态环境主管部门会同自然资源主管部门组织评审。

第六十条 【土壤污染风险评估】对土壤污染状况调查报告评审表明污染物含量超过土壤污染风险管控标准的建设用地地块,土壤污染责任人、土地使用权人应当按照国务院生态环境主管部门的规定进行土壤污染风险评估,并将土壤污染风险评估报告报省级人民政府生态环境主管部门。

第六十一条 【地块的确定和管理】省级人民政府生态环境主管部门应当会同自然资源等主管部门按照国务院生态环境主管部门的规定,对土壤污染风险评估报告组织评审,及时将需要实施风险管控、修复的地块纳入建设用地土壤污染风险管控和修复名录,并定期向国务院生态环境主管部门报告。

列入建设用地土壤污染风险管控和修复名录的地块,不得作为住宅、公共管理与公共服务用地。

第六十二条 【风险管控措施】对建设用地土壤污染风险管控和修复名录中的地块,土壤污染责任人应当按照国家有关规定以及土壤污染风险评估报告的要求,采取相应的风险管控措施,并定期向地方人民政府生态环境主管部门报告。风险管控措施应当包括地下水污染防治的内容。

第六十三条 【地方生态环境部门的风险管控措施】对建设用地土壤污染风险管控和修复名录中的地块,地方人民政府生态环境主管部门可以根据实际情况采取下列风险管控措施:

（一）提出划定隔离区域的建议，报本级人民政府批准后实施；

（二）进行土壤及地下水污染状况监测；

（三）其他风险管控措施。

第六十四条 【地块治理修复】对建设用地土壤污染风险管控和修复名录中需要实施修复的地块，土壤污染责任人应当结合土地利用总体规划和城乡规划编制修复方案，报地方人民政府生态环境主管部门备案并实施。修复方案应当包括地下水污染防治的内容。

第六十五条 【风险管控效果、修复效果评估】风险管控、修复活动完成后，土壤污染责任人应当另行委托有关单位对风险管控效果、修复效果进行评估，并将效果评估报告报地方人民政府生态环境主管部门备案。

第六十六条 【地块移出的规定】对达到土壤污染风险评估报告确定的风险管控、修复目标的建设用地地块，土壤污染责任人、土地使用权人可以申请省级人民政府生态环境主管部门移出建设用地土壤污染风险管控和修复名录。

省级人民政府生态环境主管部门应当会同自然资源等主管部门对风险管控效果评估报告、修复效果评估报告组织评审，及时将达到土壤污染风险评估报告确定的风险管控、修复目标且可以安全利用的地块移出建设用地土壤污染风险管控和修复名录，按照规定向社会公开，并定期向国务院生态环境主管部门报告。

未达到土壤污染风险评估报告确定的风险管控、修复目标的建设用地地块，禁止开工建设任何与风险管控、修复无关的项目。

第六十七条 【土地使用权人的职责】土壤污染重点监管单位生产经营用地的用途变更或者在其土地使用权收回、转让前，应当由土地使用权人按照规定进行土壤污染状况调查。土壤污染状况调查报告应当作为不动产登记资料送交地方人民政府不动产登记机构，并报地方人民政府生态环境主管部门备案。

第六十八条 【收回土地使用权的风险管控和修复】土地使用权已经被地方人民政府收回，土壤污染责任人为原土地使用权人的，由地方人民政府组织实施土壤污染风险管控和修复。

第五章　保障和监督

第六十九条 【经济政策和措施】国家采取有利于土壤污染防治的财政、税收、价格、金融等经济政策和措施。

第七十条 【土壤污染防治资金安排】各级人民政府应当加强对土壤污染的防治,安排必要的资金用于下列事项:

(一)土壤污染防治的科学技术研究开发、示范工程和项目;

(二)各级人民政府及其有关部门组织实施的土壤污染状况普查、监测、调查和土壤污染责任人认定、风险评估、风险管控、修复等活动;

(三)各级人民政府及其有关部门对涉及土壤污染的突发事件的应急处置;

(四)各级人民政府规定的涉及土壤污染防治的其他事项。

使用资金应当加强绩效管理和审计监督,确保资金使用效益。

第七十一条 【土壤污染防治基金制度】国家加大土壤污染防治资金投入力度,建立土壤污染防治基金制度。设立中央土壤污染防治专项资金和省级土壤污染防治基金,主要用于农用地土壤污染防治和土壤污染责任人或者土地使用权人无法认定的土壤污染风险管控和修复以及政府规定的其他事项。

对本法实施之前产生的,并且土壤污染责任人无法认定的污染地块,土地使用权人实际承担土壤污染风险管控和修复的,可以申请土壤污染防治基金,集中用于土壤污染风险管控和修复。

土壤污染防治基金的具体管理办法,由国务院财政主管部门会同国务院生态环境、农业农村、自然资源、住房城乡建设、林业草原等主管部门制定。

第七十二条 【土壤污染防治金融措施】国家鼓励金融机构加大对土壤污染风险管控和修复项目的信贷投放。

国家鼓励金融机构在办理土地权利抵押业务时开展土壤污染状况调查。

第七十三条 【税收优惠】从事土壤污染风险管控和修复的单位依照法律、行政法规的规定,享受税收优惠。

第七十四条 【鼓励慈善捐赠】国家鼓励并提倡社会各界为防治土壤污染捐赠财产,并依照法律、行政法规的规定,给予税收优惠。

第七十五条 【政府报告和人大监督】县级以上人民政府应当将土壤污染防治情况纳入环境状况和环境保护目标完成情况年度报告,向本级人民代表大会或者人民代表大会常务委员会报告。

第七十六条 【约谈】省级以上人民政府生态环境主管部门应当会同有关部门对土壤污染问题突出、防治工作不力、群众反映强烈的地区,约谈设区的市级以上地方人民政府及其有关部门主要负责人,要求其采取措施及时整改。约谈整改情况应当向社会公开。

第七十七条 【现场检查】生态环境主管部门及其环境执法机构和其他负有土壤污染防治监督管理职责的部门,有权对从事可能造成土壤污染活动的企业事业单位和其他生产经营者进行现场检查、取样,要求被检查者提供有关资料、就有关问题作出说明。

被检查者应当配合检查工作,如实反映情况,提供必要的资料。

实施现场检查的部门、机构及其工作人员应当为被检查者保守商业秘密。

第七十八条 【行政强制措施】企业事业单位和其他生产经营者违反法律法规规定排放有毒有害物质,造成或者可能造成严重土壤污染的,或者有关证据可能灭失或者被隐匿的,生态环境主管部门和其他负有土壤污染防治监督管理职责的部门,可以查封、扣押有关设施、设备、物品。

第七十九条 【尾矿库和未利用地的监管】地方人民政府安全生产监督管理部门应当监督尾矿库运营、管理单位履行防治土壤污染的法定义务,防止其发生可能污染土壤的事故;地方人民政府生态环境主管部门应当加强对尾矿库土壤污染防治情况的监督检查和定期评估,发现风险隐患的,及时督促尾矿库运营、管理单位采取相应措施。

地方人民政府及其有关部门应当依法加强对向沙漠、滩涂、盐碱地、沼泽地等未利用地非法排放有毒有害物质等行为的监督检查。

第八十条 【相关单位和个人的监管】省级以上人民政府生态环境主管部门和其他负有土壤污染防治监督管理职责的部门应当将从事土壤污染状况调查和土壤污染风险评估、风险管控、修复、风险管控效果评估、修复效果评估、后期管理等活动的单位和个人的执业情况,纳入信用系统建立信用记录,将违法信息记入社会诚信档案,并纳入全国信用信息共享平台和国家企业信用信息公示系统向社会公布。

第八十一条 【土壤环境信息公开】生态环境主管部门和其他负有土壤污染防治监督管理职责的部门应当依法公开土壤污染状况和防治信息。

国务院生态环境主管部门负责统一发布全国土壤环境信息;省级人民政府生态环境主管部门负责统一发布本行政区域土壤环境信息。生态环境主管部门应当将涉及主要食用农产品生产区域的重大土壤环境信息,及时通报同级农业农村、卫生健康和食品安全主管部门。

公民、法人和其他组织享有依法获取土壤污染状况和防治信息、参与和监督土壤污染防治的权利。

第八十二条 【土壤环境信息平台】土壤污染状况普查报告、监测数据、调查报告和土壤污染风险评估报告、风险管控效果评估报告、修复效果评估报告等,应当及时上传全国土壤环境信息平台。

第八十三条 【新闻媒体舆论监督】新闻媒体对违反土壤污染防治法律法规的行为享有舆论监督的权利,受监督的单位和个人不得打击报复。

第八十四条 【举报制度】任何组织和个人对污染土壤的行为,均有向生态环境主管部门和其他负有土壤污染防治监督管理职责的部门报告或者举报的权利。

生态环境主管部门和其他负有土壤污染防治监督管理职责的部门应当将土壤污染防治举报方式向社会公布,方便公众举报。

接到举报的部门应当及时处理并对举报人的相关信息予以保密;对实名举报并查证属实的,给予奖励。

举报人举报所在单位的,该单位不得以解除、变更劳动合同或者其他方式对举报人进行打击报复。

第六章 法 律 责 任

第八十五条 【行政机关的法律责任】地方各级人民政府、生态环境主管部门或者其他负有土壤污染防治监督管理职责的部门未依照本法规定履行职责的,对直接负责的主管人员和其他直接责任人员依法给予处分。

依照本法规定应当作出行政处罚决定而未作出的,上级主管部门可以直接作出行政处罚决定。

第八十六条 【重点监管单位未履行义务的法律责任】违反本法规定,有下列行为之一的,由地方人民政府生态环境主管部门或者其他负有土壤污染防治监督管理职责的部门责令改正,处以罚款;拒不改正的,责令停产整治:

(一)土壤污染重点监管单位未制定、实施自行监测方案,或者未将监测数据报生态环境主管部门的;

(二)土壤污染重点监管单位篡改、伪造监测数据的;

(三)土壤污染重点监管单位未按年度报告有毒有害物质排放情况,或者未建立土壤污染隐患排查制度的;

(四)拆除设施、设备或者建筑物、构筑物,企业事业单位未采取相应的土壤污染防治措施或者土壤污染重点监管单位未制定、实施土壤污染防治工作方案的；

（五）尾矿库运营、管理单位未按照规定采取措施防止土壤污染的；

（六）尾矿库运营、管理单位未按照规定进行土壤污染状况监测的；

（七）建设和运行污水集中处理设施、固体废物处置设施，未依照法律法规和相关标准的要求采取措施防止土壤污染的。

有前款规定行为之一的，处二万元以上二十万元以下的罚款；有前款第二项、第四项、第五项、第七项规定行为之一，造成严重后果的，处二十万元以上二百万元以下的罚款。

第八十七条 【**向农用地违法排污的法律责任**】违反本法规定，向农用地排放重金属或者其他有毒有害物质含量超标的污水、污泥，以及可能造成土壤污染的清淤底泥、尾矿、矿渣等的，由地方人民政府生态环境主管部门责令改正，处十万元以上五十万元以下的罚款；情节严重的，处五十万元以上二百万元以下的罚款，并可以将案件移送公安机关，对直接负责的主管人员和其他直接责任人员处五日以上十五日以下的拘留；有违法所得的，没收违法所得。

第八十八条 【**农业投入品违法行为的法律责任**】违反本法规定，农业投入品生产者、销售者、使用者未按照规定及时回收肥料等农业投入品的包装废弃物或者农用薄膜，或者未按照规定及时回收农药包装废弃物交由专门的机构或者组织进行无害化处理的，由地方人民政府农业农村主管部门责令改正，处一万元以上十万元以下的罚款；农业投入品使用者为个人的，可以处二百元以上二千元以下的罚款。

第八十九条 【**违法用于土地复垦的法律责任**】违反本法规定，将重金属或者其他有毒有害物质含量超标的工业固体废物、生活垃圾或者污染土壤用于土地复垦的，由地方人民政府生态环境主管部门责令改正，处十万元以上一百万元以下的罚款；有违法所得的，没收违法所得。

第九十条 【**第三方服务机构的法律责任**】违反本法规定，受委托从事土壤污染状况调查和土壤污染风险评估、风险管控效果评估、修复效果评估活动的单位，出具虚假调查报告、风险评估报告、风险管控效果评估报告、修复效果评估报告的，由地方人民政府生态环境主管部门处十万元以上五十万元以下的罚款；情节严重的，禁止从事上述业务，并处五十万元以上一百万元以下的罚款；有违法所得的，没收违法所得。

前款规定的单位出具虚假报告的，由地方人民政府生态环境主管部门对直接负责的主管人员和其他直接责任人员处一万元以上五万元以下的罚款;情节严重的,十年内禁止从事前款规定的业务;构成犯罪的,终身禁止从事前款规定的业务。

本条第一款规定的单位和委托人恶意串通,出具虚假报告,造成他人人身或者财产损害的,还应当与委托人承担连带责任。

第九十一条 【风险管控和修复活动违法的法律责任】违反本法规定,有下列行为之一的,由地方人民政府生态环境主管部门责令改正,处十万元以上五十万元以下的罚款;情节严重的,处五十万元以上一百万元以下的罚款;有违法所得的,没收违法所得;对直接负责的主管人员和其他直接责任人员处五千元以上二万元以下的罚款:

(一)未单独收集、存放开发建设过程中剥离的表土的;

(二)实施风险管控、修复活动对土壤、周边环境造成新的污染的;

(三)转运污染土壤,未将运输时间、方式、线路和污染土壤数量、去向、最终处置措施等提前报所在地和接收地生态环境主管部门的;

(四)未达到土壤污染风险评估报告确定的风险管控、修复目标的建设用地地块,开工建设与风险管控、修复无关的项目的。

第九十二条 【未按规定实施后期管理的法律责任】违反本法规定,土壤污染责任人或者土地使用权人未按照规定实施后期管理的,由地方人民政府生态环境主管部门或者其他负有土壤污染防治监督管理职责的部门责令改正,处一万元以上五万元以下的罚款;情节严重的,处五万元以上五十万元以下的罚款。

第九十三条 【违反检查规定的法律责任】违反本法规定,被检查者拒不配合检查,或者在接受检查时弄虚作假的,由地方人民政府生态环境主管部门或者其他负有土壤污染防治监督管理职责的部门责令改正,处二万元以上二十万元以下的罚款;对直接负责的主管人员和其他直接责任人员处五千元以上二万元以下的罚款。

第九十四条 【对常见的不履行土壤污染风险管控和修复义务行为的处罚】违反本法规定,土壤污染责任人或者土地使用权人有下列行为之一的,由地方人民政府生态环境主管部门或者其他负有土壤污染防治监督管理职责的部门责令改正,处二万元以上二十万元以下的罚款;拒不改正的,处二十万元以上一百万元以下的罚款,并委托他人代为履行,所需费用由土壤污染责任人或者土地使用权人承担;对直接负责的主管人员和其他直接责任人员处五千元以上二万元以下的罚款:

(一)未按照规定进行土壤污染状况调查的;

（二）未按照规定进行土壤污染风险评估的；

（三）未按照规定采取风险管控措施的；

（四）未按照规定实施修复的；

（五）风险管控、修复活动完成后，未另行委托有关单位对风险管控效果、修复效果进行评估的。

土壤污染责任人或者土地使用权人有前款第三项、第四项规定行为之一，情节严重的，地方人民政府生态环境主管部门或者其他负有土壤污染防治监督管理职责的部门可以将案件移送公安机关，对直接负责的主管人员和其他直接责任人员处五日以上十五日以下的拘留。

第九十五条 【违反备案规定的法律责任】违反本法规定，有下列行为之一的，由地方人民政府有关部门责令改正；拒不改正的，处一万元以上五万元以下的罚款：

（一）土壤污染重点监管单位未按照规定将土壤污染防治工作方案报地方人民政府生态环境、工业和信息化主管部门备案的；

（二）土壤污染责任人或者土地使用权人未按照规定将修复方案、效果评估报告报地方人民政府生态环境、农业农村、林业草原主管部门备案的；

（三）土地使用权人未按照规定将土壤污染状况调查报告报地方人民政府生态环境主管部门备案的。

第九十六条 【侵权责任】污染土壤造成他人人身或者财产损害的，应当依法承担侵权责任。

土壤污染责任人无法认定，土地使用权人未依照本法规定履行土壤污染风险管控和修复义务，造成他人人身或者财产损害的，应当依法承担侵权责任。

土壤污染引起的民事纠纷，当事人可以向地方人民政府生态环境等主管部门申请调解处理，也可以向人民法院提起诉讼。

第九十七条 【提起诉讼】污染土壤损害国家利益、社会公共利益的，有关机关和组织可以依照《中华人民共和国环境保护法》《中华人民共和国民事诉讼法》《中华人民共和国行政诉讼法》等法律的规定向人民法院提起诉讼。

第九十八条 【治安管理处罚和刑法的衔接性规定】违反本法规定，构成违反治安管理行为的，由公安机关依法给予治安管理处罚；构成犯罪的，依法追究刑事责任。

第七章 附 则

第九十九条 【施行日期】本法自2019年1月1日起施行。

中华人民共和国大气污染防治法

1. 1987年9月5日第六届全国人民代表大会常务委员会第二十二次会议通过
2. 根据1995年8月29日第八届全国人民代表大会常务委员会第十五次会议《关于修改〈中华人民共和国大气污染防治法〉的决定》第一次修正
3. 2000年4月29日第九届全国人民代表大会常务委员会第十五次会议第一次修订
4. 2015年8月29日第十二届全国人民代表大会常务委员会第十六次会议第二次修订
5. 根据2018年10月26日第十三届全国人民代表大会常务委员会第六次会议《关于修改〈中华人民共和国野生动物保护法〉等十五部法律的决定》第二次修正

目 录

第一章 总 则
第二章 大气污染防治标准和限期达标规划
第三章 大气污染防治的监督管理
第四章 大气污染防治措施
  第一节 燃煤和其他能源污染防治
  第二节 工业污染防治
  第三节 机动车船等污染防治
  第四节 扬尘污染防治
  第五节 农业和其他污染防治
第五章 重点区域大气污染联合防治
第六章 重污染天气应对
第七章 法律责任
第八章 附 则

第一章 总 则

第一条 【立法目的】为保护和改善环境，防治大气污染，保障公众健康，推进生态文明建设，促进经济社会可持续发展，制定本法。

第二条 【基本原则】防治大气污染，应当以改善大气环境质量为目标，坚持源头治理,规划先行,转变经济发展方式,优化产业结构和布局,调整能源结构。

防治大气污染,应当加强对燃煤、工业、机动车船、扬尘、农业等大气污染的综合防治,推行区域大气污染联合防治,对颗粒物、二氧化硫、氮氧化物、挥发性有机物、氨等大气污染物和温室气体实施协同控制。

第三条 【财政投入和地方政府责任】县级以上人民政府应当将大气污染防治工作纳入国民经济和社会发展规划,加大对大气污染防治的财政投入。

地方各级人民政府应当对本行政区域的大气环境质量负责,制定规划,采取措施,控制或者逐步削减大气污染物的排放量,使大气环境质量达到规定标准并逐步改善。

第四条 【考核】国务院生态环境主管部门会同国务院有关部门,按照国务院的规定,对省、自治区、直辖市大气环境质量改善目标、大气污染防治重点任务完成情况进行考核。省、自治区、直辖市人民政府制定考核办法,对本行政区域内地方大气环境质量改善目标、大气污染防治重点任务完成情况实施考核。考核结果应当向社会公开。

第五条 【管理体制】县级以上人民政府生态环境主管部门对大气污染防治实施统一监督管理。

县级以上人民政府其他有关部门在各自职责范围内对大气污染防治实施监督管理。

第六条 【科学技术】国家鼓励和支持大气污染防治科学技术研究,开展对大气污染来源及其变化趋势的分析,推广先进适用的大气污染防治技术和装备,促进科技成果转化,发挥科学技术在大气污染防治中的支撑作用。

第七条 【企业和公民义务】企业事业单位和其他生产经营者应当采取有效措施,防止、减少大气污染,对所造成的损害依法承担责任。

公民应当增强大气环境保护意识,采取低碳、节俭的生活方式,自觉履行大气环境保护义务。

第二章 大气污染防治标准和限期达标规划

第八条 【大气环境质量标准】国务院生态环境主管部门或者省、自治区、直辖市人民政府制定大气环境质量标准,应当以保障公众健康和保护生态环境为宗旨,与经济社会发展相适应,做到科学合理。

第九条 【大气污染物排放标准】国务院生态环境主管部门或者省、自治区、直辖市人民政府制定大气污染物排放标准,应当以大气环境质量标准和国家经济、技术条件为依据。

第十条 【大气环境质量标准、大气污染物排放标准制定程序】制定大气环境质量标准、大气污染物排放标准,应当组织专家进行审查和论证,并征求有关部门、行业协会、企业事业单位和公众等方面的意见。

第十一条 【大气环境质量标准、大气污染物排放标准公布】省级以上人民政府生态环境主管部门应当在其网站上公布大气环境质量标准、大气污染物排放标准,供公众免费查阅、下载。

第十二条 【大气环境质量标准、大气污染物排放标准评估、修订】大气环境质量标准、大气污染物排放标准的执行情况应当定期进行评估,根据评估结果对标准适时进行修订。

第十三条 【产品质量标准环保要求】制定燃煤、石油焦、生物质燃料、涂料等含挥发性有机物的产品、烟花爆竹以及锅炉等产品的质量标准,应当明确大气环境保护要求。

制定燃油质量标准,应当符合国家大气污染物控制要求,并与国家机动车船、非道路移动机械大气污染物排放标准相互衔接,同步实施。

前款所称非道路移动机械,是指装配有发动机的移动机械和可运输工业设备。

第十四条 【编制限期达标规划】未达到国家大气环境质量标准城市的人民政府应当及时编制大气环境质量限期达标规划,采取措施,按照国务院或者省级人民政府规定的期限达到大气环境质量标准。

编制城市大气环境质量限期达标规划,应当征求有关行业协会、企业事业单位、专家和公众等方面的意见。

第十五条 【限期达标规划公开和备案】城市大气环境质量限期达标规划应当向社会公开。直辖市和设区的市的大气环境质量限期达标规划应当报国务院生态环境主管部门备案。

第十六条 【限期达标规划执行情况向人大报告】城市人民政府每年在向本级人民代表大会或者其常务委员会报告环境状况和环境保护目标完成情况时,应当报告大气环境质量限期达标规划执行情况,并向社会公开。

第十七条 【限期达标规划评估、修订】城市大气环境质量限期达标规划应当根据大气污染防治的要求和经济、技术条件适时进行评估、修订。

第三章 大气污染防治的监督管理

第十八条 【排污者污染防治要求】企业事业单位和其他生产经营者建设对大气环境有影响的项目,应当依法进行环境影响评价、公开环境影响评价文件;向大气排放污染物的,应当符合大气污染物排放标准,遵守重点大气污染物排放总量控制要求。

第十九条 【排污许可制度】排放工业废气或者本法第七十八条规定名录中所列有毒有害大气污染物的企业事业单位、集中供热设施的燃煤热源生产运营单位以及其他依法实行排污许可管理的单位,应当取得排污许可证。排污许可的具体办法和实施步骤由国务院规定。

第二十条 【排放口设置和禁止逃避监管方式排放】企业事业单位和其他生产经营者向大气排放污染物的,应当依照法律法规和国务院生态环境主管部门的规定设置大气污染物排放口。

禁止通过偷排、篡改或者伪造监测数据、以逃避现场检查为目的的临时停产、非紧急情况下开启应急排放通道、不正常运行大气污染防治设施等逃避监管的方式排放大气污染物。

第二十一条 【总量控制制度和排污权交易】国家对重点大气污染物排放实行总量控制。

重点大气污染物排放总量控制目标,由国务院生态环境主管部门在征求国务院有关部门和各省、自治区、直辖市人民政府意见后,会同国务院经济综合主管部门报国务院批准并下达实施。

省、自治区、直辖市人民政府应当按照国务院下达的总量控制目标,控制或者削减本行政区域的重点大气污染物排放总量。

确定总量控制目标和分解总量控制指标的具体办法,由国务院生态环境主管部门会同国务院有关部门规定。省、自治区、直辖市人民政府可以根据本行政区域大气污染防治的需要,对国家重点大气污染物之外的其他大气污染物排放实行总量控制。

国家逐步推行重点大气污染物排污权交易。

第二十二条 【约谈和区域限批】对超过国家重点大气污染物排放总量控制指标或者未完成国家下达的大气环境质量改善目标的地区,省级以上人民政府生态环境主管部门应当会同有关部门约谈该地区人民政府的主要负责人,并暂停审批该地区新增重点大气污染物排放总量的建设项目环境影响评价文件。约谈情况应当向社会公开。

第二十三条 【监测制度】国务院生态环境主管部门负责制定大气环境质量和大气污染源的监测和评价规范,组织建设与管理全国大气环境质量和大气污染源监测网,组织开展大气环境质量和大气污染源监测,统一发布全国大气环境质量状况信息。

县级以上地方人民政府生态环境主管部门负责组织建设与管理本行政区域大气环境质量和大气污染源监测网,开展大气环境质量和大气污染源监测,统一发布本行政区域大气环境质量状况信息。

第二十四条 【排污者自行监测】企业事业单位和其他生产经营者应当按照国家有关规定和监测规范,对其排放的工业废气和本法第七十八条规定名录中所列有毒有害大气污染物进行监测,并保存原始监测记录。其中,重点排污单位应当安装、使用大气污染物排放自动监测设备,与生态环境主管部门的监控设备联网,保证监测设备正常运行并依法公开排放信息。监测的具体办法和重点排污单位的条件由国务院生态环境主管部门规定。

重点排污单位名录由设区的市级以上地方人民政府生态环境主管部门按照国务院生态环境主管部门的规定,根据本行政区域的大气环境承载力、重点大气污染物排放总量控制指标的要求以及排污单位排放大气污染物的种类、数量和浓度等因素,商有关部门确定,并向社会公布。

第二十五条 【保证自动监测数据的真实性、准确性】重点排污单位应当对自动监测数据的真实性和准确性负责。生态环境主管部门发现重点排污单位的大气污染物排放自动监测设备传输数据异常,应当及时进行调查。

第二十六条 【监测设施、设备保护】禁止侵占、损毁或者擅自移动、改变大气环境质量监测设施和大气污染物排放自动监测设备。

第二十七条 【淘汰制度】国家对严重污染大气环境的工艺、设备和产品实行淘汰制度。

国务院经济综合主管部门会同国务院有关部门确定严重污染大气环境的工艺、设备和产品淘汰期限,并纳入国家综合性产业政策目录。

生产者、进口者、销售者或者使用者应当在规定期限内停止生产、进口、销售或者使用列入前款规定目录中的设备和产品。工艺的采用者应当在规定期限内停止采用列入前款规定目录中的工艺。

被淘汰的设备和产品,不得转让给他人使用。

第二十八条 【损害评估制度】国务院生态环境主管部门会同有关部门,建立和完善大气污染损害评估制度。

第二十九条 【监督检查】生态环境主管部门及其环境执法机构和其他负有

大气环境保护监督管理职责的部门，有权通过现场检查监测、自动监测、遥感监测、远红外摄像等方式，对排放大气污染物的企业事业单位和其他生产经营者进行监督检查。被检查者应当如实反映情况，提供必要的资料。实施检查的部门、机构及其工作人员应当为被检查者保守商业秘密。

第三十条　【查封、扣押】企业事业单位和其他生产经营者违反法律法规规定排放大气污染物，造成或者可能造成严重大气污染，或者有关证据可能灭失或者被隐匿的，县级以上人民政府生态环境主管部门和其他负有大气环境保护监督管理职责的部门，可以对有关设施、设备、物品采取查封、扣押等行政强制措施。

第三十一条　【举报制度】生态环境主管部门和其他负有大气环境保护监督管理职责的部门应当公布举报电话、电子邮箱等，方便公众举报。

生态环境主管部门和其他负有大气环境保护监督管理职责的部门接到举报的，应当及时处理并对举报人的相关信息予以保密；对实名举报的，应当反馈处理结果等情况，查证属实的，处理结果依法向社会公开，并对举报人给予奖励。

举报人举报所在单位的，该单位不得以解除、变更劳动合同或者其他方式对举报人进行打击报复。

第四章　大气污染防治措施

第一节　燃煤和其他能源污染防治

第三十二条　【调整能源结构、优化煤炭使用方式】国务院有关部门和地方各级人民政府应当采取措施，调整能源结构，推广清洁能源的生产和使用；优化煤炭使用方式，推广煤炭清洁高效利用，逐步降低煤炭在一次能源消费中的比重，减少煤炭生产、使用、转化过程中的大气污染物排放。

第三十三条　【煤炭洗选加工】国家推行煤炭洗选加工，降低煤炭的硫分和灰分，限制高硫分、高灰分煤炭的开采。新建煤矿应当同步建设配套的煤炭洗选设施，使煤炭的硫分、灰分含量达到规定标准；已建成的煤矿除所采煤炭属于低硫分、低灰分或者根据已达标排放的燃煤电厂要求不需要洗选的以外，应当限期建成配套的煤炭洗选设施。

禁止开采含放射性和砷等有毒有害物质超过规定标准的煤炭。

第三十四条　【洁净煤技术】国家采取有利于煤炭清洁高效利用的经济、技术政策和措施，鼓励和支持洁净煤技术的开发和推广。

国家鼓励煤矿企业等采用合理、可行的技术措施，对煤层气进行开采利用，对煤矸石进行综合利用。从事煤层气开采利用的，煤层气排放应当符合有关标准规范。

第三十五条 【禁止进口、销售和燃用不达标的煤炭】国家禁止进口、销售和燃用不符合质量标准的煤炭，鼓励燃用优质煤炭。

单位存放煤炭、煤矸石、煤渣、煤灰等物料，应当采取防燃措施，防止大气污染。

第三十六条 【散煤管理】地方各级人民政府应当采取措施，加强民用散煤的管理，禁止销售不符合民用散煤质量标准的煤炭，鼓励居民燃用优质煤炭和洁净型煤，推广节能环保型炉灶。

第三十七条 【燃油生产要求和禁止进口、销售和燃用不合标石油焦】石油炼制企业应当按照燃油质量标准生产燃油。

禁止进口、销售和燃用不符合质量标准的石油焦。

第三十八条 【高污染燃料禁燃区】城市人民政府可以划定并公布高污染燃料禁燃区，并根据大气环境质量改善要求，逐步扩大高污染燃料禁燃区范围。高污染燃料的目录由国务院生态环境主管部门确定。

在禁燃区内，禁止销售、燃用高污染燃料；禁止新建、扩建燃用高污染燃料的设施，已建成的，应当在城市人民政府规定的期限内改用天然气、页岩气、液化石油气、电或者其他清洁能源。

第三十九条 【热电联产、集中供热】城市建设应当统筹规划，在燃煤供热地区，推进热电联产和集中供热。在集中供热管网覆盖地区，禁止新建、扩建分散燃煤供热锅炉；已建成的不能达标排放的燃煤供热锅炉，应当在城市人民政府规定的期限内拆除。

第四十条 【工业锅炉的环保要求】县级以上人民政府市场监督管理部门应当会同生态环境主管部门对锅炉生产、进口、销售和使用环节执行环境保护标准或者要求的情况进行监督检查；不符合环境保护标准或者要求的，不得生产、进口、销售和使用。

第四十一条 【燃煤污染控制】燃煤电厂和其他燃煤单位应当采用清洁生产工艺，配套建设除尘、脱硫、脱硝等装置，或者采取技术改造等其他控制大气污染物排放的措施。

国家鼓励燃煤单位采用先进的除尘、脱硫、脱硝、脱汞等大气污染物协同控制的技术和装置，减少大气污染物的排放。

第四十二条 【绿色电力调度】电力调度应当优先安排清洁能源发电上网。

第二节 工业污染防治

第四十三条 【工业向大气排放粉尘、硫化物和氮氧化物的管理】钢铁、建材、有色金属、石油、化工等企业生产过程中排放粉尘、硫化物和氮氧化物的,应当采用清洁生产工艺,配套建设除尘、脱硫、脱硝等装置,或者采取技术改造等其他控制大气污染物排放的措施。

第四十四条 【挥发性有机物含量应当符合质量标准或者要求】生产、进口、销售和使用含挥发性有机物的原材料和产品的,其挥发性有机物含量应当符合质量标准或者要求。

国家鼓励生产、进口、销售和使用低毒、低挥发性有机溶剂。

第四十五条 【生产和服务活动减少含挥发性有机物废气排放】产生含挥发性有机物废气的生产和服务活动,应当在密闭空间或者设备中进行,并按照规定安装、使用污染防治设施;无法密闭的,应当采取措施减少废气排放。

第四十六条 【工业涂装企业大气污染防治】工业涂装企业应当使用低挥发性有机物含量的涂料,并建立台账,记录生产原料、辅料的使用量、废弃量、去向以及挥发性有机物含量。台账保存期限不得少于三年。

第四十七条 【减少物料泄漏和安装油气回收装置】石油、化工以及其他生产和使用有机溶剂的企业,应当采取措施对管道、设备进行日常维护、维修,减少物料泄漏,对泄漏的物料应当及时收集处理。

储油储气库、加油加气站、原油成品油码头、原油成品油运输船舶和油罐车、气罐车等,应当按照国家有关规定安装油气回收装置并保持正常使用。

第四十八条 【精细化管理控制粉尘和气态污染物排放】钢铁、建材、有色金属、石油、化工、制药、矿产开采等企业,应当加强精细化管理,采取集中收集处理等措施,严格控制粉尘和气态污染物的排放。

工业生产企业应当采取密闭、围挡、遮盖、清扫、洒水等措施,减少内部物料的堆存、传输、装卸等环节产生的粉尘和气态污染物的排放。

第四十九条 【可燃性气体回收利用】工业生产、垃圾填埋或者其他活动产生的可燃性气体应当回收利用,不具备回收利用条件的,应当进行污染防治处理。

可燃性气体回收利用装置不能正常作业的,应当及时修复或者更新。在回收利用装置不能正常作业期间确需排放可燃性气体的,应当将排放的可燃性气体充分燃烧或者采取其他控制大气污染物排放的措施,并向当地生态环境主管部门报告,按照要求限期修复或者更新。

第三节　机动车船等污染防治

第五十条　【综合治理】国家倡导低碳、环保出行,根据城市规划合理控制燃油机动车保有量,大力发展城市公共交通,提高公共交通出行比例。

国家采取财政、税收、政府采购等措施推广应用节能环保型和新能源机动车船、非道路移动机械,限制高油耗、高排放机动车船、非道路移动机械的发展,减少化石能源的消耗。

省、自治区、直辖市人民政府可以在条件具备的地区,提前执行国家机动车大气污染物排放标准中相应阶段排放限值,并报国务院生态环境主管部门备案。

城市人民政府应当加强并改善城市交通管理,优化道路设置,保障人行道和非机动车道的连续、畅通。

第五十一条　【移动源达标排放管理】机动车船、非道路移动机械不得超过标准排放大气污染物。

禁止生产、进口或者销售大气污染物排放超过标准的机动车船、非道路移动机械。

第五十二条　【新车监管】机动车、非道路移动机械生产企业应当对新生产的机动车和非道路移动机械进行排放检验。经检验合格的,方可出厂销售。检验信息应当向社会公开。

省级以上人民政府生态环境主管部门可以通过现场检查、抽样检测等方式,加强对新生产、销售机动车和非道路移动机械大气污染物排放状况的监督检查。工业、市场监督管理等有关部门予以配合。

第五十三条　【定期检验和监督抽测】在用机动车应当按照国家或者地方的有关规定,由机动车排放检验机构定期对其进行排放检验。经检验合格的,方可上道路行驶。未经检验合格的,公安机关交通管理部门不得核发安全技术检验合格标志。

县级以上地方人民政府生态环境主管部门可以在机动车集中停放地、维修地对在用机动车的大气污染物排放状况进行监督抽测;在不影响正常通行的情况下,可以通过遥感监测等技术手段对在道路上行驶的机动车的大气污染物排放状况进行监督抽测,公安机关交通管理部门予以配合。

第五十四条　【检验认证认可】机动车排放检验机构应当依法通过计量认

证,使用经依法检定合格的机动车排放检验设备,按照国务院生态环境主管部门制定的规范,对机动车进行排放检验,并与生态环境主管部门联网,实现检验数据实时共享。机动车排放检验机构及其负责人对检验数据的真实性和准确性负责。

生态环境主管部门和认证认可监督管理部门应当对机动车排放检验机构的排放检验情况进行监督检查。

第五十五条 【信息公开、维修、禁止性义务】机动车生产、进口企业应当向社会公布其生产、进口机动车车型的排放检验信息、污染控制技术信息和有关维修技术信息。

机动车维修单位应当按照防治大气污染的要求和国家有关技术规范对在用机动车进行维修,使其达到规定的排放标准。交通运输、生态环境主管部门应当依法加强监督管理。

禁止机动车所有人以临时更换机动车污染控制装置等弄虚作假的方式通过机动车排放检验。禁止机动车维修单位提供该类维修服务。禁止破坏机动车车载排放诊断系统。

第五十六条 【非道路移动机械监督检查】生态环境主管部门应当会同交通运输、住房城乡建设、农业行政、水行政等有关部门对非道路移动机械的大气污染物排放状况进行监督检查,排放不合格的,不得使用。

第五十七条 【环保驾驶】国家倡导环保驾驶,鼓励燃油机动车驾驶人在不影响道路通行且需停车三分钟以上的情况下熄灭发动机,减少大气污染物的排放。

第五十八条 【召回制度】国家建立机动车和非道路移动机械环境保护召回制度。

生产、进口企业获知机动车、非道路移动机械排放大气污染物超过标准,属于设计、生产缺陷或者不符合规定的环境保护耐久性要求的,应当召回;未召回的,由国务院市场监督管理部门会同国务院生态环境主管部门责令其召回。

第五十九条 【污染控制装置】在用重型柴油车、非道路移动机械未安装污染控制装置或者污染控制装置不符合要求,不能达标排放的,应当加装或者更换符合要求的污染控制装置。

第六十条 【报废】在用机动车排放大气污染物超过标准的,应当进行维修;经维修或者采用污染控制技术后,大气污染物排放仍不符合国家在用机动车排放标准的,应当强制报废。其所有人应当将机动车交售给报废机动车回收拆解企业,由报废机动车回收拆解企业按照国家有关规定进行登记、拆解、销毁等处理。

国家鼓励和支持高排放机动车船、非道路移动机械提前报废。

第六十一条 【禁止使用高排放非道路移动机械的区域】城市人民政府可以根据大气环境质量状况,划定并公布禁止使用高排放非道路移动机械的区域。

第六十二条 【船舶排放检验】船舶检验机构对船舶发动机及有关设备进行排放检验。经检验符合国家排放标准的,船舶方可运营。

第六十三条 【船舶油品和岸电】内河和江海直达船舶应当使用符合标准的普通柴油。远洋船舶靠港后应当使用符合大气污染物控制要求的船舶用燃油。

新建码头应当规划、设计和建设岸基供电设施;已建成的码头应当逐步实施岸基供电设施改造。船舶靠港后应当优先使用岸电。

第六十四条 【船舶大气污染物排放控制区】国务院交通运输主管部门可以在沿海海域划定船舶大气污染物排放控制区,进入排放控制区的船舶应当符合船舶相关排放要求。

第六十五条 【生产、进口、销售燃料的限制】禁止生产、进口、销售不符合标准的机动车船、非道路移动机械用燃料;禁止向汽车和摩托车销售普通柴油以及其他非机动车用燃料;禁止向非道路移动机械、内河和江海直达船舶销售渣油和重油。

第六十六条 【发动机油、氮氧化物还原剂、燃料和润滑油添加剂以及其他添加剂】发动机油、氮氧化物还原剂、燃料和润滑油添加剂以及其他添加剂的有害物质含量和其他大气环境保护指标,应当符合有关标准的要求,不得损害机动车船污染控制装置效果和耐久性,不得增加新的大气污染物排放。

第六十七条 【民用航空器大气污染防治】国家积极推进民用航空器的大气污染防治,鼓励在设计、生产、使用过程中采取有效措施减少大气污染物排放。

民用航空器应当符合国家规定的适航标准中的有关发动机排出物要求。

第四节 扬尘污染防治

第六十八条 【地方各级政府及政府有关部门扬尘污染防治职责】地方各级

人民政府应当加强对建设施工和运输的管理,保持道路清洁,控制料堆和渣土堆放,扩大绿地、水面、湿地和地面铺装面积,防治扬尘污染。

住房城乡建设、市容环境卫生、交通运输、国土资源等有关部门,应当根据本级人民政府确定的职责,做好扬尘污染防治工作。

第六十九条 【建设单位、施工单位扬尘污染防治责任】建设单位应当将防治扬尘污染的费用列入工程造价,并在施工承包合同中明确施工单位扬尘污染防治责任。施工单位应当制定具体的施工扬尘污染防治实施方案。

从事房屋建筑、市政基础设施建设、河道整治以及建筑物拆除等施工单位,应当向负责监督管理扬尘污染防治的主管部门备案。

施工单位应当在施工工地设置硬质围挡,并采取覆盖、分段作业、择时施工、洒水抑尘、冲洗地面和车辆等有效防尘降尘措施。建筑土方、工程渣土、建筑垃圾应当及时清运;在场地内堆存的,应当采用密闭式防尘网遮盖。工程渣土、建筑垃圾应当进行资源化处理。

施工单位应当在施工工地公示扬尘污染防治措施、负责人、扬尘监督管理主管部门等信息。

暂时不能开工的建设用地,建设单位应当对裸露地面进行覆盖;超过三个月的,应当进行绿化、铺装或者遮盖。

第七十条 【运输、装卸物料扬尘和道路等公共场所扬尘污染防治】运输煤炭、垃圾、渣土、砂石、土方、灰浆等散装、流体物料的车辆应当采取密闭或者其他措施防止物料遗撒造成扬尘污染,并按照规定路线行驶。

装卸物料应当采取密闭或者喷淋等方式防治扬尘污染。

城市人民政府应当加强道路、广场、停车场和其他公共场所的清扫保洁管理,推行清洁动力机械化清扫等低尘作业方式,防治扬尘污染。

第七十一条 【裸地扬尘污染防治】市政河道以及河道沿线、公共用地的裸露地面以及其他城镇裸露地面,有关部门应当按照规划组织实施绿化或者透水铺装。

第七十二条 【料堆和码头、矿山、填埋场、消纳场扬尘污染防治】贮存煤炭、煤矸石、煤渣、煤灰、水泥、石灰、石膏、砂土等易产生扬尘的物料应当密闭;不能密闭的,应当设置不低于堆放物高度的严密围挡,并采取有效覆盖措施防治扬尘污染。

码头、矿山、填埋场和消纳场应当实施分区作业,并采取有效措施防治扬尘污染。

第五节 农业和其他污染防治

第七十三条 【加强农业大气污染控制】地方各级人民政府应当推动转变农业生产方式,发展农业循环经济,加大对废弃物综合处理的支持力度,加强对农业生产经营活动排放大气污染物的控制。

第七十四条 【减少肥料、农药大气污染】农业生产经营者应当改进施肥方式,科学合理施用化肥并按照国家有关规定使用农药,减少氨、挥发性有机物等大气污染物的排放。

禁止在人口集中地区对树木、花草喷洒剧毒、高毒农药。

第七十五条 【畜禽养殖场、养殖小区防止排放恶臭气体】畜禽养殖场、养殖小区应当及时对污水、畜禽粪便和尸体等进行收集、贮存、清运和无害化处理,防止排放恶臭气体。

第七十六条 【秸秆综合利用和政府扶持】各级人民政府及其农业行政等有关部门应当鼓励和支持采用先进适用技术,对秸秆、落叶等进行肥料化、饲料化、能源化、工业原料化、食用菌基料化等综合利用,加大对秸秆还田、收集一体化农业机械的财政补贴力度。

县级人民政府应当组织建立秸秆收集、贮存、运输和综合利用服务体系,采用财政补贴等措施支持农村集体经济组织、农民专业合作经济组织、企业等开展秸秆收集、贮存、运输和综合利用服务。

第七十七条 【禁止露天焚烧秸秆】省、自治区、直辖市人民政府应当划定区域,禁止露天焚烧秸秆、落叶等产生烟尘污染的物质。

第七十八条 【有毒有害大气污染物管理】国务院生态环境主管部门应当会同国务院卫生行政部门,根据大气污染物对公众健康和生态环境的危害和影响程度,公布有毒有害大气污染物名录,实行风险管理。

排放前款规定名录中所列有毒有害大气污染物的企业事业单位,应当按照国家有关规定建设环境风险预警体系,对排放口和周边环境进行定期监测,评估环境风险,排查环境安全隐患,并采取有效措施防范环境风险。

第七十九条 【持久性有机污染物控制】向大气排放持久性有机污染物的企业事业单位和其他生产经营者以及废弃物焚烧设施的运营单位,应当按照国家有关规定,采取有利于减少持久性有机污染物排放的技术方法和工艺,配备有效的净化装置,实现达标排放。

第八十条 【恶臭气体防治】企业事业单位和其他生产经营者在生产经营活动中产生恶臭气体的,应当科学选址,设置合理的防护距离,并安装净化装置或者采取其他措施,防止排放恶臭气体。

第八十一条 【餐饮服务和露天烧烤产生油烟控制】排放油烟的餐饮服务业经营者应当安装油烟净化设施并保持正常使用,或者采取其他油烟净化措施,使油烟达标排放,并防止对附近居民的正常生活环境造成污染。

禁止在居民住宅楼、未配套设立专用烟道的商住综合楼以及商住综合楼内与居住层相邻的商业楼层内新建、改建、扩建产生油烟、异味、废气的餐饮服务项目。

任何单位和个人不得在当地人民政府禁止的区域内露天烧烤食品或者为露天烧烤食品提供场地。

第八十二条 【产生烟尘污染的物质的控制】禁止在人口集中地区和其他依法需要特殊保护的区域内焚烧沥青、油毡、橡胶、塑料、皮革、垃圾以及其他产生有毒有害烟尘和恶臭气体的物质。

禁止生产、销售和燃放不符合质量标准的烟花爆竹。任何单位和个人不得在城市人民政府禁止的时段和区域内燃放烟花爆竹。

第八十三条 【绿色祭祀和殡葬】国家鼓励和倡导文明、绿色祭祀。

火葬场应当设置除尘等污染防治设施并保持正常使用,防止影响周边环境。

第八十四条 【服务业大气污染控制】从事服装干洗和机动车维修等服务活动的经营者,应当按照国家有关标准或者要求设置异味和废气处理装置等污染防治设施并保持正常使用,防止影响周边环境。

第八十五条 【消耗臭氧层物质管理】国家鼓励、支持消耗臭氧层物质替代品的生产和使用,逐步减少直至停止消耗臭氧层物质的生产和使用。

国家对消耗臭氧层物质的生产、使用、进出口实行总量控制和配额管理。具体办法由国务院规定。

第五章 重点区域大气污染联合防治

第八十六条 【重点区域大气污染联防联控机制】国家建立重点区域大气污染联防联控机制,统筹协调重点区域内大气污染防治工作。国务院生态环境主管部门根据主体功能区划、区域大气环境质量状况和大气污染传输扩散规律,划定国家大气污染防治重点区域,报国务院批准。

重点区域内有关省、自治区、直辖市人民政府应当确定牵头的地方人民政府,定期召开联席会议,按照统一规划、统一标准、统一监测、统一的防治措施的要求,开展大气污染联合防治,落实大气污染防治目标责任。国务院生态环境主管部门应当加强指导、督促。

省、自治区、直辖市可以参照第一款规定划定本行政区域的大气污染防治重点区域。

第八十七条 【重点区域大气污染联合防治行动计划】国务院生态环境主管部门会同国务院有关部门、国家大气污染防治重点区域内有关省、自治区、直辖市人民政府,根据重点区域经济社会发展和大气环境承载力,制定重点区域大气污染联合防治行动计划,明确控制目标,优化区域经济布局,统筹交通管理,发展清洁能源,提出重点防治任务和措施,促进重点区域大气环境质量改善。

第八十八条 【重点区域大气环境保护要求】国务院经济综合主管部门会同国务院生态环境主管部门,结合国家大气污染防治重点区域产业发展实际和大气环境质量状况,进一步提高环境保护、能耗、安全、质量等要求。

重点区域内有关省、自治区、直辖市人民政府应当实施更严格的机动车大气污染物排放标准,统一在用机动车检验方法和排放限值,并配套供应合格的车用燃油。

第八十九条 【重点区域环境影响评价会商】编制可能对国家大气污染防治重点区域的大气环境造成严重污染的有关工业园区、开发区、区域产业和发展等规划,应当依法进行环境影响评价。规划编制机关应当与重点区域内有关省、自治区、直辖市人民政府或者有关部门会商。

重点区域内有关省、自治区、直辖市建设可能对相邻省、自治区、直辖市大气环境质量产生重大影响的项目,应当及时通报有关信息,进行会商。

会商意见及其采纳情况作为环境影响评价文件审查或者审批的重要依据。

第九十条 【重点区域煤炭等量减量替代】国家大气污染防治重点区域内新建、改建、扩建用煤项目的,应当实行煤炭的等量或者减量替代。

第九十一条 【重点区域大气环境信息共享】国务院生态环境主管部门应当组织建立国家大气污染防治重点区域的大气环境质量监测、大气污染源监测等相关信息共享机制,利用监测、模拟以及卫星、航测、遥感等新技术分析重点区域内大气污染来源及其变化趋势,并向社会公开。

第九十二条 【重点区域环境执法】国务院生态环境主管部门和国家大气污染防治重点区域内有关省、自治区、直辖市人民政府可以组织有关部门开展联合执法、跨区域执法、交叉执法。

第六章 重污染天气应对

第九十三条 【重污染天气的监测预警】国家建立重污染天气监测预警体系。

国务院生态环境主管部门会同国务院气象主管机构等有关部门、国家大气污染防治重点区域内有关省、自治区、直辖市人民政府,建立重点区域重污染天气监测预警机制,统一预警分级标准。可能发生区域重污染天气的,应当及时向重点区域内有关省、自治区、直辖市人民政府通报。

省、自治区、直辖市、设区的市人民政府生态环境主管部门会同气象主管机构等有关部门建立本行政区域重污染天气监测预警机制。

第九十四条 【重污染天气应对】县级以上地方人民政府应当将重污染天气应对纳入突发事件应急管理体系。

省、自治区、直辖市、设区的市人民政府以及可能发生重污染天气的县级人民政府,应当制定重污染天气应急预案,向上一级人民政府生态环境主管部门备案,并向社会公布。

第九十五条 【重污染天气预警信息发布】省、自治区、直辖市、设区的市人民政府生态环境主管部门应当会同气象主管机构建立会商机制,进行大气环境质量预报。可能发生重污染天气的,应当及时向本级人民政府报告。省、自治区、直辖市、设区的市人民政府依据重污染天气预报信息,进行综合研判,确定预警等级并及时发出预警。预警等级根据情况变化及时调整。任何单位和个人不得擅自向社会发布重污染天气预报预警信息。

预警信息发布后,人民政府及其有关部门应当通过电视、广播、网络、短信等途径告知公众采取健康防护措施,指导公众出行和调整其他相关社会活动。

第九十六条 【重污染天气应急响应】县级以上地方人民政府应当依据重污染天气的预警等级,及时启动应急预案,根据应急需要可以采取责令有关企业停产或者限产、限制部分机动车行驶、禁止燃放烟花爆竹、停止工地土石方作业和建筑物拆除施工、停止露天烧烤、停止幼儿园和学校组织的户外活动、组织开展人工影响天气作业等应急措施。

应急响应结束后,人民政府应当及时开展应急预案实施情况的评估,适时修改完善应急预案。

第九十七条 【突发环境事件后的大气污染监测】发生造成大气污染的突发环境事件,人民政府及其有关部门和相关企业事业单位,应当依照《中华人民共和国突发事件应对法》、《中华人民共和国环境保护法》的规定,做好应急处置工作。生态环境主管部门应当及时对突发环境事件产生的大气污染物进行监测,并向社会公布监测信息。

第七章 法律责任

第九十八条 【不配合监督检查的法律责任】违反本法规定,以拒绝进入现场等方式拒不接受生态环境主管部门及其环境执法机构或者其他负有大气环境保护监督管理职责的部门的监督检查,或者在接受监督检查时弄虚作假的,由县级以上人民政府生态环境主管部门或者其他负有大气环境保护监督管理职责的部门责令改正,处二万元以上二十万元以下的罚款;构成违反治安管理行为的,由公安机关依法予以处罚。

第九十九条 【违法排污的法律责任】违反本法规定,有下列行为之一的,由县级以上人民政府生态环境主管部门责令改正或者限制生产、停产整治,并处十万元以上一百万元以下的罚款;情节严重的,报经有批准权的人民政府批准,责令停业、关闭:

(一)未依法取得排污许可证排放大气污染物的;

(二)超过大气污染物排放标准或者超过重点大气污染物排放总量控制指标排放大气污染物的;

(三)通过逃避监管的方式排放大气污染物的。

第一百条 【未按规定监测的法律责任】违反本法规定,有下列行为之一的,由县级以上人民政府生态环境主管部门责令改正,处二万元以上二十万元以下的罚款;拒不改正的,责令停产整治:

(一)侵占、损毁或者擅自移动、改变大气环境质量监测设施或者大气污染物排放自动监测设备的;

(二)未按照规定对所排放的工业废气和有毒有害大气污染物进行监测并保存原始监测记录的;

(三)未按照规定安装、使用大气污染物排放自动监测设备或者未按照规定与生态环境主管部门的监控设备联网,并保证监测设备正常运行的;

(四)重点排污单位不公开或者不如实公开自动监测数据的;

(五)未按照规定设置大气污染物排放口的。

第一百零一条 【违反产业政策目录的法律责任】违反本法规定,生产、进口、销售或者使用国家综合性产业政策目录中禁止的设备和产品,采用国家综合性产业政策目录中禁止的工艺,或者将淘汰的设备和产品转让给他人使用的,由县级以上人民政府经济综合主管部门、海关按照职责责令改正,没收违法所得,并处货值金额一倍以上三倍以下的罚款;拒不改正的,报经有批准权的人民政府批准,责令停业、关闭。进口行为构成走私的,由海关依法予以处罚。

第一百零二条 【煤矿违反规定的法律责任】违反本法规定,煤矿未按照规定建设配套煤炭洗选设施的,由县级以上人民政府能源主管部门责令改正,处十万元以上一百万元以下的罚款;拒不改正的,报经有批准权的人民政府批准,责令停业、关闭。

违反本法规定,开采含放射性和砷等有毒有害物质超过规定标准的煤炭的,由县级以上人民政府按照国务院规定的权限责令停业、关闭。

第一百零三条 【销售不合标准的煤炭等的法律责任】违反本法规定,有下列行为之一的,由县级以上地方人民政府市场监督管理部门责令改正,没收原材料、产品和违法所得,并处货值金额一倍以上三倍以下的罚款:

(一)销售不符合质量标准的煤炭、石油焦的;

(二)生产、销售挥发性有机物含量不符合质量标准或者要求的原材料和产品的;

(三)生产、销售不符合标准的机动车船和非道路移动机械用燃料、发动机油、氮氧化物还原剂、燃料和润滑油添加剂以及其他添加剂的;

(四)在禁燃区内销售高污染燃料的。

第一百零四条 【进口不合标准的煤炭等的法律责任】违反本法规定,有下列行为之一的,由海关责令改正,没收原材料、产品和违法所得,并处货值金额一倍以上三倍以下的罚款;构成走私的,由海关依法予以处罚:

(一)进口不符合质量标准的煤炭、石油焦的;

(二)进口挥发性有机物含量不符合质量标准或者要求的原材料和产品的;

(三)进口不符合标准的机动车船和非道路移动机械用燃料、发动机油、氮氧化物还原剂、燃料和润滑油添加剂以及其他添加剂的。

第一百零五条 【单位燃用不合标准的煤炭、石油焦的法律责任】违反本法规定,单位燃用不符合质量标准的煤炭、石油焦的,由县级以上人民政府生态环境主管部门责令改正,处货值金额一倍以上三倍以下的罚款。

第一百零六条 【使用不合标准的船舶用燃油的法律责任】违反本法规定,使用不符合标准或者要求的船舶用燃油的,由海事管理机构、渔业主管部门按照职责处一万元以上十万元以下的罚款。

第一百零七条 【燃用高污染燃料或者锅炉的法律责任】违反本法规定,在禁燃区内新建、扩建燃用高污染燃料的设施,或者未按照规定停止燃用高污染燃料,或者在城市集中供热管网覆盖地区新建、扩建分散燃煤供热锅炉,或者未按照规定拆除已建成的不能达标排放的燃煤供热锅炉的,由县级以上地方人民政府生态环境主管部门没收燃用高污染燃料的设施,组织拆除燃煤供热锅炉,并处二万元以上二十万元以下的罚款。

违反本法规定,生产、进口、销售或者使用不符合规定标准或者要求的锅炉,由县级以上人民政府市场监督管理、生态环境主管部门责令改正,没收违法所得,并处二万元以上二十万元以下的罚款。

第一百零八条 【违反挥发性有机物防治义务的法律责任】违反本法规定,有下列行为之一的,由县级以上人民政府生态环境主管部门责令改正,处二万元以上二十万元以下的罚款;拒不改正的,责令停产整治:

(一)产生含挥发性有机物废气的生产和服务活动,未在密闭空间或者设备中进行,未按照规定安装、使用污染防治设施,或者未采取减少废气排放措施的;

(二)工业涂装企业未使用低挥发性有机物含量涂料或者未建立、保存台账的;

(三)石油、化工以及其他生产和使用有机溶剂的企业,未采取措施对管道、设备进行日常维护、维修,减少物料泄漏或者对泄漏的物料未及时收集处理的;

(四)储油储气库、加油加气站和油罐车、气罐车等,未按照国家有关规定安装并正常使用油气回收装置的;

(五)钢铁、建材、有色金属、石油、化工、制药、矿产开采等企业,未采取集中收集处理、密闭、围挡、遮盖、清扫、洒水等措施,控制、减少粉尘和气态污染物排放的;

(六)工业生产、垃圾填埋或者其他活动中产生的可燃性气体未回收利用,不具备回收利用条件未进行防治污染处理,或者可燃性气体回收利用装置不能正常作业,未及时修复或者更新的。

第一百零九条 【机动车生产的法律责任】违反本法规定,生产超过污染物排放标准的机动车、非道路移动机械的,由省级以上人民政府生态环境主管部门责令改正,没收违法所得,并处货值金额一倍以上三倍以下的罚款,没收销毁无法达到污染物排放标准的机动车、非道路移动机械;拒不改正的,责令停产整治,并由国务院机动车生产主管部门责令停止生产该车型。

违反本法规定,机动车、非道路移动机械生产企业对发动机、污染控制装置弄虚作假、以次充好,冒充排放检验合格产品出厂销售的,由省级以上人民政府生态环境主管部门责令停产整治,没收违法所得,并处货值金额一倍以上三倍以下的罚款,没收销毁无法达到污染物排放标准的机动车、非道路移动机械,并由国务院机动车生产主管部门责令停止生产该车型。

第一百一十条　【违法进口、销售的法律责任】 违反本法规定,进口、销售超过污染物排放标准的机动车、非道路移动机械的,由县级以上人民政府市场监督管理部门、海关按照职责没收违法所得,并处货值金额一倍以上三倍以下的罚款,没收销毁无法达到污染物排放标准的机动车、非道路移动机械;进口行为构成走私的,由海关依法予以处罚。

违反本法规定,销售的机动车、非道路移动机械不符合污染物排放标准的,销售者应当负责修理、更换、退货;给购买者造成损失的,销售者应当赔偿损失。

第一百一十一条　【信息公布的法律责任】 违反本法规定,机动车生产、进口企业未按照规定向社会公布其生产、进口机动车车型的排放检验信息或者污染控制技术信息的,由省级以上人民政府生态环境主管部门责令改正,处五万元以上五十万元以下的罚款。

违反本法规定,机动车生产、进口企业未按照规定向社会公布其生产、进口机动车车型的有关维修技术信息的,由省级以上人民政府交通运输主管部门责令改正,处五万元以上五十万元以下的罚款。

第一百一十二条　【检验的法律责任】 违反本法规定,伪造机动车、非道路移动机械排放检验结果或者出具虚假排放检验报告的,由县级以上人民政府生态环境主管部门没收违法所得,并处十万元以上五十万元以下的罚款;情节严重的,由负责资质认定的部门取消其检验资格。

违反本法规定,伪造船舶排放检验结果或者出具虚假排放检验报告的,由海事管理机构依法予以处罚。

违反本法规定,以临时更换机动车污染控制装置等弄虚作假的方式通过机动车排放检验或者破坏机动车车载排放诊断系统的,由县级以上人民政府生态环境主管部门责令改正,对机动车所有人处五千元的罚款;对机动车维修单位处每辆机动车五千元的罚款。

第一百一十三条　【机动车驾驶人的法律责任】 违反本法规定,机动车驾驶人驾驶排放检验不合格的机动车上道路行驶的,由公安机关交通管理部门依法予以处罚。

第一百一十四条 【非道路移动机械、在用重型柴油车违法行为的法律责任】违反本法规定,使用排放不合格的非道路移动机械,或者在用重型柴油车、非道路移动机械未按照规定加装、更换污染控制装置的,由县级以上人民政府生态环境等主管部门按照职责责令改正,处五千元的罚款。

违反本法规定,在禁止使用高排放非道路移动机械的区域使用高排放非道路移动机械的,由城市人民政府生态环境等主管部门依法予以处罚。

第一百一十五条 【施工单位、建设单位未采取扬尘污染防治措施的法律责任】违反本法规定,施工单位有下列行为之一的,由县级以上人民政府住房城乡建设等主管部门按照职责责令改正,处一万元以上十万元以下的罚款;拒不改正的,责令停工整治:

(一)施工工地未设置硬质围挡,或者未采取覆盖、分段作业、择时施工、洒水抑尘、冲洗地面和车辆等有效防尘降尘措施的;

(二)建筑土方、工程渣土、建筑垃圾未及时清运,或者未采用密闭式防尘网遮盖的。

违反本法规定,建设单位未对暂时不能开工的建设用地的裸露地面进行覆盖,或者未对超过三个月不能开工的建设用地的裸露地面进行绿化、铺装或者遮盖的,由县级以上人民政府住房城乡建设等主管部门依照前款规定予以处罚。

第一百一十六条 【运输环节未采取防尘、降尘措施的法律责任】违反本法规定,运输煤炭、垃圾、渣土、砂石、土方、灰浆等散装、流体物料的车辆,未采取密闭或者其他措施防止物料遗撒的,由县级以上地方人民政府确定的监督管理部门责令改正,处二千元以上二万元以下的罚款;拒不改正的,车辆不得上道路行驶。

第一百一十七条 【料堆扬尘等的法律责任】违反本法规定,有下列行为之一的,由县级以上人民政府生态环境等主管部门按照职责责令改正,处一万元以上十万元以下的罚款;拒不改正的,责令停工整治或者停业整治:

(一)未密闭煤炭、煤矸石、煤渣、煤灰、水泥、石灰、石膏、砂土等易产生扬尘的物料的;

(二)对不能密闭的易产生扬尘的物料,未设置不低于堆放物高度的严密围挡,或者未采取有效覆盖措施防治扬尘污染的;

(三)装卸物料未采取密闭或者喷淋等方式控制扬尘排放的;

(四)存放煤炭、煤矸石、煤渣、煤灰等物料,未采取防燃措施的;

(五)码头、矿山、填埋场和消纳场未采取有效措施防治扬尘污染的;

(六)排放有毒有害大气污染物名录中所列有毒有害大气污染物的企业事业单位,未按照规定建设环境风险预警体系或者对排放口和周边环境进行定期监测、排查环境安全隐患并采取有效措施防范环境风险的;

(七)向大气排放持久性有机污染物的企业事业单位和其他生产经营者以及废弃物焚烧设施的运营单位,未按照国家有关规定采取有利于减少持久性有机污染物排放的技术方法和工艺,配备净化装置的;

(八)未采取措施防止排放恶臭气体的。

第一百一十八条 【餐饮服务业经营者的法律责任】违反本法规定,排放油烟的餐饮服务业经营者未安装油烟净化设施、不正常使用油烟净化设施或者未采取其他油烟净化措施,超过排放标准排放油烟的,由县级以上地方人民政府确定的监督管理部门责令改正,处五千元以上五万元以下的罚款;拒不改正的,责令停业整治。

违反本法规定,在居民住宅楼、未配套设立专用烟道的商住综合楼、商住综合楼内与居住层相邻的商业楼层内新建、改建、扩建产生油烟、异味、废气的餐饮服务项目的,由县级以上地方人民政府确定的监督管理部门责令改正;拒不改正的,予以关闭,并处一万元以上十万元以下的罚款。

违反本法规定,在当地人民政府禁止的时段和区域内露天烧烤食品或者为露天烧烤食品提供场地的,由县级以上地方人民政府确定的监督管理部门责令改正,没收烧烤工具和违法所得,并处五百元以上二万元以下的罚款。

第一百一十九条 【产生烟尘污染的物质的法律责任】违反本法规定,在人口集中地区对树木、花草喷洒剧毒、高毒农药,或者露天焚烧秸秆、落叶等产生烟尘污染的物质的,由县级以上地方人民政府确定的监督管理部门责令改正,并可以处五百元以上二千元以下的罚款。

违反本法规定,在人口集中地区和其他依法需要特殊保护的区域内,焚烧沥青、油毡、橡胶、塑料、皮革、垃圾以及其他产生有毒有害烟尘和恶臭气体的物质的,由县级人民政府确定的监督管理部门责令改正,对单位处一万元以上十万元以下的罚款,对个人处五百元以上二千元以下的罚款。

违反本法规定,在城市人民政府禁止的时段和区域内燃放烟花爆竹的,由县级以上地方人民政府确定的监督管理部门依法予以处罚。

第一百二十条 【从事服装干洗和机动车维修等服务活动的法律责任】违反本法规定,从事服装干洗和机动车维修等服务活动,未设置异味和废气处理装置等污染防治设施并保持正常使用,影响周边环境的,由县级以上地方人民政府生态环境主管部门责令改正,处二千元以上二万元以下的罚款;拒不改正的,责令停业整治。

第一百二十一条 【擅自向社会发布重污染天气预报预警信息,拒不执行重污染天气应急措施的法律责任】违反本法规定,擅自向社会发布重污染天气预报预警信息,构成违反治安管理行为的,由公安机关依法予以处罚。

违反本法规定,拒不执行停止工地土石方作业或者建筑物拆除施工等重污染天气应急措施的,由县级以上地方人民政府确定的监督管理部门处一万元以上十万元以下的罚款。

第一百二十二条 【造成大气污染事故的法律责任】违反本法规定,造成大气污染事故的,由县级以上人民政府生态环境主管部门依照本条第二款的规定处以罚款;对直接负责的主管人员和其他直接责任人员可以处上一年度从本企业事业单位取得收入百分之五十以下的罚款。

对造成一般或者较大大气污染事故的,按照污染事故造成直接损失的一倍以上三倍以下计算罚款;对造成重大或者特大大气污染事故的,按照污染事故造成的直接损失的三倍以上五倍以下计算罚款。

第一百二十三条 【按日连续处罚】违反本法规定,企业事业单位和其他生产经营者有下列行为之一,受到罚款处罚,被责令改正,拒不改正的,依法作出处罚决定的行政机关可以自责令改正之日的次日起,按照原处罚数额按日连续处罚:

(一)未依法取得排污许可证排放大气污染物的;

(二)超过大气污染物排放标准或者超过重点大气污染物排放总量控制指标排放大气污染物的;

(三)通过逃避监管的方式排放大气污染物的;

(四)建筑施工或者贮存易产生扬尘的物料未采取有效措施防治扬尘污染的。

第一百二十四条 【用人单位打击报复的法律责任】违反本法规定,对举报人以解除、变更劳动合同或者其他方式打击报复的,应当依照有关法律的规定承担责任。

第一百二十五条 【侵权责任】排放大气污染物造成损害的,应当依法承担侵权责任。

第一百二十六条 【监管部门及工作人员的法律责任】地方各级人民政府、

县级以上人民政府生态环境主管部门和其他负有大气环境保护监督管理职责的部门及其工作人员滥用职权、玩忽职守、徇私舞弊、弄虚作假的,依法给予处分。

第一百二十七条 【刑事责任】违反本法规定,构成犯罪的,依法追究刑事责任。

第八章 附 则

第一百二十八条 【海洋工程大气污染防治】海洋工程的大气污染防治,依照《中华人民共和国海洋环境保护法》的有关规定执行。

第一百二十九条 【施行日期】本法自 2016 年 1 月 1 日起施行。

中华人民共和国
固体废物污染环境防治法

1. 1995 年 10 月 30 日第八届全国人民代表大会常务委员会第十六次会议通过
2. 2004 年 12 月 29 日第十届全国人民代表大会常务委员会第十三次会议第一次修订
3. 根据 2013 年 6 月 29 日第十二届全国人民代表大会常务委员会第三次会议《关于修改〈中华人民共和国文物保护法〉等十二部法律的决定》第一次修正
4. 根据 2015 年 4 月 24 日第十二届全国人民代表大会常务委员会第十四次会议《关于修改〈中华人民共和国港口法〉等七部法律的决定》第二次修正
5. 根据 2016 年 11 月 7 日第十二届全国人民代表大会常务委员会第二十四次会议《关于修改〈中华人民共和国对外贸易法〉等十二部法律的决定》第三次修正
6. 2020 年 4 月 29 日第十三届全国人民代表大会常务委员会第十七次会议第二次修订
7. 自 2020 年 9 月 1 日起施行

目 录

第一章 总 则
第二章 监督管理
第三章 工业固体废物
第四章 生活垃圾
第五章 建筑垃圾、农业固体废物等
第六章 危险废物
第七章 保障措施

第八章　法律责任
第九章　附　　则

第一章　总　　则

第一条　【立法目的】为了保护和改善生态环境，防治固体废物污染环境，保障公众健康，维护生态安全，推进生态文明建设，促进经济社会可持续发展，制定本法。

第二条　【适用范围】固体废物污染环境的防治适用本法。

固体废物污染海洋环境的防治和放射性固体废物污染环境的防治不适用本法。

第三条　【国家倡导绿色方式】国家推行绿色发展方式，促进清洁生产和循环经济发展。

国家倡导简约适度、绿色低碳的生活方式，引导公众积极参与固体废物污染环境防治。

第四条　【减量化、资源化和无害化原则】固体废物污染环境防治坚持减量化、资源化和无害化的原则。

任何单位和个人都应当采取措施，减少固体废物的产生量，促进固体废物的综合利用，降低固体废物的危害性。

第五条　【污染担责原则】固体废物污染环境防治坚持污染担责的原则。

产生、收集、贮存、运输、利用、处置固体废物的单位和个人，应当采取措施，防止或者减少固体废物对环境的污染，对所造成的环境污染依法承担责任。

第六条　【生活垃圾分类制度】国家推行生活垃圾分类制度。

生活垃圾分类坚持政府推动、全民参与、城乡统筹、因地制宜、简便易行的原则。

第七条　【目标责任制和考核评价制度】地方各级人民政府对本行政区域固体废物污染环境防治负责。

国家实行固体废物污染环境防治目标责任制和考核评价制度，将固体废物污染环境防治目标完成情况纳入考核评价的内容。

第八条　【政府的监督管理职责和联防联控机制】各级人民政府应当加强对固体废物污染环境防治工作的领导，组织、协调、督促有关部门依法履行固体废物污染环境防治监督管理职责。

省、自治区、直辖市之间可以协商建立跨行政区域固体废物污染环境的联防联控机制,统筹规划制定、设施建设、固体废物转移等工作。

第九条 【政府的监督管理职责】国务院生态环境主管部门对全国固体废物污染环境防治工作实施统一监督管理。国务院发展改革、工业和信息化、自然资源、住房城乡建设、交通运输、农业农村、商务、卫生健康、海关等主管部门在各自职责范围内负责固体废物污染环境防治的监督管理工作。

地方人民政府生态环境主管部门对本行政区域固体废物污染环境防治工作实施统一监督管理。地方人民政府发展改革、工业和信息化、自然资源、住房城乡建设、交通运输、农业农村、商务、卫生健康等主管部门在各自职责范围内负责固体废物污染环境防治的监督管理工作。

第十条 【国家政策支持】国家鼓励、支持固体废物污染环境防治的科学研究、技术开发、先进技术推广和科学普及,加强固体废物污染环境防治科技支撑。

第十一条 【宣传教育和科学普及】国家机关、社会团体、企业事业单位、基层群众性自治组织和新闻媒体应当加强固体废物污染环境防治宣传教育和科学普及,增强公众固体废物污染环境防治意识。

学校应当开展生活垃圾分类以及其他固体废物污染环境防治知识普及和教育。

第十二条 【政府表彰和奖励】各级人民政府对在固体废物污染环境防治工作以及相关的综合利用活动中做出显著成绩的单位和个人,按照国家有关规定给予表彰、奖励。

第二章 监督管理

第十三条 【纳入相关规划】县级以上人民政府应当将固体废物污染环境防治工作纳入国民经济和社会发展规划、生态环境保护规划,并采取有效措施减少固体废物的产生量、促进固体废物的综合利用、降低固体废物的危害性,最大限度降低固体废物填埋量。

第十四条 【制定鉴别标准、程序和防治技术标准】国务院生态环境主管部门应当会同国务院有关部门根据国家环境质量标准和国家经济、技术条件,制定固体废物鉴别标准、鉴别程序和国家固体废物污染环境防治技术标准。

第十五条 【固体废物综合利用标准】国务院标准化主管部门应当会同国务院发展改革、工业和信息化、生态环境、农业农村等主管部门,制定固体废物综合利用标准。

综合利用固体废物应当遵守生态环境法律法规,符合固体废物污染环境防治技术标准。使用固体废物综合利用产物应当符合国家规定的用途、标准。

第十六条　【建立全国固体废物污染环境防治信息平台】国务院生态环境主管部门应当会同国务院有关部门建立全国危险废物等固体废物污染环境防治信息平台,推进固体废物收集、转移、处置等全过程监控和信息化追溯。

第十七条　【依法进行环境影响评价】建设产生、贮存、利用、处置固体废物的项目,应当依法进行环境影响评价,并遵守国家有关建设项目环境保护管理的规定。

第十八条　【环境影响评价的实施】建设项目的环境影响评价文件确定需要配套建设的固体废物污染环境防治设施,应当与主体工程同时设计、同时施工、同时投入使用。建设项目的初步设计,应当按照环境保护设计规范的要求,将固体废物污染环境防治内容纳入环境影响评价文件,落实防治固体废物污染环境和破坏生态的措施以及固体废物污染环境防治设施投资概算。

建设单位应当依照有关法律法规的规定,对配套建设的固体废物污染环境防治设施进行验收,编制验收报告,并向社会公开。

第十九条　【生产经营者的管理和维护职责】收集、贮存、运输、利用、处置固体废物的单位和其他生产经营者,应当加强对相关设施、设备和场所的管理和维护,保证其正常运行和使用。

第二十条　【生产经营者应当采取的措施和禁止行为】产生、收集、贮存、运输、利用、处置固体废物的单位和其他生产经营者,应当采取防扬散、防流失、防渗漏或者其他防止污染环境的措施,不得擅自倾倒、堆放、丢弃、遗撒固体废物。

禁止任何单位或者个人向江河、湖泊、运河、渠道、水库及其最高水位线以下的滩地和岸坡以及法律法规规定的其他地点倾倒、堆放、贮存固体废物。

第二十一条　【特殊区域禁止行为】在生态保护红线区域、永久基本农田集中区域和其他需要特别保护的区域内,禁止建设工业固体废物、危险废物集中贮存、利用、处置的设施、场所和生活垃圾填埋场。

第二十二条　【固体废物转移出省级行政区域的申请和备案】转移固体废物出省、自治区、直辖市行政区域贮存、处置的,应当向固体废物移出地的省、自治区、直辖市人民政府生态环境主管部门提出申请。移出地的省、自治区、直辖市人民政府生态环境主管部门应当及时商经接受地的省、自治区、直辖市人民政府生态环境主管部门同意后，在规定期限内批准转移该固体废物出省、自治区、直辖市行政区域。未经批准的，不得转移。

转移固体废物出省、自治区、直辖市行政区域利用的，应当报固体废物移出地的省、自治区、直辖市人民政府生态环境主管部门备案。移出地的省、自治区、直辖市人民政府生态环境主管部门应当将备案信息通报接受地的省、自治区、直辖市人民政府生态环境主管部门。

第二十三条　【禁止境外固体废物进境行为】禁止中华人民共和国境外的固体废物进境倾倒、堆放、处置。

第二十四条　【逐步实现固体废物零进口】国家逐步实现固体废物零进口，由国务院生态环境主管部门会同国务院商务、发展改革、海关等主管部门组织实施。

第二十五条　【海关依法管理进口疑似固体废物】海关发现进口货物疑似固体废物的，可以委托专业机构开展属性鉴别，并根据鉴别结论依法管理。

第二十六条　【现场检查】生态环境主管部门及其环境执法机构和其他负有固体废物污染环境防治监督管理职责的部门，在各自职责范围内有权对从事产生、收集、贮存、运输、利用、处置固体废物等活动的单位和其他生产经营者进行现场检查。被检查者应当如实反映情况，并提供必要的资料。

实施现场检查，可以采取现场监测、采集样品、查阅或者复制与固体废物污染环境防治相关的资料等措施。检查人员进行现场检查，应当出示证件。对现场检查中知悉的商业秘密应当保密。

第二十七条　【相关部门的查封、扣押权限】有下列情形之一，生态环境主管部门和其他负有固体废物污染环境防治监督管理职责的部门，可以对违法收集、贮存、运输、利用、处置的固体废物及设施、设备、场所、工具、物品予以查封、扣押：

（一）可能造成证据灭失、被隐匿或者非法转移的；

（二）造成或者可能造成严重环境污染的。

第二十八条　【生产经营者信用记录制度】生态环境主管部门应当会同有关部门建立产生、收集、贮存、运输、利用、处置固体废物的单位和其他生产经营者信用记录制度，将相关信用记录纳入全国信用信息共享平台。

第二十九条　【定期发布信息】设区的市级人民政府生态环境主管部门应当会同住房城乡建设、农业农村、卫生健康等主管部门，定期向社会发布固体废物的种类、产生量、处置能力、利用处置状况等信息。

产生、收集、贮存、运输、利用、处置固体废物的单位，应当依法及时公开固体废物污染环境防治信息，主动接受社会监督。

利用、处置固体废物的单位，应当依法向公众开放设施、场所，提高公众环境保护意识和参与程度。

第三十条 【纳入年度报告】县级以上人民政府应当将工业固体废物、生活垃圾、危险废物等固体废物污染环境防治情况纳入环境状况和环境保护目标完成情况年度报告，向本级人民代表大会或者人民代表大会常务委员会报告。

第三十一条 【举报制度】任何单位和个人都有权对造成固体废物污染环境的单位和个人进行举报。

生态环境主管部门和其他负有固体废物污染环境防治监督管理职责的部门应当将固体废物污染环境防治举报方式向社会公布，方便公众举报。

接到举报的部门应当及时处理并对举报人的相关信息予以保密；对实名举报并查证属实的，给予奖励。

举报人举报所在单位的，该单位不得以解除、变更劳动合同或者其他方式对举报人进行打击报复。

第三章 工业固体废物

第三十二条 【制定技术政策】国务院生态环境主管部门应当会同国务院发展改革、工业和信息化等主管部门对工业固体废物对公众健康、生态环境的危害和影响程度等作出界定，制定防治工业固体废物污染环境的技术政策，组织推广先进的防治工业固体废物污染环境的生产工艺和设备。

第三十三条 【推广先进生产工艺和设备】国务院工业和信息化主管部门应当会同国务院有关部门组织研究开发、推广减少工业固体废物产生量和降低工业固体废物危害性的生产工艺和设备，公布限期淘汰产生严重污染环境的工业固体废物的落后生产工艺、设备的名录。

生产者、销售者、进口者、使用者应当在国务院工业和信息化主管部门会同国务院有关部门规定的期限内分别停止生产、销售、进口或者使用列入前款规定名录中的设备。生产工艺的采用者应当在国务院工业和信息化主管部门会同国务院有关部门规定的期限内停止采用列入前款规定名录中的工艺。

列入限期淘汰名录被淘汰的设备,不得转让给他人使用。

第三十四条 【定期发布工业固体废物相关目录】国务院工业和信息化主管部门应当会同国务院发展改革、生态环境等主管部门,定期发布工业固体废物综合利用技术、工艺、设备和产品导向目录,组织开展工业固体废物资源综合利用评价,推动工业固体废物综合利用。

第三十五条 【制定工业固体废物污染环境防治工作规划】县级以上地方人民政府应当制定工业固体废物污染环境防治工作规划,组织建设工业固体废物集中处置等设施,推动工业固体废物污染环境防治工作。

第三十六条 【产生废物的单位建立健全相关制度】产生工业固体废物的单位应当建立健全工业固体废物产生、收集、贮存、运输、利用、处置全过程的污染环境防治责任制度,建立工业固体废物管理台账,如实记录产生工业固体废物的种类、数量、流向、贮存、利用、处置等信息,实现工业固体废物可追溯、可查询,并采取防治工业固体废物污染环境的措施。

禁止向生活垃圾收集设施中投放工业固体废物。

第三十七条 【委托运输、利用、处置工业固体废物的要求】产生工业固体废物的单位委托他人运输、利用、处置工业固体废物的,应当对受托方的主体资格和技术能力进行核实,依法签订书面合同,在合同中约定污染防治要求。

受托方运输、利用、处置工业固体废物,应当依照有关法律法规的规定和合同约定履行污染防治要求,并将运输、利用、处置情况告知产生工业固体废物的单位。

产生工业固体废物的单位违反本条第一款规定的,除依照有关法律法规的规定予以处罚外,还应当与造成环境污染和生态破坏的受托方承担连带责任。

第三十八条 【清洁生产审核】产生工业固体废物的单位应当依法实施清洁生产审核,合理选择和利用原材料、能源和其他资源,采用先进的生产工艺和设备,减少工业固体废物的产生量,降低工业固体废物的危害性。

第三十九条 【排污许可证】产生工业固体废物的单位应当取得排污许可证。排污许可的具体办法和实施步骤由国务院规定。

产生工业固体废物的单位应当向所在地生态环境主管部门提供工业固体废物的种类、数量、流向、贮存、利用、处置等有关资料,以及减少工业固体废物产生、促进综合利用的具体措施,并执行排污许可管理制度的相关规定。

第四十条 【利用工业固体废物应当符合标准】产生工业固体废物的单位应当根据经济、技术条件对工业固体废物加以利用；对暂时不利用或者不能利用的，应当按照国务院生态环境等主管部门的规定建设贮存设施、场所，安全分类存放，或者采取无害化处置措施。贮存工业固体废物应当采取符合国家环境保护标准的防护措施。

建设工业固体废物贮存、处置的设施、场所，应当符合国家环境保护标准。

第四十一条 【单位终止或变更后应当妥善处置工业固体废物】产生工业固体废物的单位终止的，应当在终止前对工业固体废物的贮存、处置的设施、场所采取污染防治措施，并对未处置的工业固体废物作出妥善处置，防止污染环境。

产生工业固体废物的单位发生变更的，变更后的单位应当按照国家有关环境保护的规定对未处置的工业固体废物及其贮存、处置的设施、场所进行安全处置或者采取有效措施保证该设施、场所安全运行。变更前当事人对工业固体废物及其贮存、处置的设施、场所的污染防治责任另有约定的，从其约定；但是，不得免除当事人的污染防治义务。

对2005年4月1日前已经终止的单位未处置的工业固体废物及其贮存、处置的设施、场所进行安全处置的费用，由有关人民政府承担；但是，该单位享有的土地使用权依法转让的，应当由土地使用权受让人承担处置费用。当事人另有约定的，从其约定；但是，不得免除当事人的污染防治义务。

第四十二条 【矿业固体废物的开采利用和处理】矿山企业应当采取科学的开采方法和选矿工艺，减少尾矿、煤矸石、废石等矿业固体废物的产生量和贮存量。

国家鼓励采取先进工艺对尾矿、煤矸石、废石等矿业固体废物进行综合利用。

尾矿、煤矸石、废石等矿业固体废物贮存设施停止使用后，矿山企业应当按照国家有关环境保护等规定进行封场，防止造成环境污染和生态破坏。

第四章 生活垃圾

第四十三条 【生活垃圾分类制度】县级以上地方人民政府应当加快建立分类投放、分类收集、分类运输、分类处理的生活垃圾管理系统，实现生活垃垃分类制度有效覆盖。

县级以上地方人民政府应当建立生活垃圾分类工作协调机制,加强和统筹生活垃圾分类管理能力建设。

各级人民政府及其有关部门应当组织开展生活垃圾分类宣传,教育引导公众养成生活垃圾分类习惯,督促和指导生活垃圾分类工作。

第四十四条　【减少固体废物和生活垃圾产生量】县级以上地方人民政府应当有计划地改进燃料结构,发展清洁能源,减少燃料废渣等固体废物的产生量。

县级以上地方人民政府有关部门应当加强产品生产和流通过程管理,避免过度包装,组织净菜上市,减少生活垃圾的产生量。

第四十五条　【处置和回收利用生活垃圾】县级以上人民政府应当统筹安排建设城乡生活垃圾收集、运输、处理设施,确定设施厂址,提高生活垃圾的综合利用和无害化处置水平,促进生活垃圾收集、处理的产业化发展,逐步建立和完善生活垃圾污染环境防治的社会服务体系。

县级以上地方人民政府有关部门应当统筹规划,合理安排回收、分拣、打包网点,促进生活垃圾的回收利用工作。

第四十六条　【妥善处理农村生活垃圾】地方各级人民政府应当加强农村生活垃圾污染环境的防治,保护和改善农村人居环境。

国家鼓励农村生活垃圾源头减量。城乡结合部、人口密集的农村地区和其他有条件的地方,应当建立城乡一体的生活垃圾管理系统;其他农村地区应当积极探索生活垃圾管理模式,因地制宜,就近就地利用或者妥善处理生活垃圾。

第四十七条　【主管部门的监督管理职责】设区的市级以上人民政府环境卫生主管部门应当制定生活垃圾清扫、收集、贮存、运输和处理设施、场所建设运行规范,发布生活垃圾分类指导目录,加强监督管理。

第四十八条　【城乡生活垃圾的清扫、收集、运输和处理】县级以上地方人民政府环境卫生等主管部门应当组织对城乡生活垃圾进行清扫、收集、运输和处理,可以通过招标等方式选择具备条件的单位从事生活垃圾的清扫、收集、运输和处理。

第四十九条　【生活垃圾产生者责任】产生生活垃圾的单位、家庭和个人应当依法履行生活垃圾源头减量和分类投放义务,承担生活垃圾产生者责任。

任何单位和个人都应当依法在指定的地点分类投放生活垃圾。禁止随意倾倒、抛撒、堆放或者焚烧生活垃圾。

机关、事业单位等应当在生活垃圾分类工作中起示范带头作用。

已经分类投放的生活垃圾,应当按照规定分类收集、分类运输、分类处理。

第五十条　【处理城乡生活垃圾和有害垃圾】清扫、收集、运输、处理城乡生活垃圾,应当遵守国家有关环境保护和环境卫生管理的规定,防止污染环境。

从生活垃圾中分类并集中收集的有害垃圾,属于危险废物的,应当按照危险废物管理。

第五十一条　【处理运输过程中产生的生活垃圾】从事公共交通运输的经营单位,应当及时清扫、收集运输过程中产生的生活垃圾。

第五十二条　【农贸市场等应加强环境卫生管理】农贸市场、农产品批发市场等应当加强环境卫生管理,保持环境卫生清洁,对所产生的垃圾及时清扫、分类收集、妥善处理。

第五十三条　【生活垃圾收集设施及体系建设】从事城市新区开发、旧区改建和住宅小区开发建设、村镇建设的单位,以及机场、码头、车站、公园、商场、体育场馆等公共设施、场所的经营管理单位,应当按照国家有关环境卫生的规定,配套建设生活垃圾收集设施。

县级以上地方人民政府应当统筹生活垃圾公共转运、处理设施与前款规定的收集设施的有效衔接,并加强生活垃圾分类收运体系和再生资源回收体系在规划、建设、运营等方面的融合。

第五十四条　【按照规定使用从生活垃圾中回收的物质】从生活垃圾中回收的物质应当按照国家规定的用途、标准使用,不得用于生产可能危害人体健康的产品。

第五十五条　【生活垃圾处理设施、场所的建设和管理】建设生活垃圾处理设施、场所,应当符合国务院生态环境主管部门和国务院住房城乡建设主管部门规定的环境保护和环境卫生标准。

鼓励相邻地区统筹生活垃圾处理设施建设,促进生活垃圾处理设施跨行政区域共建共享。

禁止擅自关闭、闲置或者拆除生活垃圾处理设施、场所;确有必要关闭、闲置或者拆除的,应当经所在地的市、县级人民政府环境卫生主管部门商所在地生态环境主管部门同意后核准,并采取防止污染环境的措施。

第五十六条　【监测污染物排放】生活垃圾处理单位应当按照国家有关规

定,安装使用监测设备,实时监测污染物的排放情况,将污染排放数据实时公开。监测设备应当与所在地生态环境主管部门的监控设备联网。

第五十七条　【厨余垃圾资源化、无害化处理】县级以上地方人民政府环境卫生主管部门负责组织开展厨余垃圾资源化、无害化处理工作。

产生、收集厨余垃圾的单位和其他生产经营者,应当将厨余垃圾交由具备相应资质条件的单位进行无害化处理。

禁止畜禽养殖场、养殖小区利用未经无害化处理的厨余垃圾饲喂畜禽。

第五十八条　【生活垃圾处理收费制度】县级以上地方人民政府应当按照产生者付费原则,建立生活垃圾处理收费制度。

县级以上地方人民政府制定生活垃圾处理收费标准,应当根据本地实际,结合生活垃圾分类情况,体现分类计价、计量收费等差别化管理,并充分征求公众意见。生活垃圾处理收费标准应当向社会公布。

生活垃圾处理费应当专项用于生活垃圾的收集、运输和处理等,不得挪作他用。

第五十九条　【制定生活垃圾具体管理办法】省、自治区、直辖市和设区的市、自治州可以结合实际,制定本地方生活垃圾具体管理办法。

第五章　建筑垃圾、农业固体废物等

第六十条　【建筑垃圾分类处理制度】县级以上地方人民政府应当加强建筑垃圾污染环境的防治,建立建筑垃圾分类处理制度。

县级以上地方人民政府应当制定包括源头减量、分类处理、消纳设施和场所布局及建设等在内的建筑垃圾污染环境防治工作规划。

第六十一条　【建筑垃圾回收利用体系】国家鼓励采用先进技术、工艺、设备和管理措施,推进建筑垃圾源头减量,建立建筑垃圾回收利用体系。

县级以上地方人民政府应当推动建筑垃圾综合利用产品应用。

第六十二条　【建筑垃圾全过程管理制度】县级以上地方人民政府环境卫生主管部门负责建筑垃圾污染环境防治工作,建立建筑垃圾全过程管理制度,规范建筑垃圾产生、收集、贮存、运输、利用、处置行为,推进综合利用,加强建筑垃圾处置设施、场所建设,保障处置安全,防止污染环境。

第六十三条　【工程施工单位的建筑垃圾处理责任】工程施工单位应当编制建筑垃圾处理方案,采取污染防治措施,并报县级以上地方人民政府环境卫生主管部门备案。

工程施工单位应当及时清运工程施工过程中产生的建筑垃圾等固体废物,并按照环境卫生主管部门的规定进行利用或者处置。

工程施工单位不得擅自倾倒、抛撒或者堆放工程施工过程中产生的建筑垃圾。

第六十四条 【主管部门指导农业固体废物回收利用体系建设】县级以上人民政府农业农村主管部门负责指导农业固体废物回收利用体系建设,鼓励和引导有关单位和其他生产经营者依法收集、贮存、运输、利用、处置农业固体废物,加强监督管理,防止污染环境。

第六十五条 【妥善处理农业固体废物】产生秸秆、废弃农用薄膜、农药包装废弃物等农业固体废物的单位和其他生产经营者,应当采取回收利用和其他防止污染环境的措施。

从事畜禽规模养殖应当及时收集、贮存、利用或者处置养殖过程中产生的畜禽粪污等固体废物,避免造成环境污染。

禁止在人口集中地区、机场周围、交通干线附近以及当地人民政府划定的其他区域露天焚烧秸秆。

国家鼓励研究开发、生产、销售、使用在环境中可降解且无害的农用薄膜。

第六十六条 【电器电子等废物的回收利用】国家建立电器电子、铅蓄电池、车用动力电池等产品的生产者责任延伸制度。

电器电子、铅蓄电池、车用动力电池等产品的生产者应当按照规定以自建或者委托等方式建立与产品销售量相匹配的废旧产品回收体系,并向社会公开,实现有效回收和利用。

国家鼓励产品的生产者开展生态设计,促进资源回收利用。

第六十七条 【废弃电器电子产品的处理】国家对废弃电器电子产品等实行多渠道回收和集中处理制度。

禁止将废弃机动车船等交由不符合规定条件的企业或者个人回收、拆解。

拆解、利用、处置废弃电器电子产品、废弃机动车船等,应当遵守有关法律法规的规定,采取防止污染环境的措施。

第六十八条 【避免过度包装】产品和包装物的设计、制造,应当遵守国家有关清洁生产的规定。国务院标准化主管部门应当根据国家经济和技术条件、固体废物污染环境防治状况以及产品的技术要求,组织制定有关标准,防止过度包装造成环境污染。

生产经营者应当遵守限制商品过度包装的强制性标准，避免过度包装。县级以上地方人民政府市场监督管理部门和有关部门应当按照各自职责，加强对过度包装的监督管理。

生产、销售、进口依法被列入强制回收目录的产品和包装物的企业，应当按照国家有关规定对该产品和包装物进行回收。

电子商务、快递、外卖等行业应当优先采用可重复使用、易回收利用的包装物，优化物品包装，减少包装物的使用，并积极回收利用包装物。县级以上地方人民政府商务、邮政等主管部门应当加强监督管理。

国家鼓励和引导消费者使用绿色包装和减量包装。

第六十九条　【一次性塑料制品的管理】国家依法禁止、限制生产、销售和使用不可降解塑料袋等一次性塑料制品。

商品零售场所开办单位、电子商务平台企业和快递企业、外卖企业应当按照国家有关规定向商务、邮政等主管部门报告塑料袋等一次性塑料制品的使用、回收情况。

国家鼓励和引导减少使用、积极回收塑料袋等一次性塑料制品，推广应用可循环、易回收、可降解的替代产品。

第七十条　【减少一次性用品的使用】旅游、住宿等行业应当按照国家有关规定推行不主动提供一次性用品。

机关、企业事业单位等的办公场所应当使用有利于保护环境的产品、设备和设施，减少使用一次性办公用品。

第七十一条　【安全处理污泥】城镇污水处理设施维护运营单位或者污泥处理单位应当安全处理污泥，保证处理后的污泥符合国家有关标准，对污泥的流向、用途、用量等进行跟踪、记录，并报告城镇排水主管部门、生态环境主管部门。

县级以上人民政府城镇排水主管部门应当将污泥处理设施纳入城镇排水与污水处理规划，推动同步建设污泥处理设施与污水处理设施，鼓励协同处理，污水处理费征收标准和补偿范围应当覆盖污泥处理成本和污水处理设施正常运营成本。

第七十二条　【按规定处理污泥】禁止擅自倾倒、堆放、丢弃、遗撒城镇污水处理设施产生的污泥和处理后的污泥。

禁止重金属或者其他有毒有害物质含量超标的污泥进入农用地。

从事水体清淤疏浚应当按照国家有关规定处理清淤疏浚过程中产生的底泥，防止污染环境。

第七十三条 【实验室产生的固体废物的管理】各级各类实验室及其设立单位应当加强对实验室产生的固体废物的管理,依法收集、贮存、运输、利用、处置实验室固体废物。实验室固体废物属于危险废物的,应当按照危险废物管理。

第六章 危 险 废 物

第七十四条 【适用规定】危险废物污染环境的防治,适用本章规定;本章未作规定的,适用本法其他有关规定。

第七十五条 【国家危险废物名录】国务院生态环境主管部门应当会同国务院有关部门制定国家危险废物名录,规定统一的危险废物鉴别标准、鉴别方法、识别标志和鉴别单位管理要求。国家危险废物名录应当动态调整。

国务院生态环境主管部门根据危险废物的危害特性和产生数量,科学评估其环境风险,实施分级分类管理,建立信息化监管体系,并通过信息化手段管理、共享危险废物转移数据和信息。

第七十六条 【编制危险废物集中处置设施和场所的建设规划】省、自治区、直辖市人民政府应当组织有关部门编制危险废物集中处置设施、场所的建设规划,科学评估危险废物处置需求,合理布局危险废物集中处置设施、场所,确保本行政区域的危险废物得到妥善处置。

编制危险废物集中处置设施、场所的建设规划,应当征求有关行业协会、企业事业单位、专家和公众等方面的意见。

相邻省、自治区、直辖市之间可以开展区域合作,统筹建设区域性危险废物集中处置设施、场所。

第七十七条 【设置危险废物识别标志】对危险废物的容器和包装物以及收集、贮存、运输、利用、处置危险废物的设施、场所,应当按照规定设置危险废物识别标志。

第七十八条 【危险废物管理计划】产生危险废物的单位,应当按照国家有关规定制定危险废物管理计划;建立危险废物管理台账,如实记录有关信息,并通过国家危险废物信息管理系统向所在地生态环境主管部门申报危险废物的种类、产生量、流向、贮存、处置等有关资料。

前款所称危险废物管理计划应当包括减少危险废物产生量和降低危险废物危害性的措施以及危险废物贮存、利用、处置措施。危险废物管理计划应当报产生危险废物的单位所在地生态环境主管部门备案。

产生危险废物的单位已经取得排污许可证的,执行排污许可管理制度的规定。

第七十九条 【按照规定贮存、利用、处置危险废物】产生危险废物的单位,应当按照国家有关规定和环境保护标准要求贮存、利用、处置危险废物,不得擅自倾倒、堆放。

第八十条 【许可证制度】从事收集、贮存、利用、处置危险废物经营活动的单位,应当按照国家有关规定申请取得许可证。许可证的具体管理办法由国务院制定。

禁止无许可证或者未按照许可证规定从事危险废物收集、贮存、利用、处置的经营活动。

禁止将危险废物提供或者委托给无许可证的单位或者其他生产经营者从事收集、贮存、利用、处置活动。

第八十一条 【收集、贮存危险废物的注意事项】收集、贮存危险废物,应当按照危险废物特性分类进行。禁止混合收集、贮存、运输、处置性质不相容而未经安全性处置的危险废物。

贮存危险废物应当采取符合国家环境保护标准的防护措施。禁止将危险废物混入非危险废物中贮存。

从事收集、贮存、利用、处置危险废物经营活动的单位,贮存危险废物不得超过一年;确需延长期限的,应当报经颁发许可证的生态环境主管部门批准;法律、行政法规另有规定的除外。

第八十二条 【转移危险废物】转移危险废物的,应当按照国家有关规定填写、运行危险废物电子或者纸质转移联单。

跨省、自治区、直辖市转移危险废物的,应当向危险废物移出地省、自治区、直辖市人民政府生态环境主管部门申请。移出地省、自治区、直辖市人民政府生态环境主管部门应当及时商经接受地省、自治区、直辖市人民政府生态环境主管部门同意后,在规定期限内批准转移该危险废物,并将批准信息通报相关省、自治区、直辖市人民政府生态环境主管部门和交通运输主管部门。未经批准的,不得转移。

危险废物转移管理应当全程管控、提高效率,具体办法由国务院生态环境主管部门会同国务院交通运输主管部门和公安部门制定。

第八十三条 【运输危险废物】运输危险废物,应当采取防止污染环境的措施,并遵守国家有关危险货物运输管理的规定。

禁止将危险废物与旅客在同一运输工具上载运。

第八十四条 【危险废物相关设施转作他用时的处理】收集、贮存、运输、利用、处置危险废物的场所、设施、设备和容器、包装物及其他物品转作他用时，应当按照国家有关规定经过消除污染处理，方可使用。

第八十五条 【意外事故的防范措施和应急预案】产生、收集、贮存、运输、利用、处置危险废物的单位，应当依法制定意外事故的防范措施和应急预案，并向所在地生态环境主管部门和其他负有固体废物污染环境防治监督管理职责的部门备案；生态环境主管部门和其他负有固体废物污染环境防治监督管理职责的部门应当进行检查。

第八十六条 【立即处理并报告制度】因发生事故或者其他突发性事件，造成危险废物严重污染环境的单位，应当立即采取有效措施消除或者减轻对环境的污染危害，及时通报可能受到污染危害的单位和居民，并向所在地生态环境主管部门和有关部门报告，接受调查处理。

第八十七条 【相关部门的报告职责】在发生或者有证据证明可能发生危险废物严重污染环境、威胁居民生命财产安全时，生态环境主管部门或者其他负有固体废物污染环境防治监督管理职责的部门应当立即向本级人民政府和上一级人民政府有关部门报告，由人民政府采取防止或者减轻危害的有效措施。有关人民政府可以根据需要责令停止导致或者可能导致环境污染事故的作业。

第八十八条 【重点危险废物集中处置设施、场所退役的处理】重点危险废物集中处置设施、场所退役前，运营单位应当按照国家有关规定对设施、场所采取污染防治措施。退役的费用应当预提，列入投资概算或者生产成本，专门用于重点危险废物集中处置设施、场所的退役。具体提取和管理办法，由国务院财政部门、价格主管部门会同国务院生态环境主管部门规定。

第八十九条 【禁止经我国过境转移危险废物】禁止经中华人民共和国过境转移危险废物。

第九十条 【医疗废物的处理】医疗废物按照国家危险废物名录管理。县级以上地方人民政府应当加强医疗废物集中处置能力建设。

县级以上人民政府卫生健康、生态环境等主管部门应当在各自职责范围内加强对医疗废物收集、贮存、运输、处置的监督管理，防止危害公众健康、污染环境。

医疗卫生机构应当依法分类收集本单位产生的医疗废物，交由医疗废物集中处置单位处置。医疗废物集中处置单位应当及时收集、运输和处置医疗废物。

医疗卫生机构和医疗废物集中处置单位,应当采取有效措施,防止医疗废物流失、泄漏、渗漏、扩散。

第九十一条 【应急处置突发事件】重大传染病疫情等突发事件发生时,县级以上人民政府应当统筹协调医疗废物等危险废物收集、贮存、运输、处置等工作,保障所需的车辆、场地、处置设施和防护物资。卫生健康、生态环境、环境卫生、交通运输等主管部门应当协同配合,依法履行应急处置职责。

第七章 保障措施

第九十二条 【相关规划应当统筹固体废物处置设施建设需求】国务院有关部门、县级以上地方人民政府及其有关部门在编制国土空间规划和相关专项规划时,应当统筹生活垃圾、建筑垃圾、危险废物等固体废物转运、集中处置等设施建设需求,保障转运、集中处置等设施用地。

第九十三条 【国家支持固体废物污染环境防治产业专业化、规模化发展】国家采取有利于固体废物污染环境防治的经济、技术政策和措施,鼓励、支持有关方面采取有利于固体废物污染环境防治的措施,加强对从事固体废物污染环境防治工作人员的培训和指导,促进固体废物污染环境防治产业专业化、规模化发展。

第九十四条 【国家鼓励和支持研发固体废物处置新技术】国家鼓励和支持科研单位、固体废物产生单位、固体废物利用单位、固体废物处置单位等联合攻关,研究开发固体废物综合利用、集中处置等的新技术,推动固体废物污染环境防治技术进步。

第九十五条 【需安排必要资金的事项】各级人民政府应当加强固体废物污染环境的防治,按照事权划分的原则安排必要的资金用于下列事项:

(一)固体废物污染环境防治的科学研究、技术开发;

(二)生活垃圾分类;

(三)固体废物集中处置设施建设;

(四)重大传染病疫情等突发事件产生的医疗废物等危险废物应急处置;

(五)涉及固体废物污染环境防治的其他事项。

使用资金应当加强绩效管理和审计监督,确保资金使用效益。

第九十六条 【政策扶持】国家鼓励和支持社会力量参与固体废物污染环境防治工作,并按照国家有关规定给予政策扶持。

第九十七条 【绿色金融】国家发展绿色金融,鼓励金融机构加大对固体废物污染环境防治项目的信贷投放。

第九十八条 【税收优惠】从事固体废物综合利用等固体废物污染环境防治工作的,依照法律、行政法规的规定,享受税收优惠。

国家鼓励并提倡社会各界为防治固体废物污染环境捐赠财产,并依照法律、行政法规的规定,给予税收优惠。

第九十九条 【环境污染责任保险】收集、贮存、运输、利用、处置危险废物的单位,应当按照国家有关规定,投保环境污染责任保险。

第一百条 【综合利用和可重复使用产品的鼓励与支持】国家鼓励单位和个人购买、使用综合利用产品和可重复使用产品。

县级以上人民政府及其有关部门在政府采购过程中,应当优先采购综合利用产品和可重复使用产品。

第八章 法 律 责 任

第一百零一条 【主管部门的违法责任】生态环境主管部门或者其他负有固体废物污染环境防治监督管理职责的部门违反本法规定,有下列行为之一,由本级人民政府或者上级人民政府有关部门责令改正,对直接负责的主管人员和其他直接责任人员依法给予处分:

(一)未依法作出行政许可或者办理批准文件的;

(二)对违法行为进行包庇的;

(三)未依法查封、扣押的;

(四)发现违法行为或者接到对违法行为的举报后未予查处的;

(五)有其他滥用职权、玩忽职守、徇私舞弊等违法行为的。

依照本法规定应当作出行政处罚决定而未作出的,上级主管部门可以直接作出行政处罚决定。

第一百零二条 【生产经营者的违法责任】违反本法规定,有下列行为之一,由生态环境主管部门责令改正,处以罚款,没收违法所得;情节严重的,报经有批准权的人民政府批准,可以责令停业或者关闭:

(一)产生、收集、贮存、运输、利用、处置固体废物的单位未依法及时公开固体废物污染环境防治信息的;

(二)生活垃圾处理单位未按照国家有关规定安装使用监测设备、实时监测污染物的排放情况并公开污染排放数据的;

(三)将列入限期淘汰名录被淘汰的设备转让给他人使用的;

（四）在生态保护红线区域、永久基本农田集中区域和其他需要特别保护的区域内，建设工业固体废物、危险废物集中贮存、利用、处置的设施、场所和生活垃圾填埋场的；

（五）转移固体废物出省、自治区、直辖市行政区域贮存、处置未经批准的；

（六）转移固体废物出省、自治区、直辖市行政区域利用未报备案的；

（七）擅自倾倒、堆放、丢弃、遗撒工业固体废物，或者未采取相应防范措施，造成工业固体废物扬散、流失、渗漏或者其他环境污染的；

（八）产生工业固体废物的单位未建立固体废物管理台账并如实记录的；

（九）产生工业固体废物的单位违反本法规定委托他人运输、利用、处置工业固体废物的；

（十）贮存工业固体废物未采取符合国家环境保护标准的防护措施的；

（十一）单位和其他生产经营者违反固体废物管理其他要求，污染环境、破坏生态的。

有前款第一项、第八项行为之一，处五万元以上二十万元以下的罚款；有前款第二项、第三项、第四项、第五项、第六项、第九项、第十项、第十一项行为之一，处十万元以上一百万元以下的罚款；有前款第七项行为，处所需处置费用一倍以上三倍以下的罚款，所需处置费用不足十万元的，按十万元计算。对前款第十一项行为的处罚，有关法律、行政法规另有规定的，适用其规定。

第一百零三条　【拒绝、阻挠监督检查及弄虚作假的违法责任】违反本法规定，以拖延、围堵、滞留执法人员等方式拒绝、阻挠监督检查，或者在接受监督检查时弄虚作假的，由生态环境主管部门或者其他负有固体废物污染环境防治监督管理职责的部门责令改正，处五万元以上二十万元以下的罚款；对直接负责的主管人员和其他直接责任人员，处二万元以上十万元以下的罚款。

第一百零四条　【未经许可排放工业固体废物的违法责任】违反本法规定，未依法取得排污许可证产生工业固体废物的，由生态环境主管部门责令改正或者限制生产、停产整治，处十万元以上一百万元以下的罚款；情节严重的，报经有批准权的人民政府批准，责令停业或者关闭。

第一百零五条　【未遵守限制商品过度包装的强制性标准的法律责任】违反

本法规定,生产经营者未遵守限制商品过度包装的强制性标准的,由县级以上地方人民政府市场监督管理部门或者有关部门责令改正;拒不改正的,处二千元以上二万元以下的罚款;情节严重的,处二万元以上十万元以下的罚款。

第一百零六条 【未遵守有关一次性塑料制品的国家规定的法律责任】违反本法规定,未遵守国家有关禁止、限制使用不可降解塑料袋等一次性塑料制品的规定,或者未按照国家有关规定报告塑料袋等一次性塑料制品的使用情况的,由县级以上地方人民政府商务、邮政等主管部门责令改正,处一万元以上十万元以下的罚款。

第一百零七条 【未及时管理畜禽粪污等固体废物的违法责任】从事畜禽规模养殖未及时收集、贮存、利用或者处置养殖过程中产生的畜禽粪污等固体废物的,由生态环境主管部门责令改正,可以处十万元以下的罚款;情节严重的,报经有批准权的人民政府批准,责令停业或者关闭。

第一百零八条 【城镇污水处理设施维护运营单位与污泥处理单位的违法责任】违反本法规定,城镇污水处理设施维护运营单位或者污泥处理单位对污泥流向、用途、用量等未进行跟踪、记录,或者处理后的污泥不符合国家有关标准的,由城镇排水主管部门责令改正,给予警告;造成严重后果的,处十万元以上二十万元以下的罚款;拒不改正的,城镇排水主管部门可以指定有治理能力的单位代为治理,所需费用由违法者承担。

违反本法规定,擅自倾倒、堆放、丢弃、遗撒城镇污水处理设施产生的污泥和处理后的污泥的,由城镇排水主管部门责令改正,处二十万元以上二百万元以下的罚款,对直接负责的主管人员和其他直接责任人员处二万元以上十万元以下的罚款;造成严重后果的,处二百万元以上五百万元以下的罚款,对直接负责的主管人员和其他直接责任人员处五万元以上五十万元以下的罚款;拒不改正的,城镇排水主管部门可以指定有治理能力的单位代为治理,所需费用由违法者承担。

第一百零九条 【生产、销售、进口或者使用淘汰的设备和生产工艺的违法责任】违反本法规定,生产、销售、进口或者使用淘汰的设备,或者采用淘汰的生产工艺的,由县级以上地方人民政府指定的部门责令改正,处十万元以上一百万元以下的罚款,没收违法所得;情节严重的,由县级以上地方人民政府指定的部门提出意见,报经有批准权的人民政府批准,责令停业或者关闭。

第一百一十条 【矿业固体废物贮存设施停用后未封场的违法责任】尾矿、

煤矸石、废石等矿业固体废物贮存设施停止使用后,未按照国家有关环境保护规定进行封场的,由生态环境主管部门责令改正,处二十万元以上一百万元以下的罚款。

第一百一十一条 【单位和个人的违法责任】违反本法规定,有下列行为之一,由县级以上地方人民政府环境卫生主管部门责令改正,处以罚款,没收违法所得:

(一)随意倾倒、抛撒、堆放或者焚烧生活垃圾的;

(二)擅自关闭、闲置或者拆除生活垃圾处理设施、场所的;

(三)工程施工单位未编制建筑垃圾处理方案报备案,或者未及时清运施工过程中产生的固体废物的;

(四)工程施工单位擅自倾倒、抛撒或者堆放工程施工过程中产生的建筑垃圾,或者未按照规定对施工过程中产生的固体废物进行利用或者处置的;

(五)产生、收集厨余垃圾的单位和其他生产经营者未将厨余垃圾交由具备相应资质条件的单位进行无害化处理的;

(六)畜禽养殖场、养殖小区利用未经无害化处理的厨余垃圾饲喂畜禽的;

(七)在运输过程中沿途丢弃、遗撒生活垃圾的。

单位有前款第一项、第七项行为之一,处五万元以上五十万元以下的罚款;单位有前款第二项、第三项、第四项、第五项、第六项行为之一,处十万元以上一百万元以下的罚款;个人有前款第一项、第五项、第七项行为之一,处一百元以上五百元以下的罚款。

违反本法规定,未在指定的地点分类投放生活垃圾的,由县级以上地方人民政府环境卫生主管部门责令改正;情节严重的,对单位处五万元以上五十万元以下的罚款,对个人依法处以罚款。

第一百一十二条 【未按规定管理危险废物的法律责任】违反本法规定,有下列行为之一,由生态环境主管部门责令改正,处以罚款,没收违法所得;情节严重的,报经有批准权的人民政府批准,可以责令停业或者关闭:

(一)未按照规定设置危险废物识别标志的;

(二)未按照国家有关规定制定危险废物管理计划或者申报危险废物有关资料的;

(三)擅自倾倒、堆放危险废物的;

(四)将危险废物提供或者委托给无许可证的单位或者其他生产经营

者从事经营活动的；

（五）未按照国家有关规定填写、运行危险废物转移联单或者未经批准擅自转移危险废物的；

（六）未按照国家环境保护标准贮存、利用、处置危险废物或者将危险废物混入非危险废物中贮存的；

（七）未经安全性处置，混合收集、贮存、运输、处置具有不相容性质的危险废物的；

（八）将危险废物与旅客在同一运输工具上载运的；

（九）未经消除污染处理，将收集、贮存、运输、处置危险废物的场所、设施、设备和容器、包装物及其他物品转作他用的；

（十）未采取相应防范措施，造成危险废物扬散、流失、渗漏或者其他环境污染的；

（十一）在运输过程中沿途丢弃、遗撒危险废物的；

（十二）未制定危险废物意外事故防范措施和应急预案的；

（十三）未按照国家有关规定建立危险废物管理台账并如实记录的。

有前款第一项、第二项、第五项、第六项、第七项、第八项、第九项、第十二项、第十三项行为之一的，处十万元以上一百万元以下的罚款；有前款第三项、第四项、第十项、第十一项行为之一，处所需处置费用三倍以上五倍以下的罚款，所需处置费用不足二十万元的，按二十万元计算。

第一百一十三条 【**危险废物的代为处置**】违反本法规定，危险废物产生者未按照规定处置其产生的危险废物被责令改正后拒不改正的，由生态环境主管部门组织代为处置，处置费用由危险废物产生者承担；拒不承担代为处置费用的，处代为处置费用一倍以上三倍以下的罚款。

第一百一十四条 【**未经许可及未按许可管理危险废物的法律责任**】无许可证从事收集、贮存、利用、处置危险废物经营活动的，由生态环境主管部门责令改正，处一百万元以上五百万元以下的罚款，并报经有批准权的人民政府批准，责令停业或者关闭；对法定代表人、主要负责人、直接负责的主管人员和其他责任人员，处十万元以上一百万元以下的罚款。

未按照许可证规定从事收集、贮存、利用、处置危险废物经营活动的，由生态环境主管部门责令改正，限制生产、停产整治，处五十万元以上二百万元以下的罚款；对法定代表人、主要负责人、直接负责的主管人员和其他责任人员，处五万元以上五十万元以下的罚款；情节严重的，报经有批准权的人民政府批准，责令停业或者关闭，还可以由发证机关吊销许可证。

第一百一十五条 【固体废物违法入境的法律责任】违反本法规定,将中华人民共和国境外的固体废物输入境内的,由海关责令退运该固体废物,处五十万元以上五百万元以下的罚款。

承运人对前款规定的固体废物的退运、处置,与进口者承担连带责任。

第一百一十六条 【固体废物违法过境的法律责任】违反本法规定,经中华人民共和国过境转移危险废物的,由海关责令退运该危险废物,处五十万元以上五百万元以下的罚款。

第一百一十七条 【已非法入境的固体废物的法律责任】对已经非法入境的固体废物,由省级以上人民政府生态环境主管部门依法向海关提出处理意见,海关应当依照本法第一百一十五条的规定作出处罚决定;已经造成环境污染的,由省级以上人民政府生态环境主管部门责令进口者消除污染。

第一百一十八条 【固体废物污染环境事故的违法责任】违反本法规定,造成固体废物污染环境事故的,除依法承担赔偿责任外,由生态环境主管部门依照本条第二款的规定处以罚款,责令限期采取治理措施;造成重大或者特大固体废物污染环境事故的,还可以报经有批准权的人民政府批准,责令关闭。

造成一般或者较大固体废物污染环境事故的,按照事故造成的直接经济损失的一倍以上三倍以下计算罚款;造成重大或者特大固体废物污染环境事故的,按照事故造成的直接经济损失的三倍以上五倍以下计算罚款,并对法定代表人、主要负责人、直接负责的主管人员和其他责任人员处上一年度从本单位取得的收入百分之五十以下的罚款。

第一百一十九条 【继续实施违法行为的法律责任】单位和其他生产经营者违反本法规定排放固体废物,受到罚款处罚,被责令改正的,依法作出处罚决定的行政机关应当组织复查,发现其继续实施该违法行为的,依照《中华人民共和国环境保护法》的规定按日连续处罚。

第一百二十条 【尚不构成犯罪的违法行为的法律责任】违反本法规定,有下列行为之一,尚不构成犯罪的,由公安机关对法定代表人、主要负责人、直接负责的主管人员和其他责任人员处十日以上十五日以下的拘留;情节较轻的,处五日以上十日以下的拘留:

(一)擅自倾倒、堆放、丢弃、遗撒固体废物,造成严重后果的;

(二)在生态保护红线区域、永久基本农田集中区域和其他需要特别保护的区域内,建设工业固体废物、危险废物集中贮存、利用、处置的设施、场所和生活垃圾填埋场的;

（三）将危险废物提供或者委托给无许可证的单位或者其他生产经营者堆放、利用、处置的；

（四）无许可证或者未按照许可证规定从事收集、贮存、利用、处置危险废物经营活动的；

（五）未经批准擅自转移危险废物的；

（六）未采取防范措施，造成危险废物扬散、流失、渗漏或者其他严重后果的。

第一百二十一条 【固体废物污染环境的起诉】固体废物污染环境、破坏生态，损害国家利益、社会公共利益的，有关机关和组织可以依照《中华人民共和国环境保护法》、《中华人民共和国民事诉讼法》、《中华人民共和国行政诉讼法》等法律的规定向人民法院提起诉讼。

第一百二十二条 【固体废物污染环境的损害赔偿责任】固体废物污染环境、破坏生态给国家造成重大损失的，由设区的市级以上地方人民政府或者其指定的部门、机构组织与造成环境污染和生态破坏的单位和其他生产经营者进行磋商，要求其承担损害赔偿责任；磋商未达成一致的，可以向人民法院提起诉讼。

对于执法过程中查获的无法确定责任人或者无法退运的固体废物，由所在地县级以上地方人民政府组织处理。

第一百二十三条 【相关的行政、刑事和民事责任】违反本法规定，构成违反治安管理行为的，由公安机关依法给予治安管理处罚；构成犯罪的，依法追究刑事责任；造成人身、财产损害的，依法承担民事责任。

第九章 附　　则

第一百二十四条 【术语含义】本法下列用语的含义：

（一）固体废物，是指在生产、生活和其他活动中产生的丧失原有利用价值或者虽未丧失利用价值但被抛弃或者放弃的固态、半固态和置于容器中的气态的物品、物质以及法律、行政法规规定纳入固体废物管理的物品、物质。经无害化加工处理，并且符合强制性国家产品质量标准，不会危害公众健康和生态安全，或者根据固体废物鉴别标准和鉴别程序认定为不属于固体废物的除外。

（二）工业固体废物，是指在工业生产活动中产生的固体废物。

（三）生活垃圾，是指在日常生活中或者为日常生活提供服务的活动中产生的固体废物，以及法律、行政法规规定视为生活垃圾的固体废物。

（四）建筑垃圾，是指建设单位、施工单位新建、改建、扩建和拆除各类建筑物、构筑物、管网等，以及居民装饰装修房屋过程中产生的弃土、弃料和其他固体废物。

（五）农业固体废物，是指在农业生产活动中产生的固体废物。

（六）危险废物，是指列入国家危险废物名录或者根据国家规定的危险废物鉴别标准和鉴别方法认定的具有危险特性的固体废物。

（七）贮存，是指将固体废物临时置于特定设施或者场所中的活动。

（八）利用，是指从固体废物中提取物质作为原材料或者燃料的活动。

（九）处置，是指将固体废物焚烧和用其他改变固体废物的物理、化学、生物特性的方法，达到减少已产生的固体废物数量、缩小固体废物体积、减少或者消除其危险成分的活动，或者将固体废物最终置于符合环境保护规定要求的填埋场的活动。

第一百二十五条　【法律适用】液态废物的污染防治，适用本法；但是，排入水体的废水的污染防治适用有关法律，不适用本法。

第一百二十六条　【施行日期】本法自2020年9月1日起施行。

中华人民共和国噪声污染防治法

1. 2021年12月24日第十三届全国人民代表大会常务委员会第三十二次会议通过
2. 2021年12月24日中华人民共和国主席令第104号公布
3. 自2022年6月5日起施行

目　录

第一章　总　　则
第二章　噪声污染防治标准和规划
第三章　噪声污染防治的监督管理
第四章　工业噪声污染防治
第五章　建筑施工噪声污染防治
第六章　交通运输噪声污染防治
第七章　社会生活噪声污染防治
第八章　法律责任
第九章　附　　则

第一章 总则

第一条 【立法目的】为了防治噪声污染,保障公众健康,保护和改善生活环境,维护社会和谐,推进生态文明建设,促进经济社会可持续发展,制定本法。

第二条 【噪声及噪声污染的定义】本法所称噪声,是指在工业生产、建筑施工、交通运输和社会生活中产生的干扰周围生活环境的声音。

本法所称噪声污染,是指超过噪声排放标准或者未依法采取防控措施产生噪声,并干扰他人正常生活、工作和学习的现象。

第三条 【适用范围】噪声污染的防治,适用本法。

因从事本职生产经营工作受到噪声危害的防治,适用劳动保护等其他有关法律的规定。

第四条 【适用原则】噪声污染防治应当坚持统筹规划、源头防控、分类管理、社会共治、损害担责的原则。

第五条 【财政预算】县级以上人民政府应当将噪声污染防治工作纳入国民经济和社会发展规划、生态环境保护规划,将噪声污染防治工作经费纳入本级政府预算。

生态环境保护规划应当明确噪声污染防治目标、任务、保障措施等内容。

第六条 【防治目标责任制和考核评价制度】地方各级人民政府对本行政区域声环境质量负责,采取有效措施,改善声环境质量。

国家实行噪声污染防治目标责任制和考核评价制度,将噪声污染防治目标完成情况纳入考核评价内容。

第七条 【政府责任】县级以上地方人民政府应当依照本法和国务院的规定,明确有关部门的噪声污染防治监督管理职责,根据需要建立噪声污染防治工作协调联动机制,加强部门协同配合、信息共享,推进本行政区域噪声污染防治工作。

第八条 【国务院及各部门职责】国务院生态环境主管部门对全国噪声污染防治实施统一监督管理。

地方人民政府生态环境主管部门对本行政区域噪声污染防治实施统一监督管理。

各级住房和城乡建设、公安、交通运输、铁路监督管理、民用航空、海事等部门,在各自职责范围内,对建筑施工、交通运输和社会生活噪声污染防治实施监督管理。

基层群众性自治组织应当协助地方人民政府及其有关部门做好噪声污染防治工作。

第九条　【单位和个人的义务】任何单位和个人都有保护声环境的义务，同时依法享有获取声环境信息、参与和监督噪声污染防治的权利。

排放噪声的单位和个人应当采取有效措施，防止、减轻噪声污染。

第十条　【宣传教育】各级人民政府及其有关部门应当加强噪声污染防治法律法规和知识的宣传教育普及工作，增强公众噪声污染防治意识，引导公众依法参与噪声污染防治工作。

新闻媒体应当开展噪声污染防治法律法规和知识的公益宣传，对违反噪声污染防治法律法规的行为进行舆论监督。

国家鼓励基层群众性自治组织、社会组织、公共场所管理者、业主委员会、物业服务人、志愿者等开展噪声污染防治法律法规和知识的宣传。

第十一条　【人才培养】国家鼓励、支持噪声污染防治科学技术研究开发、成果转化和推广应用，加强噪声污染防治专业技术人才培养，促进噪声污染防治科学技术进步和产业发展。

第十二条　【表彰、奖励】对在噪声污染防治工作中做出显著成绩的单位和个人，按照国家规定给予表彰、奖励。

第二章　噪声污染防治标准和规划

第十三条　【标准体系建设】国家推进噪声污染防治标准体系建设。

国务院生态环境主管部门和国务院其他有关部门，在各自职责范围内，制定和完善噪声污染防治相关标准，加强标准之间的衔接协调。

第十四条　【声环境质量标准】国务院生态环境主管部门制定国家声环境质量标准。

县级以上地方人民政府根据国家声环境质量标准和国土空间规划以及用地现状，划定本行政区域各类声环境质量标准的适用区域；将以用于居住、科学研究、医疗卫生、文化教育、机关团体办公、社会福利等的建筑物为主的区域，划定为噪声敏感建筑物集中区域，加强噪声污染防治。

声环境质量标准适用区域范围和噪声敏感建筑物集中区域范围应当向社会公布。

第十五条　【环境振动控制标准】国务院生态环境主管部门根据国家声环境质量标准和国家经济、技术条件，制定国家噪声排放标准以及相关的环境振动控制标准。

省、自治区、直辖市人民政府对尚未制定国家噪声排放标准的,可以制定地方噪声排放标准;对已经制定国家噪声排放标准的,可以制定严于国家噪声排放标准的地方噪声排放标准。地方噪声排放标准应当报国务院生态环境主管部门备案。

第十六条 【噪声限值】国务院标准化主管部门会同国务院发展改革、生态环境、工业和信息化、住房和城乡建设、交通运输、铁路监督管理、民用航空、海事等部门,对可能产生噪声污染的工业设备、施工机械、机动车、铁路机车车辆、城市轨道交通车辆、民用航空器、机动船舶、电气电子产品、建筑附属设备等产品,根据声环境保护的要求和国家经济、技术条件,在其技术规范或者产品质量标准中规定噪声限值。

前款规定的产品使用时产生噪声的限值,应当在有关技术文件中注明。禁止生产、进口或者销售不符合噪声限值的产品。

县级以上人民政府市场监督管理等部门对生产、销售的有噪声限值的产品进行监督抽查,对电梯等特种设备使用时发出的噪声进行监督抽测,生态环境主管部门予以配合。

第十七条 【定期评估、修订】声环境质量标准、噪声排放标准和其他噪声污染防治相关标准应当定期评估,并根据评估结果适时修订。

第十八条 【环境影响评价】各级人民政府及其有关部门制定、修改国土空间规划和相关规划,应当依法进行环境影响评价,充分考虑城乡区域开发、改造和建设项目产生的噪声对周围生活环境的影响,统筹规划,合理安排土地用途和建设布局,防止、减轻噪声污染。有关环境影响篇章、说明或者报告书中应当包括噪声污染防治内容。

第十九条 【防噪声距离】确定建设布局,应当根据国家声环境质量标准和民用建筑隔声设计相关标准,合理划定建筑物与交通干线等的防噪声距离,并提出相应的规划设计要求。

第二十条 【声环境质量改善】未达到国家声环境质量标准的区域所在的设区的市、县级人民政府,应当及时编制声环境质量改善规划及其实施方案,采取有效措施,改善声环境质量。

声环境质量改善规划及其实施方案应当向社会公开。

第二十一条 【征求意见】编制声环境质量改善规划及其实施方案,制定、修订噪声污染防治相关标准,应当征求有关行业协会、企业事业单位、专家和公众等的意见。

第三章　噪声污染防治的监督管理

第二十二条　【排放噪声、产生振动应符合相关标准】排放噪声、产生振动，应当符合噪声排放标准以及相关的环境振动控制标准和有关法律、法规、规章的要求。

排放噪声的单位和公共场所管理者，应当建立噪声污染防治责任制度，明确负责人和相关人员的责任。

第二十三条　【声环境质量监测】国务院生态环境主管部门负责制定噪声监测和评价规范，会同国务院有关部门组织声环境质量监测网络，规划国家声环境质量监测站（点）的设置，组织开展全国声环境质量监测，推进监测自动化，统一发布全国声环境质量状况信息。

地方人民政府生态环境主管部门会同有关部门按照规定设置本行政区域声环境质量监测站（点），组织开展本行政区域声环境质量监测，定期向社会公布声环境质量状况信息。

地方人民政府生态环境等部门应当加强对噪声敏感建筑物周边等重点区域噪声排放情况的调查、监测。

第二十四条　【可能产生噪声污染的建设项目应进行环境影响评价】新建、改建、扩建可能产生噪声污染的建设项目，应当依法进行环境影响评价。

第二十五条　【噪声污染防治设施的投产使用】建设项目的噪声污染防治设施应当与主体工程同时设计、同时施工、同时投产使用。

建设项目在投入生产或者使用之前，建设单位应当依照有关法律法规的规定，对配套建设的噪声污染防治设施进行验收，编制验收报告，并向社会公开。未经验收或者验收不合格的，该建设项目不得投入生产或者使用。

第二十六条　【噪声敏感建筑物应符合民用建筑隔声设计相关标准】建设噪声敏感建筑物，应当符合民用建筑隔声设计相关标准要求，不符合标准要求的，不得通过验收、交付使用；在交通干线两侧、工业企业周边等地方建设噪声敏感建筑物，还应当按照规定间隔一定距离，并采取减少振动、降低噪声的措施。

第二十七条　【鼓励、支持低噪声工艺和设备的研究开发和推广应用】国家鼓励、支持低噪声工艺和设备的研究开发和推广应用，实行噪声污染严重的落后工艺和设备淘汰制度。

国务院发展改革部门会同国务院有关部门确定噪声污染严重的工艺

和设备淘汰期限,并纳入国家综合性产业政策目录。

生产者、进口者、销售者或者使用者应当在规定期限内停止生产、进口、销售或者使用列入前款规定目录的设备。工艺的采用者应当在规定期限内停止采用列入前款规定目录的工艺。

第二十八条　【约谈和整改】对未完成声环境质量改善规划设定目标的地区以及噪声污染问题突出、群众反映强烈的地区,省级以上人民政府生态环境主管部门会同其他负有噪声污染防治监督管理职责的部门约谈该地区人民政府及其有关部门的主要负责人,要求其采取有效措施及时整改。约谈和整改情况应当向社会公开。

第二十九条　【现场检查】生态环境主管部门和其他负有噪声污染防治监督管理职责的部门,有权对排放噪声的单位或者场所进行现场检查。被检查者应当如实反映情况,提供必要的资料,不得拒绝或者阻挠。实施检查的部门、人员对现场检查中知悉的商业秘密应当保密。

检查人员进行现场检查,不得少于两人,并应当主动出示执法证件。

第三十条　【查封、扣押】排放噪声造成严重污染,被责令改正拒不改正的,生态环境主管部门或者其他负有噪声污染防治监督管理职责的部门,可以查封、扣押排放噪声的场所、设施、设备、工具和物品。

第三十一条　【举报】任何单位和个人都有权向生态环境主管部门或者其他负有噪声污染防治监督管理职责的部门举报造成噪声污染的行为。

生态环境主管部门和其他负有噪声污染防治监督管理职责的部门应当公布举报电话、电子邮箱等,方便公众举报。

接到举报的部门应当及时处理并对举报人的相关信息保密。举报事项属于其他部门职责的,接到举报的部门应当及时移送相关部门并告知举报人。举报人要求答复并提供有效联系方式的,处理举报事项的部门应当反馈处理结果等情况。

第三十二条　【鼓励开展宁静区域创建活动】国家鼓励开展宁静小区、静音车厢等宁静区域创建活动,共同维护生活环境和谐安宁。

第三十三条　【考试期间限制性规定】在举行中等学校招生考试、高等学校招生统一考试等特殊活动期间,地方人民政府或者其指定的部门可以对可能产生噪声影响的活动,作出时间和区域的限制性规定,并提前向社会公告。

第四章　工业噪声污染防治

第三十四条　【工业噪声的定义】本法所称工业噪声,是指在工业生产活动中产生的干扰周围生活环境的声音。

第三十五条　【工业企业选址】工业企业选址应当符合国土空间规划以及相关规划要求，县级以上地方人民政府应当按照规划要求优化工业企业布局，防止工业噪声污染。

在噪声敏感建筑物集中区域，禁止新建排放噪声的工业企业，改建、扩建工业企业的，应当采取有效措施防止工业噪声污染。

第三十六条　【排污许可】排放工业噪声的企业事业单位和其他生产经营者，应当采取有效措施，减少振动、降低噪声，依法取得排污许可证或者填报排污登记表。

实行排污许可管理的单位，不得无排污许可证排放工业噪声，并应当按照排污许可证的要求进行噪声污染防治。

第三十七条　【噪声重点排污单位名录】设区的市级以上地方人民政府生态环境主管部门应当按照国务院生态环境主管部门的规定，根据噪声排放、声环境质量改善要求等情况，制定本行政区域噪声重点排污单位名录，向社会公开并适时更新。

第三十八条　【自行监测】实行排污许可管理的单位应当按照规定，对工业噪声开展自行监测，保存原始监测记录，向社会公开监测结果，对监测数据的真实性和准确性负责。

噪声重点排污单位应当按照国家规定，安装、使用、维护噪声自动监测设备，与生态环境主管部门的监控设备联网。

第五章　建筑施工噪声污染防治

第三十九条　【建筑施工噪声的定义】本法所称建筑施工噪声，是指在建筑施工过程中产生的干扰周围生活环境的声音。

第四十条　【建设单位的噪声污染防治责任】建设单位应当按照规定将噪声污染防治费用列入工程造价，在施工合同中明确施工单位的噪声污染防治责任。

施工单位应当按照规定制定噪声污染防治实施方案，采取有效措施，减少振动、降低噪声。建设单位应当监督施工单位落实噪声污染防治实施方案。

第四十一条　【使用低噪声施工工艺和设备】在噪声敏感建筑物集中区域施工作业，应当优先使用低噪声施工工艺和设备。

国务院工业和信息化主管部门会同国务院生态环境、住房和城乡建设、市场监督管理等部门,公布低噪声施工设备指导名录并适时更新。

第四十二条 【噪声监测】在噪声敏感建筑物集中区域施工作业,建设单位应当按照国家规定,设置噪声自动监测系统,与监督管理部门联网,保存原始监测记录,对监测数据的真实性和准确性负责。

第四十三条 【夜间作业及连续施工作业】在噪声敏感建筑物集中区域,禁止夜间进行产生噪声的建筑施工作业,但抢修、抢险施工作业,因生产工艺要求或者其他特殊需要必须连续施工作业的除外。

因特殊需要必须连续施工作业的,应当取得地方人民政府住房和城乡建设、生态环境主管部门或者地方人民政府指定的部门的证明,并在施工现场显著位置公示或者以其他方式公告附近居民。

第六章 交通运输噪声污染防治

第四十四条 【交通运输噪声的定义】本法所称交通运输噪声,是指机动车、铁路机车车辆、城市轨道交通车辆、机动船舶、航空器等交通运输工具在运行时产生的干扰周围生活环境的声音。

第四十五条 【制定、修改国土空间规划和交通运输等相关规划】各级人民政府及其有关部门制定、修改国土空间规划和交通运输等相关规划,应当综合考虑公路、城市道路、铁路、城市轨道交通线路、水路、港口和民用机场及其起降航线对周围声环境的影响。

新建公路、铁路线路选线设计,应当尽量避开噪声敏感建筑物集中区域。

新建民用机场选址与噪声敏感建筑物集中区域的距离应当符合标准要求。

第四十六条 【明确噪声污染防治要求】制定交通基础设施工程技术规范,应当明确噪声污染防治要求。

新建、改建、扩建经过噪声敏感建筑物集中区域的高速公路、城市高架、铁路和城市轨道交通线路等,建设单位应当在可能造成噪声污染的重点路段设置声屏障或者采取其他减少振动、降低噪声的措施,符合有关交通基础设施工程技术规范以及标准要求。

建设单位违反前款规定的,由县级以上人民政府指定的部门责令制定、实施治理方案。

第四十七条 【机动车的消声器和喇叭应符合国家规定】机动车的消声器和喇叭应当符合国家规定。禁止驾驶拆除或者损坏消声器、加装排气管等擅自改装的机动车以轰鸣、疾驶等方式造成噪声污染。

使用机动车音响器材,应当控制音量,防止噪声污染。

机动车应当加强维修和保养,保持性能良好,防止噪声污染。

第四十八条 【交通运输工具运行时应按规定使用声响装置】机动车、铁路机车车辆、城市轨道交通车辆、机动船舶等交通运输工具运行时,应当按照规定使用喇叭等声响装置。

警车、消防救援车、工程救险车、救护车等机动车安装、使用警报器,应当符合国务院公安等部门的规定;非执行紧急任务,不得使用警报器。

第四十九条 【设置相关标志、标线】地方人民政府生态环境主管部门会同公安机关根据声环境保护的需要,可以划定禁止机动车行驶和使用喇叭等声响装置的路段和时间,向社会公告,并由公安机关交通管理部门依法设置相关标志、标线。

第五十条 【指挥作业时控制音量】在车站、铁路站场、港口等地指挥作业时使用广播喇叭的,应当控制音量,减轻噪声污染。

第五十一条 【加强对公路、城市道路的维护和保养】公路养护管理单位、城市道路养护维修单位应当加强对公路、城市道路的维护和保养,保持减少振动、降低噪声设施正常运行。

城市轨道交通运营单位、铁路运输企业应当加强对城市轨道交通线路和城市轨道交通车辆、铁路线路和铁路机车车辆的维护和保养,保持减少振动、降低噪声设施正常运行,并按照国家规定进行监测,保存原始监测记录,对监测数据的真实性和准确性负责。

第五十二条 【划定噪声敏感建筑物禁止建设区域和限制建设区域】民用机场所在地人民政府,应当根据环境影响评价以及监测结果确定的民用航空器噪声对机场周围生活环境产生影响的范围和程度,划定噪声敏感建筑物禁止建设区域和限制建设区域,并实施控制。

在禁止建设区域禁止新建与航空无关的噪声敏感建筑物。

在限制建设区域确需建设噪声敏感建筑物的,建设单位应当对噪声敏感建筑物进行建筑隔声设计,符合民用建筑隔声设计相关标准要求。

第五十三条 【民用航空器应当符合适航标准中的有关噪声要求】民用航空器应当符合国务院民用航空主管部门规定的适航标准中的有关噪声要求。

第五十四条 【起降航空器噪声的管理】民用机场管理机构负责机场起降航空器噪声的管理,会同航空运输企业、通用航空企业、空中交通管理部门等单位,采取低噪声飞行程序、起降跑道优化、运行架次和时段控制、高噪声航空器运行限制或者周围噪声敏感建筑物隔声降噪等措施,防止、减轻民用航空器噪声污染。

民用机场管理机构应当按照国家规定,对机场周围民用航空器噪声进行监测,保存原始监测记录,对监测数据的真实性和准确性负责,监测结果定期向民用航空、生态环境主管部门报送。

第五十五条 【调查评估和责任认定】因公路、城市道路和城市轨道交通运行排放噪声造成严重污染的,设区的市、县级人民政府应当组织有关部门和其他有关单位对噪声污染情况进行调查评估和责任认定,制定噪声污染综合治理方案。

噪声污染责任单位应当按照噪声污染综合治理方案的要求采取管理或者工程措施,减轻噪声污染。

第五十六条 【铁路运行噪声污染综合治理方案】因铁路运行排放噪声造成严重污染的,铁路运输企业和设区的市、县级人民政府应当对噪声污染情况进行调查,制定噪声污染综合治理方案。

铁路运输企业和设区的市、县级人民政府有关部门和其他有关单位应当按照噪声污染综合治理方案的要求采取有效措施,减轻噪声污染。

第五十七条 【民用航空器起降噪声污染综合治理方案】因民用航空器起降排放噪声造成严重污染的,民用机场所在地人民政府应当组织有关部门和其他有关单位对噪声污染情况进行调查,综合考虑经济、技术和管理措施,制定噪声污染综合治理方案。

民用机场管理机构、地方各级人民政府和其他有关单位应当按照噪声污染综合治理方案的要求采取有效措施,减轻噪声污染。

第五十八条 【征求有关专家和公众等的意见】制定噪声污染综合治理方案,应当征求有关专家和公众等的意见。

第七章 社会生活噪声污染防治

第五十九条 【社会生活噪声的定义】本法所称社会生活噪声,是指人为活动产生的除工业噪声、建筑施工噪声和交通运输噪声之外的干扰周围生活环境的声音。

第六十条 【自觉减少社会生活噪声排放】全社会应当增强噪声污染防治意识,自觉减少社会生活噪声排放,积极开展噪声污染防治活动,形成人人有责、人人参与、人人受益的良好噪声污染防治氛围,共同维护生活环境和谐安宁。

第六十一条 【文娱场所管理者职责】文化娱乐、体育、餐饮等场所的经营管理者应当采取有效措施,防止、减轻噪声污染。

第六十二条 【使用噪声设备的单位的职责】使用空调器、冷却塔、水泵、油烟净化器、风机、发电机、变压器、锅炉、装卸设备等可能产生社会生活噪声污染的设备、设施的企业事业单位和其他经营管理者等,应当采取优化布局、集中排放等措施,防止、减轻噪声污染。

第六十三条 【商业经营者的职责】禁止在商业经营活动中使用高音广播喇叭或者采用其他持续反复发出高噪声的方法进行广告宣传。

对商业经营活动中产生的其他噪声,经营者应当采取有效措施,防止噪声污染。

第六十四条 【不同区域的音量控制】禁止在噪声敏感建筑物集中区域使用高音广播喇叭,但紧急情况以及地方人民政府规定的特殊情形除外。

在街道、广场、公园等公共场所组织或者开展娱乐、健身等活动,应当遵守公共场所管理者有关活动区域、时段、音量等规定,采取有效措施,防止噪声污染;不得违反规定使用音响器材产生过大音量。

公共场所管理者应当合理规定娱乐、健身等活动的区域、时段、音量,可以采取设置噪声自动监测和显示设施等措施加强管理。

第六十五条 【培养良好习惯】家庭及其成员应当培养形成减少噪声产生的良好习惯,乘坐公共交通工具、饲养宠物和其他日常活动尽量避免产生噪声对周围人员造成干扰,互谅互让解决噪声纠纷,共同维护声环境质量。

使用家用电器、乐器或者进行其他家庭场所活动,应当控制音量或者采取其他有效措施,防止噪声污染。

第六十六条 【装修活动限制】对已竣工交付使用的住宅楼、商铺、办公楼等建筑物进行室内装修活动,应当按照规定限定作业时间,采取有效措施,防止、减轻噪声污染。

第六十七条 【房地产开发经营者的职责】新建居民住房的房地产开发经营者应当在销售场所公示住房可能受到噪声影响的情况以及采取或者拟采取的防治措施,并纳入买卖合同。

新建居民住房的房地产开发经营者应当在买卖合同中明确住房的共用设施设备位置和建筑隔声情况。

第六十八条 【安装电梯、水泵、变压器等相关标准】居民住宅区安装电梯、水泵、变压器等共用设施设备的,建设单位应当合理设置,采取减少振动、降低噪声的措施,符合民用建筑隔声设计相关标准要求。

已建成使用的居民住宅区电梯、水泵、变压器等共用设施设备由专业运营单位负责维护管理，符合民用建筑隔声设计相关标准要求。

第六十九条 【基层群众性自治组织指导制定要求】基层群众性自治组织指导业主委员会、物业服务人、业主通过制定管理规约或者其他形式，约定本物业管理区域噪声污染防治要求，由业主共同遵守。

第七十条 【投诉】对噪声敏感建筑物集中区域的社会生活噪声扰民行为，基层群众性自治组织、业主委员会、物业服务人应当及时劝阻、调解；劝阻、调解无效的，可以向负有社会生活噪声污染防治监督管理职责的部门或者地方人民政府指定的部门报告或者投诉，接到报告或者投诉的部门应当依法处理。

第八章 法 律 责 任

第七十一条 【拒绝、阻挠监督检查的法律责任】违反本法规定，拒绝、阻挠监督检查，或者在接受监督检查时弄虚作假的，由生态环境主管部门或者其他负有噪声污染防治监督管理职责的部门责令改正，处二万元以上二十万元以下的罚款。

第七十二条 【生产、进口、销售超过噪声限值的产品的法律责任】违反本法规定，生产、进口、销售超过噪声限值的产品的，由县级以上人民政府市场监督管理部门、海关按照职责责令改正，没收违法所得，并处货值金额一倍以上三倍以下的罚款；情节严重的，报经有批准权的人民政府批准，责令停业、关闭。

违反本法规定，生产、进口、销售、使用淘汰的设备，或者采用淘汰的工艺的，由县级以上人民政府指定的部门责令改正，没收违法所得，并处货值金额一倍以上三倍以下的罚款；情节严重的，报经有批准权的人民政府批准，责令停业、关闭。

第七十三条 【违规建设噪声敏感建筑物的法律责任】违反本法规定，建设单位建设噪声敏感建筑物不符合民用建筑隔声设计相关标准要求的，由县级以上地方人民政府住房和城乡建设主管部门责令改正，处建设工程合同价款百分之二以上百分之四以下的罚款。

违反本法规定，建设单位在噪声敏感建筑物禁止建设区域新建与航空无关的噪声敏感建筑物的，由地方人民政府指定的部门责令停止违法行为，处建设工程合同价款百分之二以上百分之十以下的罚款，并报经有批准权的人民政府批准，责令拆除。

第七十四条 【在噪声敏感建筑物集中区域新建排放噪声工业企业的法律责任】违反本法规定,在噪声敏感建筑物集中区域新建排放噪声的工业企业的,由生态环境主管部门责令停止违法行为,处十万元以上五十万元以下的罚款,并报经有批准权的人民政府批准,责令关闭。

违反本法规定,在噪声敏感建筑物集中区域改建、扩建工业企业,未采取有效措施防止工业噪声污染的,由生态环境主管部门责令改正,处十万元以上五十万元以下的罚款;拒不改正的,报经有批准权的人民政府批准,责令关闭。

第七十五条 【无排污许可证或者超过噪声排放标准排放工业噪声的法律责任】违反本法规定,无排污许可证或者超过噪声排放标准排放工业噪声的,由生态环境主管部门责令改正或者限制生产、停产整治,并处二万元以上二十万元以下的罚款;情节严重的,报经有批准权的人民政府批准,责令停业、关闭。

第七十六条 【违反噪声监测规定的法律责任】违反本法规定,有下列行为之一,由生态环境主管部门责令改正,处二万元以上二十万元以下的罚款;拒不改正的,责令限制生产、停产整治:

(一)实行排污许可管理的单位未按照规定对工业噪声开展自行监测,未保存原始监测记录,或者未向社会公开监测结果的;

(二)噪声重点排污单位未按照国家规定安装、使用、维护噪声自动监测设备,或者未与生态环境主管部门的监控设备联网的。

第七十七条 【超标排放噪声、违规夜间作业的法律责任】违反本法规定,建设单位、施工单位有下列行为之一,由工程所在地人民政府指定的部门责令改正,处一万元以上十万元以下的罚款;拒不改正的,可以责令暂停施工:

(一)超过噪声排放标准排放建筑施工噪声的;

(二)未按照规定取得证明,在噪声敏感建筑物集中区域夜间进行产生噪声的建筑施工作业的。

第七十八条 【违规产生建筑施工噪声污染的法律责任】违反本法规定,有下列行为之一,由工程所在地人民政府指定的部门责令改正,处五千元以上五万元以下的罚款;拒不改正的,处五万元以上二十万元以下的罚款:

(一)建设单位未按照规定将噪声污染防治费用列入工程造价的;

(二)施工单位未按照规定制定噪声污染防治实施方案,或者未采取有效措施减少振动、降低噪声的;

（三）在噪声敏感建筑物集中区域施工作业的建设单位未按照国家规定设置噪声自动监测系统，未与监督管理部门联网，或者未保存原始监测记录的；

（四）因特殊需要必须连续施工作业，建设单位未按照规定公告附近居民的。

第七十九条 【违规损坏消声器、使用声响装置的法律责任】违反本法规定，驾驶拆除或者损坏消声器、加装排气管等擅自改装的机动车轰鸣、疾驶，机动车运行时未按照规定使用声响装置，或者违反禁止机动车行驶和使用声响装置的路段和时间规定的，由县级以上地方人民政府公安机关交通管理部门依照有关道路交通安全的法律法规处罚。

违反本法规定，铁路机车车辆、城市轨道交通车辆、机动船舶等交通运输工具运行时未按照规定使用声响装置的，由交通运输、铁路监督管理、海事等部门或者地方人民政府指定的城市轨道交通有关部门按照职责责令改正，处五千元以上一万元以下的罚款。

第八十条 【违规产生交通运输噪声污染的法律责任】违反本法规定，有下列行为之一，由交通运输、铁路监督管理、民用航空等部门或者地方人民政府指定的城市道路、城市轨道交通有关部门，按照职责责令改正，处五千元以上五万元以下的罚款；拒不改正的，处五万元以上二十万元以下的罚款：

（一）公路养护管理单位、城市道路养护维修单位、城市轨道交通运营单位、铁路运输企业未履行维护和保养义务，未保持减少振动、降低噪声设施正常运行的；

（二）城市轨道交通运营单位、铁路运输企业未按照国家规定进行监测，或者未保存原始监测记录的；

（三）民用机场管理机构、航空运输企业、通用航空企业未采取措施防止、减轻民用航空器噪声污染的；

（四）民用机场管理机构未按照国家规定对机场周围民用航空器噪声进行监测，未保存原始监测记录，或者监测结果未定期报送的。

第八十一条 【违规产生社会生活噪声污染的法律责任一】违反本法规定，有下列行为之一，由地方人民政府指定的部门责令改正，处五千元以上五万元以下的罚款；拒不改正的，处五万元以上二十万元以下的罚款，并可以报经有批准权的人民政府批准，责令停业：

（一）超过噪声排放标准排放社会生活噪声的；

（二）在商业经营活动中使用高音广播喇叭或者采用其他持续反复发出高噪声的方法进行广告宣传的；

（三）未对商业经营活动中产生的其他噪声采取有效措施造成噪声污染的。

第八十二条　【违规产生社会生活噪声污染的法律责任二】违反本法规定，有下列行为之一，由地方人民政府指定的部门说服教育，责令改正；拒不改正的，给予警告，对个人可以处二百元以上一千元以下的罚款，对单位可以处二千元以上二万元以下的罚款：

（一）在噪声敏感建筑物集中区域使用高音广播喇叭的；

（二）在公共场所组织或者开展娱乐、健身等活动，未遵守公共场所管理者有关活动区域、时段、音量等规定，未采取有效措施造成噪声污染，或者违反规定使用音响器材产生过大音量的；

（三）对已竣工交付使用的建筑物进行室内装修活动，未按照规定在限定的作业时间内进行，或者未采取有效措施造成噪声污染的；

（四）其他违反法律规定造成社会生活噪声污染的。

第八十三条　【新建居民住房的房地产开发经营者违规的法律责任】违反本法规定，有下列行为之一，由县级以上地方人民政府房产管理部门责令改正，处一万元以上五万元以下的罚款；拒不改正的，责令暂停销售：

（一）新建居民住房的房地产开发经营者未在销售场所公示住房可能受到噪声影响的情况以及采取或者拟采取的防治措施，或者未纳入买卖合同的；

（二）新建居民住房的房地产开发经营者未在买卖合同中明确住房的共用设施设备位置或者建筑隔声情况的。

第八十四条　【居民住宅区噪音超标的法律责任】违反本法规定，有下列行为之一，由地方人民政府指定的部门责令改正，处五千元以上五万元以下的罚款；拒不改正的，处五万元以上二十万元以下的罚款：

（一）居民住宅区安装共用设施设备，设置不合理或者未采取减少振动、降低噪声的措施，不符合民用建筑隔声设计相关标准要求的；

（二）对已建成使用的居民住宅区共用设施设备，专业运营单位未进行维护管理，不符合民用建筑隔声设计相关标准要求的。

第八十五条　【渎职责任】噪声污染防治监督管理人员滥用职权、玩忽职守、徇私舞弊的，由监察机关或者任免机关、单位依法给予处分。

第八十六条　【民事责任】受到噪声侵害的单位和个人，有权要求侵权人依法承担民事责任。

对赔偿责任和赔偿金额纠纷,可以根据当事人的请求,由相应的负有噪声污染防治监督管理职责的部门、人民调解委员会调解处理。

国家鼓励排放噪声的单位、个人和公共场所管理者与受到噪声侵害的单位和个人友好协商,通过调整生产经营时间、施工作业时间,采取减少振动、降低噪声措施,支付补偿金、异地安置等方式,妥善解决噪声纠纷。

第八十七条 【治安管理处罚及刑事责任】违反本法规定,产生社会生活噪声,经劝阻、调解和处理未能制止,持续干扰他人正常生活、工作和学习,或者有其他扰乱公共秩序、妨害社会管理等违反治安管理行为的,由公安机关依法给予治安管理处罚。

违反本法规定,构成犯罪的,依法追究刑事责任。

第九章 附 则

第八十八条 【名词解释】本法中下列用语的含义:

(一)噪声排放,是指声源向周围生活环境辐射噪声;

(二)夜间,是指晚上十点至次日早晨六点之间的期间,设区的市级以上人民政府可以另行规定本行政区域夜间的起止时间,夜间时段长度为八小时;

(三)噪声敏感建筑物,是指用于居住、科学研究、医疗卫生、文化教育、机关团体办公、社会福利等需要保持安静的建筑物;

(四)交通干线,是指铁路、高速公路、一级公路、二级公路、城市快速路、城市主干路、城市次干路、城市轨道交通线路、内河高等级航道。

第八十九条 【地方制定具体办法】省、自治区、直辖市或者设区的市、自治州根据实际情况,制定本地方噪声污染防治具体办法。

第九十条 【施行日期】本法自2022年6月5日起施行。《中华人民共和国环境噪声污染防治法》同时废止。

饮用水水源保护区污染防治管理规定

1. 1989年7月10日国家环境保护局、卫生部、建设部、水利部、地质矿产部发布
2. 根据2010年12月22日环境保护部令第16号《关于废止、修改部分环保部门规章和规范性文件的决定》修正

第一章 总 则

第一条 为保障人民身体健康和经济建设发展,必须保护好饮用水水源。根据《中华人民共和国水污染防治法》特制定本规定。

第二条 本规定适用于全国所有集中式供水的饮用水地表水源和地下水源的污染防治管理。

第三条 按照不同的水质标准和防护要求分级划分饮用水水源保护区。饮用水水源保护区一般划分为一级保护区和二级保护区,必要时可增设准保护区。各级保护区应有明确的地理界线。

第四条 饮用水水源各级保护区及准保护区均应规定明确的水质标准并限期达标。

第五条 饮用水水源保护区的设置和污染防治应纳入当地的经济和社会发展规划和水污染防治规划。跨地区的饮用水水源保护区的设置和污染防治应纳入有关流域、区域、城市的经济和社会发展规划和水污染防治规划。

第六条 跨地区的河流、湖泊、水库、输水渠道,其上游地区不得影响下游饮用水水源保护区对水质标准的要求。

第二章 饮用水地表水源保护区的划分和防护

第七条 饮用水地表水源保护区包括一定的水域和陆域,其范围应按照不同水域特点进行水质定量预测并考虑当地具体条件加以确定,保证在规划设计的水文条件和污染负荷下,供应规划水量时,保护区的水质能满足相应的标准。

第八条 在饮用水地表水源取水口附近划定一定的水域和陆域作为饮用水地表水源一级保护区。一级保护区的水质标准不得低于国家规定的《地表水环境质量标准》Ⅱ类标准,并须符合国家规定的《生活饮用水卫生标准》的要求。

第九条 在饮用水地表水源一级保护区外划定一定的水域和陆域作为饮用水地表水源二级保护区。二级保护区的水质标准不得低于国家规定的《地表水环境质量标准》Ⅲ类标准，应保证一级保护区的水质能满足规定的标准。

第十条 根据需要可在饮用水地表水源二级保护区外划定一定的水域及陆域作为饮用水地表水源准保护区。准保护区的水质标准应保证二级保护区的水质能满足规定的标准。

第十一条 饮用水地表水源各级保护区及准保护区内均必须遵守下列规定：

一、禁止一切破坏水环境生态平衡的活动以及破坏水源林、护岸林、与水源保护相关植被的活动。

二、禁止向水域倾倒工业废渣、城市垃圾、粪便及其他废弃物。

三、运输有毒有害物质、油类、粪便的船舶和车辆一般不准进入保护区，必须进入者应事先申请并经有关部门批准、登记并设置防渗、防溢、防漏设施。

四、禁止使用剧毒和高残留农药，不得滥用化肥，不得使用炸药、毒品捕杀鱼类。

第十二条 饮用水地表水源各级保护区及准保护区内必须分别遵守下列规定：

一、一级保护区内

禁止新建、扩建与供水设施和保护水源无关的建设项目；

禁止向水域排放污水，已设置的排污口必须拆除；

不得设置与供水需要无关的码头，禁止停靠船舶；

禁止堆置和存放工业废渣、城市垃圾、粪便和其他废弃物；

禁止设置油库；

禁止从事种植、放养畜禽和网箱养殖活动；

禁止可能污染水源的旅游活动和其他活动。

二、二级保护区内

禁止新建、改建、扩建排放污染物的建设项目；

原有排污口依法拆除或者关闭；

禁止设立装卸垃圾、粪便、油类和有毒物品的码头。

三、准保护区内

禁止新建、扩建对水体污染严重的建设项目；改建建设项目，不得增加排污量。

第三章 饮用水地下水源保护区的划分和防护

第十三条 饮用水地下水源保护区应根据饮用水水源地所处的地理位置、水文地质条件、供水的数量、开采方式和污染源的分布划定。

第十四条 饮用水地下水源保护区的水质均应达到国家规定的《生活饮用水卫生标准》的要求。各级地下水源保护区的范围应根据当地的水文地质条件确定,并保证开采规划水量时能达到所要求的水质标准。

第十五条 饮用水地下水源一级保护区位于开采井的周围,其作用是保证集水有一定滞后时间,以防止一般病原菌的污染。直接影响开采井水质的补给区地段,必要时也可划为一级保护区。

第十六条 饮用水地下水源二级保护区位于饮用水地下水源一级保护区外,其作用是保证集水有足够的滞后时间,以防止病原菌以外的其他污染。

第十七条 饮用水地下水源准保护区位于饮用水地下水源二级保护区外的主要补给区,其作用是保护水源地的补给水源水量和水质。

第十八条 饮用水地下水源各级保护区及准保护区内均必须遵守下列规定:
一、禁止利用渗坑、渗井、裂隙、溶洞等排放污水和其他有害废弃物。
二、禁止利用透水层孔隙、裂隙、溶洞及废弃矿坑储存石油、天然气、放射性物质、有毒有害化工原料、农药等。
三、实行人工回灌地下水时不得污染当地地下水源。

第十九条 饮用水地下水源各级保护区及准保护区内必须遵守下列规定:
一、一级保护区内
禁止建设与取水设施无关的建筑物;
禁止从事农牧业活动;
禁止倾倒、堆放工业废渣及城市垃圾、粪便和其他有害废弃物;
禁止输送污水的渠道、管道及输油管道通过本区;
禁止建设油库;
禁止建立墓地。
二、二级保护区内
(一)对于潜水含水层地下水水源地
禁止建设化工、电镀、皮革、造纸、制浆、冶炼、放射性、印染、染料、炼焦、炼油及其他有严重污染的企业,已建成的要限期治理、转产或搬迁;
禁止设置城市垃圾、粪便和易溶、有毒有害废弃物堆放场和转运站,已有的上述场站要限期搬迁;

禁止利用未经净化的污水灌溉农田,已有的污灌农田要限期改用清水灌溉;

化工原料、矿物油类及有毒有害矿产品的堆放场所必须有防雨、防渗措施。

(二)对于承压含水层地下水水源地

禁止承压水和潜水的混合开采,作好潜水的止水措施。

三、准保护区内

禁止建设城市垃圾、粪便和易溶、有毒有害废弃物的堆放场站,因特殊需要设立转运站的,必须经有关部门批准,并采取防渗漏措施;

当补给源为地表水体时,该地表水体水质不应低于《地表水环境质量标准》Ⅲ类标准;

不得使用不符合《农田灌溉水质标准》的污水进行灌溉,合理使用化肥。

保护水源林,禁止毁林开荒,禁止非更新砍伐水源林。

第四章　饮用水水源保护区污染防治的监督管理

第二十条　各级人民政府的环境保护部门会同有关部门作好饮用水水源保护区的污染防治工作并根据当地人民政府的要求制定和颁布地方饮用水水源保护区污染防治管理规定。

第二十一条　饮用水水源保护区的划定,由有关市、县人民政府提出划定方案,报省、自治区、直辖市人民政府批准;跨市、县饮用水水源保护区的划定,由有关市、县人民政府协商提出划定方案,报省、自治区、直辖市人民政府批准;协商不成的,由省、自治区、直辖市人民政府环境保护主管部门会同同级水行政、国土资源、卫生、建设等部门提出划定方案,征求同级有关部门的意见后,报省、自治区、直辖市人民政府批准。

跨省、自治区、直辖市的饮用水水源保护区,由有关省、自治区、直辖市人民政府商有关流域管理机构划定;协商不成的,由国务院环境保护主管部门会同同级水行政、国土资源、卫生、建设等部门提出划定方案,征求国务院有关部门的意见后,报国务院批准。

国务院和省、自治区、直辖市人民政府可以根据保护饮用水水源的实际需要,调整饮用水水源保护区的范围,确保饮用水安全。

第二十二条　环境保护、水利、地质矿产、卫生、建设等部门应结合各自的职责,对饮用水水源保护区污染防治实施监督管理。

第二十三条　因突发性事故造成或可能造成饮用水水源污染时,事故责任者应立即采取措施消除污染并报告当地城市供水、卫生防疫、环境保护、水利、地质矿产等部门和本单位主管部门。由环境保护部门根据当地人民政府的要求组织有关部门调查处理,必要时经当地人民政府批准后采取强制性措施以减轻损失。

第五章　奖励与惩罚

第二十四条　对执行本规定保护饮用水水源有显著成绩和贡献的单位或个人给予表扬和奖励。其奖励办法由市级以上(含市级)环境保护部门制定,报经当地人民政府批准实施。

第二十五条　对违反本规定的单位或个人,应根据《中华人民共和国水污染防治法》及其实施细则的有关规定进行处罚。

第六章　附　　则

第二十六条　本规定由国家环境保护部门负责解释。

第二十七条　本规定自公布之日起实施。

医疗废物管理条例

1. 2003年6月16日国务院令第380号公布
2. 根据2011年1月8日国务院令第588号《关于废止和修改部分行政法规的决定》修订

第一章　总　　则

第一条　为了加强医疗废物的安全管理,防止疾病传播,保护环境,保障人体健康,根据《中华人民共和国传染病防治法》和《中华人民共和国固体废物污染环境防治法》,制定本条例。

第二条　本条例所称医疗废物,是指医疗卫生机构在医疗、预防、保健以及其他相关活动中产生的具有直接或者间接感染性、毒性以及其他危害性的废物。

医疗废物分类目录,由国务院卫生行政主管部门和环境保护行政主管部门共同制定、公布。

第三条　本条例适用于医疗废物的收集、运送、贮存、处置以及监督管理等活动。

医疗卫生机构收治的传染病病人或者疑似传染病病人产生的生活垃圾,按照医疗废物进行管理和处置。

医疗卫生机构废弃的麻醉、精神、放射性、毒性等药品及其相关的废物的管理,依照有关法律、行政法规和国家有关规定、标准执行。

第四条　国家推行医疗废物集中无害化处置,鼓励有关医疗废物安全处置技术的研究与开发。

县级以上地方人民政府负责组织建设医疗废物集中处置设施。

国家对边远贫困地区建设医疗废物集中处置设施给予适当的支持。

第五条　县级以上各级人民政府卫生行政主管部门,对医疗废物收集、运送、贮存、处置活动中的疾病防治工作实施统一监督管理;环境保护行政主管部门,对医疗废物收集、运送、贮存、处置活动中的环境污染防治工作实施统一监督管理。

县级以上各级人民政府其他有关部门在各自的职责范围内负责与医疗废物处置有关的监督管理工作。

第六条　任何单位和个人有权对医疗卫生机构、医疗废物集中处置单位和监督管理部门及其工作人员的违法行为进行举报、投诉、检举和控告。

第二章　医疗废物管理的一般规定

第七条　医疗卫生机构和医疗废物集中处置单位,应当建立、健全医疗废物管理责任制,其法定代表人为第一责任人,切实履行职责,防止因医疗废物导致传染病传播和环境污染事故。

第八条　医疗卫生机构和医疗废物集中处置单位,应当制定与医疗废物安全处置有关的规章制度和在发生意外事故时的应急方案;设置监控部门或者专(兼)职人员,负责检查、督促、落实本单位医疗废物的管理工作,防止违反本条例的行为发生。

第九条　医疗卫生机构和医疗废物集中处置单位,应当对本单位从事医疗废物收集、运送、贮存、处置等工作的人员和管理人员,进行相关法律和专业技术、安全防护以及紧急处理等知识的培训。

第十条　医疗卫生机构和医疗废物集中处置单位,应当采取有效的职业卫生防护措施,为从事医疗废物收集、运送、贮存、处置等工作的人员和管理人员,配备必要的防护用品,定期进行健康检查;必要时,对有关人员进行免疫接种,防止其受到健康损害。

第十一条 医疗卫生机构和医疗废物集中处置单位,应当依照《中华人民共和国固体废物污染环境防治法》的规定,执行危险废物转移联单管理制度。

第十二条 医疗卫生机构和医疗废物集中处置单位,应当对医疗废物进行登记,登记内容应当包括医疗废物的来源、种类、重量或者数量、交接时间、处置方法、最终去向以及经办人签名等项目。登记资料至少保存3年。

第十三条 医疗卫生机构和医疗废物集中处置单位,应当采取有效措施,防止医疗废物流失、泄漏、扩散。

发生医疗废物流失、泄漏、扩散时,医疗卫生机构和医疗废物集中处置单位应当采取减少危害的紧急处理措施,对致病人员提供医疗救护和现场救援;同时向所在地的县级人民政府卫生行政主管部门、环境保护行政主管部门报告,并向可能受到危害的单位和居民通报。

第十四条 禁止任何单位和个人转让、买卖医疗废物。

禁止在运送过程中丢弃医疗废物;禁止在非贮存地点倾倒、堆放医疗废物或者将医疗废物混入其他废物和生活垃圾。

第十五条 禁止邮寄医疗废物。

禁止通过铁路、航空运输医疗废物。

有陆路通道的,禁止通过水路运输医疗废物;没有陆路通道必需经水路运输医疗废物的,应当经设区的市级以上人民政府环境保护行政主管部门批准,并采取严格的环境保护措施后,方可通过水路运输。

禁止将医疗废物与旅客在同一运输工具上载运。

禁止在饮用水源保护区的水体上运输医疗废物。

第三章 医疗卫生机构对医疗废物的管理

第十六条 医疗卫生机构应当及时收集本单位产生的医疗废物,并按照类别分置于防渗漏、防锐器穿透的专用包装物或者密闭的容器内。

医疗废物专用包装物、容器,应当有明显的警示标识和警示说明。

医疗废物专用包装物、容器的标准和警示标识的规定,由国务院卫生行政主管部门和环境保护行政主管部门共同制定。

第十七条 医疗卫生机构应当建立医疗废物的暂时贮存设施、设备,不得露天存放医疗废物;医疗废物暂时贮存的时间不得超过2天。

医疗废物的暂时贮存设施、设备,应当远离医疗区、食品加工区和人员活动区以及生活垃圾存放场所,并设置明显的警示标识和防渗漏、防鼠、防蚊蝇、防蟑螂、防盗以及预防儿童接触等安全措施。

医疗废物的暂时贮存设施、设备应当定期消毒和清洁。

第十八条 医疗卫生机构应当使用防渗漏、防遗撒的专用运送工具,按照本单位确定的内部医疗废物运送时间、路线,将医疗废物收集、运送至暂时贮存地点。

运送工具使用后应当在医疗卫生机构内指定的地点及时消毒和清洁。

第十九条 医疗卫生机构应当根据就近集中处置的原则,及时将医疗废物交由医疗废物集中处置单位处置。

医疗废物中病原体的培养基、标本和菌种、毒种保存液等高危险废物,在交医疗废物集中处置单位处置前应当就地消毒。

第二十条 医疗卫生机构产生的污水、传染病病人或者疑似传染病病人的排泄物,应当按照国家规定严格消毒;达到国家规定的排放标准后,方可排入污水处理系统。

第二十一条 不具备集中处置医疗废物条件的农村,医疗卫生机构应当按照县级人民政府卫生行政主管部门、环境保护行政主管部门的要求,自行就地处置其产生的医疗废物。自行处置医疗废物的,应当符合下列基本要求:

(一)使用后的一次性医疗器具和容易致人损伤的医疗废物,应当消毒并作毁形处理;

(二)能够焚烧的,应当及时焚烧;

(三)不能焚烧的,消毒后集中填埋。

第四章 医疗废物的集中处置

第二十二条 从事医疗废物集中处置活动的单位,应当向县级以上人民政府环境保护行政主管部门申请领取经营许可证;未取得经营许可证的单位,不得从事有关医疗废物集中处置的活动。

第二十三条 医疗废物集中处置单位,应当符合下列条件:

(一)具有符合环境保护和卫生要求的医疗废物贮存、处置设施或者设备;

(二)具有经过培训的技术人员以及相应的技术工人;

(三)具有负责医疗废物处置效果检测、评价工作的机构和人员;

(四)具有保证医疗废物安全处置的规章制度。

第二十四条 医疗废物集中处置单位的贮存、处置设施,应当远离居(村)民居住区、水源保护区和交通干道,与工厂、企业等工作场所有适当的安全防护距离,并符合国务院环境保护行政主管部门的规定。

第二十五条 医疗废物集中处置单位应当至少每2天到医疗卫生机构收集、运送一次医疗废物,并负责医疗废物的贮存、处置。

第二十六条 医疗废物集中处置单位运送医疗废物,应当遵守国家有关危险货物运输管理的规定,使用有明显医疗废物标识的专用车辆。医疗废物专用车辆应当达到防渗漏、防遗撒以及其他环境保护和卫生要求。

运送医疗废物的专用车辆使用后,应当在医疗废物集中处置场所内及时进行消毒和清洁。

运送医疗废物的专用车辆不得运送其他物品。

第二十七条 医疗废物集中处置单位在运送医疗废物过程中应当确保安全,不得丢弃、遗撒医疗废物。

第二十八条 医疗废物集中处置单位应当安装污染物排放在线监控装置,并确保监控装置经常处于正常运行状态。

第二十九条 医疗废物集中处置单位处置医疗废物,应当符合国家规定的环境保护、卫生标准、规范。

第三十条 医疗废物集中处置单位应当按照环境保护行政主管部门和卫生行政主管部门的规定,定期对医疗废物处置设施的环境污染防治和卫生学效果进行检测、评价。检测、评价结果存入医疗废物集中处置单位档案,每半年向所在地环境保护行政主管部门和卫生行政主管部门报告一次。

第三十一条 医疗废物集中处置单位处置医疗废物,按照国家有关规定向医疗卫生机构收取医疗废物处置费用。

医疗卫生机构按照规定支付的医疗废物处置费用,可以纳入医疗成本。

第三十二条 各地区应当利用和改造现有固体废物处置设施和其他设施,对医疗废物集中处置,并达到基本的环境保护和卫生要求。

第三十三条 尚无集中处置设施或者处置能力不足的城市,自本条例施行之日起,设区的市级以上城市应当在1年内建成医疗废物集中处置设施;县级市应当在2年内建成医疗废物集中处置设施。县(旗)医疗废物集中处置设施的建设,由省、自治区、直辖市人民政府规定。

在尚未建成医疗废物集中处置设施期间,有关地方人民政府应当组织制定符合环境保护和卫生要求的医疗废物过渡性处置方案,确定医疗废物收集、运送、处置方式和处置单位。

第五章 监督管理

第三十四条 县级以上地方人民政府卫生行政主管部门、环境保护行政主管部门,应当依照本条例的规定,按照职责分工,对医疗卫生机构和医疗废物集中处置单位进行监督检查。

第三十五条 县级以上地方人民政府卫生行政主管部门,应当对医疗卫生机构和医疗废物集中处置单位从事医疗废物的收集、运送、贮存、处置中的疾病防治工作,以及工作人员的卫生防护等情况进行定期监督检查或者不定期的抽查。

第三十六条 县级以上地方人民政府环境保护行政主管部门,应当对医疗卫生机构和医疗废物集中处置单位从事医疗废物收集、运送、贮存、处置中的环境污染防治工作进行定期监督检查或者不定期的抽查。

第三十七条 卫生行政主管部门、环境保护行政主管部门应当定期交换监督检查和抽查结果。在监督检查或者抽查中发现医疗卫生机构和医疗废物集中处置单位存在隐患时,应当责令立即消除隐患。

第三十八条 卫生行政主管部门、环境保护行政主管部门接到对医疗卫生机构、医疗废物集中处置单位和监督管理部门及其工作人员违反本条例行为的举报、投诉、检举和控告后,应当及时核实,依法作出处理,并将处理结果予以公布。

第三十九条 卫生行政主管部门、环境保护行政主管部门履行监督检查职责时,有权采取下列措施:

(一)对有关单位进行实地检查,了解情况,现场监测,调查取证;

(二)查阅或者复制医疗废物管理的有关资料,采集样品;

(三)责令违反本条例规定的单位和个人停止违法行为;

(四)查封或者暂扣涉嫌违反本条例规定的场所、设备、运输工具和物品;

(五)对违反本条例规定的行为进行查处。

第四十条 发生因医疗废物管理不当导致传染病传播或者环境污染事故,或者有证据证明传染病传播或者环境污染的事故有可能发生时,卫生行政主管部门、环境保护行政主管部门应当采取临时控制措施,疏散人员,控制现场,并根据需要责令暂停导致或者可能导致传染病传播或者环境污染事故的作业。

第四十一条 医疗卫生机构和医疗废物集中处置单位,对有关部门的检查、监测、调查取证,应当予以配合,不得拒绝和阻碍,不得提供虚假材料。

第六章 法 律 责 任

第四十二条 县级以上地方人民政府未依照本条例的规定,组织建设医疗废物集中处置设施或者组织制定医疗废物过渡性处置方案的,由上级人民政府通报批评,责令限期建成医疗废物集中处置设施或者组织制定医疗废物过渡性处置方案;并可以对政府主要领导人、负有责任的主管人员,依法给予行政处分。

第四十三条 县级以上各级人民政府卫生行政主管部门、环境保护行政主管部门或者其他有关部门,未按照本条例的规定履行监督检查职责,发现医疗卫生机构和医疗废物集中处置单位的违法行为不及时处理,发生或者可能发生传染病传播或者环境污染事故时未及时采取减少危害措施,以及有其他玩忽职守、失职、渎职行为的,由本级人民政府或者上级人民政府有关部门责令改正,通报批评;造成传染病传播或者环境污染事故的,对主要负责人、负有责任的主管人员和其他直接责任人员依法给予降级、撤职、开除的行政处分;构成犯罪的,依法追究刑事责任。

第四十四条 县级以上人民政府环境保护行政主管部门,违反本条例的规定发给医疗废物集中处置单位经营许可证的,由本级人民政府或者上级人民政府环境保护行政主管部门通报批评,责令收回违法发给的证书;并可以对主要负责人、负有责任的主管人员和其他直接责任人员依法给予行政处分。

第四十五条 医疗卫生机构、医疗废物集中处置单位违反本条例规定,有下列情形之一的,由县级以上地方人民政府卫生行政主管部门或者环境保护行政主管部门按照各自的职责责令限期改正,给予警告;逾期不改正的,处2000元以上5000元以下的罚款:

(一)未建立、健全医疗废物管理制度,或者未设置监控部门或者专(兼)职人员的;

(二)未对有关人员进行相关法律和专业技术、安全防护以及紧急处理等知识的培训的;

(三)未对从事医疗废物收集、运送、贮存、处置等工作的人员和管理人员采取职业卫生防护措施的;

(四)未对医疗废物进行登记或者未保存登记资料的;

(五)对使用后的医疗废物运送工具或者运送车辆未在指定地点及时

进行消毒和清洁的;

(六)未及时收集、运送医疗废物的;

(七)未定期对医疗废物处置设施的环境污染防治和卫生学效果进行检测、评价,或者未将检测、评价效果存档、报告的。

第四十六条 医疗卫生机构、医疗废物集中处置单位违反本条例规定,有下列情形之一的,由县级以上地方人民政府卫生行政主管部门或者环境保护行政主管部门按照各自的职责责令限期改正,给予警告,可以并处5000元以下的罚款;逾期不改正的,处5000元以上3万元以下的罚款:

(一)贮存设施或者设备不符合环境保护、卫生要求的;

(二)未将医疗废物按照类别分置于专用包装物或者容器的;

(三)未使用符合标准的专用车辆运送医疗废物或者使用运送医疗废物的车辆运送其他物品的;

(四)未安装污染物排放在线监控装置或者监控装置未经常处于正常运行状态的。

第四十七条 医疗卫生机构、医疗废物集中处置单位有下列情形之一的,由县级以上地方人民政府卫生行政主管部门或者环境保护行政主管部门按照各自的职责责令限期改正,给予警告,并处5000元以上1万元以下的罚款;逾期不改正的,处1万元以上3万元以下的罚款;造成传染病传播或者环境污染事故的,由原发证部门暂扣或者吊销执业许可证件或者经营许可证件;构成犯罪的,依法追究刑事责任:

(一)在运送过程中丢弃医疗废物,在非贮存地点倾倒、堆放医疗废物或者将医疗废物混入其他废物和生活垃圾的;

(二)未执行危险废物转移联单管理制度的;

(三)将医疗废物交给未取得经营许可证的单位或者个人收集、运送、贮存、处置的;

(四)对医疗废物的处置不符合国家规定的环境保护、卫生标准、规范的;

(五)未按照本条例的规定对污水、传染病病人或者疑似传染病病人的排泄物,进行严格消毒,或者未达到国家规定的排放标准,排入污水处理系统的;

(六)对收治的传染病病人或者疑似传染病病人产生的生活垃圾,未按照医疗废物进行管理和处置的。

第四十八条 医疗卫生机构违反本条例规定,将未达到国家规定标准的污水、传染病病人或者疑似传染病病人的排泄物排入城市排水管网的,由县级以上地方人民政府建设行政主管部门责令限期改正,给予警告,并处5000元以上1万元以下的罚款;逾期不改正的,处1万元以上3万元以下的罚款;造成传染病传播或者环境污染事故的,由原发证部门暂扣或者吊销执业许可证件;构成犯罪的,依法追究刑事责任。

第四十九条 医疗卫生机构、医疗废物集中处置单位发生医疗废物流失、泄漏、扩散时,未采取紧急处理措施,或者未及时向卫生行政主管部门和环境保护行政主管部门报告的,由县级以上地方人民政府卫生行政主管部门或者环境保护行政主管部门按照各自的职责责令改正,给予警告,并处1万元以上3万元以下的罚款;造成传染病传播或者环境污染事故的,由原发证部门暂扣或者吊销执业许可证件或者经营许可证件;构成犯罪的,依法追究刑事责任。

第五十条 医疗卫生机构、医疗废物集中处置单位,无正当理由,阻碍卫生行政主管部门或者环境保护行政主管部门执法人员执行职务,拒绝执法人员进入现场,或者不配合执法部门的检查、监测、调查取证的,由县级以上地方人民政府卫生行政主管部门或者环境保护行政主管部门按照各自的职责责令改正,给予警告;拒不改正的,由原发证部门暂扣或者吊销执业许可证件或者经营许可证件;触犯《中华人民共和国治安管理处罚法》,构成违反治安管理行为的,由公安机关依法予以处罚;构成犯罪的,依法追究刑事责任。

第五十一条 不具备集中处置医疗废物条件的农村,医疗卫生机构未按照本条例的要求处置医疗废物的,由县级人民政府卫生行政主管部门或者环境保护行政主管部门按照各自的职责责令限期改正,给予警告;逾期不改正的,处1000元以上5000元以下的罚款;造成传染病传播或者环境污染事故的,由原发证部门暂扣或者吊销执业许可证件;构成犯罪的,依法追究刑事责任。

第五十二条 未取得经营许可证从事医疗废物的收集、运送、贮存、处置等活动的,由县级以上地方人民政府环境保护行政主管部门责令立即停止违法行为,没收违法所得,可以并处违法所得1倍以下的罚款。

第五十三条 转让、买卖医疗废物,邮寄或者通过铁路、航空运输医疗废物,或者违反本条例规定通过水路运输医疗废物的,由县级以上地方人民政府环境保护行政主管部门责令转让、买卖双方、邮寄人、托运人立即停止违法行为,给予警告,没收违法所得;违法所得5000元以上的,并处违法所得2

倍以上5倍以下的罚款;没有违法所得或者违法所得不足5000元的,并处5000元以上2万元以下的罚款。

承运人明知托运人违反本条例的规定运输医疗废物,仍予以运输的,或者承运人将医疗废物与旅客在同一工具上载运的,按照前款的规定予以处罚。

第五十四条　医疗卫生机构、医疗废物集中处置单位违反本条例规定,导致传染病传播或者发生环境污染事故,给他人造成损害的,依法承担民事赔偿责任。

第七章　附　　则

第五十五条　计划生育技术服务、医学科研、教学、尸体检查和其他相关活动中产生的具有直接或者间接感染性、毒性以及其他危害性废物的管理,依照本条例执行。

第五十六条　军队医疗卫生机构医疗废物的管理由中国人民解放军卫生主管部门参照本条例制定管理办法。

第五十七条　本条例自公布之日起施行。

城镇排水与污水处理条例

1. 2013年10月2日国务院令第641号公布
2. 自2014年1月1日起施行

第一章　总　　则

第一条　为了加强对城镇排水与污水处理的管理,保障城镇排水与污水处理设施安全运行,防治城镇水污染和内涝灾害,保障公民生命、财产安全和公共安全,保护环境,制定本条例。

第二条　城镇排水与污水处理的规划,城镇排水与污水处理设施的建设、维护与保护,向城镇排水设施排水与污水处理,以及城镇内涝防治,适用本条例。

第三条　县级以上人民政府应当加强对城镇排水与污水处理工作的领导,并将城镇排水与污水处理工作纳入国民经济和社会发展规划。

第四条　城镇排水与污水处理应当遵循尊重自然、统筹规划、配套建设、保障安全、综合利用的原则。

第五条 国务院住房城乡建设主管部门指导监督全国城镇排水与污水处理工作。

县级以上地方人民政府城镇排水与污水处理主管部门（以下称城镇排水主管部门）负责本行政区域内城镇排水与污水处理的监督管理工作。

县级以上人民政府其他有关部门依照本条例和其他有关法律、法规的规定，在各自的职责范围内负责城镇排水与污水处理监督管理的相关工作。

第六条 国家鼓励采取特许经营、政府购买服务等多种形式，吸引社会资金参与投资、建设和运营城镇排水与污水处理设施。

县级以上人民政府鼓励、支持城镇排水与污水处理科学技术研究，推广应用先进适用的技术、工艺、设备和材料，促进污水的再生利用和污泥、雨水的资源化利用，提高城镇排水与污水处理能力。

第二章 规划与建设

第七条 国务院住房城乡建设主管部门会同国务院有关部门，编制全国的城镇排水与污水处理规划，明确全国城镇排水与污水处理的中长期发展目标、发展战略、布局、任务以及保障措施等。

城镇排水主管部门会同有关部门，根据当地经济社会发展水平以及地理、气候特征，编制本行政区域的城镇排水与污水处理规划，明确排水与污水处理目标与标准，排水量与排水模式，污水处理与再生利用、污泥处理处置要求，排涝措施，城镇排水与污水处理设施的规模、布局、建设时序和建设用地以及保障措施等；易发生内涝的城市、镇，还应当编制城镇内涝防治专项规划，并纳入本行政区域的城镇排水与污水处理规划。

第八条 城镇排水与污水处理规划的编制，应当依据国民经济和社会发展规划、城乡规划、土地利用总体规划、水污染防治规划和防洪规划，并与城镇开发建设、道路、绿地、水系等专项规划相衔接。

城镇内涝防治专项规划的编制，应当根据城镇人口与规模、降雨规律、暴雨内涝风险等因素，合理确定内涝防治目标和要求，充分利用自然生态系统，提高雨水滞渗、调蓄和排放能力。

第九条 城镇排水主管部门应当将编制的城镇排水与污水处理规划报本级人民政府批准后组织实施，并报上一级人民政府城镇排水主管部门备案。

城镇排水与污水处理规划一经批准公布，应当严格执行；因经济社会发展确需修改的,应当按照原审批程序报送审批。

第十条　县级以上地方人民政府应当根据城镇排水与污水处理规划的要求,加大对城镇排水与污水处理设施建设和维护的投入。

第十一条　城乡规划和城镇排水与污水处理规划确定的城镇排水与污水处理设施建设用地,不得擅自改变用途。

第十二条　县级以上地方人民政府应当按照先规划后建设的原则,依据城镇排水与污水处理规划,合理确定城镇排水与污水处理设施建设标准,统筹安排管网、泵站、污水处理厂以及污泥处理处置、再生水利用、雨水调蓄和排放等排水与污水处理设施建设和改造。

城镇新区的开发和建设,应当按照城镇排水与污水处理规划确定的建设时序,优先安排排水与污水处理设施建设;未建或者已建但未达到国家有关标准的,应当按照年度改造计划进行改造,提高城镇排水与污水处理能力。

第十三条　县级以上地方人民政府应当按照城镇排涝要求,结合城镇用地性质和条件,加强雨水管网、泵站以及雨水调蓄、超标雨水径流排放等设施建设和改造。

新建、改建、扩建市政基础设施工程应当配套建设雨水收集利用设施,增加绿地、砂石地面、可渗透路面和自然地面对雨水的滞渗能力,利用建筑物、停车场、广场、道路等建设雨水收集利用设施,削减雨水径流,提高城镇内涝防治能力。

新区建设与旧城区改建,应当按照城镇排水与污水处理规划确定的雨水径流控制要求建设相关设施。

第十四条　城镇排水与污水处理规划范围内的城镇排水与污水处理设施建设项目以及需要与城镇排水与污水处理设施相连接的新建、改建、扩建建设工程,城乡规划主管部门在依法核发建设用地规划许可证时,应当征求城镇排水主管部门的意见。城镇排水主管部门应当就排水设计方案是否符合城镇排水与污水处理规划和相关标准提出意见。

建设单位应当按照排水设计方案建设连接管网等设施;未建设连接管网等设施的,不得投入使用。城镇排水主管部门或者其委托的专门机构应当加强指导和监督。

第十五条　城镇排水与污水处理设施建设工程竣工后,建设单位应当依法组织竣工验收。竣工验收合格的,方可交付使用,并自竣工验收合格之日起15日内,将竣工验收报告及相关资料报城镇排水主管部门备案。

第十六条　城镇排水与污水处理设施竣工验收合格后,由城镇排水主管部门通过招标投标、委托等方式确定符合条件的设施维护运营单位负责管理。特许经营合同、委托运营合同涉及污染物削减和污水处理运营服务费的,城镇排水主管部门应当征求环境保护主管部门、价格主管部门的意见。国家鼓励实施城镇污水处理特许经营制度。具体办法由国务院住房城乡建设主管部门会同国务院有关部门制定。

城镇排水与污水处理设施维护运营单位应当具备下列条件：

（一）有法人资格；

（二）有与从事城镇排水与污水处理设施维护运营活动相适应的资金和设备；

（三）有完善的运行管理和安全管理制度；

（四）技术负责人和关键岗位人员经专业培训并考核合格；

（五）有相应的良好业绩和维护运营经验；

（六）法律、法规规定的其他条件。

第三章　排　　水

第十七条　县级以上地方人民政府应当根据当地降雨规律和暴雨内涝风险情况,结合气象、水文资料,建立排水设施地理信息系统,加强雨水排放管理,提高城镇内涝防治水平。

县级以上地方人民政府应当组织有关部门、单位采取相应的预防治理措施,建立城镇内涝防治预警、会商、联动机制,发挥河道行洪能力和水库、洼淀、湖泊调蓄洪水的功能,加强对城镇排水设施的管理和河道防护、整治,因地制宜地采取定期清淤疏浚等措施,确保雨水排放畅通,共同做好城镇内涝防治工作。

第十八条　城镇排水主管部门应当按照城镇内涝防治专项规划的要求,确定雨水收集利用设施建设标准,明确雨水的排水分区和排水出路,合理控制雨水径流。

第十九条　除干旱地区外,新区建设应当实行雨水、污水分流;对实行雨水、污水合流的地区,应当按照城镇排水与污水处理规划要求,进行雨水、污水分流改造。雨水、污水分流改造可以结合旧城区改建和道路建设同时进行。

在雨水、污水分流地区,新区建设和旧城区改建不得将雨水管网、污水管网相互混接。

在有条件的地区,应当逐步推进初期雨水收集与处理,合理确定截流倍数,通过设置初期雨水贮存池、建设截流干管等方式,加强对初期雨水的排放调控和污染防治。

第二十条　城镇排水设施覆盖范围内的排水单位和个人,应当按照国家有关规定将污水排入城镇排水设施。

在雨水、污水分流地区,不得将污水排入雨水管网。

第二十一条　从事工业、建筑、餐饮、医疗等活动的企业事业单位、个体工商户(以下称排水户)向城镇排水设施排放污水的,应当向城镇排水主管部门申请领取污水排入排水管网许可证。城镇排水主管部门应当按照国家有关标准,重点对影响城镇排水与污水处理设施安全运行的事项进行审查。

排水户应当按照污水排入排水管网许可证的要求排放污水。

第二十二条　排水户申请领取污水排入排水管网许可证应当具备下列条件:

(一)排放口的设置符合城镇排水与污水处理规划的要求;

(二)按照国家有关规定建设相应的预处理设施和水质、水量检测设施;

(三)排放的污水符合国家或者地方规定的有关排放标准;

(四)法律、法规规定的其他条件。

符合前款规定条件的,由城镇排水主管部门核发污水排入排水管网许可证;具体办法由国务院住房城乡建设主管部门制定。

第二十三条　城镇排水主管部门应当加强对排放口设置以及预处理设施和水质、水量检测设施建设的指导和监督;对不符合规划要求或者国家有关规定的,应当要求排水户采取措施,限期整改。

第二十四条　城镇排水主管部门委托的排水监测机构,应当对排水户排放污水的水质和水量进行监测,并建立排水监测档案。排水户应当接受监测,如实提供有关资料。

列入重点排污单位名录的排水户安装的水污染物排放自动监测设备,应当与环境保护主管部门的监控设备联网。环境保护主管部门应当将监测数据与城镇排水主管部门共享。

第二十五条　因城镇排水设施维护或者检修可能对排水造成影响的,城镇排水设施维护运营单位应当提前24小时通知相关排水户;可能对排水造成严重影响的,应当事先向城镇排水主管部门报告,采取应急处理措施,并向社会公告。

第二十六条　设置于机动车道路上的窨井,应当按照国家有关规定进行建设,保证其承载力和稳定性等符合相关要求。

排水管网窨井盖应当具备防坠落和防盗窃功能,满足结构强度要求。

第二十七条　城镇排水主管部门应当按照国家有关规定建立城镇排涝风险评估制度和灾害后评估制度,在汛前对城镇排水设施进行全面检查,对发现的问题,责成有关单位限期处理,并加强城镇广场、立交桥下、地下构筑物、棚户区等易涝点的治理,强化排涝措施,增加必要的强制排水设施和装备。

城镇排水设施维护运营单位应当按照防汛要求,对城镇排水设施进行全面检查、维护、清疏,确保设施安全运行。

在汛期,有管辖权的人民政府防汛指挥机构应当加强对易涝点的巡查,发现险情,立即采取措施。有关单位和个人在汛期应当服从有管辖权的人民政府防汛指挥机构的统一调度指挥或者监督。

第四章　污 水 处 理

第二十八条　城镇排水主管部门应当与城镇污水处理设施维护运营单位签订维护运营合同,明确双方权利义务。

城镇污水处理设施维护运营单位应当依照法律、法规和有关规定以及维护运营合同进行维护运营,定期向社会公开有关维护运营信息,并接受相关部门和社会公众的监督。

第二十九条　城镇污水处理设施维护运营单位应当保证出水水质符合国家和地方规定的排放标准,不得排放不达标污水。

城镇污水处理设施维护运营单位应当按照国家有关规定检测进出水水质,向城镇排水主管部门、环境保护主管部门报送污水处理水质和水量、主要污染物削减量等信息,并按照有关规定和维护运营合同,向城镇排水主管部门报送生产运营成本等信息。

城镇污水处理设施维护运营单位应当按照国家有关规定向价格主管部门提交相关成本信息。

城镇排水主管部门核定城镇污水处理运营成本,应当考虑主要污染物削减情况。

第三十条　城镇污水处理设施维护运营单位或者污泥处理处置单位应当安全处理处置污泥,保证处理处置后的污泥符合国家有关标准,对产生的污泥以及处理处置后的污泥去向、用途、用量等进行跟踪、记录,并向城镇排水主管部门、环境保护主管部门报告。任何单位和个人不得擅自倾倒、堆放、丢弃、遗撒污泥。

第三十一条　城镇污水处理设施维护运营单位不得擅自停运城镇污水处理设施,因检修等原因需要停运或者部分停运城镇污水处理设施的,应当在90个工作日前向城镇排水主管部门、环境保护主管部门报告。

城镇污水处理设施维护运营单位在出现进水水质和水量发生重大变化可能导致出水水质超标,或者发生影响城镇污水处理设施安全运行的突发情况时,应当立即采取应急处理措施,并向城镇排水主管部门、环境保护主管部门报告。

城镇排水主管部门或者环境保护主管部门接到报告后,应当及时核查处理。

第三十二条　排水单位和个人应当按照国家有关规定缴纳污水处理费。

向城镇污水处理设施排放污水、缴纳污水处理费的,不再缴纳排污费。

排水监测机构接受城镇排水主管部门委托从事有关监测活动,不得向城镇污水处理设施维护运营单位和排水户收取任何费用。

第三十三条　污水处理费应当纳入地方财政预算管理,专项用于城镇污水处理设施的建设、运行和污泥处理处置,不得挪作他用。污水处理费的收费标准不应低于城镇污水处理设施正常运营的成本。因特殊原因,收取的污水处理费不足以支付城镇污水处理设施正常运营的成本的,地方人民政府给予补贴。

污水处理费的收取、使用情况应当向社会公开。

第三十四条　县级以上地方人民政府环境保护主管部门应当依法对城镇污水处理设施的出水水质和水量进行监督检查。

城镇排水主管部门应当对城镇污水处理设施运营情况进行监督和考核,并将监督考核情况向社会公布。有关单位和个人应当予以配合。

城镇污水处理设施维护运营单位应当为进出水在线监测系统的安全运行提供保障条件。

第三十五条　城镇排水主管部门应当根据城镇污水处理设施维护运营单位履行维护运营合同的情况以及环境保护主管部门对城镇污水处理设施出水水质和水量的监督检查结果,核定城镇污水处理设施运营服务费。地方人民政府有关部门应当及时、足额拨付城镇污水处理设施运营服务费。

第三十六条　城镇排水主管部门在监督考核中,发现城镇污水处理设施维护运营单位存在未依照法律、法规和有关规定以及维护运营合同进行维护运营,擅自停运或者部分停运城镇污水处理设施,或者其他无法安全运行等情形的,应当要求城镇污水处理设施维护运营单位采取措施,限期整改;逾期不整改的,或者整改后仍无法安全运行的,城镇排水主管部门可以终止维护运营合同。

城镇排水主管部门终止与城镇污水处理设施维护运营单位签订的维护运营合同的,应当采取有效措施保障城镇污水处理设施的安全运行。

第三十七条 国家鼓励城镇污水处理再生利用,工业生产、城市绿化、道路清扫、车辆冲洗、建筑施工以及生态景观等,应当优先使用再生水。

县级以上地方人民政府应当根据当地水资源和水环境状况,合理确定再生水利用的规模,制定促进再生水利用的保障措施。

再生水纳入水资源统一配置,县级以上地方人民政府水行政主管部门应当依法加强指导。

第五章 设施维护与保护

第三十八条 城镇排水与污水处理设施维护运营单位应当建立健全安全生产管理制度,加强对窨井盖等城镇排水与污水处理设施的日常巡查、维修和养护,保障设施安全运行。

从事管网维护、应急排水、井下及有限空间作业的,设施维护运营单位应当安排专门人员进行现场安全管理,设置醒目警示标志,采取有效措施避免人员坠落、车辆陷落,并及时复原窨井盖,确保操作规程的遵守和安全措施的落实。相关特种作业人员,应当按照国家有关规定取得相应的资格证书。

第三十九条 县级以上地方人民政府应当根据实际情况,依法组织编制城镇排水与污水处理应急预案,统筹安排应对突发事件以及城镇排涝所必需的物资。

城镇排水与污水处理设施维护运营单位应当制定本单位的应急预案,配备必要的抢险装备、器材,并定期组织演练。

第四十条 排水户因发生事故或者其他突发事件,排放的污水可能危及城镇排水与污水处理设施安全运行的,应当立即采取措施消除危害,并及时向城镇排水主管部门和环境保护主管部门等有关部门报告。

城镇排水与污水处理安全事故或者突发事件发生后,设施维护运营单位应当立即启动本单位应急预案,采取防护措施、组织抢修,并及时向城镇排水主管部门和有关部门报告。

第四十一条 城镇排水主管部门应当会同有关部门,按照国家有关规定划定城镇排水与污水处理设施保护范围,并向社会公布。

在保护范围内,有关单位从事爆破、钻探、打桩、顶进、挖掘、取土等可能影响城镇排水与污水处理设施安全的活动的,应当与设施维护运营单位等共同制定设施保护方案,并采取相应的安全防护措施。

第四十二条 禁止从事下列危及城镇排水与污水处理设施安全的活动:

(一)损毁、盗窃城镇排水与污水处理设施;

(二)穿凿、堵塞城镇排水与污水处理设施;

(三)向城镇排水与污水处理设施排放、倾倒剧毒、易燃易爆、腐蚀性废液和废渣;

(四)向城镇排水与污水处理设施倾倒垃圾、渣土、施工泥浆等废弃物;

(五)建设占压城镇排水与污水处理设施的建筑物、构筑物或者其他设施;

(六)其他危及城镇排水与污水处理设施安全的活动。

第四十三条 新建、改建、扩建建设工程,不得影响城镇排水与污水处理设施安全。

建设工程开工前,建设单位应当查明工程建设范围内地下城镇排水与污水处理设施的相关情况。城镇排水主管部门及其他相关部门和单位应当及时提供相关资料。

建设工程施工范围内有排水管网等城镇排水与污水处理设施的,建设单位应当与施工单位、设施维护运营单位共同制定设施保护方案,并采取相应的安全保护措施。

因工程建设需要拆除、改动城镇排水与污水处理设施的,建设单位应当制定拆除、改动方案,报城镇排水主管部门审核,并承担重建、改建和采取临时措施的费用。

第四十四条 县级以上人民政府城镇排水主管部门应当会同有关部门,加强对城镇排水与污水处理设施运行维护和保护情况的监督检查,并将检查情况及结果向社会公开。实施监督检查时,有权采取下列措施:

(一)进入现场进行检查、监测;

(二)查阅、复制有关文件和资料;

(三)要求被监督检查的单位和个人就有关问题作出说明。

被监督检查的单位和个人应当予以配合,不得妨碍和阻挠依法进行的监督检查活动。

第四十五条 审计机关应当加强对城镇排水与污水处理设施建设、运营、维护和保护等资金筹集、管理和使用情况的监督,并公布审计结果。

第六章 法 律 责 任

第四十六条 违反本条例规定,县级以上地方人民政府及其城镇排水主管部门和其他有关部门,不依法作出行政许可或者办理批准文件的,发现违法行为或者接到对违法行为的举报不予查处的,或者有其他未依照本条例履行职责的行为的,对直接负责的主管人员和其他直接责任人员依法给予处分;直接负责的主管人员和其他直接责任人员的行为构成犯罪的,依法追究刑事责任。

违反本条例规定,核发污水排入排水管网许可证、排污许可证后不实施监督检查的,对核发许可证的部门及其工作人员依照前款规定处理。

第四十七条 违反本条例规定,城镇排水主管部门对不符合法定条件的排水户核发污水排入排水管网许可证的,或者对符合法定条件的排水户不予核发污水排入排水管网许可证的,对直接负责的主管人员和其他直接责任人员依法给予处分;直接负责的主管人员和其他直接责任人员的行为构成犯罪的,依法追究刑事责任。

第四十八条 违反本条例规定,在雨水、污水分流地区,建设单位、施工单位将雨水管网、污水管网相互混接的,由城镇排水主管部门责令改正,处5万元以上10万元以下的罚款;造成损失的,依法承担赔偿责任。

第四十九条 违反本条例规定,城镇排水与污水处理设施覆盖范围内的排水单位和个人,未按照国家有关规定将污水排入城镇排水设施,或者在雨水、污水分流地区将污水排入雨水管网的,由城镇排水主管部门责令改正,给予警告;逾期不改正或者造成严重后果的,对单位处10万元以上20万元以下罚款,对个人处2万元以上10万元以下罚款;造成损失的,依法承担赔偿责任。

第五十条 违反本条例规定,排水户未取得污水排入排水管网许可证向城镇排水设施排放污水的,由城镇排水主管部门责令停止违法行为,限期采取治理措施,补办污水排入排水管网许可证,可以处50万元以下罚款;造成损失的,依法承担赔偿责任;构成犯罪的,依法追究刑事责任。

违反本条例规定,排水户不按照污水排入排水管网许可证的要求排放污水的,由城镇排水主管部门责令停止违法行为,限期改正,可以处5万元以下罚款;造成严重后果的,吊销污水排入排水管网许可证,并处5万元以上50万元以下罚款,可以向社会予以通报;造成损失的,依法承担赔偿责任;构成犯罪的,依法追究刑事责任。

第五十一条 违反本条例规定,因城镇排水设施维护或者检修可能对排水造成影响或者严重影响,城镇排水设施维护运营单位未提前通知相关排水户的,或者未事先向城镇排水主管部门报告,采取应急处理措施的,或者未按照防汛要求对城镇排水设施进行全面检查、维护、清疏,影响汛期排水畅通的,由城镇排水主管部门责令改正,给予警告;逾期不改正或者造成严重后果的,处10万元以上20万元以下罚款;造成损失的,依法承担赔偿责任。

第五十二条 违反本条例规定,城镇污水处理设施维护运营单位未按照国家有关规定检测进出水水质的,或者未报送污水处理水质和水量、主要污染物削减量等信息和生产运营成本等信息的,由城镇排水主管部门责令改正,可以处5万元以下罚款;造成损失的,依法承担赔偿责任。

违反本条例规定,城镇污水处理设施维护运营单位擅自停运城镇污水处理设施,未按照规定事先报告或者采取应急处理措施的,由城镇排水主管部门责令改正,给予警告;逾期不改正或者造成严重后果的,处10万元以上50万元以下罚款;造成损失的,依法承担赔偿责任。

第五十三条 违反本条例规定,城镇污水处理设施维护运营单位或者污泥处理处置单位对产生的污泥以及处理处置后的污泥的去向、用途、用量等未进行跟踪、记录的,或者处理处置后的污泥不符合国家有关标准的,由城镇排水主管部门责令限期采取治理措施,给予警告;造成严重后果的,处10万元以上20万元以下罚款;逾期不采取治理措施的,城镇排水主管部门可以指定有治理能力的单位代为治理,所需费用由当事人承担;造成损失的,依法承担赔偿责任。

违反本条例规定,擅自倾倒、堆放、丢弃、遗撒污泥的,由城镇排水主管部门责令停止违法行为,限期采取治理措施,给予警告;造成严重后果的,对单位处10万元以上50万元以下罚款,对个人处2万元以上10万元以下罚款;逾期不采取治理措施的,城镇排水主管部门可以指定有治理能力的单位代为治理,所需费用由当事人承担;造成损失的,依法承担赔偿责任。

第五十四条 违反本条例规定,排水单位或者个人不缴纳污水处理费的,由城镇排水主管部门责令限期缴纳,逾期拒不缴纳的,处应缴纳污水处理费数额1倍以上3倍以下罚款。

第五十五条 违反本条例规定,城镇排水与污水处理设施维护运营单位有下列情形之一的,由城镇排水主管部门责令改正,给予警告;逾期不改正或者造成严重后果的,处 10 万元以上 50 万元以下罚款;造成损失的,依法承担赔偿责任;构成犯罪的,依法追究刑事责任:

(一)未按照国家有关规定履行日常巡查、维修和养护责任,保障设施安全运行的;

(二)未及时采取防护措施、组织事故抢修的;

(三)因巡查、维护不到位,导致窨井盖丢失、损毁,造成人员伤亡和财产损失的。

第五十六条 违反本条例规定,从事危及城镇排水与污水处理设施安全的活动的,由城镇排水主管部门责令停止违法行为,限期恢复原状或者采取其他补救措施,给予警告;逾期不采取补救措施或者造成严重后果的,对单位处 10 万元以上 30 万元以下罚款,对个人处 2 万元以上 10 万元以下罚款;造成损失的,依法承担赔偿责任;构成犯罪的,依法追究刑事责任。

第五十七条 违反本条例规定,有关单位未与施工单位、设施维护运营单位等共同制定设施保护方案,并采取相应的安全防护措施的,由城镇排水主管部门责令改正,处 2 万元以上 5 万元以下罚款;造成严重后果的,处 5 万元以上 10 万元以下罚款;造成损失的,依法承担赔偿责任;构成犯罪的,依法追究刑事责任。

违反本条例规定,擅自拆除、改动城镇排水与污水处理设施的,由城镇排水主管部门责令改正,恢复原状或者采取其他补救措施,处 5 万元以上 10 万元以下罚款;造成严重后果的,处 10 万元以上 30 万元以下罚款;造成损失的,依法承担赔偿责任;构成犯罪的,依法追究刑事责任。

第七章 附 则

第五十八条 依照《中华人民共和国水污染防治法》的规定,排水户需要取得排污许可证的,由环境保护主管部门核发;违反《中华人民共和国水污染防治法》的规定排放污水的,由环境保护主管部门处罚。

第五十九条 本条例自 2014 年 1 月 1 日起施行。

危险化学品安全管理条例

1. 2002年1月26日国务院令第344号公布
2. 2011年3月2日国务院令第591号第一次修订
3. 根据2013年12月7日国务院令第645号《关于修改部分行政法规的决定》第二次修订

第一章 总 则

第一条 为了加强危险化学品的安全管理,预防和减少危险化学品事故,保障人民群众生命财产安全,保护环境,制定本条例。

第二条 危险化学品生产、储存、使用、经营和运输的安全管理,适用本条例。

废弃危险化学品的处置,依照有关环境保护的法律、行政法规和国家有关规定执行。

第三条 本条例所称危险化学品,是指具有毒害、腐蚀、爆炸、燃烧、助燃等性质,对人体、设施、环境具有危害的剧毒化学品和其他化学品。

危险化学品目录,由国务院安全生产监督管理部门会同国务院工业和信息化、公安、环境保护、卫生、质量监督检验检疫、交通运输、铁路、民用航空、农业主管部门,根据化学品危险特性的鉴别和分类标准确定、公布,并适时调整。

第四条 危险化学品安全管理,应当坚持安全第一、预防为主、综合治理的方针,强化和落实企业的主体责任。

生产、储存、使用、经营、运输危险化学品的单位(以下统称危险化学品单位)的主要负责人对本单位的危险化学品安全管理工作全面负责。

危险化学品单位应当具备法律、行政法规规定和国家标准、行业标准要求的安全条件,建立、健全安全管理规章制度和岗位安全责任制度,对从业人员进行安全教育、法制教育和岗位技术培训。从业人员应当接受教育和培训,考核合格后上岗作业;对有资格要求的岗位,应当配备依法取得相应资格的人员。

第五条 任何单位和个人不得生产、经营、使用国家禁止生产、经营、使用的危险化学品。

国家对危险化学品的使用有限制性规定的,任何单位和个人不得违反限制性规定使用危险化学品。

第六条 对危险化学品的生产、储存、使用、经营、运输实施安全监督管理的

有关部门(以下统称负有危险化学品安全监督管理职责的部门),依照下列规定履行职责:

(一)安全生产监督管理部门负责危险化学品安全监督管理综合工作,组织确定、公布、调整危险化学品目录,对新建、改建、扩建生产、储存危险化学品(包括使用长输管道输送危险化学品,下同)的建设项目进行安全条件审查,核发危险化学品安全生产许可证、危险化学品安全使用许可证和危险化学品经营许可证,并负责危险化学品登记工作。

(二)公安机关负责危险化学品的公共安全管理,核发剧毒化学品购买许可证、剧毒化学品道路运输通行证,并负责危险化学品运输车辆的道路交通安全管理。

(三)质量监督检验检疫部门负责核发危险化学品及其包装物、容器(不包括储存危险化学品的固定式大型储罐,下同)生产企业的工业产品生产许可证,并依法对其产品质量实施监督,负责对进出口危险化学品及其包装实施检验。

(四)环境保护主管部门负责废弃危险化学品处置的监督管理,组织危险化学品的环境危害性鉴定和环境风险程度评估,确定实施重点环境管理的危险化学品,负责危险化学品环境管理登记和新化学物质环境管理登记;依照职责分工调查相关危险化学品环境污染事故和生态破坏事件,负责危险化学品事故现场的应急环境监测。

(五)交通运输主管部门负责危险化学品道路运输、水路运输的许可以及运输工具的安全管理,对危险化学品水路运输安全实施监督,负责危险化学品道路运输企业、水路运输企业驾驶人员、船员、装卸管理人员、押运人员、申报人员、集装箱装箱现场检查员的资格认定。铁路监管部门负责危险化学品铁路运输及其运输工具的安全管理。民用航空主管部门负责危险化学品航空运输以及航空运输企业及其运输工具的安全管理。

(六)卫生主管部门负责危险化学品毒性鉴定的管理,负责组织、协调危险化学品事故受伤人员的医疗卫生救援工作。

(七)工商行政管理部门依据有关部门的许可证件,核发危险化学品生产、储存、经营、运输企业营业执照,查处危险化学品经营企业违法采购危险化学品的行为。

(八)邮政管理部门负责依法查处寄递危险化学品的行为。

第七条 负有危险化学品安全监督管理职责的部门依法进行监督检查,可以采取下列措施:

（一）进入危险化学品作业场所实施现场检查，向有关单位和人员了解情况，查阅、复制有关文件、资料；

（二）发现危险化学品事故隐患，责令立即消除或者限期消除；

（三）对不符合法律、行政法规、规章规定或者国家标准、行业标准要求的设施、设备、装置、器材、运输工具，责令立即停止使用；

（四）经本部门主要负责人批准，查封违法生产、储存、使用、经营危险化学品的场所，扣押违法生产、储存、使用、经营、运输的危险化学品以及用于违法生产、使用、运输危险化学品的原材料、设备、运输工具；

（五）发现影响危险化学品安全的违法行为，当场予以纠正或者责令限期改正。

负有危险化学品安全监督管理职责的部门依法进行监督检查，监督检查人员不得少于2人，并应当出示执法证件；有关单位和个人对依法进行的监督检查应当予以配合，不得拒绝、阻碍。

第八条　县级以上人民政府应当建立危险化学品安全监督管理工作协调机制，支持、督促负有危险化学品安全监督管理职责的部门依法履行职责，协调、解决危险化学品安全监督管理工作中的重大问题。

负有危险化学品安全监督管理职责的部门应当相互配合、密切协作，依法加强对危险化学品的安全监督管理。

第九条　任何单位和个人对违反本条例规定的行为，有权向负有危险化学品安全监督管理职责的部门举报。负有危险化学品安全监督管理职责的部门接到举报，应当及时依法处理；对不属于本部门职责的，应当及时移送有关部门处理。

第十条　国家鼓励危险化学品生产企业和使用危险化学品从事生产的企业采用有利于提高安全保障水平的先进技术、工艺、设备以及自动控制系统，鼓励对危险化学品实行专门储存、统一配送、集中销售。

第二章　生产、储存安全

第十一条　国家对危险化学品的生产、储存实行统筹规划、合理布局。

国务院工业和信息化主管部门以及国务院其他有关部门依据各自职责，负责危险化学品生产、储存的行业规划和布局。

地方人民政府组织编制城乡规划，应当根据本地区的实际情况，按照确保安全的原则，规划适当区域专门用于危险化学品的生产、储存。

第十二条　新建、改建、扩建生产、储存危险化学品的建设项目（以下简称建设项目),应当由安全生产监督管理部门进行安全条件审查。

建设单位应当对建设项目进行安全条件论证,委托具备国家规定的资质条件的机构对建设项目进行安全评价,并将安全条件论证和安全评价的情况报告报建设项目所在地设区的市级以上人民政府安全生产监督管理部门;安全生产监督管理部门应当自收到报告之日起45日内作出审查决定,并书面通知建设单位。具体办法由国务院安全生产监督管理部门制定。

新建、改建、扩建储存、装卸危险化学品的港口建设项目,由港口行政管理部门按照国务院交通运输主管部门的规定进行安全条件审查。

第十三条 生产、储存危险化学品的单位,应当对其铺设的危险化学品管道设置明显标志,并对危险化学品管道定期检查、检测。

进行可能危及危险化学品管道安全的施工作业,施工单位应当在开工的7日前书面通知管道所属单位,并与管道所属单位共同制定应急预案,采取相应的安全防护措施。管道所属单位应当指派专门人员到现场进行管道安全保护指导。

第十四条 危险化学品生产企业进行生产前,应当依照《安全生产许可证条例》的规定,取得危险化学品安全生产许可证。

生产列入国家实行生产许可证制度的工业产品目录的危险化学品的企业,应当依照《中华人民共和国工业产品生产许可证管理条例》的规定,取得工业产品生产许可证。

负责颁发危险化学品安全生产许可证、工业产品生产许可证的部门,应当将其颁发许可证的情况及时向同级工业和信息化主管部门、环境保护主管部门和公安机关通报。

第十五条 危险化学品生产企业应当提供与其生产的危险化学品相符的化学品安全技术说明书,并在危险化学品包装(包括外包装件)上粘贴或者拴挂与包装内危险化学品相符的化学品安全标签。化学品安全技术说明书和化学品安全标签所载明的内容应当符合国家标准的要求。

危险化学品生产企业发现其生产的危险化学品有新的危险特性的,应当立即公告,并及时修订其化学品安全技术说明书和化学品安全标签。

第十六条 生产实施重点环境管理的危险化学品的企业,应当按照国务院环境保护主管部门的规定,将该危险化学品向环境中释放等相关信息向环境保护主管部门报告。环境保护主管部门可以根据情况采取相应的环境风险控制措施。

第十七条　危险化学品的包装应当符合法律、行政法规、规章的规定以及国家标准、行业标准的要求。

危险化学品包装物、容器的材质以及危险化学品包装的型式、规格、方法和单件质量（重量），应当与所包装的危险化学品的性质和用途相适应。

第十八条　生产列入国家实行生产许可证制度的工业产品目录的危险化学品包装物、容器的企业，应当依照《中华人民共和国工业产品生产许可证管理条例》的规定，取得工业产品生产许可证；其生产的危险化学品包装物、容器经国务院质量监督检验检疫部门认定的检验机构检验合格，方可出厂销售。

运输危险化学品的船舶及其配载的容器，应当按照国家船舶检验规范进行生产，并经海事管理机构认定的船舶检验机构检验合格，方可投入使用。

对重复使用的危险化学品包装物、容器，使用单位在重复使用前应当进行检查；发现存在安全隐患的，应当维修或者更换。使用单位应当对检查情况作出记录，记录的保存期限不得少于2年。

第十九条　危险化学品生产装置或者储存数量构成重大危险源的危险化学品储存设施（运输工具加油站、加气站除外），与下列场所、设施、区域的距离应当符合国家有关规定：

（一）居住区以及商业中心、公园等人员密集场所；

（二）学校、医院、影剧院、体育场（馆）等公共设施；

（三）饮用水源、水厂以及水源保护区；

（四）车站、码头（依法经许可从事危险化学品装卸作业的除外）、机场以及通信干线、通信枢纽、铁路线路、道路交通干线、水路交通干线、地铁风亭以及地铁站出入口；

（五）基本农田保护区、基本草原、畜禽遗传资源保护区、畜禽规模化养殖场（养殖小区）、渔业水域以及种子、种畜禽、水产苗种生产基地；

（六）河流、湖泊、风景名胜区、自然保护区；

（七）军事禁区、军事管理区；

（八）法律、行政法规规定的其他场所、设施、区域。

已建的危险化学品生产装置或者储存数量构成重大危险源的危险化学品储存设施不符合前款规定的，由所在地设区的市级人民政府安全生产监督管理部门会同有关部门监督其所属单位在规定期限内进行整改；需要转产、停产、搬迁、关闭的,由本级人民政府决定并组织实施。

储存数量构成重大危险源的危险化学品储存设施的选址,应当避开地震活动断层和容易发生洪灾、地质灾害的区域。

本条例所称重大危险源,是指生产、储存、使用或者搬运危险化学品,且危险化学品的数量等于或者超过临界量的单元(包括场所和设施)。

第二十条　生产、储存危险化学品的单位,应当根据其生产、储存的危险化学品的种类和危险特性,在作业场所设置相应的监测、监控、通风、防晒、调温、防火、灭火、防爆、泄压、防毒、中和、防潮、防雷、防静电、防腐、防泄漏以及防护围堤或者隔离操作等安全设施、设备,并按照国家标准、行业标准或者国家有关规定对安全设施、设备进行经常性维护、保养,保证安全设施、设备的正常使用。

生产、储存危险化学品的单位,应当在其作业场所和安全设施、设备上设置明显的安全警示标志。

第二十一条　生产、储存危险化学品的单位,应当在其作业场所设置通信、报警装置,并保证处于适用状态。

第二十二条　生产、储存危险化学品的企业,应当委托具备国家规定的资质条件的机构,对本企业的安全生产条件每3年进行一次安全评价,提出安全评价报告。安全评价报告的内容应当包括对安全生产条件存在的问题进行整改的方案。

生产、储存危险化学品的企业,应当将安全评价报告以及整改方案的落实情况报所在地县级人民政府安全生产监督管理部门备案。在港区内储存危险化学品的企业,应当将安全评价报告以及整改方案的落实情况报港口行政管理部门备案。

第二十三条　生产、储存剧毒化学品或者国务院公安部门规定的可用于制造爆炸物品的危险化学品(以下简称易制爆危险化学品)的单位,应当如实记录其生产、储存的剧毒化学品、易制爆危险化学品的数量、流向,并采取必要的安全防范措施,防止剧毒化学品、易制爆危险化学品丢失或者被盗;发现剧毒化学品、易制爆危险化学品丢失或者被盗的,应当立即向当地公安机关报告。

生产、储存剧毒化学品、易制爆危险化学品的单位,应当设置治安保卫机构,配备专职治安保卫人员。

第二十四条　危险化学品应当储存在专用仓库、专用场地或者专用储存室(以下统称专用仓库)内,并由专人负责管理;剧毒化学品以及储存数量构成重大危险源的其他危险化学品,应当在专用仓库内单独存放,并实行双人收发、双人保管制度。

危险化学品的储存方式、方法以及储存数量应当符合国家标准或者国家有关规定。

第二十五条 储存危险化学品的单位应当建立危险化学品出入库核查、登记制度。

对剧毒化学品以及储存数量构成重大危险源的其他危险化学品,储存单位应当将其储存数量、储存地点以及管理人员的情况,报所在地县级人民政府安全生产监督管理部门(在港区内储存的,报港口行政管理部门)和公安机关备案。

第二十六条 危险化学品专用仓库应当符合国家标准、行业标准的要求,并设置明显的标志。储存剧毒化学品、易制爆危险化学品的专用仓库,应当按照国家有关规定设置相应的技术防范设施。

储存危险化学品的单位应当对其危险化学品专用仓库的安全设施、设备定期进行检测、检验。

第二十七条 生产、储存危险化学品的单位转产、停产、停业或者解散的,应当采取有效措施,及时、妥善处置其危险化学品生产装置、储存设施以及库存的危险化学品,不得丢弃危险化学品;处置方案应当报所在地县级人民政府安全生产监督管理部门、工业和信息化主管部门、环境保护主管部门和公安机关备案。安全生产监督管理部门应当会同环境保护主管部门和公安机关对处置情况进行监督检查,发现未依照规定处置的,应当责令其立即处置。

第三章 使用安全

第二十八条 使用危险化学品的单位,其使用条件(包括工艺)应当符合法律、行政法规的规定和国家标准、行业标准的要求,并根据所使用的危险化学品的种类、危险特性以及使用量和使用方式,建立、健全使用危险化学品的安全管理规章制度和安全操作规程,保证危险化学品的安全使用。

第二十九条 使用危险化学品从事生产并且使用量达到规定数量的化工企业(属于危险化学品生产企业的除外,下同),应当依照本条例的规定取得危险化学品安全使用许可证。

前款规定的危险化学品使用量的数量标准,由国务院安全生产监督管理部门会同国务院公安部门、农业主管部门确定并公布。

第三十条 申请危险化学品安全使用许可证的化工企业,除应当符合本条例第二十八条的规定外,还应当具备下列条件:
　　(一)有与所使用的危险化学品相适应的专业技术人员;
　　(二)有安全管理机构和专职安全管理人员;
　　(三)有符合国家规定的危险化学品事故应急预案和必要的应急救援器材、设备;
　　(四)依法进行了安全评价。

第三十一条 申请危险化学品安全使用许可证的化工企业,应当向所在地设区的市级人民政府安全生产监督管理部门提出申请,并提交其符合本条例第三十条规定条件的证明材料。设区的市级人民政府安全生产监督管理部门应当依法进行审查,自收到证明材料之日起45日内作出批准或者不予批准的决定。予以批准的,颁发危险化学品安全使用许可证;不予批准的,书面通知申请人并说明理由。

　　安全生产监督管理部门应当将其颁发危险化学品安全使用许可证的情况及时向同级环境保护主管部门和公安机关通报。

第三十二条 本条例第十六条关于生产实施重点环境管理的危险化学品的企业的规定,适用于使用实施重点环境管理的危险化学品从事生产的企业;第二十条、第二十一条、第二十三条第一款、第二十七条关于生产、储存危险化学品的单位的规定,适用于使用危险化学品的单位;第二十二条关于生产、储存危险化学品的企业的规定,适用于使用危险化学品从事生产的企业。

第四章　经 营 安 全

第三十三条 国家对危险化学品经营(包括仓储经营,下同)实行许可制度。未经许可,任何单位和个人不得经营危险化学品。

　　依法设立的危险化学品生产企业在其厂区范围内销售本企业生产的危险化学品,不需要取得危险化学品经营许可。

　　依照《中华人民共和国港口法》的规定取得港口经营许可证的港口经营人,在港区内从事危险化学品仓储经营,不需要取得危险化学品经营许可。

第三十四条 从事危险化学品经营的企业应当具备下列条件:
　　(一)有符合国家标准、行业标准的经营场所,储存危险化学品的,还应当有符合国家标准、行业标准的储存设施;

(二)从业人员经过专业技术培训并经考核合格；

(三)有健全的安全管理规章制度；

(四)有专职安全管理人员；

(五)有符合国家规定的危险化学品事故应急预案和必要的应急救援器材、设备；

(六)法律、法规规定的其他条件。

第三十五条 从事剧毒化学品、易制爆危险化学品经营的企业，应当向所在地设区的市级人民政府安全生产监督管理部门提出申请，从事其他危险化学品经营的企业，应当向所在地县级人民政府安全生产监督管理部门提出申请(有储存设施的，应当向所在地设区的市级人民政府安全生产监督管理部门提出申请)。申请人应当提交其符合本条例第三十四条规定条件的证明材料。设区的市级人民政府安全生产监督管理部门或者县级人民政府安全生产监督管理部门应当依法进行审查，并对申请人的经营场所、储存设施进行现场核查，自收到证明材料之日起 30 日内作出批准或者不予批准的决定。予以批准的，颁发危险化学品经营许可证；不予批准的，书面通知申请人并说明理由。

设区的市级人民政府安全生产监督管理部门和县级人民政府安全生产监督管理部门应当将其颁发危险化学品经营许可证的情况及时向同级环境保护主管部门和公安机关通报。

申请人持危险化学品经营许可证向工商行政管理部门办理登记手续后，方可从事危险化学品经营活动。法律、行政法规或者国务院规定经营危险化学品还需要经其他有关部门许可的，申请人向工商行政管理部门办理登记手续时还应当持相应的许可证件。

第三十六条 危险化学品经营企业储存危险化学品的，应当遵守本条例第二章关于储存危险化学品的规定。危险化学品商店内只能存放民用小包装的危险化学品。

第三十七条 危险化学品经营企业不得向未经许可从事危险化学品生产、经营活动的企业采购危险化学品，不得经营没有化学品安全技术说明书或者化学品安全标签的危险化学品。

第三十八条 依法取得危险化学品安全生产许可证、危险化学品安全使用许可证、危险化学品经营许可证的企业，凭相应的许可证件购买剧毒化学品、易制爆危险化学品。民用爆炸物品生产企业凭民用爆炸物品生产许可证购买易制爆危险化学品。

前款规定以外的单位购买剧毒化学品的,应当向所在地县级人民政府公安机关申请取得剧毒化学品购买许可证;购买易制爆危险化学品的,应当持本单位出具的合法用途说明。

个人不得购买剧毒化学品(属于剧毒化学品的农药除外)和易制爆危险化学品。

第三十九条 申请取得剧毒化学品购买许可证,申请人应当向所在地县级人民政府公安机关提交下列材料:

(一)营业执照或者法人证书(登记证书)的复印件;

(二)拟购买的剧毒化学品品种、数量的说明;

(三)购买剧毒化学品用途的说明;

(四)经办人的身份证明。

县级人民政府公安机关应当自收到前款规定的材料之日起3日内,作出批准或者不予批准的决定。予以批准的,颁发剧毒化学品购买许可证;不予批准的,书面通知申请人并说明理由。

剧毒化学品购买许可证管理办法由国务院公安部门制定。

第四十条 危险化学品生产企业、经营企业销售剧毒化学品、易制爆危险化学品,应当查验本条例第三十八条第一款、第二款规定的相关许可证件或者证明文件,不得向不具有相关许可证件或者证明文件的单位销售剧毒化学品、易制爆危险化学品。对持剧毒化学品购买许可证购买剧毒化学品的,应当按照许可证载明的品种、数量销售。

禁止向个人销售剧毒化学品(属于剧毒化学品的农药除外)和易制爆危险化学品。

第四十一条 危险化学品生产企业、经营企业销售剧毒化学品、易制爆危险化学品,应当如实记录购买单位的名称、地址、经办人的姓名、身份证号码以及所购买的剧毒化学品、易制爆危险化学品的品种、数量、用途。销售记录以及经办人的身份证明复印件、相关许可证件复印件或者证明文件的保存期限不得少于1年。

剧毒化学品、易制爆危险化学品的销售企业、购买单位应当在销售、购买后5日内,将所销售、购买的剧毒化学品、易制爆危险化学品的品种、数量以及流向信息报所在地县级人民政府公安机关备案,并输入计算机系统。

第四十二条 使用剧毒化学品、易制爆危险化学品的单位不得出借、转让其购买的剧毒化学品、易制爆危险化学品;因转产、停产、搬迁、关闭等确需转让的,应当向具有本条例第三十八条第一款、第二款规定的相关许可证件或者证明文件的单位转让,并在转让后将有关情况及时向所在地县级人民政府公安机关报告。

第五章　运　输　安　全

第四十三条　从事危险化学品道路运输、水路运输的,应当分别依照有关道路运输、水路运输的法律、行政法规的规定,取得危险货物道路运输许可、危险货物水路运输许可,并向工商行政管理部门办理登记手续。

　　危险化学品道路运输企业、水路运输企业应当配备专职安全管理人员。

第四十四条　危险化学品道路运输企业、水路运输企业的驾驶人员、船员、装卸管理人员、押运人员、申报人员、集装箱装箱现场检查员应当经交通运输主管部门考核合格,取得从业资格。具体办法由国务院交通运输主管部门制定。

　　危险化学品的装卸作业应当遵守安全作业标准、规程和制度,并在装卸管理人员的现场指挥或者监控下进行。水路运输危险化学品的集装箱装箱作业应当在集装箱装箱现场检查员的指挥或者监控下进行,并符合积载、隔离的规范和要求;装箱作业完毕后,集装箱装箱现场检查员应当签署装箱证明书。

第四十五条　运输危险化学品,应当根据危险化学品的危险特性采取相应的安全防护措施,并配备必要的防护用品和应急救援器材。

　　用于运输危险化学品的槽罐以及其他容器应当封口严密,能够防止危险化学品在运输过程中因温度、湿度或者压力的变化发生渗漏、洒漏;槽罐以及其他容器的溢流和泄压装置应当设置准确、起闭灵活。

　　运输危险化学品的驾驶人员、船员、装卸管理人员、押运人员、申报人员、集装箱装箱现场检查员,应当了解所运输的危险化学品的危险特性及其包装物、容器的使用要求和出现危险情况时的应急处置方法。

第四十六条　通过道路运输危险化学品的,托运人应当委托依法取得危险货物道路运输许可的企业承运。

第四十七条　通过道路运输危险化学品的,应当按照运输车辆的核定载质量装载危险化学品,不得超载。

　　危险化学品运输车辆应当符合国家标准要求的安全技术条件,并按照国家有关规定定期进行安全技术检验。

危险化学品运输车辆应当悬挂或者喷涂符合国家标准要求的警示标志。

第四十八条 通过道路运输危险化学品的，应当配备押运人员，并保证所运输的危险化学品处于押运人员的监控之下。

运输危险化学品途中因住宿或者发生影响正常运输的情况，需要较长时间停车的，驾驶人员、押运人员应当采取相应的安全防范措施；运输剧毒化学品或者易制爆危险化学品的，还应当向当地公安机关报告。

第四十九条 未经公安机关批准，运输危险化学品的车辆不得进入危险化学品运输车辆限制通行的区域。危险化学品运输车辆限制通行的区域由县级人民政府公安机关划定，并设置明显的标志。

第五十条 通过道路运输剧毒化学品的，托运人应当向运输始发地或者目的地县级人民政府公安机关申请剧毒化学品道路运输通行证。

申请剧毒化学品道路运输通行证，托运人应当向县级人民政府公安机关提交下列材料：

（一）拟运输的剧毒化学品品种、数量的说明；

（二）运输始发地、目的地、运输时间和运输路线的说明；

（三）承运人取得危险货物道路运输许可、运输车辆取得营运证以及驾驶人员、押运人员取得上岗资格的证明文件；

（四）本条例第三十八条第一款、第二款规定的购买剧毒化学品的相关许可证件，或者海关出具的进出口证明文件。

县级人民政府公安机关应当自收到前款规定的材料之日起7日内，作出批准或者不予批准的决定。予以批准的，颁发剧毒化学品道路运输通行证；不予批准的，书面通知申请人并说明理由。

剧毒化学品道路运输通行证管理办法由国务院公安部门制定。

第五十一条 剧毒化学品、易制爆危险化学品在道路运输途中丢失、被盗、被抢或者出现流散、泄漏等情况的，驾驶人员、押运人员应当立即采取相应的警示措施和安全措施，并向当地公安机关报告。公安机关接到报告后，应当根据实际情况立即向安全生产监督管理部门、环境保护主管部门、卫生主管部门通报。有关部门应当采取必要的应急处置措施。

第五十二条 通过水路运输危险化学品的，应当遵守法律、行政法规以及国务院交通运输主管部门关于危险货物水路运输安全的规定。

第五十三条 海事管理机构应当根据危险化学品的种类和危险特性，确定船舶运输危险化学品的相关安全运输条件。

拟交付船舶运输的化学品的相关安全运输条件不明确的,货物所有人或者代理人应当委托相关技术机构进行评估,明确相关安全运输条件并经海事管理机构确认后,方可交付船舶运输。

第五十四条 禁止通过内河封闭水域运输剧毒化学品以及国家规定禁止通过内河运输的其他危险化学品。

前款规定以外的内河水域,禁止运输国家规定禁止通过内河运输的剧毒化学品以及其他危险化学品。

禁止通过内河运输的剧毒化学品以及其他危险化学品的范围,由国务院交通运输主管部门会同国务院环境保护主管部门、工业和信息化主管部门、安全生产监督管理部门,根据危险化学品的危险特性、危险化学品对人体和水环境的危害程度以及消除危害后果的难易程度等因素规定并公布。

第五十五条 国务院交通运输主管部门应当根据危险化学品的危险特性,对通过内河运输本条例第五十四条规定以外的危险化学品(以下简称通过内河运输危险化学品)实行分类管理,对各类危险化学品的运输方式、包装规范和安全防护措施等分别作出规定并监督实施。

第五十六条 通过内河运输危险化学品,应当由依法取得危险货物水路运输许可的水路运输企业承运,其他单位和个人不得承运。托运人应当委托依法取得危险货物水路运输许可的水路运输企业承运,不得委托其他单位和个人承运。

第五十七条 通过内河运输危险化学品,应当使用依法取得危险货物适装证书的运输船舶。水路运输企业应当针对所运输的危险化学品的危险特性,制定运输船舶危险化学品事故应急救援预案,并为运输船舶配备充足、有效的应急救援器材和设备。

通过内河运输危险化学品的船舶,其所有人或者经营人应当取得船舶污染损害责任保险证书或者财务担保证明。船舶污染损害责任保险证书或者财务担保证明的副本应当随船携带。

第五十八条 通过内河运输危险化学品,危险化学品包装物的材质、型式、强度以及包装方法应当符合水路运输危险化学品包装规范的要求。国务院交通运输主管部门对单船运输的危险化学品数量有限制性规定的,承运人应当按照规定安排运输数量。

第五十九条 用于危险化学品运输作业的内河码头、泊位应当符合国家有关安全规范,与饮用水取水口保持国家规定的距离。有关管理单位应当制定码头、泊位危险化学品事故应急预案,并为码头、泊位配备充足、有效的应急救援器材和设备。

用于危险化学品运输作业的内河码头、泊位,经交通运输主管部门按照国家有关规定验收合格后方可投入使用。

第六十条　船舶载运危险化学品进出内河港口,应当将危险化学品的名称、危险特性、包装以及进出港时间等事项,事先报告海事管理机构。海事管理机构接到报告后,应当在国务院交通运输主管部门规定的时间内作出是否同意的决定,通知报告人,同时通报港口行政管理部门。定船舶、定航线、定货种的船舶可以定期报告。

在内河港口内进行危险化学品的装卸、过驳作业,应当将危险化学品的名称、危险特性、包装和作业的时间、地点等事项报告港口行政管理部门。港口行政管理部门接到报告后,应当在国务院交通运输主管部门规定的时间内作出是否同意的决定,通知报告人,同时通报海事管理机构。

载运危险化学品的船舶在内河航行,通过过船建筑物的,应当提前向交通运输主管部门申报,并接受交通运输主管部门的管理。

第六十一条　载运危险化学品的船舶在内河航行、装卸或者停泊,应当悬挂专用的警示标志,按照规定显示专用信号。

载运危险化学品的船舶在内河航行,按照国务院交通运输主管部门的规定需要引航的,应当申请引航。

第六十二条　载运危险化学品的船舶在内河航行,应当遵守法律、行政法规和国家其他有关饮用水水源保护的规定。内河航道发展规划应当与依法经批准的饮用水水源保护区划定方案相协调。

第六十三条　托运危险化学品的,托运人应当向承运人说明所托运的危险化学品的种类、数量、危险特性以及发生危险情况的应急处置措施,并按照国家有关规定对所托运的危险化学品妥善包装,在外包装上设置相应的标志。

运输危险化学品需要添加抑制剂或者稳定剂的,托运人应当添加,并将有关情况告知承运人。

第六十四条　托运人不得在托运的普通货物中夹带危险化学品,不得将危险化学品匿报或者谎报为普通货物托运。

任何单位和个人不得交寄危险化学品或者在邮件、快件内夹带危险化学品,不得将危险化学品匿报或者谎报为普通物品交寄。邮政企业、快递企业不得收寄危险化学品。

对涉嫌违反本条第一款、第二款规定的,交通运输主管部门、邮政管理部门可以依法开拆查验。

第六十五条　通过铁路、航空运输危险化学品的安全管理,依照有关铁路、航空运输的法律、行政法规、规章的规定执行。

第六章　危险化学品登记与事故应急救援

第六十六条　国家实行危险化学品登记制度,为危险化学品安全管理以及危险化学品事故预防和应急救援提供技术、信息支持。

第六十七条　危险化学品生产企业、进口企业,应当向国务院安全生产监督管理部门负责危险化学品登记的机构(以下简称危险化学品登记机构)办理危险化学品登记。

危险化学品登记包括下列内容:
(一)分类和标签信息;
(二)物理、化学性质;
(三)主要用途;
(四)危险特性;
(五)储存、使用、运输的安全要求;
(六)出现危险情况的应急处置措施。

对同一企业生产、进口的同一品种的危险化学品,不进行重复登记。危险化学品生产企业、进口企业发现其生产、进口的危险化学品有新的危险特性的,应当及时向危险化学品登记机构办理登记内容变更手续。

危险化学品登记的具体办法由国务院安全生产监督管理部门制定。

第六十八条　危险化学品登记机构应当定期向工业和信息化、环境保护、公安、卫生、交通运输、铁路、质量监督检验检疫等部门提供危险化学品登记的有关信息和资料。

第六十九条　县级以上地方人民政府安全生产监督管理部门应当会同工业和信息化、环境保护、公安、卫生、交通运输、铁路、质量监督检验检疫等部门,根据本地区实际情况,制定危险化学品事故应急预案,报本级人民政府批准。

第七十条　危险化学品单位应当制定本单位危险化学品事故应急预案,配备应急救援人员和必要的应急救援器材、设备,并定期组织应急救援演练。

危险化学品单位应当将其危险化学品事故应急预案报所在地设区的市级人民政府安全生产监督管理部门备案。

第七十一条　发生危险化学品事故,事故单位主要负责人应当立即按照本单位危险化学品应急预案组织救援，并向当地安全生产监督管理部门和环境保护、公安、卫生主管部门报告；道路运输、水路运输过程中发生危险化学品事故的，驾驶人员、船员或者押运人员还应当向事故发生地交通运输主管部门报告。

第七十二条 发生危险化学品事故，有关地方人民政府应当立即组织安全生产监督管理、环境保护、公安、卫生、交通运输等有关部门，按照本地区危险化学品事故应急预案组织实施救援，不得拖延、推诿。

有关地方人民政府及其有关部门应当按照下列规定，采取必要的应急处置措施，减少事故损失，防止事故蔓延、扩大：

（一）立即组织营救和救治受害人员，疏散、撤离或者采取其他措施保护危害区域内的其他人员；

（二）迅速控制危害源，测定危险化学品的性质、事故的危害区域及危害程度；

（三）针对事故对人体、动植物、土壤、水源、大气造成的现实危害和可能产生的危害，迅速采取封闭、隔离、洗消等措施；

（四）对危险化学品事故造成的环境污染和生态破坏状况进行监测、评估，并采取相应的环境污染治理和生态修复措施。

第七十三条 有关危险化学品单位应当为危险化学品事故应急救援提供技术指导和必要的协助。

第七十四条 危险化学品事故造成环境污染的，由设区的市级以上人民政府环境保护主管部门统一发布有关信息。

第七章　法　律　责　任

第七十五条 生产、经营、使用国家禁止生产、经营、使用的危险化学品的，由安全生产监督管理部门责令停止生产、经营、使用活动，处20万元以上50万元以下的罚款，有违法所得的，没收违法所得；构成犯罪的，依法追究刑事责任。

有前款规定行为的，安全生产监督管理部门还应当责令其对所生产、经营、使用的危险化学品进行无害化处理。

违反国家关于危险化学品使用的限制性规定使用危险化学品的，依照本条第一款的规定处理。

第七十六条 未经安全条件审查，新建、改建、扩建生产、储存危险化学品的建设项目的，由安全生产监督管理部门责令停止建设，限期改正；逾期不改正的,处 50 万元以上 100 万元以下的罚款;构成犯罪的,依法追究刑事责任。

未经安全条件审查,新建、改建、扩建储存、装卸危险化学品的港口建设项目的,由港口行政管理部门依照前款规定予以处罚。

第七十七条 未依法取得危险化学品安全生产许可证从事危险化学品生产,或者未依法取得工业产品生产许可证从事危险化学品及其包装物、容器生产的,分别依照《安全生产许可证条例》、《中华人民共和国工业产品生产许可证管理条例》的规定处罚。

违反本条例规定,化工企业未取得危险化学品安全使用许可证,使用危险化学品从事生产的,由安全生产监督管理部门责令限期改正,处 10 万元以上 20 万元以下的罚款;逾期不改正的,责令停产整顿。

违反本条例规定,未取得危险化学品经营许可证从事危险化学品经营的,由安全生产监督管理部门责令停止经营活动,没收违法经营的危险化学品以及违法所得,并处 10 万元以上 20 万元以下的罚款;构成犯罪的,依法追究刑事责任。

第七十八条 有下列情形之一的,由安全生产监督管理部门责令改正,可以处 5 万元以下的罚款;拒不改正的,处 5 万元以上 10 万元以下的罚款;情节严重的,责令停产停业整顿:

(一)生产、储存危险化学品的单位未对其铺设的危险化学品管道设置明显的标志,或者未对危险化学品管道定期检查、检测的;

(二)进行可能危及危险化学品管道安全的施工作业,施工单位未按照规定书面通知管道所属单位,或者未与管道所属单位共同制定应急预案、采取相应的安全防护措施,或者管道所属单位未指派专门人员到现场进行管道安全保护指导的;

(三)危险化学品生产企业未提供化学品安全技术说明书,或者未在包装(包括外包装件)上粘贴、拴挂化学品安全标签的;

(四)危险化学品生产企业提供的化学品安全技术说明书与其生产的危险化学品不相符,或者在包装(包括外包装件)粘贴、拴挂的化学品安全标签与包装内危险化学品不相符,或者化学品安全技术说明书、化学品安全标签所载明的内容不符合国家标准要求的;

(五)危险化学品生产企业发现其生产的危险化学品有新的危险特性不立即公告,或者不及时修订其化学品安全技术说明书和化学品安全标签的;

（六）危险化学品经营企业经营没有化学品安全技术说明书和化学品安全标签的危险化学品的；

（七）危险化学品包装物、容器的材质以及包装的型式、规格、方法和单件质量(重量)与所包装的危险化学品的性质和用途不相适应的；

（八）生产、储存危险化学品的单位未在作业场所和安全设施、设备上设置明显的安全警示标志，或者未在作业场所设置通信、报警装置的；

（九）危险化学品专用仓库未设专人负责管理，或者对储存的剧毒化学品以及储存数量构成重大危险源的其他危险化学品未实行双人收发、双人保管制度的；

（十）储存危险化学品的单位未建立危险化学品出入库核查、登记制度的；

（十一）危险化学品专用仓库未设置明显标志的；

（十二）危险化学品生产企业、进口企业不办理危险化学品登记，或者发现其生产、进口的危险化学品有新的危险特性不办理危险化学品登记内容变更手续的。

从事危险化学品仓储经营的港口经营人有前款规定情形的，由港口行政管理部门依照前款规定予以处罚。储存剧毒化学品、易制爆危险化学品的专用仓库未按照国家有关规定设置相应的技术防范设施的，由公安机关依照前款规定予以处罚。

生产、储存剧毒化学品、易制爆危险化学品的单位未设置治安保卫机构、配备专职治安保卫人员的，依照《企业事业单位内部治安保卫条例》的规定处罚。

第七十九条 危险化学品包装物、容器生产企业销售未经检验或者经检验不合格的危险化学品包装物、容器的，由质量监督检验检疫部门责令改正，处10万元以上20万元以下的罚款，有违法所得的，没收违法所得；拒不改正的，责令停产停业整顿；构成犯罪的，依法追究刑事责任。

将未经检验合格的运输危险化学品的船舶及其配载的容器投入使用的，由海事管理机构依照前款规定予以处罚。

第八十条 生产、储存、使用危险化学品的单位有下列情形之一的，由安全生产监督管理部门责令改正，处5万元以上10万元以下的罚款；拒不改正的，责令停产停业整顿直至由原发证机关吊销其相关许可证件，并由工商行政管理部门责令其办理经营范围变更登记或者吊销其营业执照；有关责任人员构成犯罪的，依法追究刑事责任：

(一)对重复使用的危险化学品包装物、容器,在重复使用前不进行检查的;

(二)未根据其生产、储存的危险化学品的种类和危险特性,在作业场所设置相关安全设施、设备,或者未按照国家标准、行业标准或者国家有关规定对安全设施、设备进行经常性维护、保养的;

(三)未依照本条例规定对其安全生产条件定期进行安全评价的;

(四)未将危险化学品储存在专用仓库内,或者未将剧毒化学品以及储存数量构成重大危险源的其他危险化学品在专用仓库内单独存放的;

(五)危险化学品的储存方式、方法或者储存数量不符合国家标准或者国家有关规定的;

(六)危险化学品专用仓库不符合国家标准、行业标准的要求的;

(七)未对危险化学品专用仓库的安全设施、设备定期进行检测、检验的。

从事危险化学品仓储经营的港口经营人有前款规定情形的,由港口行政管理部门依照前款规定予以处罚。

第八十一条 有下列情形之一的,由公安机关责令改正,可以处1万元以下的罚款;拒不改正的,处1万元以上5万元以下的罚款:

(一)生产、储存、使用剧毒化学品、易制爆危险化学品的单位不如实记录生产、储存、使用的剧毒化学品、易制爆危险化学品的数量、流向的;

(二)生产、储存、使用剧毒化学品、易制爆危险化学品的单位发现剧毒化学品、易制爆危险化学品丢失或者被盗,不立即向公安机关报告的;

(三)储存剧毒化学品的单位未将剧毒化学品的储存数量、储存地点以及管理人员的情况报所在地县级人民政府公安机关备案的;

(四)危险化学品生产企业、经营企业不如实记录剧毒化学品、易制爆危险化学品购买单位的名称、地址、经办人的姓名、身份证号码以及所购买的剧毒化学品、易制爆危险化学品的品种、数量、用途,或者保存销售记录和相关材料的时间少于1年的;

(五)剧毒化学品、易制爆危险化学品的销售企业、购买单位未在规定的时限内将所销售、购买的剧毒化学品、易制爆危险化学品的品种、数量以及流向信息报所在地县级人民政府公安机关备案的;

(六)使用剧毒化学品、易制爆危险化学品的单位依照本条例规定转让其购买的剧毒化学品、易制爆危险化学品,未将有关情况向所在地县级人民政府公安机关报告的。

生产、储存危险化学品的企业或者使用危险化学品从事生产的企业未按照本条例规定将安全评价报告以及整改方案的落实情况报安全生产监督管理部门或者港口行政管理部门备案，或者储存危险化学品的单位未将其剧毒化学品以及储存数量构成重大危险源的其他危险化学品的储存数量、储存地点以及管理人员的情况报安全生产监督管理部门或者港口行政管理部门备案的，分别由安全生产监督管理部门或者港口行政管理部门依照前款规定予以处罚。

生产实施重点环境管理的危险化学品的企业或者使用实施重点环境管理的危险化学品从事生产的企业未按照规定将相关信息向环境保护主管部门报告的，由环境保护主管部门依照本条第一款的规定予以处罚。

第八十二条　生产、储存、使用危险化学品的单位转产、停产、停业或者解散，未采取有效措施及时、妥善处置其危险化学品生产装置、储存设施以及库存的危险化学品，或者丢弃危险化学品的，由安全生产监督管理部门责令改正，处5万元以上10万元以下的罚款；构成犯罪的，依法追究刑事责任。

生产、储存、使用危险化学品的单位转产、停产、停业或者解散，未依照本条例规定将其危险化学品生产装置、储存设施以及库存危险化学品的处置方案报有关部门备案的，分别由有关部门责令改正，可以处1万元以下的罚款；拒不改正的，处1万元以上5万元以下的罚款。

第八十三条　危险化学品经营企业向未经许可违法从事危险化学品生产、经营活动的企业采购危险化学品的，由工商行政管理部门责令改正，处10万元以上20万元以下的罚款；拒不改正的，责令停业整顿直至由原发证机关吊销其危险化学品经营许可证，并由工商行政管理部门责令其办理经营范围变更登记或者吊销其营业执照。

第八十四条　危险化学品生产企业、经营企业有下列情形之一的，由安全生产监督管理部门责令改正，没收违法所得，并处10万元以上20万元以下的罚款；拒不改正的，责令停产停业整顿直至吊销其危险化学品安全生产许可证、危险化学品经营许可证，并由工商行政管理部门责令其办理经营范围变更登记或者吊销其营业执照：

（一）向不具有本条例第三十八条第一款、第二款规定的相关许可证件或者证明文件的单位销售剧毒化学品、易制爆危险化学品的；

（二）不按照剧毒化学品购买许可证载明的品种、数量销售剧毒化学品的；

（三）向个人销售剧毒化学品（属于剧毒化学品的农药除外）、易制爆危险化学品的。

不具有本条例第三十八条第一款、第二款规定的相关许可证件或者证明文件的单位购买剧毒化学品、易制爆危险化学品，或者个人购买剧毒化学品（属于剧毒化学品的农药除外）、易制爆危险化学品的，由公安机关没收所购买的剧毒化学品、易制爆危险化学品，可以并处5000元以下的罚款。

使用剧毒化学品、易制爆危险化学品的单位出借或者向不具有本条例第三十八条第一款、第二款规定的相关许可证件的单位转让其购买的剧毒化学品、易制爆危险化学品，或者向个人转让其购买的剧毒化学品（属于剧毒化学品的农药除外）、易制爆危险化学品的，由公安机关责令改正，处10万元以上20万元以下的罚款；拒不改正的，责令停产停业整顿。

第八十五条 未依法取得危险货物道路运输许可、危险货物水路运输许可，从事危险化学品道路运输、水路运输的，分别依照有关道路运输、水路运输的法律、行政法规的规定处罚。

第八十六条 有下列情形之一的，由交通运输主管部门责令改正，处5万元以上10万元以下的罚款；拒不改正的，责令停产停业整顿；构成犯罪的，依法追究刑事责任：

（一）危险化学品道路运输企业、水路运输企业的驾驶人员、船员、装卸管理人员、押运人员、申报人员、集装箱装箱现场检查员未取得从业资格上岗作业的；

（二）运输危险化学品，未根据危险化学品的危险特性采取相应的安全防护措施，或者未配备必要的防护用品和应急救援器材的；

（三）使用未依法取得危险货物适装证书的船舶，通过内河运输危险化学品的；

（四）通过内河运输危险化学品的承运人违反国务院交通运输主管部门对单船运输的危险化学品数量的限制性规定运输危险化学品的；

（五）用于危险化学品运输作业的内河码头、泊位不符合国家有关安全规范，或者未与饮用水取水口保持国家规定的安全距离，或者未经交通运输主管部门验收合格投入使用的；

（六）托运人不向承运人说明所托运的危险化学品的种类、数量、危险特性以及发生危险情况的应急处置措施，或者未按照国家有关规定对所托运的危险化学品妥善包装并在外包装上设置相应标志的；

（七）运输危险化学品需要添加抑制剂或者稳定剂，托运人未添加或者未将有关情况告知承运人的。

第八十七条 有下列情形之一的,由交通运输主管部门责令改正,处10万元以上20万元以下的罚款,有违法所得的,没收违法所得;拒不改正的,责令停产停业整顿;构成犯罪的,依法追究刑事责任:

(一)委托未依法取得危险货物道路运输许可、危险货物水路运输许可的企业承运危险化学品的;

(二)通过内河封闭水域运输剧毒化学品以及国家规定禁止通过内河运输的其他危险化学品的;

(三)通过内河运输国家规定禁止通过内河运输的剧毒化学品以及其他危险化学品的;

(四)在托运的普通货物中夹带危险化学品,或者将危险化学品谎报或者匿报为普通货物托运的。

在邮件、快件内夹带危险化学品,或者将危险化学品谎报为普通物品交寄的,依法给予治安管理处罚;构成犯罪的,依法追究刑事责任。

邮政企业、快递企业收寄危险化学品的,依照《中华人民共和国邮政法》的规定处罚。

第八十八条 有下列情形之一的,由公安机关责令改正,处5万元以上10万元以下的罚款;构成违反治安管理行为的,依法给予治安管理处罚;构成犯罪的,依法追究刑事责任:

(一)超过运输车辆的核定载质量装载危险化学品的;

(二)使用安全技术条件不符合国家标准要求的车辆运输危险化学品的;

(三)运输危险化学品的车辆未经公安机关批准进入危险化学品运输车辆限制通行的区域的;

(四)未取得剧毒化学品道路运输通行证,通过道路运输剧毒化学品的。

第八十九条 有下列情形之一的,由公安机关责令改正,处1万元以上5万元以下的罚款;构成违反治安管理行为的,依法给予治安管理处罚:

(一)危险化学品运输车辆未悬挂或者喷涂警示标志,或者悬挂或者喷涂的警示标志不符合国家标准要求的;

(二)通过道路运输危险化学品,不配备押运人员的;

(三)运输剧毒化学品或者易制爆危险化学品途中需要较长时间停车,驾驶人员、押运人员不向当地公安机关报告的;

（四）剧毒化学品、易制爆危险化学品在道路运输途中丢失、被盗、被抢或者发生流散、泄露等情况，驾驶人员、押运人员不采取必要的警示措施和安全措施，或者不向当地公安机关报告的。

第九十条 对发生交通事故负有全部责任或者主要责任的危险化学品道路运输企业，由公安机关责令消除安全隐患，未消除安全隐患的危险化学品运输车辆，禁止上道路行驶。

第九十一条 有下列情形之一的，由交通运输主管部门责令改正，可以处1万元以下的罚款；拒不改正的，处1万元以上5万元以下的罚款：

（一）危险化学品道路运输企业、水路运输企业未配备专职安全管理人员的；

（二）用于危险化学品运输作业的内河码头、泊位的管理单位未制定码头、泊位危险化学品事故应急救援预案，或者未为码头、泊位配备充足、有效的应急救援器材和设备的。

第九十二条 有下列情形之一的，依照《中华人民共和国内河交通安全管理条例》的规定处罚：

（一）通过内河运输危险化学品的水路运输企业未制定运输船舶危险化学品事故应急救援预案，或者未为运输船舶配备充足、有效的应急救援器材和设备的；

（二）通过内河运输危险化学品的船舶的所有人或者经营人未取得船舶污染损害责任保险证书或者财务担保证明的；

（三）船舶载运危险化学品进出内河港口，未将有关事项事先报告海事管理机构并经其同意的；

（四）载运危险化学品的船舶在内河航行、装卸或者停泊，未悬挂专用的警示标志，或者未按照规定显示专用信号，或者未按照规定申请引航的。

未向港口行政管理部门报告并经其同意，在港口内进行危险化学品的装卸、过驳作业的，依照《中华人民共和国港口法》的规定处罚。

第九十三条 伪造、变造或者出租、出借、转让危险化学品安全生产许可证、工业产品生产许可证，或者使用伪造、变造的危险化学品安全生产许可证、工业产品生产许可证的，分别依照《安全生产许可证条例》、《中华人民共和国工业产品生产许可证管理条例》的规定处罚。

伪造、变造或者出租、出借、转让本条例规定的其他许可证，或者使用伪造、变造的本条例规定的其他许可证的，分别由相关许可证的颁发管理机关处10万元以上20万元以下的罚款，有违法所得的，没收违法所得；构成违反治安管理行为的,依法给予治安管理处罚;构成犯罪的,依法追究刑事责任。

第九十四条 危险化学品单位发生危险化学品事故,其主要负责人不立即组织救援或者不立即向有关部门报告的,依照《生产安全事故报告和调查处理条例》的规定处罚。

危险化学品单位发生危险化学品事故,造成他人人身伤害或者财产损失的,依法承担赔偿责任。

第九十五条 发生危险化学品事故,有关地方人民政府及其有关部门不立即组织实施救援,或者不采取必要的应急处置措施减少事故损失,防止事故蔓延、扩大的,对直接负责的主管人员和其他直接责任人员依法给予处分;构成犯罪的,依法追究刑事责任。

第九十六条 负有危险化学品安全监督管理职责的部门的工作人员,在危险化学品安全监督管理工作中滥用职权、玩忽职守、徇私舞弊,构成犯罪的,依法追究刑事责任;尚不构成犯罪的,依法给予处分。

第八章 附 则

第九十七条 监控化学品、属于危险化学品的药品和农药的安全管理,依照本条例的规定执行;法律、行政法规另有规定的,依照其规定。

民用爆炸物品、烟花爆竹、放射性物品、核能物质以及用于国防科研生产的危险化学品的安全管理,不适用本条例。

法律、行政法规对燃气的安全管理另有规定的,依照其规定。

危险化学品容器属于特种设备的,其安全管理依照有关特种设备安全的法律、行政法规的规定执行。

第九十八条 危险化学品的进出口管理,依照有关对外贸易的法律、行政法规、规章的规定执行;进口的危险化学品的储存、使用、经营、运输的安全管理,依照本条例的规定执行。

危险化学品环境管理登记和新化学物质环境管理登记,依照有关环境保护的法律、行政法规、规章的规定执行。危险化学品环境管理登记,按照国家有关规定收取费用。

第九十九条 公众发现、捡拾的无主危险化学品,由公安机关接收。公安机关接收或者有关部门依法没收的危险化学品,需要进行无害化处理的,交由环境保护主管部门组织其认定的专业单位进行处理,或者交由有关危险化学品生产企业进行处理。处理所需费用由国家财政负担。

第一百条　化学品的危险特性尚未确定的，由国务院安全生产监督管理部门、国务院环境保护主管部门、国务院卫生主管部门分别负责组织对该化学品的物理危险性、环境危害性、毒理特性进行鉴定。根据鉴定结果，需要调整危险化学品目录的，依照本条例第三条第二款的规定办理。

第一百零一条　本条例施行前已经使用危险化学品从事生产的化工企业，依照本条例规定需要取得危险化学品安全使用许可证的，应当在国务院安全生产监督管理部门规定的期限内，申请取得危险化学品安全使用许可证。

第一百零二条　本条例自 2011 年 12 月 1 日起施行。

三、生 态 保 护

中华人民共和国湿地保护法

1. 2021年12月24日第十三届全国人民代表大会常务委员会第三十二次会议通过
2. 2021年12月24日中华人民共和国主席令第102号公布
3. 自2022年6月1日起施行

目　　录

第一章　总　　则
第二章　湿地资源管理
第三章　湿地保护与利用
第四章　湿地修复
第五章　监督检查
第六章　法律责任
第七章　附　　则

第一章　总　　则

第一条　【立法目的】为了加强湿地保护,维护湿地生态功能及生物多样性,保障生态安全,促进生态文明建设,实现人与自然和谐共生,制定本法。

第二条　【适用范围】在中华人民共和国领域及管辖的其他海域内从事湿地保护、利用、修复及相关管理活动,适用本法。

本法所称湿地,是指具有显著生态功能的自然或者人工的、常年或者季节性积水地带、水域,包括低潮时水深不超过六米的海域,但是水田以及用于养殖的人工的水域和滩涂除外。国家对湿地实行分级管理及名录制度。

江河、湖泊、海域等的湿地保护、利用及相关管理活动还应当适用《中华人民共和国水法》、《中华人民共和国防洪法》、《中华人民共和国水污染防治法》、《中华人民共和国海洋环境保护法》、《中华人民共和国长江保护法》、《中华人民共和国渔业法》、《中华人民共和国海域使用管理法》等有关法律的规定。

第三条　【保护原则】湿地保护应当坚持保护优先、严格管理、系统治理、科学修复、合理利用的原则,发挥湿地涵养水源、调节气候、改善环境、维护生物多样性等多种生态功能。

第四条　【地方保护】县级以上人民政府应当将湿地保护纳入国民经济和社会发展规划,并将开展湿地保护工作所需经费按照事权划分原则列入预算。

　　县级以上地方人民政府对本行政区域内的湿地保护负责,采取措施保持湿地面积稳定,提升湿地生态功能。

　　乡镇人民政府组织群众做好湿地保护相关工作,村民委员会予以协助。

第五条　【湿地保护协作和信息通报机制】国务院林业草原主管部门负责湿地资源的监督管理,负责湿地保护规划和相关国家标准拟定、湿地开发利用的监督管理、湿地生态保护修复工作。国务院自然资源、水行政、住房城乡建设、生态环境、农业农村等其他有关部门,按照职责分工承担湿地保护、修复、管理有关工作。

　　国务院林业草原主管部门会同国务院自然资源、水行政、住房城乡建设、生态环境、农业农村等主管部门建立湿地保护协作和信息通报机制。

第六条　【湿地保护协调工作】县级以上地方人民政府应当加强湿地保护协调工作。县级以上地方人民政府有关部门按照职责分工负责湿地保护、修复、管理有关工作。

第七条　【湿地保护宣传工作】各级人民政府应当加强湿地保护宣传教育和科学知识普及工作,通过湿地保护日、湿地保护宣传周等开展宣传教育活动,增强全社会湿地保护意识;鼓励基层群众性自治组织、社会组织、志愿者开展湿地保护法律法规和湿地保护知识宣传活动,营造保护湿地的良好氛围。

　　教育主管部门、学校应当在教育教学活动中注重培养学生的湿地保护意识。

　　新闻媒体应当开展湿地保护法律法规和湿地保护知识的公益宣传,对破坏湿地的行为进行舆论监督。

第八条　【鼓励参与湿地保护活动】国家鼓励单位和个人依法通过捐赠、资助、志愿服务等方式参与湿地保护活动。

　　对在湿地保护方面成绩显著的单位和个人,按照国家有关规定给予表彰、奖励。

第九条　【增强湿地保护的科学化】国家支持开展湿地保护科学技术研究开发和应用推广,加强湿地保护专业技术人才培养,提高湿地保护科学技术水平。

第十条　【国际合作与交流】国家支持开展湿地保护科学技术、生物多样性、候鸟迁徙等方面的国际合作与交流。

第十一条　【湿地保护义务】任何单位和个人都有保护湿地的义务,对破坏湿地的行为有权举报或者控告,接到举报或者控告的机关应当及时处理,并依法保护举报人、控告人的合法权益。

第二章　湿地资源管理

第十二条　【湿地资源调查评价制度】国家建立湿地资源调查评价制度。

　　国务院自然资源主管部门应当会同国务院林业草原等有关部门定期开展全国湿地资源调查评价工作,对湿地类型、分布、面积、生物多样性、保护与利用情况等进行调查,建立统一的信息发布和共享机制。

第十三条　【湿地面积总量管控制度】国家实行湿地面积总量管控制度,将湿地面积总量管控目标纳入湿地保护目标责任制。

　　国务院林业草原、自然资源主管部门会同国务院有关部门根据全国湿地资源状况、自然变化情况和湿地面积总量管控要求,确定全国和各省、自治区、直辖市湿地面积总量管控目标,报国务院批准。地方各级人民政府应当采取有效措施,落实湿地面积总量管控目标的要求。

第十四条　【分级管理】国家对湿地实行分级管理,按照生态区位、面积以及维护生态功能、生物多样性的重要程度,将湿地分为重要湿地和一般湿地。重要湿地包括国家重要湿地和省级重要湿地,重要湿地以外的湿地为一般湿地。重要湿地依法划入生态保护红线。

　　国务院林业草原主管部门会同国务院自然资源、水行政、住房城乡建设、生态环境、农业农村等有关部门发布国家重要湿地名录及范围,并设立保护标志。国际重要湿地应当列入国家重要湿地名录。

　　省、自治区、直辖市人民政府或者其授权的部门负责发布省级重要湿地名录及范围,并向国务院林业草原主管部门备案。

　　一般湿地的名录及范围由县级以上地方人民政府或者其授权的部门

发布。

第十五条 【湿地保护规划】国务院林业草原主管部门应当会同国务院有关部门，依据国民经济和社会发展规划、国土空间规划和生态环境保护规划编制全国湿地保护规划，报国务院或者其授权的部门批准后组织实施。

县级以上地方人民政府林业草原主管部门应当会同有关部门，依据本级国土空间规划和上一级湿地保护规划编制本行政区域内的湿地保护规划，报同级人民政府批准后组织实施。

湿地保护规划应当明确湿地保护的目标任务、总体布局、保护修复重点和保障措施等内容。经批准的湿地保护规划需要调整的，按照原批准程序办理。

编制湿地保护规划应当与流域综合规划、防洪规划等规划相衔接。

第十六条 【国家标准与地方标准的制定】国务院林业草原、标准化主管部门会同国务院自然资源、水行政、住房城乡建设、生态环境、农业农村主管部门组织制定湿地分级分类、监测预警、生态修复等国家标准；国家标准未作规定的，可以依法制定地方标准并备案。

第十七条 【湿地保护专家咨询机制】县级以上人民政府林业草原主管部门建立湿地保护专家咨询机制，为编制湿地保护规划、制定湿地名录、制定相关标准等提供评估论证等服务。

第十八条 【涉及湿地的自然资源权属登记】办理自然资源权属登记涉及湿地的，应当按照规定记载湿地的地理坐标、空间范围、类型、面积等信息。

第十九条 【严格控制占用湿地】国家严格控制占用湿地。

禁止占用国家重要湿地，国家重大项目、防灾减灾项目、重要水利及保护设施项目、湿地保护项目等除外。

建设项目选址、选线应当避让湿地，无法避让的应当尽量减少占用，并采取必要措施减轻对湿地生态功能的不利影响。

建设项目规划选址、选线审批或者核准时，涉及国家重要湿地的，应当征求国务院林业草原主管部门的意见；涉及省级重要湿地或者一般湿地的，应当按照管理权限，征求县级以上地方人民政府授权的部门的意见。

第二十条 【临时占用湿地的法律依据及限制】建设项目确需临时占用湿地的，应当依照《中华人民共和国土地管理法》、《中华人民共和国水法》、《中华人民共和国森林法》、《中华人民共和国草原法》、《中华人民共和国海域使用管理法》等有关法律法规的规定办理。临时占用湿地的期限一般不得超过二年，并不得在临时占用的湿地上修建永久性建筑物。

临时占用湿地期满后一年内，用地单位或者个人应当恢复湿地面积和生态条件。

第二十一条 【湿地的恢复或重建】除因防洪、航道、港口或者其他水工程占用河道管理范围及蓄滞洪区内的湿地外，经依法批准占用重要湿地的单位应当根据当地自然条件恢复或者重建与所占用湿地面积和质量相当的湿地；没有条件恢复、重建的，应当缴纳湿地恢复费。缴纳湿地恢复费的，不再缴纳其他相同性质的恢复费用。

湿地恢复费缴纳和使用管理办法由国务院财政部门会同国务院林业草原等有关部门制定。

第二十二条 【湿地的动态监测】国务院林业草原主管部门应当按照监测技术规范开展国家重要湿地动态监测，及时掌握湿地分布、面积、水量、生物多样性、受威胁状况等变化信息。

国务院林业草原主管部门应当依据监测数据，对国家重要湿地生态状况进行评估，并按照规定发布预警信息。

省、自治区、直辖市人民政府林业草原主管部门应当按照监测技术规范开展省级重要湿地动态监测、评估和预警工作。

县级以上地方人民政府林业草原主管部门应当加强对一般湿地的动态监测。

第三章 湿地保护与利用

第二十三条 【湿地保护与利用的原则】国家坚持生态优先、绿色发展，完善湿地保护制度，健全湿地保护政策支持和科技支撑机制，保障湿地生态功能和永续利用，实现生态效益、社会效益、经济效益相统一。

第二十四条 【湿地入园】省级以上人民政府及其有关部门根据湿地保护规划和湿地保护需要，依法将湿地纳入国家公园、自然保护区或者自然公园。

第二十五条 【合理控制湿地利用活动】地方各级人民政府及其有关部门应当采取措施，预防和控制人为活动对湿地及其生物多样性的不利影响，加强湿地污染防治，减缓人为因素和自然因素导致的湿地退化，维护湿地生态功能稳定。

在湿地范围内从事旅游、种植、畜牧、水产养殖、航运等利用活动，应当避免改变湿地的自然状况，并采取措施减轻对湿地生态功能的不利影响。

县级以上人民政府有关部门在办理环境影响评价、国土空间规划、海域使用、养殖、防洪等相关行政许可时，应当加强对有关湿地利用活动的必要性、合理性以及湿地保护措施等内容的审查。

第二十六条 【湿地利用活动的分类指导】地方各级人民政府对省级重要湿地和一般湿地利用活动进行分类指导,鼓励单位和个人开展符合湿地保护要求的生态旅游、生态农业、生态教育、自然体验等活动,适度控制种植养殖等湿地利用规模。

地方各级人民政府应当鼓励有关单位优先安排当地居民参与湿地管护。

第二十七条 【合理发展湿地周边产业】县级以上地方人民政府应当充分考虑保障重要湿地生态功能的需要,优化重要湿地周边产业布局。

县级以上地方人民政府可以采取定向扶持、产业转移、吸引社会资金、社区共建等方式,推动湿地周边地区绿色发展,促进经济发展与湿地保护相协调。

第二十八条 【禁止行为】禁止下列破坏湿地及其生态功能的行为:

(一)开(围)垦、排干自然湿地,永久性截断自然湿地水源;

(二)擅自填埋自然湿地,擅自采砂、采矿、取土;

(三)排放不符合水污染物排放标准的工业废水、生活污水及其他污染湿地的废水、污水,倾倒、堆放、丢弃、遗撒固体废物;

(四)过度放牧或者滥采野生植物,过度捕捞或者灭绝式捕捞,过度施肥、投药、投放饵料等污染湿地的种植养殖行为;

(五)其他破坏湿地及其生态功能的行为。

第二十九条 【有害生物监测】县级以上人民政府有关部门应当按照职责分工,开展湿地有害生物监测工作,及时采取有效措施预防、控制、消除有害生物对湿地生态系统的危害。

第三十条 【国家重点保护野生动植物集中分布湿地的保护】县级以上人民政府应当加强对国家重点保护野生动植物集中分布湿地的保护。任何单位和个人不得破坏鸟类和水生生物的生存环境。

禁止在以水鸟为保护对象的自然保护地及其他重要栖息地从事捕鱼、挖捕底栖生物、捡拾鸟蛋、破坏鸟巢等危及水鸟生存、繁衍的活动。开展观鸟、科学研究以及科普活动等应当保持安全距离,避免影响鸟类正常觅食和繁殖。

在重要水生生物产卵场、索饵场、越冬场和洄游通道等重要栖息地应当实施保护措施。经依法批准在洄游通道建闸、筑坝,可能对水生生物洄游产生影响的,建设单位应当建造过鱼设施或者采取其他补救措施。

禁止向湿地引进和放生外来物种,确需引进的应当进行科学评估,并依法取得批准。

第三十一条 【河流、湖泊范围内湿地的管理和保护】国务院水行政主管部门和地方各级人民政府应当加强对河流、湖泊范围内湿地的管理和保护,因地制宜采取水系连通、清淤疏浚、水源涵养与水土保持等治理修复措施,严格控制河流源头和蓄滞洪区、水土流失严重区等区域的湿地开发利用活动,减轻对湿地及其生物多样性的不利影响。

第三十二条 【滨海湿地的管理和保护】国务院自然资源主管部门和沿海地方各级人民政府应当加强对滨海湿地的管理和保护,严格管控围填滨海湿地。经依法批准的项目,应当同步实施生态保护修复,减轻对滨海湿地生态功能的不利影响。

第三十三条 【城市湿地的管理和保护】国务院住房城乡建设主管部门和地方各级人民政府应当加强对城市湿地的管理和保护,采取城市水系治理和生态修复等措施,提升城市湿地生态质量,发挥城市湿地雨洪调蓄、净化水质、休闲游憩、科普教育等功能。

第三十四条 【红树林湿地保护专项规划】红树林湿地所在地县级以上地方人民政府应当组织编制红树林湿地保护专项规划,采取有效措施保护红树林湿地。

红树林湿地应当列入重要湿地名录;符合国家重要湿地标准的,应当优先列入国家重要湿地名录。

禁止占用红树林湿地。经省级以上人民政府有关部门评估,确因国家重大项目、防灾减灾等需要占用的,应当依照有关法律规定办理,并做好保护和修复工作。相关建设项目改变红树林所在河口水文情势、对红树林生长产生较大影响的,应当采取有效措施减轻不利影响。

禁止在红树林湿地挖塘,禁止采伐、采挖、移植红树林或者过度采摘红树林种子,禁止投放、种植危害红树林生长的物种。因科研、医药或者红树林湿地保护等需要采伐、采挖、移植、采摘的,应当依照有关法律法规办理。

第三十五条 【泥炭沼泽湿地保护专项规划】泥炭沼泽湿地所在地县级以上地方人民政府应当制定泥炭沼泽湿地保护专项规划,采取有效措施保护泥炭沼泽湿地。

符合重要湿地标准的泥炭沼泽湿地,应当列入重要湿地名录。

禁止在泥炭沼泽湿地开采泥炭或者擅自开采地下水;禁止将泥炭沼泽湿地蓄水向外排放,因防灾减灾需要的除外。

第三十六条 【湿地生态保护补偿制度】国家建立湿地生态保护补偿制度。

国务院和省级人民政府应当按照事权划分原则加大对重要湿地保护的财政投入,加大对重要湿地所在地区的财政转移支付力度。

国家鼓励湿地生态保护地区与湿地生态受益地区人民政府通过协商或者市场机制进行地区间生态保护补偿。

因生态保护等公共利益需要,造成湿地所有者或者使用者合法权益受到损害的,县级以上人民政府应当给予补偿。

第四章 湿地修复

第三十七条 【湿地修复原则】县级以上人民政府应当坚持自然恢复为主、自然恢复和人工修复相结合的原则,加强湿地修复工作,恢复湿地面积,提高湿地生态系统质量。

县级以上人民政府对破碎化严重或者功能退化的自然湿地进行综合整治和修复,优先修复生态功能严重退化的重要湿地。

第三十八条 【湿地的保护与修复需与水资源条件相协调】县级以上人民政府组织开展湿地保护与修复,应当充分考虑水资源禀赋条件和承载能力,合理配置水资源,保障湿地基本生态用水需求,维护湿地生态功能。

第三十九条 【科学恢复湿地生态功能】县级以上地方人民政府应当科学论证,对具备恢复条件的原有湿地、退化湿地、盐碱化湿地等,因地制宜采取措施,恢复湿地生态功能。

县级以上地方人民政府应当按照湿地保护规划,因地制宜采取水体治理、土地整治、植被恢复、动物保护等措施,增强湿地生态功能和碳汇功能。

禁止违法占用耕地等建设人工湿地。

第四十条 【优先修复与抢救性修复】红树林湿地所在地县级以上地方人民政府应当对生态功能重要区域、海洋灾害风险等级较高地区、濒危物种保护区域或者造林条件较好地区的红树林湿地优先实施修复,对严重退化的红树林湿地进行抢救性修复,修复应当尽量采用本地树种。

第四十一条 【泥炭沼泽湿地的修复】泥炭沼泽湿地所在地县级以上地方人民政府应当因地制宜,组织对退化泥炭沼泽湿地进行修复,并根据泥炭沼泽湿地的类型、发育状况和退化程度等,采取相应的修复措施。

第四十二条 【湿地修复方案】修复重要湿地应当编制湿地修复方案。

重要湿地的修复方案应当报省级以上人民政府林业草原主管部门批准。林业草原主管部门在批准修复方案前,应当征求同级人民政府自然资源、水行政、住房城乡建设、生态环境、农业农村等有关部门的意见。

第四十三条 【验收、后期管理和动态监测】修复重要湿地应当按照经批准的湿地修复方案进行修复。

重要湿地修复完成后,应当经省级以上人民政府林业草原主管部门验收合格,依法公开修复情况。省级以上人民政府林业草原主管部门应当加强修复湿地后期管理和动态监测,并根据需要开展修复效果后期评估。

第四十四条 【湿地修复的主体】因违法占用、开采、开垦、填埋、排污等活动,导致湿地破坏的,违法行为人应当负责修复。违法行为人变更的,由承继其债权、债务的主体负责修复。

因重大自然灾害造成湿地破坏,以及湿地修复责任主体灭失或者无法确定的,由县级以上人民政府组织实施修复。

第五章 监督检查

第四十五条 【监督检查的主体】县级以上人民政府林业草原、自然资源、水行政、住房城乡建设、生态环境、农业农村主管部门应当依照本法规定,按照职责分工对湿地的保护、修复、利用等活动进行监督检查,依法查处破坏湿地的违法行为。

第四十六条 【监督检查措施】县级以上人民政府林业草原、自然资源、水行政、住房城乡建设、生态环境、农业农村主管部门进行监督检查,有权采取下列措施:

(一)询问被检查单位或者个人,要求其对与监督检查事项有关的情况作出说明;

(二)进行现场检查;

(三)查阅、复制有关文件、资料,对可能被转移、销毁、隐匿或者篡改的文件、资料予以封存;

(四)查封、扣押涉嫌违法活动的场所、设施或者财物。

第四十七条 【积极配合监督检查】县级以上人民政府林业草原、自然资源、水行政、住房城乡建设、生态环境、农业农村主管部门依法履行监督检查职责,有关单位和个人应当予以配合,不得拒绝、阻碍。

第四十八条 【加强湿地保护与实现湿地保护的信息公开】国务院林业草原主管部门应当加强对国家重要湿地保护情况的监督检查。省、自治区、直辖市人民政府林业草原主管部门应当加强对省级重要湿地保护情况的监督检查。

县级人民政府林业草原主管部门和有关部门应当充分利用信息化手段,对湿地保护情况进行监督检查。

各级人民政府及其有关部门应当依法公开湿地保护相关信息,接受社会监督。

第四十九条 【湿地保护目标责任制】国家实行湿地保护目标责任制,将湿地保护纳入地方人民政府综合绩效评价内容。

对破坏湿地问题突出、保护工作不力、群众反映强烈的地区,省级以上人民政府林业草原主管部门应当会同有关部门约谈该地区人民政府的主要负责人。

第五十条 【领导干部自然资源资产离任审计】湿地的保护、修复和管理情况,应当纳入领导干部自然资源资产离任审计。

第六章 法 律 责 任

第五十一条 【监管人员不履行职责的法律后果】县级以上人民政府有关部门发现破坏湿地的违法行为或者接到对违法行为的举报,不予查处或者不依法查处,或者有其他玩忽职守、滥用职权、徇私舞弊行为的,对直接负责的主管人员和其他直接责任人员依法给予处分。

第五十二条 【建设项目擅自占用国家重要湿地的法律后果】违反本法规定,建设项目擅自占用国家重要湿地的,由县级以上人民政府林业草原等有关主管部门按照职责分工责令停止违法行为,限期拆除在非法占用的湿地上新建的建筑物、构筑物和其他设施,修复湿地或者采取其他补救措施,按照违法占用湿地的面积,处每平方米一千元以上一万元以下罚款;违法行为人不停止建设或者逾期不拆除的,由作出行政处罚决定的部门依法申请人民法院强制执行。

第五十三条 【建设项目占用重要湿地且未依照本法规定恢复、重建湿地的法律后果】建设项目占用重要湿地,未依照本法规定恢复、重建湿地的,由县级以上人民政府林业草原主管部门责令限期恢复、重建湿地;逾期未改正的,由县级以上人民政府林业草原主管部门委托他人代为履行,所需费用由违法行为人承担,按照占用湿地的面积,处每平方米五百元以上二千元以下罚款。

第五十四条 【开(围)垦、填埋自然湿地与排干自然湿地或者永久性截断自然湿地水源行为的法律后果】违反本法规定,开(围)垦、填埋自然湿地的,由县级以上人民政府林业草原等有关主管部门按照职责分工责令停止违法行为,限期修复湿地或者采取其他补救措施,没收违法所得,并按照破坏湿地面积,处每平方米五百元以上五千元以下罚款;破坏国家重要湿地的,并按照破坏湿地面积,处每平方米一千元以上一万元以下罚款。

违反本法规定,排干自然湿地或者永久性截断自然湿地水源的,由县级以上人民政府林业草原主管部门责令停止违法行为,限期修复湿地或者采取其他补救措施,没收违法所得,并处五万元以上五十万元以下罚款;造成严重后果的,并处五十万元以上一百万元以下罚款。

第五十五条 【向湿地引进或者放生外来物种行为的处理】违反本法规定,向湿地引进或者放生外来物种的,依照《中华人民共和国生物安全法》等有关法律法规的规定处理、处罚。

第五十六条 【实施破坏红树林沼泽行为的法律后果】违反本法规定,在红树林湿地内挖塘的,由县级以上人民政府林业草原等有关主管部门按照职责分工责令停止违法行为,限期修复湿地或者采取其他补救措施,按照破坏湿地面积,处每平方米一千元以上一万元以下罚款;对树木造成毁坏的,责令限期补种成活毁坏株数一倍以上三倍以下的树木,无法确定毁坏株数的,按照相同区域同类树种生长密度计算株数。

违反本法规定,在红树林湿地内投放、种植妨碍红树林生长物种的,由县级以上人民政府林业草原主管部门责令停止违法行为,限期清理,处二万元以上十万元以下罚款;造成严重后果的,处十万元以上一百万元以下罚款。

第五十七条 【实施破坏泥炭沼泽行为的法律后果】违反本法规定开采泥炭的,由县级以上人民政府林业草原等有关主管部门按照职责分工责令停止违法行为,限期修复湿地或者采取其他补救措施,没收违法所得,并按照采挖泥炭体积,处每立方米二千元以上一万元以下罚款。

违反本法规定,从泥炭沼泽湿地向外排水的,由县级以上人民政府林业草原主管部门责令停止违法行为,限期修复湿地或者采取其他补救措施,没收违法所得,并处一万元以上十万元以下罚款;情节严重的,并处十万元以上一百万元以下罚款。

第五十八条 【未编制修复方案或未按照修复方案修复湿地的法律后果】违反本法规定,未编制修复方案修复湿地或者未按照修复方案修复湿地,造成湿地破坏的,由省级以上人民政府林业草原主管部门责令改正,处十万元以上一百万元以下罚款。

第五十九条 【代履行】破坏湿地的违法行为人未按照规定期限或者未按照

修复方案修复湿地的,由县级以上人民政府林业草原主管部门委托他人代为履行,所需费用由违法行为人承担;违法行为人因被宣告破产等原因丧失修复能力的,由县级以上人民政府组织实施修复。

第六十条 【拒绝、阻碍监督检查的法律后果】违反本法规定,拒绝、阻碍县级以上人民政府有关部门依法进行的监督检查的,处二万元以上二十万元以下罚款;情节严重的,可以责令停产停业整顿。

第六十一条 【修复责任、赔偿损失和费用】违反本法规定,造成生态环境损害的,国家规定的机关或者法律规定的组织有权依法请求违法行为人承担修复责任、赔偿损失和有关费用。

第六十二条 【治安处罚与刑事责任】违反本法规定,构成违反治安管理行为的,由公安机关依法给予治安管理处罚;构成犯罪的,依法追究刑事责任。

第七章 附 则

第六十三条 【含义】本法下列用语的含义:
(一)红树林湿地,是指由红树植物为主组成的近海和海岸潮间湿地;
(二)泥炭沼泽湿地,是指有泥炭发育的沼泽湿地。

第六十四条 【因地制宜】省、自治区、直辖市和设区的市、自治州可以根据本地实际,制定湿地保护具体办法。

第六十五条 【施行日期】本法自 2022 年 6 月 1 日起施行。

中华人民共和国自然保护区条例

1. 1994 年 10 月 9 日国务院令第 167 号发布
2. 根据 2011 年 1 月 8 日国务院令第 588 号《关于废止和修改部分行政法规的决定》第一次修订
3. 根据 2017 年 10 月 7 日国务院令第 687 号《关于修改部分行政法规的决定》第二次修订

第一章 总 则

第一条 为了加强自然保护区的建设和管理,保护自然环境和自然资源,制定本条例。

第二条 本条例所称自然保护区,是指对有代表性的自然生态系统、珍稀濒危野生动植物物种的天然集中分布区、有特殊意义的自然遗迹等保护对象所在的陆地、陆地水体或者海域,依法划出一定面积予以特殊保护和管理的区域。

第三条 凡在中华人民共和国领域和中华人民共和国管辖的其他海域内建设和管理自然保护区,必须遵守本条例。

第四条 国家采取有利于发展自然保护区的经济、技术政策和措施,将自然保护区的发展规划纳入国民经济和社会发展计划。

第五条 建设和管理自然保护区,应当妥善处理与当地经济建设和居民生产、生活的关系。

第六条 自然保护区管理机构或者其行政主管部门可以接受国内外组织和个人的捐赠,用于自然保护区的建设和管理。

第七条 县级以上人民政府应当加强对自然保护区工作的领导。

一切单位和个人都有保护自然保护区内自然环境和自然资源的义务,并有权对破坏、侵占自然保护区的单位和个人进行检举、控告。

第八条 国家对自然保护区实行综合管理与分部门管理相结合的管理体制。

国务院环境保护行政主管部门负责全国自然保护区的综合管理。

国务院林业、农业、地质矿产、水利、海洋等有关行政主管部门在各自的职责范围内,主管有关的自然保护区。

县级以上地方人民政府负责自然保护区管理的部门的设置和职责,由省、自治区、直辖市人民政府根据当地具体情况确定。

第九条 对建设、管理自然保护区以及在有关的科学研究中做出显著成绩的单位和个人,由人民政府给予奖励。

第二章 自然保护区的建设

第十条 凡具有下列条件之一的,应当建立自然保护区:

(一)典型的自然地理区域、有代表性的自然生态系统区域以及已经遭受破坏但经保护能够恢复的同类自然生态系统区域;

(二)珍稀、濒危野生动植物物种的天然集中分布区域;

(三)具有特殊保护价值的海域、海岸、岛屿、湿地、内陆水域、森林、草原和荒漠;

(四)具有重大科学文化价值的地质构造、著名溶洞、化石分布区、冰川、火山、温泉等自然遗迹;

(五)经国务院或者省、自治区、直辖市人民政府批准,需要予以特殊保护的其他自然区域。

第十一条 自然保护区分为国家级自然保护区和地方级自然保护区。

在国内外有典型意义、在科学上有重大国际影响或者有特殊科学研究价值的自然保护区,列为国家级自然保护区。

除列为国家级自然保护区的外,其他具有典型意义或者重要科学研究价值的自然保护区列为地方级自然保护区。地方级自然保护区可以分级管理,具体办法由国务院有关自然保护区行政主管部门或者省、自治区、直辖市人民政府根据实际情况规定,报国务院环境保护行政主管部门备案。

第十二条 国家级自然保护区的建立,由自然保护区所在的省、自治区、直辖市人民政府或者国务院有关自然保护区行政主管部门提出申请,经国家级自然保护区评审委员会评审后,由国务院环境保护行政主管部门进行协调并提出审批建议,报国务院批准。

地方级自然保护区的建立,由自然保护区所在的县、自治县、市、自治州人民政府或者省、自治区、直辖市人民政府有关自然保护区行政主管部门提出申请,经地方级自然保护区评审委员会评审后,由省、自治区、直辖市人民政府环境保护行政主管部门进行协调并提出审批建议,报省、自治区、直辖市人民政府批准,并报国务院环境保护行政主管部门和国务院有关自然保护区行政主管部门备案。

跨两个以上行政区域的自然保护区的建立,由有关行政区域的人民政府协商一致后提出申请,并按照前两款规定的程序审批。

建立海上自然保护区,须经国务院批准。

第十三条 申请建立自然保护区,应当按照国家有关规定填报建立自然保护区申报书。

第十四条 自然保护区的范围和界线由批准建立自然保护区的人民政府确定,并标明区界,予以公告。

确定自然保护区的范围和界线,应当兼顾保护对象的完整性和适度性,以及当地经济建设和居民生产、生活的需要。

第十五条 自然保护区的撤销及其性质、范围、界线的调整或者改变,应当经原批准建立自然保护区的人民政府批准。

任何单位和个人,不得擅自移动自然保护区的界标。

第十六条 自然保护区按照下列方法命名:

国家级自然保护区:自然保护区所在地地名加"国家级自然保护区"。

地方级自然保护区:自然保护区所在地地名加"地方级自然保护区"。

有特殊保护对象的自然保护区,可以在自然保护区所在地地名后加特殊保护对象的名称。

第十七条　国务院环境保护行政主管部门应当会同国务院有关自然保护区行政主管部门,在对全国自然环境和自然资源状况进行调查和评价的基础上,拟订国家自然保护区发展规划,经国务院计划部门综合平衡后,报国务院批准实施。

自然保护区管理机构或者该自然保护区行政主管部门应当组织编制自然保护区的建设规划,按照规定的程序纳入国家的、地方的或者部门的投资计划,并组织实施。

第十八条　自然保护区可以分为核心区、缓冲区和实验区。

自然保护区内保存完好的天然状态的生态系统以及珍稀、濒危动植物的集中分布地,应当划为核心区,禁止任何单位和个人进入;除依照本条例第二十七条的规定经批准外,也不允许进入从事科学研究活动。

核心区外围可以划定一定面积的缓冲区,只准进入从事科学研究观测活动。

缓冲区外围划为实验区,可以进入从事科学试验、教学实习、参观考察、旅游以及驯化、繁殖珍稀、濒危野生动植物等活动。

原批准建立自然保护区的人民政府认为必要时,可以在自然保护区的外围划定一定面积的外围保护地带。

第三章　自然保护区的管理

第十九条　全国自然保护区管理的技术规范和标准,由国务院环境保护行政主管部门组织国务院有关自然保护区行政主管部门制定。

国务院有关自然保护区行政主管部门可以按照职责分工,制定有关类型自然保护区管理的技术规范,报国务院环境保护行政主管部门备案。

第二十条　县级以上人民政府环境保护行政主管部门有权对本行政区域内各类自然保护区的管理进行监督检查;县级以上人民政府有关自然保护区行政主管部门有权对其主管的自然保护区的管理进行监督检查。被检查的单位应当如实反映情况,提供必要的资料。检查者应当为被检查的单位保守技术秘密和业务秘密。

第二十一条　国家级自然保护区,由其所在地的省、自治区、直辖市人民政府有关自然保护区行政主管部门或者国务院有关自然保护区行政主管部门管理。地方级自然保护区,由其所在地的县级以上地方人民政府有关自然保护区行政主管部门管理。

有关自然保护区行政主管部门应当在自然保护区内设立专门的管理机构,配备专业技术人员,负责自然保护区的具体管理工作。

第二十二条 自然保护区管理机构的主要职责是:

(一)贯彻执行国家有关自然保护的法律、法规和方针、政策;

(二)制定自然保护区的各项管理制度,统一管理自然保护区;

(三)调查自然资源并建立档案,组织环境监测,保护自然保护区内的自然环境和自然资源;

(四)组织或者协助有关部门开展自然保护区的科学研究工作;

(五)进行自然保护的宣传教育;

(六)在不影响保护自然保护区的自然环境和自然资源的前提下,组织开展参观、旅游等活动。

第二十三条 管理自然保护区所需经费,由自然保护区所在地的县级以上地方人民政府安排。国家对国家级自然保护区的管理,给予适当的资金补助。

第二十四条 自然保护区所在地的公安机关,可以根据需要在自然保护区设置公安派出机构,维护自然保护区内的治安秩序。

第二十五条 在自然保护区内的单位、居民和经批准进入自然保护区的人员,必须遵守自然保护区的各项管理制度,接受自然保护区管理机构的管理。

第二十六条 禁止在自然保护区内进行砍伐、放牧、狩猎、捕捞、采药、开垦、烧荒、开矿、采石、挖沙等活动;但是,法律、行政法规另有规定的除外。

第二十七条 禁止任何人进入自然保护区的核心区。因科学研究的需要,必须进入核心区从事科学研究观测、调查活动的,应当事先向自然保护区管理机构提交申请和活动计划,并经自然保护区管理机构批准;其中,进入国家级自然保护区核心区的,应当经省、自治区、直辖市人民政府有关自然保护区行政主管部门批准。

自然保护区核心区内原有居民确有必要迁出的,由自然保护区所在地的地方人民政府予以妥善安置。

第二十八条 禁止在自然保护区的缓冲区开展旅游和生产经营活动。因教学科研的目的,需要进入自然保护区的缓冲区从事非破坏性的科学研究、教学实习和标本采集活动的,应当事先向自然保护区管理机构提交申请和活动计划,经自然保护区管理机构批准。

从事前款活动的单位和个人,应当将其活动成果的副本提交自然保护区管理机构。

第二十九条 在自然保护区的实验区内开展参观、旅游活动的,由自然保护区管理机构编制方案,方案应当符合自然保护区管理目标。

在自然保护区组织参观、旅游活动的,应当严格按照前款规定的方案进行,并加强管理;进入自然保护区参观、旅游的单位和个人,应当服从自然保护区管理机构的管理。

严禁开设与自然保护区保护方向不一致的参观、旅游项目。

第三十条 自然保护区的内部未分区的,依照本条例有关核心区和缓冲区的规定管理。

第三十一条 外国人进入自然保护区,应当事先向自然保护区管理机构提交活动计划,并经自然保护区管理机构批准;其中,进入国家级自然保护区的,应当经省、自治区、直辖市环境保护、海洋、渔业等有关自然保护区行政主管部门按照各自职责批准。

进入自然保护区的外国人,应当遵守有关自然保护区的法律、法规和规定,未经批准,不得在自然保护区内从事采集标本等活动。

第三十二条 在自然保护区的核心区和缓冲区内,不得建设任何生产设施。在自然保护区的实验区内,不得建设污染环境、破坏资源或者景观的生产设施;建设其他项目,其污染物排放不得超过国家和地方规定的污染物排放标准。在自然保护区的实验区内已经建成的设施,其污染物排放超过国家和地方规定的排放标准的,应当限期治理;造成损害的,必须采取补救措施。

在自然保护区的外围保护地带建设的项目,不得损害自然保护区内的环境质量;已造成损害的,应当限期治理。

限期治理决定由法律、法规规定的机关作出,被限期治理的企业事业单位必须按期完成治理任务。

第三十三条 因发生事故或者其他突然性事件,造成或者可能造成自然保护区污染或者破坏的单位和个人,必须立即采取措施处理,及时通报可能受到危害的单位和居民,并向自然保护区管理机构、当地环境保护行政主管部门和自然保护区行政主管部门报告,接受调查处理。

第四章 法 律 责 任

第三十四条 违反本条例规定,有下列行为之一的单位和个人,由自然保护区管理机构责令其改正，并可以根据不同情节处以 100 元以上 5000 元以下的罚款：

（一）擅自移动或者破坏自然保护区界标的；

（二）未经批准进入自然保护区或者在自然保护区内不服从管理机构管理的；

（三）经批准在自然保护区的缓冲区内从事科学研究、教学实习和标本采集的单位和个人，不向自然保护区管理机构提交活动成果副本的。

第三十五条 违反本条例规定，在自然保护区进行砍伐、放牧、狩猎、捕捞、采药、开垦、烧荒、开矿、采石、挖沙等活动的单位和个人，除可以依照有关法律、行政法规规定给予处罚的以外，由县级以上人民政府有关自然保护区行政主管部门或者其授权的自然保护区管理机构没收违法所得，责令停止违法行为，限期恢复原状或者采取其他补救措施；对自然保护区造成破坏的，可以处以 300 元以上 10000 元以下的罚款。

第三十六条 自然保护区管理机构违反本条例规定，拒绝环境保护行政主管部门或者有关自然保护区行政主管部门监督检查，或者在被检查时弄虚作假的，由县级以上人民政府环境保护行政主管部门或者有关自然保护区行政主管部门给予 300 元以上 3000 元以下的罚款。

第三十七条 自然保护区管理机构违反本条例规定，有下列行为之一的，由县级以上人民政府有关自然保护区行政主管部门责令限期改正；对直接责任人员，由其所在单位或者上级机关给予行政处分：

（一）开展参观、旅游活动未编制方案或者编制的方案不符合自然保护区管理目标的；

（二）开设与自然保护区保护方向不一致的参观、旅游项目的；

（三）不按照编制的方案开展参观、旅游活动的；

（四）违法批准人员进入自然保护区的核心区，或者违法批准外国人进入自然保护区的；

（五）有其他滥用职权、玩忽职守、徇私舞弊行为的。

第三十八条 违反本条例规定，给自然保护区造成损失的，由县级以上人民政府有关自然保护区行政主管部门责令赔偿损失。

第三十九条 妨碍自然保护区管理人员执行公务的，由公安机关依照《中华人民共和国治安管理处罚法》的规定给予处罚；情节严重，构成犯罪的，依法追究刑事责任。

第四十条 违反本条例规定，造成自然保护区重大污染或者破坏事故，导致公私财产重大损失或者人身伤亡的严重后果,构成犯罪的,对直接负责的主管人员和其他直接责任人员依法追究刑事责任。

第四十一条 自然保护区管理人员滥用职权、玩忽职守、徇私舞弊,构成犯罪的,依法追究刑事责任;情节轻微,尚不构成犯罪的,由其所在单位或者上级机关给予行政处分。

第五章 附 则

第四十二条 国务院有关自然保护区行政主管部门可以根据本条例,制定有关类型自然保护区的管理办法。

第四十三条 各省、自治区、直辖市人民政府可以根据本条例,制定实施办法。

第四十四条 本条例自1994年12月1日起施行。

生态保护补偿条例

1. 2024年4月6日国务院令第779号公布
2. 自2024年6月1日起施行

第一章 总 则

第一条 为了保护和改善生态环境,加强和规范生态保护补偿,调动各方参与生态保护积极性,推动生态文明建设,根据有关法律,制定本条例。

第二条 在中华人民共和国领域及管辖的其他海域开展生态保护补偿及其相关活动,适用本条例。法律、行政法规另有规定的,依照其规定。

本条例所称生态保护补偿,是指通过财政纵向补偿、地区间横向补偿、市场机制补偿等机制,对按照规定或者约定开展生态保护的单位和个人予以补偿的激励性制度安排。生态保护补偿可以采取资金补偿、对口协作、产业转移、人才培训、共建园区、购买生态产品和服务等多种补偿方式。

前款所称单位和个人,包括地方各级人民政府、村民委员会、居民委员会、农村集体经济组织及其成员以及其他应当获得补偿的单位和个人。

第三条 生态保护补偿工作坚持中国共产党的领导,坚持政府主导、社会参与、市场调节相结合,坚持激励与约束并重,坚持统筹协同推进,坚持生态效益与经济效益、社会效益相统一。

第四条　县级以上人民政府应当加强对生态保护补偿工作的组织领导,将生态保护补偿工作纳入国民经济和社会发展规划,构建稳定的生态保护补偿资金投入机制。

县级以上人民政府依法可以通过多种方式拓宽生态保护补偿资金渠道。

第五条　国务院发展改革、财政、自然资源、生态环境、水行政、住房城乡建设、农业农村、林业草原等部门依据各自职责,负责生态保护补偿相关工作。

第六条　县级以上地方人民政府应当建立健全生态保护补偿工作的相关机制,督促所属部门和下级人民政府开展生态保护补偿工作。县级以上地方人民政府有关部门依据各自职责,负责生态保护补偿相关工作。

第七条　对在生态保护补偿工作中作出显著成绩的单位和个人,按照国家有关规定给予表彰和奖励。

第二章　财政纵向补偿

第八条　国家通过财政转移支付等方式,对开展重要生态环境要素保护的单位和个人,以及在依法划定的重点生态功能区、生态保护红线、自然保护地等生态功能重要区域开展生态保护的单位和个人,予以补偿。

第九条　对开展重要生态环境要素保护的单位和个人,中央财政按照下列分类实施补偿(以下称分类补偿):

（一）森林；

（二）草原；

（三）湿地；

（四）荒漠；

（五）海洋；

（六）水流；

（七）耕地；

（八）法律、行政法规和国家规定的水生生物资源、陆生野生动植物资源等其他重要生态环境要素。

前款规定的补偿的具体范围、补偿方式应当统筹考虑地区经济社会发展水平、财政承受能力、生态保护成效等因素分类确定,并连同补偿资金的使用及其监督管理等事项依法向社会公布。中央财政分类补偿的具体办法由国务院主管部门会同其他有关部门分领域制定。

第十条 在中央财政分类补偿的基础上,按照中央与地方财政事权和支出责任划分原则,有关地方人民政府可以结合本地区实际建立分类补偿制度,对开展重要生态环境要素保护的单位和个人加大补偿力度。

法律、行政法规或者国务院规定要求由中央财政和地方财政共同出资实施分类补偿或者由地方财政出资实施分类补偿的,有关地方人民政府应当按照规定及时落实资金。

第十一条 中央财政安排重点生态功能区转移支付,结合财力状况逐步增加转移支付规模。根据生态效益外溢性、生态功能重要性、生态环境敏感性和脆弱性等特点,在重点生态功能区转移支付中实施差异化补偿,加大对生态保护红线覆盖比例较高地区支持力度。

国务院财政部门制定重点生态功能区转移支付管理办法,明确转移支付的范围和转移支付资金的分配方式。

第十二条 国家建立健全以国家公园为主体的自然保护地体系生态保护补偿机制。中央财政和地方财政对开展自然保护地保护的单位和个人分类分级予以补偿,根据自然保护地类型、级别、规模和管护成效等合理确定转移支付规模。

第十三条 地方人民政府及其有关部门获得的生态保护补偿资金应当按照规定用途使用。

地方人民政府及其有关部门应当按照规定将生态保护补偿资金及时补偿给开展生态保护的单位和个人,不得截留、占用、挪用或者拖欠。

由地方人民政府统筹使用的生态保护补偿资金,应当优先用于自然资源保护、生态环境治理和修复等。

生态保护地区所在地有关地方人民政府应当按照国家有关规定,稳步推进不同渠道生态保护补偿资金统筹使用,提高生态保护整体效益。

第三章 地区间横向补偿

第十四条 国家鼓励、指导、推动生态受益地区与生态保护地区人民政府通过协商等方式建立生态保护补偿机制,开展地区间横向生态保护补偿。

根据生态保护实际需要,上级人民政府可以组织、协调下级人民政府之间开展地区间横向生态保护补偿。

第十五条 地区间横向生态保护补偿针对下列区域开展:

(一)江河流域上下游、左右岸、干支流所在区域;

(二)重要生态环境要素所在区域以及其他生态功能重要区域;

（三）重大引调水工程水源地以及沿线保护区；
（四）其他按照协议开展生态保护补偿的区域。

第十六条 对在生态功能特别重要的跨省、自治区、直辖市和跨自治州、设区的市重点区域开展地区间横向生态保护补偿的，中央财政和省级财政可以给予引导支持。

对开展地区间横向生态保护补偿取得显著成效的，国务院发展改革、财政等部门可以在规划、资金、项目安排等方面给予适当支持。

第十七条 开展地区间横向生态保护补偿，有关地方人民政府应当签订书面协议（以下称补偿协议），明确下列事项：
（一）补偿的具体范围；
（二）生态保护预期目标及其监测、评判指标；
（三）生态保护地区的生态保护责任；
（四）补偿方式以及落实补偿的相关安排；
（五）协议期限；
（六）违反协议的处理；
（七）其他事项。

确定补偿协议的内容，应当综合考虑生态保护现状、生态保护成本、生态保护成效以及地区经济社会发展水平、财政承受能力等因素。

生态保护地区获得的生态保护补偿资金，应当用于本地区自然资源保护、生态环境治理和修复、经济社会发展和民生改善等。需要直接补偿给单位和个人的，应当按照规定及时补偿，不得截留、占用、挪用或者拖欠。

第十八条 有关地方人民政府应当严格履行所签订的补偿协议。生态保护地区应当按照协议落实生态保护措施，生态受益地区应当按照约定积极主动履行补偿责任。

因补偿协议履行产生争议的，有关地方人民政府应当协商解决；协商不成的，报请共同的上一级人民政府协调解决，必要时共同的上一级人民政府可以作出决定，有关地方人民政府应当执行。

第十九条 有关地方人民政府在补偿协议期限届满后，根据实际需要续签补偿协议，续签补偿协议时可以对有关事项重新协商。

第四章　市场机制补偿

第二十条 国家充分发挥市场机制在生态保护补偿中的作用，推进生态保护补偿市场化发展，拓展生态产品价值实现模式。

第二十一条 国家鼓励企业、公益组织等社会力量以及地方人民政府按照市场规则,通过购买生态产品和服务等方式开展生态保护补偿。

第二十二条 国家建立健全碳排放权、排污权、用水权、碳汇权益等交易机制,推动交易市场建设,完善交易规则。

第二十三条 国家鼓励、支持生态保护与生态产业发展有机融合,在保障生态效益前提下,采取多种方式发展生态产业,推动生态优势转化为产业优势,提高生态产品价值。

发展生态产业应当完善农村集体经济组织和农村居民参与方式,建立持续性惠益分享机制,促进生态保护主体利益得到有效补偿。

地方各级人民政府应当根据实际需要,加快培育生态产品市场经营开发主体,充分发挥其在整合生态资源、统筹实施生态保护、提供专业技术支撑、推进生态产品供需对接等方面的优势和作用。

第二十四条 国家鼓励、引导社会资金建立市场化运作的生态保护补偿基金,依法有序参与生态保护补偿。

第五章 保障和监督管理

第二十五条 政府及其有关部门应当按照规定及时下达和核拨生态保护补偿资金,确保补偿资金落实到位。

政府及其有关部门应当加强对资金用途的监督管理,按照规定实施生态保护补偿资金预算绩效管理,完善生态保护责任落实的激励约束机制。

第二十六条 国家推进自然资源统一确权登记,完善生态保护补偿监测支撑体系,建立生态保护补偿统计体系,完善生态保护补偿标准体系,为生态保护补偿工作提供技术支撑。

第二十七条 国家完善与生态保护补偿相配套的财政、金融等政策措施,发挥财政税收政策调节功能,完善绿色金融体系。

第二十八条 国家建立健全统一的绿色产品标准、认证、标识体系,推进绿色产品市场建设,实施政府绿色采购政策,建立绿色采购引导机制。

第二十九条 政府和有关部门应当通过多种形式,加强对生态保护补偿政策和实施效果的宣传,为生态保护补偿工作营造良好社会氛围。

第三十条 政府和有关部门应当依法及时公开生态保护补偿工作情况,接受社会监督和舆论监督。

审计机关对生态保护补偿资金的管理使用情况依法进行审计监督。

第三十一条 截留、占用、挪用、拖欠或者未按照规定使用生态保护补偿资金的,政府和有关主管部门应当责令改正;逾期未改正的,可以缓拨、减拨、停拨或者追回生态保护补偿资金。

以虚假手段骗取生态保护补偿资金的,由政府和有关主管部门依法依规处理、处罚;构成犯罪的,依法追究刑事责任。

第三十二条　政府和有关部门及其工作人员在生态保护补偿工作中有失职、渎职行为的,依法依规追究责任。

第六章　附　　则

第三十三条　本条例自 2024 年 6 月 1 日起施行。

四、应急处理

突发环境事件信息报告办法

1. 2011年4月18日环境保护部令第17号公布
2. 自2011年5月1日起施行

第一条 为了规范突发环境事件信息报告工作,提高环境保护主管部门应对突发环境事件的能力,依据《中华人民共和国突发事件应对法》、《国家突发公共事件总体应急预案》、《国家突发环境事件应急预案》及相关法律法规的规定,制定本办法。

第二条 本办法适用于环境保护主管部门对突发环境事件的信息报告。

突发环境事件分为特别重大(Ⅰ级)、重大(Ⅱ级)、较大(Ⅲ级)和一般(Ⅳ级)四级。

核与辐射突发环境事件的信息报告按照核安全有关法律法规执行。

第三条 突发环境事件发生地设区的市级或者县级人民政府环境保护主管部门在发现或者得知突发环境事件信息后,应当立即进行核实,对突发环境事件的性质和类别做出初步认定。

对初步认定为一般(Ⅳ级)或者较大(Ⅲ级)突发环境事件的,事件发生地设区的市级或者县级人民政府环境保护主管部门应当在四小时内向本级人民政府和上一级人民政府环境保护主管部门报告。

对初步认定为重大(Ⅱ级)或者特别重大(Ⅰ级)突发环境事件的,事件发生地设区的市级或者县级人民政府环境保护主管部门应当在两小时内向本级人民政府和省级人民政府环境保护主管部门报告,同时上报环境保护部。省级人民政府环境保护主管部门接到报告后,应当进行核实并在一小时内报告环境保护部。

突发环境事件处置过程中事件级别发生变化的,应当按照变化后的级别报告信息。

第四条 发生下列一时无法判明等级的突发环境事件,事件发生地设区的市级或者县级人民政府环境保护主管部门应当按照重大(Ⅱ级)或者特别重大(Ⅰ级)突发环境事件的报告程序上报:

(一)对饮用水水源保护区造成或者可能造成影响的;

(二)涉及居民聚居区、学校、医院等敏感区域和敏感人群的;

(三)涉及重金属或者类金属污染的;

(四)有可能产生跨省或者跨国影响的;

(五)因环境污染引发群体性事件,或者社会影响较大的;

(六)地方人民政府环境保护主管部门认为有必要报告的其他突发环境事件。

第五条 上级人民政府环境保护主管部门先于下级人民政府环境保护主管部门获悉突发环境事件信息的,可以要求下级人民政府环境保护主管部门核实并报告相应信息。下级人民政府环境保护主管部门应当依照本办法的规定报告信息。

第六条 向环境保护部报告突发环境事件有关信息的,应当报告总值班室,同时报告环境保护部环境应急指挥领导小组办公室。环境保护部环境应急指挥领导小组办公室应当根据情况向部内相关司局通报有关信息。

第七条 环境保护部在接到下级人民政府环境保护主管部门重大(Ⅱ级)或者特别重大(Ⅰ级)突发环境事件以及其他有必要报告的突发环境事件信息后,应当及时向国务院总值班室和中共中央办公厅秘书局报告。

第八条 突发环境事件已经或者可能涉及相邻行政区域的,事件发生地环境保护主管部门应当及时通报相邻区域同级人民政府环境保护主管部门,并向本级人民政府提出向相邻区域人民政府通报的建议。接到通报的环境保护主管部门应当及时调查了解情况,并按照本办法第三条、第四条的规定报告突发环境事件信息。

第九条 上级人民政府环境保护主管部门接到下级人民政府环境保护主管部门以电话形式报告的突发环境事件信息后,应当如实、准确做好记录,并要求下级人民政府环境保护主管部门及时报告书面信息。

对于情况不够清楚、要素不全的突发环境事件信息,上级人民政府环境保护主管部门应当要求下级人民政府环境保护主管部门及时核实补充信息。

第十条 县级以上人民政府环境保护主管部门应当建立突发环境事件信息档案,并按照有关规定向上一级人民政府环境保护主管部门报送本行政区域突发环境事件的月度、季度、半年度和年度报告以及统计情况。上一级人民政府环境保护主管部门定期对报告及统计情况进行通报。

第十一条　报告涉及国家秘密的突发环境事件信息,应当遵守国家有关保密的规定。

第十二条　突发环境事件的报告分为初报、续报和处理结果报告。

初报在发现或者得知突发环境事件后首次上报;续报在查清有关基本情况、事件发展情况后随时上报;处理结果报告在突发环境事件处理完毕后上报。

第十三条　初报应当报告突发环境事件的发生时间、地点、信息来源、事件起因和性质、基本过程、主要污染物和数量、监测数据、人员受害情况、饮用水水源地等环境敏感点受影响情况、事件发展趋势、处置情况、拟采取的措施以及下一步工作建议等初步情况,并提供可能受到突发环境事件影响的环境敏感点的分布示意图。

续报应当在初报的基础上,报告有关处置进展情况。

处理结果报告应当在初报和续报的基础上,报告处理突发环境事件的措施、过程和结果,突发环境事件潜在或者间接危害以及损失、社会影响、处理后的遗留问题、责任追究等详细情况。

第十四条　突发环境事件信息应当采用传真、网络、邮寄和面呈等方式书面报告;情况紧急时,初报可通过电话报告,但应当及时补充书面报告。

书面报告中应当载明突发环境事件报告单位、报告签发人、联系人及联系方式等内容,并尽可能提供地图、图片以及相关的多媒体资料。

第十五条　在突发环境事件信息报告工作中迟报、谎报、瞒报、漏报有关突发环境事件信息的,给予通报批评;造成后果的,对直接负责的主管人员和其他直接责任人员依法依纪给予处分;构成犯罪的,移送司法机关依法追究刑事责任。

第十六条　本办法由环境保护部解释。

第十七条　本办法自2011年5月1日起施行。《环境保护行政主管部门突发环境事件信息报告办法(试行)》(环发〔2006〕50号)同时废止。

附录：

突发环境事件分级标准

按照突发事件严重性和紧急程度，突发环境事件分为特别重大（Ⅰ级）、重大（Ⅱ级）、较大（Ⅲ级）和一般（Ⅳ级）四级。

1. 特别重大（Ⅰ级）突发环境事件。

凡符合下列情形之一的，为特别重大突发环境事件：

(1) 因环境污染直接导致10人以上死亡或100人以上中毒的；

(2) 因环境污染需疏散、转移群众5万人以上的；

(3) 因环境污染造成直接经济损失1亿元以上的；

(4) 因环境污染造成区域生态功能丧失或国家重点保护物种灭绝的；

(5) 因环境污染造成地市级以上城市集中式饮用水水源地取水中断的；

(6) 1、2类放射源失控造成大范围严重辐射污染后果的；核设施发生需要进入场外应急的严重核事故，或事故辐射后果可能影响邻省和境外的，或按照"国际核事件分级（INES）标准"属于3级以上的核事件；台湾核设施中发生的按照"国际核事件分级（INES）标准"属于4级以上的核事故；周边国家核设施中发生的按照"国际核事件分级（INES）标准"属于4级以上的核事故；

(7) 跨国界突发环境事件。

2. 重大（Ⅱ级）突发环境事件。

凡符合下列情形之一的，为重大突发环境事件：

(1) 因环境污染直接导致3人以上10人以下死亡或50人以上100人以下中毒的；

(2) 因环境污染需疏散、转移群众1万人以上5万人以下的；

(3) 因环境污染造成直接经济损失2000万元以上1亿元以下的；

(4) 因环境污染造成区域生态功能部分丧失或国家重点保护野生动植物种群大批死亡的；

(5) 因环境污染造成县级城市集中式饮用水水源地取水中断的；

(6) 重金属污染或危险化学品生产、贮运、使用过程中发生爆炸、泄漏等事件，或因倾倒、堆放、丢弃、遗撒危险废物等造成的突发环境事件发生在国家重点流域、国家级自然保护区、风景名胜区或居民聚集区、医院、学校等敏感区域的；

(7) 1、2 类放射源丢失、被盗、失控造成环境影响,或核设施和铀矿冶炼设施发生的达到进入场区应急状态标准的,或进口货物严重辐射超标的事件;

(8) 跨省(区、市)界突发环境事件。

3. 较大(Ⅲ级)突发环境事件。

凡符合下列情形之一的,为较大突发环境事件:

(1) 因环境污染直接导致 3 人以下死亡或 10 人以上 50 人以下中毒的;

(2) 因环境污染需疏散、转移群众 5000 人以上 1 万人以下的;

(3) 因环境污染造成直接经济损失 500 万元以上 2000 万元以下的;

(4) 因环境污染造成国家重点保护的动植物物种受到破坏的;

(5) 因环境污染造成乡镇集中式饮用水水源地取水中断的;

(6) 3 类放射源丢失、被盗或失控,造成环境影响的;

(7) 跨地市界突发环境事件。

4. 一般(Ⅳ级)突发环境事件。

除特别重大突发环境事件、重大突发环境事件、较大突发环境事件以外的突发环境事件。

突发环境事件调查处理办法

1. 2014 年 12 月 19 日环境保护部令第 32 号公布
2. 自 2015 年 3 月 1 日起施行

第一条　为规范突发环境事件调查处理工作,依照《中华人民共和国环境保护法》、《中华人民共和国突发事件应对法》等法律法规,制定本办法。

第二条　本办法适用于对突发环境事件的原因、性质、责任的调查处理。

核与辐射突发事件的调查处理,依照核与辐射安全有关法律法规执行。

第三条　突发环境事件调查应当遵循实事求是、客观公正、权责一致的原则,及时、准确查明事件原因,确认事件性质,认定事件责任,总结事件教训,提出防范和整改措施建议以及处理意见。

第四条　环境保护部负责组织重大和特别重大突发环境事件的调查处理;省级环境保护主管部门负责组织较大突发环境事件的调查处理;事发地设区的市级环境保护主管部门视情况组织一般突发环境事件的调查处理。

上级环境保护主管部门可以视情况委托下级环境保护主管部门开展

突发环境事件调查处理，也可以对由下级环境保护主管部门负责的突发环境事件直接组织调查处理，并及时通知下级环境保护主管部门。

下级环境保护主管部门对其负责的突发环境事件，认为需要由上一级环境保护主管部门调查处理的，可以报请上一级环境保护主管部门决定。

第五条 突发环境事件调查应当成立调查组，由环境保护主管部门主要负责人或者主管环境应急管理工作的负责人担任组长，应急管理、环境监测、环境影响评价管理、环境监察等相关机构的有关人员参加。

环境保护主管部门可以聘请环境应急专家库内专家和其他专业技术人员协助调查。

环境保护主管部门可以根据突发环境事件的实际情况邀请公安、交通运输、水利、农业、卫生、安全监管、林业、地震等有关部门或者机构参加调查工作。

调查组可以根据实际情况分为若干工作小组开展调查工作。工作小组负责人由调查组组长确定。

第六条 调查组成员和受聘请协助调查的人员不得与被调查的突发环境事件有利害关系。

调查组成员和受聘请协助调查的人员应当遵守工作纪律，客观公正地调查处理突发环境事件，并在调查处理过程中恪尽职守，保守秘密。未经调查组组长同意，不得擅自发布突发环境事件调查的相关信息。

第七条 开展突发环境事件调查，应当制定调查方案，明确职责分工、方法步骤、时间安排等内容。

第八条 开展突发环境事件调查，应当对突发环境事件现场进行勘查，并可以采取以下措施：

（一）通过取样监测、拍照、录像、制作现场勘查笔录等方法记录现场情况，提取相关证据材料；

（二）进入突发环境事件发生单位、突发环境事件涉及的相关单位或者工作场所，调取和复制相关文件、资料、数据、记录等；

（三）根据调查需要，对突发环境事件发生单位有关人员、参与应急处置工作的知情人员进行询问，并制作询问笔录。

进行现场勘查、检查或者询问，不得少于两人。

突发环境事件发生单位的负责人和有关人员在调查期间应当依法配合调查工作，接受调查组的询问，并如实提供相关文件、资料、数据、记录等。因客观原因确实无法提供的，可以提供相关复印件、复制品或者证明该原件、原物的照片、录像等其他证据，并由有关人员签字确认。

现场勘查笔录、检查笔录、询问笔录等，应当由调查人员、勘查现场有关人员、被询问人员签名。

开展突发环境事件调查，应当制作调查案卷，并由组织突发环境事件调查的环境保护主管部门归档保存。

第九条 突发环境事件调查应当查明下列情况：

（一）突发环境事件发生单位基本情况；

（二）突发环境事件发生的时间、地点、原因和事件经过；

（三）突发环境事件造成的人身伤亡、直接经济损失情况，环境污染和生态破坏情况；

（四）突发环境事件发生单位、地方人民政府和有关部门日常监管和事件应对情况；

（五）其他需要查明的事项。

第十条 环境保护主管部门应当按照所在地人民政府的要求，根据突发环境事件应急处置阶段污染损害评估工作的有关规定，开展应急处置阶段污染损害评估。

应急处置阶段污染损害评估报告或者结论是编写突发环境事件调查报告的重要依据。

第十一条 开展突发环境事件调查，应当查明突发环境事件发生单位的下列情况：

（一）建立环境应急管理制度、明确责任人和职责的情况；

（二）环境风险防范设施建设及运行的情况；

（三）定期排查环境安全隐患并及时落实环境风险防控措施的情况；

（四）环境应急预案的编制、备案、管理及实施情况；

（五）突发环境事件发生后的信息报告或者通报情况；

（六）突发环境事件发生后，启动环境应急预案，并采取控制或者切断污染源防止污染扩散的情况；

（七）突发环境事件发生后，服从应急指挥机构统一指挥，并按要求采取预防、处置措施的情况；

（八）生产安全事故、交通事故、自然灾害等其他突发事件发生后，采取预防次生突发环境事件措施的情况；

（九）突发环境事件发生后，是否存在伪造、故意破坏事发现场，或者销毁证据阻碍调查的情况。

第十二条 开展突发环境事件调查,应当查明有关环境保护主管部门环境应急管理方面的下列情况:

(一)按规定编制环境应急预案和对预案进行评估、备案、演练等的情况,以及按规定对突发环境事件发生单位环境应急预案实施备案管理的情况;

(二)按规定赶赴现场并及时报告的情况;

(三)按规定组织开展环境应急监测的情况;

(四)按职责向履行统一领导职责的人民政府提出突发环境事件处置或者信息发布建议的情况;

(五)突发环境事件已经或者可能涉及相邻行政区域时,事发地环境保护主管部门向相邻行政区域环境保护主管部门的通报情况;

(六)接到相邻行政区域突发环境事件信息后,相关环境保护主管部门按规定调查了解并报告的情况;

(七)按规定开展突发环境事件污染损害评估的情况。

第十三条 开展突发环境事件调查,应当收集地方人民政府和有关部门在突发环境事件发生单位建设项目立项、审批、验收、执法等日常监管过程中和突发环境事件应对、组织开展突发环境事件污染损害评估等环节履职情况的证据材料。

第十四条 开展突发环境事件调查,应当在查明突发环境事件基本情况后,编写突发环境事件调查报告。

第十五条 突发环境事件调查报告应当包括下列内容:

(一)突发环境事件发生单位的概况和突发环境事件发生经过;

(二)突发环境事件造成的人身伤亡、直接经济损失,环境污染和生态破坏的情况;

(三)突发环境事件发生的原因和性质;

(四)突发环境事件发生单位对环境风险的防范、隐患整改和应急处置情况;

(五)地方政府和相关部门日常监管和应急处置情况;

(六)责任认定和对突发环境事件发生单位、责任人的处理建议;

(七)突发环境事件防范和整改措施建议;

(八)其他有必要报告的内容。

第十六条 特别重大突发环境事件、重大突发环境事件的调查期限为六十日;较大突发环境事件和一般突发环境事件的调查期限为三十日。突发环境事件污染损害评估所需时间不计入调查期限。

调查组应当按照前款规定的期限完成调查工作,并向同级人民政府和上一级环境保护主管部门提交调查报告。

调查期限从突发环境事件应急状态终止之日起计算。

第十七条 环境保护主管部门应当依法向社会公开突发环境事件的调查结论、环境影响和损失的评估结果等信息。

第十八条 突发环境事件调查过程中发现突发环境事件发生单位涉及环境违法行为的,调查组应当及时向相关环境保护主管部门提出处罚建议。相关环境保护主管部门应当依法对事发单位及责任人员予以行政处罚;涉嫌构成犯罪的,依法移送司法机关追究刑事责任。发现其他违法行为的,环境保护主管部门应当及时向有关部门移送。

发现国家行政机关及其工作人员、突发环境事件发生单位中由国家行政机关任命的人员涉嫌违法违纪的,环境保护主管部门应当依法及时向监察机关或者有关部门提出处分建议。

第十九条 对于连续发生突发环境事件,或者突发环境事件造成严重后果的地区,有关环境保护主管部门可以约谈下级地方人民政府主要领导。

第二十条 环境保护主管部门应当将突发环境事件发生单位的环境违法信息记入社会诚信档案,并及时向社会公布。

第二十一条 环境保护主管部门可以根据调查报告,对下级人民政府、下级环境保护主管部门下达督促落实突发环境事件调查报告有关防范和整改措施建议的督办通知,并明确责任单位、工作任务和完成时限。

接到督办通知的有关人民政府、环境保护主管部门应当在规定时限内,书面报送事件防范和整改措施建议的落实情况。

第二十二条 本办法由环境保护部负责解释。

第二十三条 本办法自 2015 年 3 月 1 日起施行。

突发环境事件应急管理办法

1. 2015 年 4 月 16 日环境保护部令第 34 号公布
2. 自 2015 年 6 月 5 日起施行

第一章 总 则

第一条 为预防和减少突发环境事件的发生,控制、减轻和消除突发环境事件引起的危害,规范突发环境事件应急管理工作,保障公众生命安全、环境安全和财产安全,根据《中华人民共和国环境保护法》《中华人民共和国突发事件应对法》《国家突发环境事件应急预案》及相关法律法规,制定本办法。

第二条 各级环境保护主管部门和企业事业单位组织开展的突发环境事件风险控制、应急准备、应急处置、事后恢复等工作,适用本办法。

本办法所称突发环境事件,是指由于污染物排放或者自然灾害、生产安全事故等因素,导致污染物或者放射性物质等有毒有害物质进入大气、水体、土壤等环境介质,突然造成或者可能造成环境质量下降,危及公众身体健康和财产安全,或者造成生态环境破坏,或者造成重大社会影响,需要采取紧急措施予以应对的事件。

突发环境事件按照事件严重程度,分为特别重大、重大、较大和一般四级。

核设施及有关核活动发生的核与辐射事故造成的辐射污染事件按照核与辐射相关规定执行。重污染天气应对工作按照《大气污染防治行动计划》等有关规定执行。

造成国际环境影响的突发环境事件的涉外应急通报和处置工作,按照国家有关国际合作的相关规定执行。

第三条 突发环境事件应急管理工作坚持预防为主、预防与应急相结合的原则。

第四条 突发环境事件应对,应当在县级以上地方人民政府的统一领导下,建立分类管理、分级负责、属地管理为主的应急管理体制。

县级以上环境保护主管部门应当在本级人民政府的统一领导下,对突发环境事件应急管理日常工作实施监督管理,指导、协助、督促下级人民政府及其有关部门做好突发环境事件应对工作。

第五条 县级以上地方环境保护主管部门应当按照本级人民政府的要求,会同有关部门建立健全突发环境事件应急联动机制,加强突发环境事件应急管理。

相邻区域地方环境保护主管部门应当开展跨行政区域的突发环境事件应急合作,共同防范、互通信息、协力应对突发环境事件。

第六条 企业事业单位应当按照相关法律法规和标准规范的要求,履行下列义务:

(一)开展突发环境事件风险评估;

（二）完善突发环境事件风险防控措施；

（三）排查治理环境安全隐患；

（四）制定突发环境事件应急预案并备案、演练；

（五）加强环境应急能力保障建设。

发生或者可能发生突发环境事件时，企业事业单位应当依法进行处理，并对所造成的损害承担责任。

第七条 环境保护主管部门和企业事业单位应当加强突发环境事件应急管理的宣传和教育，鼓励公众参与，增强防范和应对突发环境事件的知识和意识。

第二章 风险控制

第八条 企业事业单位应当按照国务院环境保护主管部门的有关规定开展突发环境事件风险评估，确定环境风险防范和环境安全隐患排查治理措施。

第九条 企业事业单位应当按照环境保护主管部门的有关要求和技术规范，完善突发环境事件风险防控措施。

前款所指的突发环境事件风险防控措施，应当包括有效防止泄漏物质、消防水、污染雨水等扩散至外环境的收集、导流、拦截、降污等措施。

第十条 企业事业单位应当按照有关规定建立健全环境安全隐患排查治理制度，建立隐患排查治理档案，及时发现并消除环境安全隐患。

对于发现后能够立即治理的环境安全隐患，企业事业单位应当立即采取措施，消除环境安全隐患。对于情况复杂、短期内难以完成治理，可能产生较大环境危害的环境安全隐患，应当制定隐患治理方案，落实整改措施、责任、资金、时限和现场应急预案，及时消除隐患。

第十一条 县级以上地方环境保护主管部门应当按照本级人民政府的统一要求，开展本行政区域突发环境事件风险评估工作，分析可能发生的突发环境事件，提高区域环境风险防范能力。

第十二条 县级以上地方环境保护主管部门应当对企业事业单位环境风险防范和环境安全隐患排查治理工作进行抽查或者突击检查，将存在重大环境安全隐患且整治不力的企业信息纳入社会诚信档案，并可以通报行业主管部门、投资主管部门、证券监督管理机构以及有关金融机构。

第三章 应急准备

第十三条 企业事业单位应当按照国务院环境保护主管部门的规定，在开展突发环境事件风险评估和应急资源调查的基础上制定突发环境事件应急预案,并按照分类分级管理的原则,报县级以上环境保护主管部门备案。

第十四条　县级以上地方环境保护主管部门应当根据本级人民政府突发环境事件专项应急预案,制定本部门的应急预案,报本级人民政府和上级环境保护主管部门备案。

第十五条　突发环境事件应急预案制定单位应当定期开展应急演练,撰写演练评估报告,分析存在问题,并根据演练情况及时修改完善应急预案。

第十六条　环境污染可能影响公众健康和环境安全时,县级以上地方环境保护主管部门可以建议本级人民政府依法及时公布环境污染公共监测预警信息,启动应急措施。

第十七条　县级以上地方环境保护主管部门应当建立本行政区域突发环境事件信息收集系统,通过"12369"环保举报热线、新闻媒体等多种途径收集突发环境事件信息,并加强跨区域、跨部门突发环境事件信息交流与合作。

第十八条　县级以上地方环境保护主管部门应当建立健全环境应急值守制度,确定应急值守负责人和应急联络员并报上级环境保护主管部门。

第十九条　企业事业单位应当将突发环境事件应急培训纳入单位工作计划,对从业人员定期进行突发环境事件应急知识和技能培训,并建立培训档案,如实记录培训的时间、内容、参加人员等信息。

第二十条　县级以上环境保护主管部门应当定期对从事突发环境事件应急管理工作的人员进行培训。

省级环境保护主管部门以及具备条件的市、县级环境保护主管部门应当设立环境应急专家库。

县级以上地方环境保护主管部门和企业事业单位应当加强环境应急处置救援能力建设。

第二十一条　县级以上地方环境保护主管部门应当加强环境应急能力标准化建设,配备应急监测仪器设备和装备,提高重点流域区域水、大气突发环境事件预警能力。

第二十二条　县级以上地方环境保护主管部门可以根据本行政区域的实际情况,建立环境应急物资储备信息库,有条件的地区可以设立环境应急物资储备库。

企业事业单位应当储备必要的环境应急装备和物资,并建立完善相关管理制度。

第四章 应急处置

第二十三条 企业事业单位造成或者可能造成突发环境事件时,应当立即启动突发环境事件应急预案,采取切断或者控制污染源以及其他防止危害扩大的必要措施,及时通报可能受到危害的单位和居民,并向事发地县级以上环境保护主管部门报告,接受调查处理。

应急处置期间,企业事业单位应当服从统一指挥,全面、准确地提供本单位与应急处置相关的技术资料,协助维护应急现场秩序,保护与突发环境事件相关的各项证据。

第二十四条 获知突发环境事件信息后,事件发生地县级以上地方环境保护主管部门应当按照《突发环境事件信息报告办法》规定的时限、程序和要求,向同级人民政府和上级环境保护主管部门报告。

第二十五条 突发环境事件已经或者可能涉及相邻行政区域的,事件发生地环境保护主管部门应当及时通报相邻区域同级环境保护主管部门,并向本级人民政府提出向相邻区域人民政府通报的建议。

第二十六条 获知突发环境事件信息后,县级以上地方环境保护主管部门应当立即组织排查污染源,初步查明事件发生的时间、地点、原因、污染物质及数量、周边环境敏感区等情况。

第二十七条 获知突发环境事件信息后,县级以上地方环境保护主管部门应当按照《突发环境事件应急监测技术规范》开展应急监测,及时向本级人民政府和上级环境保护主管部门报告监测结果。

第二十八条 应急处置期间,事发地县级以上地方环境保护主管部门应当组织开展事件信息的分析、评估,提出应急处置方案和建议报本级人民政府。

第二十九条 突发环境事件的威胁和危害得到控制或者消除后,事发地县级以上地方环境保护主管部门应当根据本级人民政府的统一部署,停止应急处置措施。

第五章 事后恢复

第三十条 应急处置工作结束后,县级以上地方环境保护主管部门应当及时总结、评估应急处置工作情况,提出改进措施,并向上级环境保护主管部门报告。

第三十一条 县级以上地方环境保护主管部门应当在本级人民政府的统一部署下,组织开展突发环境事件环境影响和损失等评估工作,并依法向有关人民政府报告。

第三十二条 县级以上环境保护主管部门应当按照有关规定开展事件调查，查清突发环境事件原因，确认事件性质，认定事件责任，提出整改措施和处理意见。

第三十三条 县级以上地方环境保护主管部门应当在本级人民政府的统一领导下，参与制定环境恢复工作方案，推动环境恢复工作。

第六章　信息公开

第三十四条 企业事业单位应当按照有关规定，采取便于公众知晓和查询的方式公开本单位环境风险防范工作开展情况、突发环境事件应急预案及演练情况、突发环境事件发生及处置情况，以及落实整改要求情况等环境信息。

第三十五条 突发环境事件发生后，县级以上地方环境保护主管部门应当认真研判事件影响和等级，及时向本级人民政府提出信息发布建议。履行统一领导职责或者组织处置突发事件的人民政府，应当按照有关规定统一、准确、及时发布有关突发事件事态发展和应急处置工作的信息。

第三十六条 县级以上环境保护主管部门应当在职责范围内向社会公开有关突发环境事件应急管理的规定和要求，以及突发环境事件应急预案及演练情况等环境信息。

县级以上地方环境保护主管部门应当对本行政区域内突发环境事件进行汇总分析，定期向社会公开突发环境事件的数量、级别，以及事件发生的时间、地点、应急处置概况等信息。

第七章　罚　　则

第三十七条 企业事业单位违反本办法规定，导致发生突发环境事件，《中华人民共和国突发事件应对法》《中华人民共和国水污染防治法》《中华人民共和国大气污染防治法》《中华人民共和国固体废物污染环境防治法》等法律法规已有相关处罚规定的，依照有关法律法规执行。

较大、重大和特别重大突发环境事件发生后，企业事业单位未按要求执行停产、停排措施，继续违反法律法规规定排放污染物的，环境保护主管部门应当依法对造成污染物排放的设施、设备实施查封、扣押。

第三十八条 企业事业单位有下列情形之一的，由县级以上环境保护主管部门责令改正，可以处一万元以上三万元以下罚款：

（一）未按规定开展突发环境事件风险评估工作,确定风险等级的；

（二）未按规定开展环境安全隐患排查治理工作,建立隐患排查治理档案的；

（三）未按规定将突发环境事件应急预案备案的；

（四）未按规定开展突发环境事件应急培训,如实记录培训情况的；

（五）未按规定储备必要的环境应急装备和物资；

（六）未按规定公开突发环境事件相关信息的。

第八章　附　　则

第三十九条　本办法由国务院环境保护主管部门负责解释。

第四十条　本办法自 2015 年 6 月 5 日起施行。

五、环境监察与监测

环境监察办法

1. 2012年7月25日环境保护部令第21号公布
2. 自2012年9月1日起施行

第一章 总 则

第一条 为加强和规范环境监察工作,加强环境监察队伍建设,提升环境监察效能,根据《中华人民共和国环境保护法》等有关法律、法规,结合环境监察工作实际,制定本办法。

第二条 本办法所称环境监察,是指环境保护主管部门依据环境保护法律、法规、规章和其他规范性文件实施的行政执法活动。

第三条 环境监察应当遵循以下原则:
　　(一)教育和惩戒相结合;
　　(二)严格执法和引导自觉守法相结合;
　　(三)证据确凿,程序合法,定性准确,处理恰当;
　　(四)公正、公开、高效。

第四条 环境保护部对全国环境监察工作实施统一监督管理。
　　县级以上地方环境保护主管部门负责本行政区域的环境监察工作。
　　各级环境保护主管部门所属的环境监察机构(以下简称"环境监察机构"),负责具体实施环境监察工作。

第五条 环境监察机构对本级环境保护主管部门负责,并接受上级环境监察机构的业务指导和监督。
　　各级环境保护主管部门应当加强对环境监察机构的领导,建立健全工作协调机制,并为环境监察机构提供必要的工作条件。

第六条 环境监察机构的主要任务包括:
　　(一)监督环境保护法律、法规、规章和其他规范性文件的执行;

（二）现场监督检查污染源的污染物排放情况、污染防治设施运行情况、环境保护行政许可执行情况、建设项目环境保护法律法规的执行情况等；

（三）现场监督检查自然保护区、畜禽养殖污染防治等生态和农村环境保护法律法规执行情况；

（四）具体负责排放污染物申报登记、排污费核定和征收；

（五）查处环境违法行为；

（六）查办、转办、督办对环境污染和生态破坏的投诉、举报，并按照环境保护主管部门确定的职责分工，具体负责环境污染和生态破坏纠纷的调解处理；

（七）参与突发环境事件的应急处置；

（八）对严重污染环境和破坏生态问题进行督查；

（九）依照职责，具体负责环境稽查工作；

（十）法律、法规、规章和规范性文件规定的其他职责。

第二章 环境监察机构和人员

第七条 各级环境监察机构可以命名为环境监察局。省级、设区的市级、县级环境监察机构，也可以分别以环境监察总队、环境监察支队、环境监察大队命名。

县级环境监察机构的分支（派出）机构和乡镇级环境监察机构的名称，可以命名为环境监察中队或者环境监察所。

第八条 环境监察机构的设置和人员构成，应当根据本行政区域范围大小、经济社会发展水平、人口规模、污染源数量和分布、生态保护和环境执法任务量等因素科学确定。

第九条 环境监察机构的工作经费，应当按照国家有关规定列入环境保护主管部门预算，由本级财政予以保障。

第十条 环境监察机构的办公用房、执法业务用房及执法车辆、调查取证器材等执法装备，应当符合国家环境监察标准化建设及验收要求。

环境监察机构的执法车辆应当喷涂统一的环境监察执法标识。

第十一条 录用环境监察机构的工作人员（以下简称"环境监察人员"），应当符合《中华人民共和国公务员法》的有关规定。

第十二条 环境保护主管部门应当根据工作需要，制定环境监察培训五年规划和年度计划，组织开展分级分类培训。

设区的市级、县级环境监察机构的主要负责人和省级以上环境监察人员的岗位培训,由环境保护部统一组织。其他环境监察人员的岗位培训,由省级环境保护主管部门组织。

环境监察人员参加培训的情况,应当作为环境监察人员考核、任职的主要依据。

第十三条 从事现场执法工作的环境监察人员进行现场检查时,有权依法采取以下措施:

(一)进入有关场所进行勘察、采样、监测、拍照、录音、录像、制作笔录;

(二)查阅、复制相关资料;

(三)约见、询问有关人员,要求说明相关事项,提供相关材料;

(四)责令停止或者纠正违法行为;

(五)适用行政处罚简易程序,当场作出行政处罚决定;

(六)法律、法规、规章规定的其他措施。

实施现场检查时,从事现场执法工作的环境监察人员不得少于两人,并出示《中国环境监察执法证》等行政执法证件,表明身份,说明执法事项。

第十四条 从事现场执法工作的环境监察人员,应当持有《中国环境监察执法证》。

对参加岗位培训,并经考试取得培训合格证书的环境监察人员,经核准后颁发《中国环境监察执法证》。《中国环境监察执法证》颁发、使用、管理的具体办法,由环境保护部另行制定。

第十五条 各级环境监察机构应当建立健全保密制度,完善保密措施,落实保密责任,指定专人管理保密的日常工作。

第十六条 环境监察人员应当严格遵守有关廉政纪律和要求。

第十七条 各级环境保护主管部门应当建立健全对环境监察人员的考核制度。

对工作表现突出、有显著成绩的环境监察人员,给予表彰和奖励。对在环境监察工作中违法违纪的环境监察人员,依法给予处分,可以暂扣、收回《中国环境监察执法证》;涉嫌构成犯罪的,依法移送司法机关追究刑事责任。

第三章 环境监察工作

第十八条 环境监察机构应当根据本行政区域环境保护工作任务、污染源数量、类型、管理权限等,制定环境监察工作年度计划。

环境监察工作年度计划报同级环境保护主管部门批准后实施,并抄送上一级环境监察机构。

第十九条 环境监察机构应当根据环境监察工作年度计划,组织现场检查。现场检查可以采取例行检查或者重点检查的方式进行。

第二十条 对排污者申报的排放污染物的种类、数量,环境监察机构负责依法进行核定。

第二十一条 环境监察机构应当按照排污费征收标准和核定的污染物种类、数量,负责向排污者征收排污费。

对减缴、免缴、缓缴排污费的申请,环境监察机构应当依法审核。

第二十二条 违反环境保护法律、法规和规章规定的,环境保护主管部门应当责令违法行为人改正或者限期改正,并依法实施行政处罚。

第二十三条 对违反环境保护法律、法规,严重污染环境或者造成重大社会影响的环境违法案件,环境保护主管部门可以提出明确要求,督促有关部门限期办理,并向社会公开办理结果。

第二十四条 环境监察机构负责组织实施环境行政执法后督察,监督环境行政处罚、行政命令等具体行政行为的执行。

第二十五条 企业事业单位严重污染环境或者造成严重生态破坏的,环境保护主管部门或者环境监察机构可以约谈单位负责人,督促其限期整改。

对未完成环境保护目标任务或者发生重大、特大突发环境事件的,环境保护主管部门或者环境监察机构可以约谈下级地方人民政府负责人,要求地方人民政府依法履行职责,落实整改措施,并可以提出改进工作的建议。

第二十六条 对依法受理的案件,属于本机关管辖的,环境保护主管部门应当按照规定的时限和程序依法处理;属于环境保护主管部门管辖但不属于本机关管辖的,受理案件的环境保护主管部门应当移送有管辖权的环境保护主管部门处理;不属于环境保护主管部门管辖的,受理案件的环境保护主管部门应当移送有管辖权的机关处理。

环境保护主管部门应当加强与司法机关的配合和协作,并可以根据工作需要,联合其他部门共同执法。

第二十七条　相邻行政区域的环境保护主管部门应当相互通报环境监察执法信息,加强沟通、协调和配合。

同一区域、流域内的环境保护主管部门应当加强信息共享,开展联合检查和执法活动。

环境监察机构应当加强信息统计,并以专题报告、定期报告、统计报表等形式,向同级环境保护主管部门和上级环境监察机构报告本行政区域的环境监察工作情况。

环境保护主管部门应当依法公开环境监察的有关信息。

第二十八条　上级环境保护主管部门应当对下级环境保护主管部门在环境监察工作中依法履行职责、行使职权和遵守纪律的情况进行稽查。

第二十九条　对环境监察工作中形成的污染源监察、建设项目检查、排放污染物申报登记、排污费征收、行政处罚等材料,应当及时进行整理,立卷归档。

第三十条　上级环境监察机构应当对下一级环境保护主管部门的环境监察工作进行年度考核。

第四章　附　　则

第三十一条　环境保护主管部门所属的其他机构,可以按照环境保护主管部门确定的职责分工,参照本办法,具体实施其职责范围内的环境监察工作。

第三十二条　本办法由环境保护部负责解释。

第三十三条　本办法自 2012 年 9 月 1 日起施行。《环境监理工作暂行办法》(〔91〕环监字第 338 号)、《环境监理工作制度(试行)》(环监〔1996〕888 号)、《环境监理工作程序(试行)》(环监〔1996〕888 号)、《环境监理政务公开制度》(环发〔1999〕15 号)同时废止。

环境保护主管部门
实施限制生产、停产整治办法

1. 2014 年 12 月 19 日环境保护部令第 30 号公布
2. 自 2015 年 1 月 1 日起施行

第一章　总　　则

第一条　为规范实施限制生产、停产整治措施,依据《中华人民共和国环境保护法》，制定本办法。

第二条 县级以上环境保护主管部门对超过污染物排放标准或者超过重点污染物排放总量控制指标排放污染物的企业事业单位和其他生产经营者（以下称排污者），责令采取限制生产、停产整治措施的，适用本办法。

第三条 环境保护主管部门作出限制生产、停产整治决定时，应当责令排污者改正或者限期改正违法行为，并依法实施行政处罚。

第四条 环境保护主管部门实施限制生产、停产整治的，应当依法向社会公开限制生产、停产整治决定，限制生产延期情况和解除限制生产、停产整治的日期等相关信息。

第二章 适 用 范 围

第五条 排污者超过污染物排放标准或者超过重点污染物日最高允许排放总量控制指标的，环境保护主管部门可以责令其采取限制生产措施。

第六条 排污者有下列情形之一的，环境保护主管部门可以责令其采取停产整治措施：

（一）通过暗管、渗井、渗坑、灌注或者篡改、伪造监测数据，或者不正常运行防治污染设施等逃避监管的方式排放污染物，超过污染物排放标准的；

（二）非法排放含重金属、持久性有机污染物等严重危害环境、损害人体健康的污染物超过污染物排放标准三倍以上的；

（三）超过重点污染物排放总量年度控制指标排放污染物的；

（四）被责令限制生产后仍然超过污染物排放标准排放污染物的；

（五）因突发事件造成污染物排放超过排放标准或者重点污染物排放总量控制指标的；

（六）法律、法规规定的其他情形。

第七条 具备下列情形之一的排污者，超过污染物排放标准或者超过重点污染物排放总量控制指标排放污染物的，环境保护主管部门应当按照有关环境保护法律法规予以处罚，可以不予实施停产整治：

（一）城镇污水处理、垃圾处理、危险废物处置等公共设施的运营单位；

（二）生产经营业务涉及基本民生、公共利益的；

（三）实施停产整治可能影响生产安全的。

第八条 排污者有下列情形之一的，由环境保护主管部门报经有批准权的人民政府责令停业、关闭：

（一）两年内因排放含重金属、持久性有机污染物等有毒物质超过污染物排放标准受过两次以上行政处罚，又实施前列行为的；

（二）被责令停产整治后拒不停产或者擅自恢复生产的；

（三）停产整治决定解除后，跟踪检查发现又实施同一违法行为的；

（四）法律法规规定的其他严重环境违法情节的。

第三章 实 施 程 序

第九条 环境保护主管部门在作出限制生产、停产整治决定前，应当做好调查取证工作。

责令限制生产、停产整治的证据包括现场检查笔录、调查询问笔录、环境监测报告、视听资料、证人证言和其他证明材料。

第十条 作出限制生产、停产整治决定前，应当书面报经环境保护主管部门负责人批准；案情重大或者社会影响较大的，应当经环境保护主管部门案件审查委员会集体审议决定。

第十一条 环境保护主管部门作出限制生产、停产整治决定前，应当告知排污者有关事实、依据及其依法享有的陈述、申辩或者要求举行听证的权利；就同一违法行为进行行政处罚的，可以在行政处罚事先告知书或者行政处罚听证告知书中一并告知。

第十二条 环境保护主管部门作出限制生产、停产整治决定的，应当制作责令限制生产决定书或者责令停产整治决定书，也可以在行政处罚决定书中载明。

第十三条 责令限制生产决定书和责令停产整治决定书应当载明下列事项：

（一）排污者的基本情况，包括名称或者姓名、营业执照号码或者居民身份证号码、组织机构代码、地址以及法定代表人或者主要负责人姓名等；

（二）违法事实、证据，以及作出限制生产、停产整治决定的依据；

（三）责令限制生产、停产整治的改正方式、期限；

（四）排污者应当履行的相关义务及申请行政复议或者提起行政诉讼的途径和期限；

（五）环境保护主管部门的名称、印章和决定日期。

第十四条 环境保护主管部门应当自作出限制生产、停产整治决定之日起七个工作日内将决定书送达排污者。

第十五条 限制生产一般不超过三个月；情况复杂的，经本级环境保护主管部门负责人批准，可以延长，但延长期限不得超过三个月。

停产整治的期限,自责令停产整治决定书送达排污者之日起,至停产整治决定解除之日止。

第十六条 排污者应当在收到责令限制生产决定书或者责令停产整治决定书后立即整改,并在十五个工作日内将整改方案报作出决定的环境保护主管部门备案并向社会公开。整改方案应当确定改正措施、工程进度、资金保障和责任人员等事项。

被限制生产的排污者在整改期间,不得超过污染物排放标准或者重点污染物日最高允许排放总量控制指标排放污染物,并按照环境监测技术规范进行监测或者委托有条件的环境监测机构开展监测,保存监测记录。

第十七条 排污者完成整改任务的,应当在十五个工作日内将整改任务完成情况和整改信息社会公开情况,报作出限制生产、停产整治决定的环境保护主管部门备案,并提交监测报告以及整改期间生产用电量、用水量、主要产品产量与整改前的对比情况等材料。限制生产、停产整治决定自排污者报环境保护主管部门备案之日起解除。

第十八条 排污者有下列情形之一的,限制生产、停产整治决定自行终止:
(一)依法被撤销、解散、宣告破产或者因其他原因终止营业的;
(二)被有批准权的人民政府依法责令停业、关闭的。

第十九条 排污者被责令限制生产、停产整治后,环境保护主管部门应当按照相关规定对排污者履行限制生产、停产整治措施的情况实施后督察,并依法进行处理或者处罚。

第二十条 排污者解除限制生产、停产整治后,环境保护主管部门应当在解除之日起三十日内对排污者进行跟踪检查。

第四章 附 则

第二十一条 本办法由国务院环境保护主管部门负责解释。
第二十二条 本办法自 2015 年 1 月 1 日起施行。

环境监测管理办法

1. 2007 年 7 月 25 日国家环境保护总局令第 39 号发布
2. 自 2007 年 9 月 1 日起施行

第一条 为加强环境监测管理,根据《环境保护法》等有关法律法规,制定本办法。

第二条 本办法适用于县级以上环境保护部门下列环境监测活动的管理：

（一）环境质量监测；

（二）污染源监督性监测；

（三）突发环境污染事件应急监测；

（四）为环境状况调查和评价等环境管理活动提供监测数据的其他环境监测活动。

第三条 环境监测工作是县级以上环境保护部门的法定职责。

县级以上环境保护部门应当按照数据准确、代表性强、方法科学、传输及时的要求，建设先进的环境监测体系，为全面反映环境质量状况和变化趋势，及时跟踪污染源变化情况，准确预警各类环境突发事件等环境管理工作提供决策依据。

第四条 县级以上环境保护部门对本行政区域环境监测工作实施统一监督管理，履行下列主要职责：

（一）制定并组织实施环境监测发展规划和年度工作计划；

（二）组建直属环境监测机构，并按照国家环境监测机构建设标准组织实施环境监测能力建设；

（三）建立环境监测工作质量审核和检查制度；

（四）组织编制环境监测报告，发布环境监测信息；

（五）依法组建环境监测网络，建立网络管理制度，组织网络运行管理；

（六）组织开展环境监测科学技术研究、国际合作与技术交流。

国家环境保护总局适时组建直属跨界环境监测机构。

第五条 县级以上环境保护部门所属环境监测机构具体承担下列主要环境监测技术支持工作：

（一）开展环境质量监测、污染源监督性监测和突发环境污染事件应急监测；

（二）承担环境监测网建设和运行，收集、管理环境监测数据，开展环境状况调查和评价，编制环境监测报告；

（三）负责环境监测人员的技术培训；

（四）开展环境监测领域科学研究，承担环境监测技术规范、方法研究以及国际合作和交流；

（五）承担环境保护部门委托的其他环境监测技术支持工作。

第六条 国家环境保护总局负责依法制定统一的国家环境监测技术规范。

省级环境保护部门对国家环境监测技术规范未作规定的项目,可以制定地方环境监测技术规范,并报国家环境保护总局备案。

第七条 县级以上环境保护部门负责统一发布本行政区域的环境污染事故、环境质量状况等环境监测信息。

有关部门间环境监测结果不一致的,由县级以上环境保护部门报经同级人民政府协调后统一发布。

环境监测信息未经依法发布,任何单位和个人不得对外公布或者透露。

属于保密范围的环境监测数据、资料、成果,应当按照国家有关保密的规定进行管理。

第八条 县级以上环境保护部门所属环境监测机构依据本办法取得的环境监测数据,应当作为环境统计、排污申报核定、排污费征收、环境执法、目标责任考核等环境管理的依据。

第九条 县级以上环境保护部门按照环境监测的代表性分别负责组织建设国家级、省级、市级、县级环境监测网,并分别委托所属环境监测机构负责运行。

第十条 环境监测网由各环境监测要素的点位(断面)组成。

环境监测点位(断面)的设置、变更、运行,应当按照国家环境保护总局有关规定执行。

各大水系或者区域的点位(断面),属于国家级环境监测网。

第十一条 环境保护部门所属环境监测机构按照其所属的环境保护部门级别,分为国家级、省级、市级、县级四级。

上级环境监测机构应当加强对下级环境监测机构的业务指导和技术培训。

第十二条 环境保护部门所属环境监测机构应当具备与所从事的环境监测业务相适应的能力和条件,并按照经批准的环境保护规划规定的要求和时限,逐步达到国家环境监测能力建设标准。

环境保护部门所属环境监测机构从事环境监测的专业技术人员,应当进行专业技术培训,并经国家环境保护总局统一组织的环境监测岗位考试考核合格,方可上岗。

第十三条 县级以上环境保护部门应当对本行政区域内的环境监测质量进行审核和检查。

各级环境监测机构应当按照国家环境监测技术规范进行环境监测,并建立环境监测质量管理体系,对环境监测实施全过程质量管理,并对监测信息的准确性和真实性负责。

第十四条　县级以上环境保护部门应当建立环境监测数据库,对环境监测数据实行信息化管理,加强环境监测数据收集、整理、分析、储存,并按照国家环境保护总局的要求定期将监测数据逐级报上一级环境保护部门。

各级环境保护部门应当逐步建立环境监测数据信息共享制度。

第十五条　环境监测工作,应当使用统一标志。

环境监测人员佩戴环境监测标志,环境监测站点设立环境监测标志,环境监测车辆印制环境监测标志,环境监测报告附具环境监测标志。

环境监测统一标志由国家环境保护总局制定。

第十六条　任何单位和个人不得损毁、盗窃环境监测设施。

第十七条　县级以上环境保护部门应当协调有关部门,将环境监测网建设投资、运行经费等环境监测工作所需经费全额纳入同级财政年度经费预算。

第十八条　县级以上环境保护部门及其工作人员、环境监测机构及环境监测人员有下列行为之一的,由任免机关或者监察机关按照管理权限依法给予行政处分;涉嫌犯罪的,移送司法机关依法处理:

（一）未按照国家环境监测技术规范从事环境监测活动的;

（二）拒报或者两次以上不按照规定的时限报送环境监测数据的;

（三）伪造、篡改环境监测数据的;

（四）擅自对外公布环境监测信息的。

第十九条　排污者拒绝、阻挠环境监测工作人员进行环境监测活动或者弄虚作假的,由县级以上环境保护部门依法给予行政处罚;构成违反治安管理行为的,由公安机关依法给予治安处罚;构成犯罪的,依法追究刑事责任。

第二十条　损毁、盗窃环境监测设施的,县级以上环境保护部门移送公安机关,由公安机关依照《治安管理处罚法》的规定处10日以上15日以下拘留;构成犯罪的,依法追究刑事责任。

第二十一条　排污者必须按照县级以上环境保护部门的要求和国家环境监测技术规范,开展排污状况自我监测。

排污者按照国家环境监测技术规范,并经县级以上环境保护部门所属环境监测机构检查符合国家规定的能力要求和技术条件的,其监测数据作为核定污染物排放种类、数量的依据。

不具备环境监测能力的排污者,应当委托环境保护部门所属环境监测机构或者经省级环境保护部门认定的环境监测机构进行监测;接受委托的环境监测机构所从事的监测活动,所需经费由委托方承担,收费标准按照国家有关规定执行。

经省级环境保护部门认定的环境监测机构,是指非环境保护部门所属的、从事环境监测业务的机构,可以自愿向所在地省级环境保护部门申请证明其具备相适应的环境监测业务能力认定,经认定合格者,即为经省级环境保护部门认定的环境监测机构。

经省级环境保护部门认定的环境监测机构应当接受所在地环境保护部门所属环境监测机构的监督检查。

第二十二条　辐射环境监测的管理,参照本办法执行。

第二十三条　本办法自 2007 年 9 月 1 日起施行。

六、税　收

中华人民共和国环境保护税法

1. 2016年12月25日第十二届全国人民代表大会常务委员会第二十五次会议通过
2. 根据2018年10月26日第十三届全国人民代表大会常务委员会第六次会议《关于修改〈中华人民共和国野生动物保护法〉等十五部法律的决定》修正

目　录

第一章　总　则
第二章　计税依据和应纳税额
第三章　税收减免
第四章　征收管理
第五章　附　则

第一章　总　则

第一条　【立法目的】为了保护和改善环境，减少污染物排放，推进生态文明建设，制定本法。

第二条　【纳税范围】在中华人民共和国领域和中华人民共和国管辖的其他海域，直接向环境排放应税污染物的企业事业单位和其他生产经营者为环境保护税的纳税人，应当依照本法规定缴纳环境保护税。

第三条　【应税污染物】本法所称应税污染物，是指本法所附《环境保护税税目税额表》《应税污染物和当量值表》规定的大气污染物、水污染物、固体废物和噪声。

第四条　【不需缴税的情形】有下列情形之一的，不属于直接向环境排放污染物，不缴纳相应污染物的环境保护税：

（一）企业事业单位和其他生产经营者向依法设立的污水集中处理、生活垃圾集中处理场所排放应税污染物的；

（二）企业事业单位和其他生产经营者在符合国家和地方环境保护标准的设施、场所贮存或者处置固体废物的。

第五条　【应当缴税的情形】依法设立的城乡污水集中处理、生活垃圾集中处理场所超过国家和地方规定的排放标准向环境排放应税污染物的，应当缴纳环境保护税。

企业事业单位和其他生产经营者贮存或者处置固体废物不符合国家和地方环境保护标准的，应当缴纳环境保护税。

第六条　【税目、税额】环境保护税的税目、税额，依照本法所附《环境保护税税目税额表》执行。

应税大气污染物和水污染物的具体适用税额的确定和调整，由省、自治区、直辖市人民政府统筹考虑本地区环境承载能力、污染物排放现状和经济社会生态发展目标要求，在本法所附《环境保护税税目税额表》规定的税额幅度内提出，报同级人民代表大会常务委员会决定，并报全国人民代表大会常务委员会和国务院备案。

第二章　计税依据和应纳税额

第七条　【计税依据的确定】应税污染物的计税依据，按照下列方法确定：

（一）应税大气污染物按照污染物排放量折合的污染当量数确定；

（二）应税水污染物按照污染物排放量折合的污染当量数确定；

（三）应税固体废物按照固体废物的排放量确定；

（四）应税噪声按照超过国家规定标准的分贝数确定。

第八条　【污染当量数的计算】应税大气污染物、水污染物的污染当量数，以该污染物的排放量除以该污染物的污染当量值计算。每种应税大气污染物、水污染物的具体污染当量值，依照本法所附《应税污染物和当量值表》执行。

第九条　【应税污染物项目数】每一排放口或者没有排放口的应税大气污染物，按照污染当量数从大到小排序，对前三项污染物征收环境保护税。

每一排放口的应税水污染物，按照本法所附《应税污染物和当量值表》，区分第一类水污染物和其他类水污染物，按照污染当量数从大到小排序，对第一类水污染物按照前五项征收环境保护税，对其他类水污染物按照前三项征收环境保护税。

省、自治区、直辖市人民政府根据本地区污染物减排的特殊需要，可以增加同一排放口征收环境保护税的应税污染物项目数，报同级人民代表大会常务委员会决定,并报全国人民代表大会常务委员会和国务院备案。

第十条 【排放量和噪声分贝数的计算】应税大气污染物、水污染物、固体废物的排放量和噪声的分贝数,按照下列方法和顺序计算:

(一)纳税人安装使用符合国家规定和监测规范的污染物自动监测设备的,按照污染物自动监测数据计算;

(二)纳税人未安装使用污染物自动监测设备的,按照监测机构出具的符合国家有关规定和监测规范的监测数据计算;

(三)因排放污染物种类多等原因不具备监测条件的,按照国务院生态环境主管部门规定的排污系数、物料衡算方法计算;

(四)不能按照本条第一项至第三项规定的方法计算的,按照省、自治区、直辖市人民政府生态环境主管部门规定的抽样测算的方法核定计算。

第十一条 【应纳税额的计算】环境保护税应纳税额按照下列方法计算:

(一)应税大气污染物的应纳税额为污染当量数乘以具体适用税额;

(二)应税水污染物的应纳税额为污染当量数乘以具体适用税额;

(三)应税固体废物的应纳税额为固体废物排放量乘以具体适用税额;

(四)应税噪声的应纳税额为超过国家规定标准的分贝数对应的具体适用税额。

第三章 税 收 减 免

第十二条 【免征环保税的情形】下列情形,暂予免征环境保护税:

(一)农业生产(不包括规模化养殖)排放应税污染物的;

(二)机动车、铁路机车、非道路移动机械、船舶和航空器等流动污染源排放应税污染物的;

(三)依法设立的城乡污水集中处理、生活垃圾集中处理场所排放相应应税污染物,不超过国家和地方规定的排放标准的;

(四)纳税人综合利用的固体废物,符合国家和地方环境保护标准的;

(五)国务院批准免税的其他情形。

前款第五项免税规定,由国务院报全国人民代表大会常务委员会备案。

第十三条 【减征环保税的情形】纳税人排放应税大气污染物或者水污染物的浓度值低于国家和地方规定的污染物排放标准百分之三十的,减按百分之七十五征收环境保护税。纳税人排放应税大气污染物或者水污染物的浓度值低于国家和地方规定的污染物排放标准百分之五十的，减按百分之五十征收环境保护税。

第四章 征收管理

第十四条 【环保税的征收管理】环境保护税由税务机关依照《中华人民共和国税收征收管理法》和本法的有关规定征收管理。

生态环境主管部门依照本法和有关环境保护法律法规的规定负责对污染物的监测管理。

县级以上地方人民政府应当建立税务机关、生态环境主管部门和其他相关单位分工协作工作机制，加强环境保护税征收管理，保障税款及时足额入库。

第十五条 【生态环境、税务之间信息共享与工作配合】生态环境主管部门和税务机关应当建立涉税信息共享平台和工作配合机制。

生态环境主管部门应当将排污单位的排污许可、污染物排放数据、环境违法和受行政处罚情况等环境保护相关信息，定期交送税务机关。

税务机关应当将纳税人的纳税申报、税款入库、减免税额、欠缴税款以及风险疑点等环境保护税涉税信息，定期交送生态环境主管部门。

第十六条 【纳税义务发生时间】纳税义务发生时间为纳税人排放应税污染物的当日。

第十七条 【纳税人申报义务】纳税人应当向应税污染物排放地的税务机关申报缴纳环境保护税。

第十八条 【申报缴纳周期与纳税资料】环境保护税按月计算，按季申报缴纳。不能按固定期限计算缴纳的，可以按次申报缴纳。

纳税人申报缴纳时，应当向税务机关报送所排放应税污染物的种类、数量，大气污染物、水污染物的浓度值，以及税务机关根据实际需要要求纳税人报送的其他纳税资料。

第十九条 【申报缴纳期限与如实申报义务】纳税人按季申报缴纳的，应当自季度终了之日起十五日内，向税务机关办理纳税申报并缴纳税款。纳税人按次申报缴纳的，应当自纳税义务发生之日起十五日内，向税务机关办理纳税申报并缴纳税款。

纳税人应当依法如实办理纳税申报，对申报的真实性和完整性承担责任。

第二十条 【数据比对、复核】税务机关应当将纳税人的纳税申报数据资料与生态环境主管部门交送的相关数据资料进行比对。

　　税务机关发现纳税人的纳税申报数据资料异常或者纳税人未按照规定期限办理纳税申报的,可以提请生态环境主管部门进行复核,生态环境主管部门应当自收到税务机关的数据资料之日起十五日内向税务机关出具复核意见。税务机关应当按照生态环境主管部门复核的数据资料调整纳税人的应纳税额。

第二十一条　【数据核定】依照本法第十条第四项的规定核定计算污染物排放量的,由税务机关会同生态环境主管部门核定污染物排放种类、数量和应纳税额。

第二十二条　【向海域排放污染物的缴税办法】纳税人从事海洋工程向中华人民共和国管辖海域排放应税大气污染物、水污染物或者固体废物,申报缴纳环境保护税的具体办法,由国务院税务主管部门会同国务院生态环境主管部门规定。

第二十三条　【责任追究】纳税人和税务机关、生态环境主管部门及其工作人员违反本法规定的,依照《中华人民共和国税收征收管理法》《中华人民共和国环境保护法》和有关法律法规的规定追究法律责任。

第二十四条　【鼓励环保建设投入】各级人民政府应当鼓励纳税人加大环境保护建设投入,对纳税人用于污染物自动监测设备的投资予以资金和政策支持。

第五章　附　　则

第二十五条　【用语含义】本法下列用语的含义:

　　(一)污染当量,是指根据污染物或者污染排放活动对环境的有害程度以及处理的技术经济性,衡量不同污染物对环境污染的综合性指标或者计量单位。同一介质相同污染当量的不同污染物,其污染程度基本相当。

　　(二)排污系数,是指在正常技术经济和管理条件下,生产单位产品所应排放的污染物量的统计平均值。

　　(三)物料衡算,是指根据物质质量守恒原理对生产过程中使用的原料、生产的产品和产生的废物等进行测算的一种方法。

第二十六条　【损害责任】直接向环境排放应税污染物的企业事业单位和其他生产经营者,除依照本法规定缴纳环境保护税外,应当对所造成的损害依法承担责任。

第二十七条　【排污费向环保税转移】自本法施行之日起,依照本法规定征收环境保护税,不再征收排污费。

第二十八条 【施行日期】本法自 2018 年 1 月 1 日起施行。

附表一:

环境保护税税目税额表

税　目		计税单位	税　额	备　注
大气污染物		每污染当量	1.2 元至 12 元	
水污染物		每污染当量	1.4 元至 14 元	
固体废物	煤矸石	每吨	5 元	
	尾矿	每吨	15 元	
	危险废物	每吨	1000 元	
	冶炼渣、粉煤灰、炉渣、其他固体废物(含半固态、液态废物)	每吨	25 元	
噪声	工业噪声	超标 1—3 分贝	每月 350 元	1. 一个单位边界上有多处噪声超标,根据最高一处超标声级计算应纳税额;当沿边界长度超过 100 米有两处以上噪声超标,按照两个单位计算应纳税额。 2. 一个单位有不同地点作业场所的,应当分别计算应纳税额,合并计征。 3. 昼、夜均超标的环境噪声,昼、夜分别计算应纳税额,累计计征。 4. 声源一个月内超标不足 15 天的,减半计算应纳税额。 5. 夜间频繁突发和夜间偶然突发厂界超标噪声,按等效声级和峰值噪声两种指标中超标分贝值高的一项计算应纳税额。
		超标 4—6 分贝	每月 700 元	
		超标 7—9 分贝	每月 1400 元	
		超标 10—12 分贝	每月 2800 元	
		超标 13—15 分贝	每月 5600 元	
		超标 16 分贝以上	每月 11200 元	

附表二:

应税污染物和当量值表

一、第一类水污染物污染当量值

污染物	污染当量值(千克)
1. 总汞	0.0005
2. 总镉	0.005
3. 总铬	0.04
4. 六价铬	0.02
5. 总砷	0.02
6. 总铅	0.025
7. 总镍	0.025
8. 苯并(a)芘	0.0000003
9. 总铍	0.01
10. 总银	0.02

二、第二类水污染物污染当量值

污染物	污染当量值(千克)	备注
11. 悬浮物(SS)	4	
12. 生化需氧量(BOD_5)	0.5	同一排放口中的化学需氧量、生化需氧量和总有机碳,只征收一项。
13. 化学需氧量(CODcr)	1	
14. 总有机碳(TOC)	0.49	
15. 石油类	0.1	
16. 动植物油	0.16	
17. 挥发酚	0.08	
18. 总氰化物	0.05	
19. 硫化物	0.125	
20. 氨氮	0.8	

续表

污染物	污染当量值（千克）	备 注
21. 氟化物	0.5	
22. 甲醛	0.125	
23. 苯胺类	0.2	
24. 硝基苯类	0.2	
25. 阴离子表面活性剂（LAS）	0.2	
26. 总铜	0.1	
27. 总锌	0.2	
28. 总锰	0.2	
29. 彩色显影剂（CD—2）	0.2	
30. 总磷	0.25	
31. 单质磷（以P计）	0.05	
32. 有机磷农药（以P计）	0.05	
33. 乐果	0.05	
34. 甲基对硫磷	0.05	
35. 马拉硫磷	0.05	
36. 对硫磷	0.05	
37. 五氯酚及五氯酚钠（以五氯酚计）	0.25	
38. 三氯甲烷	0.04	
39. 可吸附有机卤化物（AOX）（以Cl计）	0.25	
40. 四氯化碳	0.04	
41. 三氯乙烯	0.04	
42. 四氯乙烯	0.04	
43. 苯	0.02	
44. 甲苯	0.02	
45. 乙苯	0.02	

续表

污染物	污染当量值（千克）	备 注
46. 邻—二甲苯	0.02	
47. 对—二甲苯	0.02	
48. 间—二甲苯	0.02	
49. 氯苯	0.02	
50. 邻二氯苯	0.02	
51. 对二氯苯	0.02	
52. 对硝基氯苯	0.02	
53. 2,4—二硝基氯苯	0.02	
54. 苯酚	0.02	
55. 间—甲酚	0.02	
56. 2,4—二氯酚	0.02	
57. 2,4,6—三氯酚	0.02	
58. 邻苯二甲酸二丁酯	0.02	
59. 邻苯二甲酸二辛酯	0.02	
60. 丙烯腈	0.125	
61. 总硒	0.02	

三、pH 值、色度、大肠菌群数、余氯量水污染物污染当量值

污染物		污染当量值	备 注
1. pH 值	1. 0—1,13—14 2. 1—2,12—13 3. 2—3,11—12 4. 3—4,10—11 5. 4—5,9—10 6. 5—6	0.06 吨污水 0.125 吨污水 0.25 吨污水 0.5 吨污水 1 吨污水 5 吨污水	pH 值5—6 指大于等于5,小于6;pH 值9—10 指大于9,小于等于10,其余类推。
2. 色度		5 吨水·倍	
3. 大肠菌群数（超标）		3.3 吨污水	大肠菌群数和余氯量只征收一项。
4. 余氯量（用氯消毒的医院废水）		3.3 吨污水	

四、禽畜养殖业、小型企业和第三产业水污染物污染当量值

（本表仅适用于计算无法进行实际监测或者物料衡算的禽畜养殖业、小型企业和第三产业等小型排污者的水污染物污染当量数）

类型		污染当量值	备注
禽畜养殖场	1. 牛	0.1 头	仅对存栏规模大于 50 头牛、500 头猪、5000 羽鸡鸭等的禽畜养殖场征收。
	2. 猪	1 头	
	3. 鸡、鸭等家禽	30 羽	
4. 小型企业		1.8 吨污水	
5. 饮食娱乐服务业		0.5 吨污水	
6. 医院	消毒	0.14 床	医院病床数大于 20 张的按照本表计算污染当量数。
		2.8 吨污水	
	不消毒	0.07 床	
		1.4 吨污水	

五、大气污染物污染当量值

污染物	污染当量值（千克）
1. 二氧化硫	0.95
2. 氮氧化物	0.95
3. 一氧化碳	16.7
4. 氯气	0.34
5. 氯化氢	10.75
6. 氟化物	0.87
7. 氰化氢	0.005
8. 硫酸雾	0.6
9. 铬酸雾	0.0007
10. 汞及其化合物	0.0001
11. 一般性粉尘	4
12. 石棉尘	0.53
13. 玻璃棉尘	2.13

续表

污染物	污染当量值(千克)
14. 碳黑尘	0.59
15. 铅及其化合物	0.02
16. 镉及其化合物	0.03
17. 铍及其化合物	0.0004
18. 镍及其化合物	0.13
19. 锡及其化合物	0.27
20. 烟尘	2.18
21. 苯	0.05
22. 甲苯	0.18
23. 二甲苯	0.27
24. 苯并(a)芘	0.000002
25. 甲醛	0.09
26. 乙醛	0.45
27. 丙烯醛	0.06
28. 甲醇	0.67
29. 酚类	0.35
30. 沥青烟	0.19
31. 苯胺类	0.21
32. 氯苯类	0.72
33. 硝基苯	0.17
34. 丙烯腈	0.22
35. 氯乙烯	0.55
36. 光气	0.04
37. 硫化氢	0.29
38. 氨	9.09
39. 三甲胺	0.32

续表

污染物	污染当量值(千克)
40. 甲硫醇	0.04
41. 甲硫醚	0.28
42. 二甲二硫	0.28
43. 苯乙烯	25
44. 二硫化碳	20

中华人民共和国
环境保护税法实施条例

1. 2017年12月25日国务院令第693号公布
2. 自2018年1月1日起施行

第一章 总 则

第一条 根据《中华人民共和国环境保护税法》(以下简称环境保护税法),制定本条例。

第二条 环境保护税法所附《环境保护税税目税额表》所称其他固体废物的具体范围,依照环境保护税法第六条第二款规定的程序确定。

第三条 环境保护税法第五条第一款、第十二条第一款第三项规定的城乡污水集中处理场所,是指为社会公众提供生活污水处理服务的场所,不包括为工业园区、开发区等工业聚集区域内的企业事业单位和其他生产经营者提供污水处理服务的场所,以及企业事业单位和其他生产经营者自建自用的污水处理场所。

第四条 达到省级人民政府确定的规模标准并且有污染物排放口的畜禽养殖场,应当依法缴纳环境保护税;依法对畜禽养殖废弃物进行综合利用和无害化处理的,不属于直接向环境排放污染物,不缴纳环境保护税。

第二章 计税依据

第五条 应税固体废物的计税依据,按照固体废物的排放量确定。固体废物的排放量为当期应税固体废物的产生量减去当期应税固体废物的贮存量、处置量、综合利用量的余额。

前款规定的固体废物的贮存量、处置量,是指在符合国家和地方环境保护标准的设施、场所贮存或者处置的固体废物数量;固体废物的综合利用量,是指按照国务院发展改革、工业和信息化主管部门关于资源综合利用要求以及国家和地方环境保护标准进行综合利用的固体废物数量。

第六条 纳税人有下列情形之一的,以其当期应税固体废物的产生量作为固体废物的排放量:

(一)非法倾倒应税固体废物;

(二)进行虚假纳税申报。

第七条 应税大气污染物、水污染物的计税依据,按照污染物排放量折合的污染当量数确定。

纳税人有下列情形之一的,以其当期应税大气污染物、水污染物的产生量作为污染物的排放量:

(一)未依法安装使用污染物自动监测设备或者未将污染物自动监测设备与环境保护主管部门的监控设备联网;

(二)损毁或者擅自移动、改变污染物自动监测设备;

(三)篡改、伪造污染物监测数据;

(四)通过暗管、渗井、渗坑、灌注或者稀释排放以及不正常运行防治污染设施等方式违法排放应税污染物;

(五)进行虚假纳税申报。

第八条 从两个以上排放口排放应税污染物的,对每一排放口排放的应税污染物分别计算征收环境保护税;纳税人持有排污许可证的,其污染物排放口按照排污许可证载明的污染物排放口确定。

第九条 属于环境保护税法第十条第二项规定情形的纳税人,自行对污染物进行监测所获取的监测数据,符合国家有关规定和监测规范的,视同环境保护税法第十条第二项规定的监测机构出具的监测数据。

第三章 税 收 减 免

第十条 环境保护税法第十三条所称应税大气污染物或者水污染物的浓度值,是指纳税人安装使用的污染物自动监测设备当月自动监测的应税大气污染物浓度值的小时平均值再平均所得数值或者应税水污染物浓度值的日平均值再平均所得数值,或者监测机构当月监测的应税大气污染物、水污染物浓度值的平均值。

依照环境保护税法第十三条的规定减征环境保护税的,前款规定的应税大气污染物浓度值的小时平均值或者应税水污染物浓度值的日平均值,以及监测机构当月每次监测的应税大气污染物、水污染物的浓度值,均不得超过国家和地方规定的污染物排放标准。

第十一条　依照环境保护税法第十三条的规定减征环境保护税的,应当对每一排放口排放的不同应税污染物分别计算。

第四章　征收管理

第十二条　税务机关依法履行环境保护税纳税申报受理、涉税信息比对、组织税款入库等职责。

环境保护主管部门依法负责应税污染物监测管理,制定和完善污染物监测规范。

第十三条　县级以上地方人民政府应当加强对环境保护税征收管理工作的领导,及时协调、解决环境保护税征收管理工作中的重大问题。

第十四条　国务院税务、环境保护主管部门制定涉税信息共享平台技术标准以及数据采集、存储、传输、查询和使用规范。

第十五条　环境保护主管部门应当通过涉税信息共享平台向税务机关交送在环境保护监督管理中获取的下列信息:

(一)排污单位的名称、统一社会信用代码以及污染物排放口、排放污染物种类等基本信息;

(二)排污单位的污染物排放数据(包括污染物排放量以及大气污染物、水污染物的浓度值等数据);

(三)排污单位环境违法和受行政处罚情况;

(四)对税务机关提请复核的纳税人的纳税申报数据资料异常或者纳税人未按照规定期限办理纳税申报的复核意见;

(五)与税务机关商定交送的其他信息。

第十六条　税务机关应当通过涉税信息共享平台向环境保护主管部门交送下列环境保护税涉税信息:

(一)纳税人基本信息;

(二)纳税申报信息;

(三)税款入库、减免税额、欠缴税款以及风险疑点等信息;

(四)纳税人涉税违法和受行政处罚情况;

(五)纳税人的纳税申报数据资料异常或者纳税人未按照规定期限办

理纳税申报的信息；

（六）与环境保护主管部门商定交送的其他信息。

第十七条 环境保护税法第十七条所称应税污染物排放地是指：

（一）应税大气污染物、水污染物排放口所在地；

（二）应税固体废物产生地；

（三）应税噪声产生地。

第十八条 纳税人跨区域排放应税污染物，税务机关对税收征收管辖有争议的，由争议各方按照有利于征收管理的原则协商解决；不能协商一致的，报请共同的上级税务机关决定。

第十九条 税务机关应当依据环境保护主管部门交送的排污单位信息进行纳税人识别。

在环境保护主管部门交送的排污单位信息中没有对应信息的纳税人，由税务机关在纳税人首次办理环境保护税纳税申报时进行纳税人识别，并将相关信息交送环境保护主管部门。

第二十条 环境保护主管部门发现纳税人申报的应税污染物排放信息或者适用的排污系数、物料衡算方法有误的，应当通知税务机关处理。

第二十一条 纳税人申报的污染物排放数据与环境保护主管部门交送的相关数据不一致的，按照环境保护主管部门交送的数据确定应税污染物的计税依据。

第二十二条 环境保护税法第二十条第二款所称纳税人的纳税申报数据资料异常，包括但不限于下列情形：

（一）纳税人当期申报的应税污染物排放量与上一年同期相比明显偏低，且无正当理由；

（二）纳税人单位产品污染物排放量与同类型纳税人相比明显偏低，且无正当理由。

第二十三条 税务机关、环境保护主管部门应当无偿为纳税人提供与缴纳环境保护税有关的辅导、培训和咨询服务。

第二十四条 税务机关依法实施环境保护税的税务检查，环境保护主管部门予以配合。

第二十五条 纳税人应当按照税收征收管理的有关规定，妥善保管应税污染物监测和管理的有关资料。

第五章 附 则

第二十六条 本条例自 2018 年 1 月 1 日起施行。2003 年 1 月 2 日国务院公布的《排污费征收使用管理条例》同时废止。

七、环 境 执 法

环境保护主管部门实施按日连续处罚办法

1. 2014 年 12 月 19 日环境保护部令第 28 号公布
2. 自 2015 年 1 月 1 日起施行

第一章 总 则

第一条 为规范实施按日连续处罚,依据《中华人民共和国环境保护法》、《中华人民共和国行政处罚法》等法律,制定本办法。

第二条 县级以上环境保护主管部门对企业事业单位和其他生产经营者(以下称排污者)实施按日连续处罚的,适用本办法。

第三条 实施按日连续处罚,应当坚持教育与处罚相结合的原则,引导和督促排污者及时改正环境违法行为。

第四条 环境保护主管部门实施按日连续处罚,应当依法向社会公开行政处罚决定和责令改正违法行为决定等相关信息。

第二章 适用范围

第五条 排污者有下列行为之一,受到罚款处罚,被责令改正,拒不改正的,依法作出罚款处罚决定的环境保护主管部门可以实施按日连续处罚:

(一)超过国家或者地方规定的污染物排放标准,或者超过重点污染物排放总量控制指标排放污染物的;

(二)通过暗管、渗井、渗坑、灌注或者篡改、伪造监测数据,或者不正常运行防治污染设施等逃避监管的方式排放污染物的;

(三)排放法律、法规规定禁止排放的污染物的;

(四)违法倾倒危险废物的;

(五)其他违法排放污染物行为。

第六条 地方性法规可以根据环境保护的实际需要,增加按日连续处罚的违法行为的种类。

第三章 实 施 程 序

第七条 环境保护主管部门检查发现排污者违法排放污染物的,应当进行调查取证,并依法作出行政处罚决定。

按日连续处罚决定应当在前款规定的行政处罚决定之后作出。

第八条 环境保护主管部门可以当场认定违法排放污染物的,应当在现场调查时向排污者送达责令改正违法行为决定书,责令立即停止违法排放污染物行为。

需要通过环境监测认定违法排放污染物的,环境监测机构应当按照监测技术规范要求进行监测。环境保护主管部门应当在取得环境监测报告后三个工作日内向排污者送达责令改正违法行为决定书,责令立即停止违法排放污染物行为。

第九条 责令改正违法行为决定书应当载明下列事项:

(一)排污者的基本情况,包括名称或者姓名、营业执照号码或者居民身份证号码、组织机构代码、地址以及法定代表人或者主要负责人姓名等;

(二)环境违法事实和证据;

(三)违反法律、法规或者规章的具体条款和处理依据;

(四)责令立即改正的具体内容;

(五)拒不改正可能承担按日连续处罚的法律后果;

(六)申请行政复议或者提起行政诉讼的途径和期限;

(七)环境保护主管部门的名称、印章和决定日期。

第十条 环境保护主管部门应当在送达责令改正违法行为决定书之日起三十日内,以暗查方式组织对排污者违法排放污染物行为的改正情况实施复查。

第十一条 排污者在环境保护主管部门实施复查前,可以向作出责令改正违法行为决定书的环境保护主管部门报告改正情况,并附具相关证明材料。

第十二条 环境保护主管部门复查时发现排污者拒不改正违法排放污染物行为的,可以对其实施按日连续处罚。

环境保护主管部门复查时发现排污者已经改正违法排放污染物行为或者已经停产、停业、关闭的,不启动按日连续处罚。

第十三条 排污者具有下列情形之一的,认定为拒不改正:

（一）责令改正违法行为决定书送达后,环境保护主管部门复查发现仍在继续违法排放污染物的；

（二）拒绝、阻挠环境保护主管部门实施复查的。

第十四条　复查时排污者被认定为拒不改正违法排放污染物行为的,环境保护主管部门应当按照本办法第八条的规定再次作出责令改正违法行为决定书并送达排污者,责令立即停止违法排放污染物行为,并应当依照本办法第十条、第十二条的规定对排污者再次进行复查。

第十五条　环境保护主管部门实施按日连续处罚应当符合法律规定的行政处罚程序。

第十六条　环境保护主管部门决定实施按日连续处罚的,应当依法作出处罚决定书。

处罚决定书应当载明下列事项：

（一）排污者的基本情况,包括名称或者姓名、营业执照号码或者居民身份证号码、组织机构代码、地址以及法定代表人或者主要负责人姓名等；

（二）初次检查发现的环境违法行为及该行为的原处罚决定、拒不改正的违法事实和证据；

（三）按日连续处罚的起止时间和依据；

（四）按照按日连续处罚规则决定的罚款数额；

（五）按日连续处罚的履行方式和期限；

（六）申请行政复议或者提起行政诉讼的途径和期限；

（七）环境保护主管部门名称、印章和决定日期。

第四章　计罚方式

第十七条　按日连续处罚的计罚日数为责令改正违法行为决定书送达排污者之日的次日起,至环境保护主管部门复查发现违法排放污染物行为之日止。再次复查仍拒不改正的,计罚日数累计执行。

第十八条　再次复查时违法排放污染物行为已经改正,环境保护主管部门在之后的检查中又发现排污者有本办法第五条规定的情形的,应当重新作出处罚决定,按日连续处罚的计罚周期重新起算。按日连续处罚次数不受限制。

第十九条　按日连续处罚每日的罚款数额,为原处罚决定书确定的罚款数额。

按照按日连续处罚规则决定的罚款数额,为原处罚决定书确定的罚款数额乘以计罚日数。

第五章 附 则

第二十条 环境保护主管部门针对违法排放污染物行为实施按日连续处罚的，可以同时适用责令排污者限制生产、停产整治或者查封、扣押等措施；因采取上述措施使排污者停止违法排污行为的，不再实施按日连续处罚。

第二十一条 本办法由国务院环境保护主管部门负责解释。

第二十二条 本办法自2015年1月1日起施行。

生态环境行政处罚办法

1. 2023年5月8日生态环境部令第30号公布
2. 自2023年7月1日起施行

第一章 总 则

第一条 为了规范生态环境行政处罚的实施，监督和保障生态环境主管部门依法实施行政处罚，维护公共利益和社会秩序，保护公民、法人或者其他组织的合法权益，根据《中华人民共和国行政处罚法》《中华人民共和国行政强制法》《中华人民共和国环境保护法》等法律、行政法规，制定本办法。

第二条 公民、法人或者其他组织违反生态环境保护法律、法规或者规章规定，应当给予行政处罚的，依照《中华人民共和国行政处罚法》和本办法规定的程序实施。

第三条 实施生态环境行政处罚，纠正违法行为，应当坚持教育与处罚相结合，服务与管理相结合，引导和教育公民、法人或者其他组织自觉守法。

第四条 实施生态环境行政处罚，应当依法维护公民、法人及其他组织的合法权益。对实施行政处罚过程中知悉的国家秘密、商业秘密或者个人隐私，应当依法予以保密。

第五条 生态环境行政处罚遵循公正、公开原则。

第六条 有下列情形之一的，执法人员应当自行申请回避，当事人也有权申请其回避：

（一）是本案当事人或者当事人近亲属的；

（二）本人或者近亲属与本案有直接利害关系的；

（三）与本案有其他关系可能影响公正执法的；

（四）法律、法规或者规章规定的其他回避情形。

申请回避，应当说明理由。生态环境主管部门应当对回避申请及时作出决定并通知申请人。

生态环境主管部门主要负责人的回避，由该部门负责人集体讨论决定；生态环境主管部门其他负责人的回避，由该部门主要负责人决定；其他执法人员的回避，由该部门负责人决定。

第七条　对当事人的同一个违法行为，不得给予两次以上罚款的行政处罚。同一个违法行为违反多个法律规范应当给予罚款处罚的，按照罚款数额高的规定处罚。

实施行政处罚，适用违法行为发生时的法律、法规、规章的规定。但是，作出行政处罚决定时，法律、法规、规章已经被修改或者废止，且新的规定处罚较轻或者不认为是违法的，适用新的规定。

第八条　根据法律、行政法规，生态环境行政处罚的种类包括：

（一）警告、通报批评；

（二）罚款、没收违法所得、没收非法财物；

（三）暂扣许可证件、降低资质等级、吊销许可证件、一定时期内不得申请行政许可；

（四）限制开展生产经营活动、责令停产整治、责令停产停业、责令关闭、限制从业、禁止从业；

（五）责令限期拆除；

（六）行政拘留；

（七）法律、行政法规规定的其他行政处罚种类。

第九条　生态环境主管部门实施行政处罚时，应当责令当事人改正或者限期改正违法行为。

责令改正违法行为决定可以单独下达，也可以与行政处罚决定一并下达。

责令改正或者限期改正不适用行政处罚程序的规定。

第十条　生态环境行政处罚应当由具有行政执法资格的执法人员实施。执法人员不得少于两人，法律另有规定的除外。

第二章　实施主体与管辖

第十一条　生态环境主管部门在法定职权范围内实施生态环境行政处罚。

法律、法规授权的生态环境保护综合行政执法机构等组织在法定授权范围内实施生态环境行政处罚。

第十二条　生态环境主管部门可以在其法定权限内书面委托符合《中华人民共和国行政处罚法》第二十一条规定条件的组织实施行政处罚。

受委托组织应当依照《中华人民共和国行政处罚法》和本办法的有关规定实施行政处罚。

第十三条　生态环境行政处罚由违法行为发生地的具有行政处罚权的生态环境主管部门管辖。法律、行政法规另有规定的,从其规定。

第十四条　两个以上生态环境主管部门都有管辖权的,由最先立案的生态环境主管部门管辖。

对管辖发生争议的,应当协商解决,协商不成的,报请共同的上一级生态环境主管部门指定管辖;也可以直接由共同的上一级生态环境主管部门指定管辖。

第十五条　下级生态环境主管部门认为其管辖的案件重大、疑难或者实施处罚有困难的,可以报请上一级生态环境主管部门指定管辖。

上一级生态环境主管部门认为确有必要的,经通知下级生态环境主管部门和当事人,可以对下级生态环境主管部门管辖的案件直接管辖,或者指定其他有管辖权的生态环境主管部门管辖。

上级生态环境主管部门可以将其管辖的案件交由有管辖权的下级生态环境主管部门实施行政处罚。

第十六条　对不属于本机关管辖的案件,生态环境主管部门应当移送有管辖权的生态环境主管部门处理。

受移送的生态环境主管部门对管辖权有异议的,应当报请共同的上一级生态环境主管部门指定管辖,不得再自行移送。

第十七条　生态环境主管部门发现不属于本部门管辖的案件,应当按照有关要求和时限移送有管辖权的机关处理。

对涉嫌违法依法应当实施行政拘留的案件,生态环境主管部门应当移送公安机关或者海警机构。

违法行为涉嫌犯罪的,生态环境主管部门应当及时将案件移送司法机关。不得以行政处罚代替刑事处罚。

对涉嫌违法依法应当由人民政府责令停业、关闭的案件,生态环境主管部门应当报有批准权的人民政府。

第三章 普通程序

第一节 立 案

第十八条 除依法可以当场作出的行政处罚外,生态环境主管部门对涉嫌违反生态环境保护法律、法规和规章的违法行为,应当进行初步审查,并在十五日内决定是否立案。特殊情况下,经本机关负责人批准,可以延长十五日。法律、法规另有规定的除外。

第十九条 经审查,符合下列四项条件的,予以立案:

(一)有初步证据材料证明有涉嫌违反生态环境保护法律、法规和规章的违法行为;

(二)依法应当或者可以给予行政处罚;

(三)属于本机关管辖;

(四)违法行为未超过《中华人民共和国行政处罚法》规定的追责期限。

第二十条 对已经立案的案件,根据新情况发现不符合本办法第十九条立案条件的,应当撤销立案。

第二节 调查取证

第二十一条 生态环境主管部门对登记立案的生态环境违法行为,应当指定专人负责,全面、客观、公正地调查,收集有关证据。

第二十二条 生态环境主管部门在办理行政处罚案件时,需要其他行政机关协助调查取证的,可以向有关机关发送协助调查函,提出协助请求。

生态环境主管部门在办理行政处罚案件时,需要其他生态环境主管部门协助调查取证的,可以发送协助调查函。收到协助调查函的生态环境主管部门对属于本机关职权范围内的协助事项应当依法予以协助。无法协助的,应当及时函告请求协助调查的生态环境主管部门。

第二十三条 执法人员在调查或者进行检查时,应当主动向当事人或者有关人员出示执法证件。当事人或者有关人员有权要求执法人员出示执法证件。执法人员不出示执法证件的,当事人或者有关人员有权拒绝接受调查或者检查。

当事人或者有关人员应当如实回答询问,并协助调查或者检查,不得拒绝、阻挠或者在接受检查时弄虚作假。询问或者检查应当制作笔录。

第二十四条 执法人员有权采取下列措施：

（一）进入有关场所进行检查、勘察、监测、录音、拍照、录像；

（二）询问当事人及有关人员，要求其说明相关事项和提供有关材料；

（三）查阅、复制生产记录、排污记录和其他有关材料。

必要时，生态环境主管部门可以采取暗查或者其他方式调查。在调查或者检查时，可以组织监测等技术人员提供技术支持。

第二十五条 执法人员负有下列责任：

（一）对当事人的基本情况、违法事实、危害后果、违法情节等情况进行全面、客观、及时、公正的调查；

（二）依法收集与案件有关的证据，不得以暴力、威胁、引诱、欺骗以及其他违法手段获取证据；

（三）询问当事人，应当告知其依法享有的权利；

（四）听取当事人、证人或者其他有关人员的陈述、申辩，并如实记录。

第二十六条 生态环境行政处罚证据包括：

（一）书证；

（二）物证；

（三）视听资料；

（四）电子数据；

（五）证人证言；

（六）当事人的陈述；

（七）鉴定意见；

（八）勘验笔录、现场笔录。

证据必须经查证属实，方可作为认定案件事实的根据。

以非法手段取得的证据，不得作为认定案件事实的根据。

第二十七条 生态环境主管部门立案前依法取得的证据材料，可以作为案件的证据。

其他机关依法依职权调查收集的证据材料，可以作为案件的证据。

第二十八条 对有关物品或者场所进行检查（勘察）时，应当制作现场检查（勘察）笔录，并可以根据实际情况进行音像记录。

现场检查（勘察）笔录应当载明现场检查起止时间、地点、执法人员基本信息，当事人或者有关人员基本信息，执法人员出示执法证件、告知当事人或者有关人员申请回避权利和配合调查义务情况，现场检查情况等信息，并由执法人员、当事人或者有关人员签名或者盖章。

当事人不在场、拒绝签字或者盖章的，执法人员应当在现场检查(勘察)笔录中注明。

第二十九条 生态环境主管部门现场检查时，可以按照相关技术规范要求现场采样，获取的监测(检测)数据可以作为认定案件事实的证据。

执法人员应当将采样情况记入现场检查(勘察)笔录，可以采取拍照、录像记录采样情况。

生态环境主管部门取得监测(检测)报告或者鉴定意见后，应当将监测(检测)、鉴定结果告知当事人。

第三十条 排污单位应当依法对自动监测数据的真实性和准确性负责，不得篡改、伪造。

实行自动监测数据标记规则行业的排污单位，应当按照国务院生态环境主管部门的规定对数据进行标记。经过标记的自动监测数据，可以作为认定案件事实的证据。

同一时段的现场监测(检测)数据与自动监测数据不一致，现场监测(检测)符合法定的监测标准和监测方法的，以该现场监测(检测)数据作为认定案件事实的证据。

第三十一条 生态环境主管部门依照法律、行政法规规定利用电子技术监控设备收集、固定违法事实的，依照《中华人民共和国行政处罚法》有关规定执行。

第三十二条 在证据可能灭失或者以后难以取得的情况下，经生态环境主管部门负责人批准，执法人员可以对与涉嫌违法行为有关的证据采取先行登记保存措施。

情况紧急的，执法人员需要当场采取先行登记保存措施的，可以采用即时通讯方式报请生态环境主管部门负责人同意，并在实施后二十四小时内补办批准手续。

先行登记保存有关证据，应当当场清点，开具清单，由当事人和执法人员签名或者盖章。

先行登记保存期间，当事人或者有关人员不得损毁、销毁或者转移证据。

第三十三条 对于先行登记保存的证据，应当在七日内采取以下措施：

(一)根据情况及时采取记录、复制、拍照、录像等证据保全措施；

(二)需要鉴定的，送交鉴定；

(三)根据有关法律、法规规定可以查封、扣押的，决定查封、扣押；

（四）违法事实不成立，或者违法事实成立但依法不应当查封、扣押或者没收的，决定解除先行登记保存措施。

超过七日未作出处理决定的，先行登记保存措施自动解除。

第三十四条 生态环境主管部门实施查封、扣押等行政强制措施，应当有法律、法规的明确规定，按照《中华人民共和国行政强制法》及相关规定执行。

第三十五条 有下列情形之一的，经生态环境主管部门负责人批准，中止案件调查：

（一）行政处罚决定须以相关案件的裁判结果或者其他行政决定为依据，而相关案件尚未审结或者其他行政决定尚未作出的；

（二）涉及法律适用等问题，需要送请有权机关作出解释或者确认的；

（三）因不可抗力致使案件暂时无法调查的；

（四）因当事人下落不明致使案件暂时无法调查的；

（五）其他应当中止调查的情形。

中止调查的原因消除后，应当立即恢复案件调查。

第三十六条 有下列情形之一致使案件调查无法继续进行的，经生态环境主管部门负责人批准，调查终止：

（一）涉嫌违法的公民死亡的；

（二）涉嫌违法的法人、其他组织终止，无法人或者其他组织承受其权利义务的；

（三）其他依法应当终止调查的情形。

第三十七条 有下列情形之一的，终结调查：

（一）违法事实清楚、法律手续完备、证据充分的；

（二）违法事实不成立的；

（三）其他依法应当终结调查的情形。

第三十八条 调查终结的，案件调查人员应当制作调查报告，提出已查明违法行为的事实和证据、初步处理意见，移送进行案件审查。

本案的调查人员不得作为本案的审查人员。

第三节 案件审查

第三十九条 案件审查的主要内容包括：

（一）本机关是否有管辖权；

（二）违法事实是否清楚；

（三）证据是否合法充分；
（四）调查取证是否符合法定程序；
（五）是否超过行政处罚追责期限；
（六）适用法律、法规、规章是否准确，裁量基准运用是否适当。

第四十条 违法事实不清、证据不充分或者调查程序违法的，审查人员应当退回调查人员补充调查取证或者重新调查取证。

第四十一条 行使生态环境行政处罚裁量权应当符合立法目的，并综合考虑以下情节：
（一）违法行为造成的环境污染、生态破坏以及社会影响；
（二）当事人的主观过错程度；
（三）违法行为的具体方式或者手段；
（四）违法行为持续的时间；
（五）违法行为危害的具体对象；
（六）当事人是初次违法还是再次违法；
（七）当事人改正违法行为的态度和所采取的改正措施及效果。

同类违法行为的情节相同或者相似、社会危害程度相当的，行政处罚种类和幅度应当相当。

第四十二条 违法行为轻微并及时改正，没有造成生态环境危害后果的，不予行政处罚。初次违法且生态环境危害后果轻微并及时改正的，可以不予行政处罚。

当事人有证据足以证明没有主观过错的，不予行政处罚。法律、行政法规另有规定的，从其规定。

对当事人的违法行为依法不予行政处罚的，生态环境主管部门应当对当事人进行教育。

第四十三条 当事人有下列情形之一的，应当从轻或者减轻行政处罚：
（一）主动消除或者减轻生态环境违法行为危害后果的；
（二）受他人胁迫或者诱骗实施生态环境违法行为的；
（三）主动供述生态环境主管部门尚未掌握的生态环境违法行为的；
（四）配合生态环境主管部门查处生态环境违法行为有立功表现的；
（五）法律、法规、规章规定其他应当从轻或者减轻行政处罚的。

第四节 告知和听证

第四十四条 生态环境主管部门在作出行政处罚决定之前，应当告知当事人拟作出的行政处罚内容及事实、理由、依据和当事人依法享有的陈述、申辩、要求听证等权利,当事人在收到告知书后五日内进行陈述、申辩;未依法告知当事人,或者拒绝听取当事人的陈述、申辩的,不得作出行政处罚决定,当事人明确放弃陈述或者申辩权利的除外。

第四十五条 当事人进行陈述、申辩的,生态环境主管部门应当充分听取当事人意见,将当事人的陈述、申辩材料归入案卷。对当事人提出的事实、理由和证据,应当进行复核。当事人提出的事实、理由或者证据成立的,应当予以采纳;不予采纳的,应当说明理由。

不得因当事人的陈述、申辩而给予更重的处罚。

第四十六条 拟作出以下行政处罚决定,当事人要求听证的,生态环境主管部门应当组织听证:

(一)较大数额罚款;

(二)没收较大数额违法所得、没收较大价值非法财物;

(三)暂扣许可证件、降低资质等级、吊销许可证件、一定时期内不得申请行政许可;

(四)限制开展生产经营活动、责令停产整治、责令停产停业、责令关闭、限制从业、禁止从业;

(五)其他较重的行政处罚;

(六)法律、法规、规章规定的其他情形。

当事人不承担组织听证的费用。

第四十七条 听证应当依照以下程序组织:

(一)当事人要求听证的,应当在生态环境主管部门告知后五日内提出;

(二)生态环境主管部门应当在举行听证的七日前,通知当事人及有关人员听证的时间、地点;

(三)除涉及国家秘密、商业秘密或者个人隐私依法予以保密外,听证公开举行;

(四)听证由生态环境主管部门指定的非本案调查人员主持;当事人认为主持人与本案有直接利害关系的,有权申请回避;

(五)当事人可以亲自参加听证,也可以委托一至二人代理;

(六)当事人及其代理人无正当理由拒不出席听证或者未经许可中途退出听证的,视为放弃听证权利,生态环境主管部门终止听证;

(七)举行听证时,调查人员提出当事人违法的事实、证据和行政处罚建议,当事人进行申辩和质证。

(八)听证应当制作笔录。笔录应当交当事人或者其代理人核对无误后签字或者盖章。当事人或者其代理人拒绝签字或者盖章的,由听证主持人在笔录中注明。

第四十八条 听证结束后,生态环境主管部门应当根据听证笔录,依照本办法第五十三条的规定,作出决定。

第五节 法制审核和集体讨论

第四十九条 有下列情形之一,生态环境主管部门负责人作出行政处罚决定之前,应当由生态环境主管部门负责重大执法决定法制审核的机构或者法制审核人员进行法制审核;未经法制审核或者审核未通过的,不得作出决定:

(一)涉及重大公共利益的;

(二)直接关系当事人或者第三人重大权益,经过听证程序的;

(三)案件情况疑难复杂、涉及多个法律关系的;

(四)法律、法规规定应当进行法制审核的其他情形。

设区的市级以上生态环境主管部门可以根据实际情况,依法对应当进行法制审核的案件范围作出具体规定。

初次从事行政处罚决定法制审核的人员,应当通过国家统一法律职业资格考试取得法律职业资格。

第五十条 法制审核的内容包括:

(一)行政执法主体是否合法,是否超越执法机关法定权限;

(二)行政执法人员是否具备执法资格;

(三)行政执法程序是否合法;

(四)案件事实是否清楚,证据是否合法充分;

(五)适用法律、法规、规章是否准确,裁量基准运用是否适当;

(六)行政执法文书是否完备、规范;

(七)违法行为是否涉嫌犯罪,需要移送司法机关。

第五十一条 法制审核以书面审核为主。对案情复杂、法律争议较大的案件,生态环境主管部门可以组织召开座谈会、专家论证会开展审核工作。

生态环境主管部门进行法制审核时,可以请相关领域专家、法律顾问提出书面意见。

对拟作出的处罚决定进行法制审核后,应当区别不同情况以书面形式

提出如下意见:

（一）主要事实清楚,证据充分,程序合法,内容适当,未发现明显法律风险的,提出同意的意见;

（二）主要事实不清,证据不充分,程序不当或者适用依据不充分,存在明显法律风险,但是可以改进或者完善的,指出存在的问题,并提出改进或者完善的建议;

（三）存在明显法律风险,且难以改进或者完善的,指出存在的问题,提出不同意的审核意见。

第五十二条 对情节复杂或者重大违法行为给予行政处罚的,作出处罚决定的生态环境主管部门负责人应当集体讨论决定。

有下列情形之一的,属于情节复杂或者重大违法行为给予行政处罚的案件:

（一）情况疑难复杂、涉及多个法律关系的;

（二）拟罚款、没收违法所得、没收非法财物数额五十万元以上的;

（三）拟吊销许可证件、一定时期内不得申请行政许可的;

（四）拟责令停产整治、责令停产停业、责令关闭、限制从业、禁止从业的;

（五）生态环境主管部门负责人认为应当提交集体讨论的其他案件。

集体讨论情况应当予以记录。

地方性法规、地方政府规章另有规定的,从其规定。

第六节 决 定

第五十三条 生态环境主管部门负责人经过审查,根据不同情况,分别作出如下决定:

（一）确有应受行政处罚的违法行为的,根据情节轻重及具体情况,作出行政处罚决定;

（二）违法行为轻微,依法可以不予行政处罚的,不予行政处罚;

（三）违法事实不能成立的,不予行政处罚;

（四）违法行为涉嫌犯罪的,移送司法机关。

第五十四条 生态环境主管部门向司法机关移送涉嫌生态环境犯罪案件之前已经依法作出的警告、责令停产停业、暂扣或者吊销许可证件等行政处罚决定,不停止执行。

涉嫌犯罪案件的移送办理期间,不计入行政处罚期限。

第五十五条 决定给予行政处罚的,应当制作行政处罚决定书。

对同一当事人的两个或者两个以上环境违法行为,可以分别制作行政处罚决定书,也可以列入同一行政处罚决定书。

符合本办法第五十三条第二项规定的情况,决定不予行政处罚的,应当制作不予行政处罚决定书。

第五十六条 行政处罚决定书应当载明以下内容:

(一)当事人的基本情况,包括当事人姓名或者名称、居民身份证号码或者统一社会信用代码、住址或者住所地、法定代表人(负责人)姓名等;

(二)违反法律、法规或者规章的事实和证据;

(三)当事人陈述、申辩的采纳情况及理由;符合听证条件的,还应当载明听证的情况;

(四)行政处罚的种类、依据,以及行政处罚裁量基准运用的理由和依据;

(五)行政处罚的履行方式和期限;

(六)不服行政处罚决定,申请行政复议、提起行政诉讼的途径和期限;

(七)作出行政处罚决定的生态环境主管部门名称和作出决定的日期,并加盖印章。

第五十七条 生态环境主管部门应当自立案之日起九十日内作出处理决定。因案情复杂或者其他原因,不能在规定期限内作出处理决定的,经生态环境主管部门负责人批准,可以延长三十日。案情特别复杂或者有其他特殊情况,经延期仍不能作出处理决定的,应当由生态环境主管部门负责人集体讨论决定是否继续延期,决定继续延期的,继续延长期限不得超过三十日。

案件办理过程中,中止、听证、公告、监测(检测)、评估、鉴定、认定、送达等时间不计入前款所指的案件办理期限。

第五十八条 行政处罚决定书应当在宣告后当场交付当事人;当事人不在场的,应当在七日内将行政处罚决定书送达当事人。

生态环境主管部门可以根据需要将行政处罚决定书抄送与案件有关的单位和个人。

第五十九条 生态环境主管部门送达执法文书,可以采取直接送达、留置送达、委托送达、邮寄送达、电子送达、转交送达、公告送达等法律规定的方式。

送达行政处罚文书应当使用送达回证并存档。

第六十条 当事人同意并签订确认书的,生态环境主管部门可以采用传真、电子邮件、移动通信等能够确认其收悉的电子方式送达执法文书,并通过拍照、截屏、录音、录像等方式予以记录。传真、电子邮件、移动通信等到达当事人特定系统的日期为送达日期。

第七节 信息公开

第六十一条 生态环境主管部门应当依法公开其作出的生态环境行政处罚决定。

第六十二条 生态环境主管部门依法公开生态环境行政处罚决定的下列信息:

(一)行政处罚决定书文号;

(二)被处罚的公民姓名,被处罚的法人或者其他组织名称和统一社会信用代码、法定代表人(负责人)姓名;

(三)主要违法事实;

(四)行政处罚结果和依据;

(五)作出行政处罚决定的生态环境主管部门名称和作出决定的日期。

第六十三条 涉及国家秘密或者法律、行政法规禁止公开的信息的,以及公开后可能危及国家安全、公共安全、经济安全、社会稳定的行政处罚决定信息,不予公开。

第六十四条 公开行政处罚决定时,应当隐去以下信息:

(一)公民的肖像、居民身份证号码、家庭住址、通信方式、出生日期、银行账号、健康状况、财产状况等个人隐私信息;

(二)本办法第六十二条第(二)项规定以外的公民姓名,法人或者其他组织的名称和统一社会信用代码、法定代表人(负责人)姓名;

(三)法人或者其他组织的银行账号;

(四)未成年人的姓名及其他可能识别出其身份的信息;

(五)当事人的生产配方、工艺流程、购销价格及客户名称等涉及商业秘密的信息;

(六)法律、法规规定的其他应当隐去的信息。

第六十五条 生态环境行政处罚决定应当自作出之日起七日内公开。法律、行政法规另有规定的,从其规定。

第六十六条 公开的行政处罚决定被依法变更、撤销、确认违法或者确认无效的,生态环境主管部门应当在三日内撤回行政处罚决定信息并公开说明理由。

第四章 简 易 程 序

第六十七条 违法事实确凿并有法定依据,对公民处以二百元以下、对法人或者其他组织处以三千元以下罚款或者警告的行政处罚的,可以适用简易程序,当场作出行政处罚决定。法律另有规定的,从其规定。

第六十八条 当场作出行政处罚决定时,应当遵守下列简易程序:

(一)执法人员应当向当事人出示有效执法证件;

(二)现场查清当事人的违法事实,并依法取证;

(三)向当事人说明违法的事实、拟给予行政处罚的种类和依据、罚款数额、时间、地点,告知当事人享有的陈述、申辩权利;

(四)听取当事人的陈述和申辩。当事人提出的事实、理由或者证据成立的,应当采纳;

(五)填写预定格式、编有号码、盖有生态环境主管部门印章的行政处罚决定书,由执法人员签名或者盖章,并将行政处罚决定书当场交付当事人;当事人拒绝签收的,应当在行政处罚决定书上注明;

(六)告知当事人如对当场作出的行政处罚决定不服,可以依法申请行政复议或者提起行政诉讼,并告知申请行政复议、提起行政诉讼的途径和期限。

以上过程应当制作笔录。

执法人员当场作出的行政处罚决定,应当在决定之日起三日内报所属生态环境主管部门备案。

第五章 执 行

第六十九条 当事人应当在行政处罚决定书载明的期限内,履行处罚决定。

申请行政复议或者提起行政诉讼的,行政处罚决定不停止执行,法律另有规定的除外。

第七十条 当事人到期不缴纳罚款的,作出行政处罚决定的生态环境主管部门可以每日按罚款数额的百分之三加处罚款,加处罚款的数额不得超出罚款的数额。

第七十一条 当事人在法定期限内不申请行政复议或者提起行政诉讼,又不履行行政处罚决定的,作出处罚决定的生态环境主管部门可以自期限届满之日起三个月内依法申请人民法院强制执行。

第七十二条 作出加处罚款的强制执行决定前或者申请人民法院强制执行前,生态环境主管部门应当依法催告当事人履行义务。

第七十三条 当事人实施违法行为,受到处以罚款、没收违法所得或者没收非法财物等处罚后,发生企业分立、合并或者其他资产重组等情形,由承受当事人权利义务的法人、其他组织作为被执行人。

第七十四条 确有经济困难,需要延期或者分期缴纳罚款的,当事人应当在行政处罚决定书确定的缴纳期限届满前,向作出行政处罚决定的生态环境主管部门提出延期或者分期缴纳的书面申请。

批准当事人延期或者分期缴纳罚款的,应当制作同意延期(分期)缴纳罚款通知书,并送达当事人和收缴罚款的机构。

生态环境主管部门批准延期、分期缴纳罚款的,申请人民法院强制执行的期限,自暂缓或者分期缴纳罚款期限结束之日起计算。

第七十五条 依法没收的非法财物,应当按照国家规定处理。

销毁物品,应当按照国家有关规定处理;没有规定的,经生态环境主管部门负责人批准,由两名以上执法人员监督销毁,并制作销毁记录。

处理物品应当制作清单。

第七十六条 罚款、没收的违法所得或者没收非法财物拍卖的款项,应当全部上缴国库,任何单位或者个人不得以任何形式截留、私分或者变相私分。

罚款、没收的违法所得或者没收非法财物拍卖的款项,不得同作出行政处罚决定的生态环境主管部门及其工作人员的考核、考评直接或者变相挂钩。

第六章 结案和归档

第七十七条 有下列情形之一的,执法人员应当制作结案审批表,经生态环境主管部门负责人批准后予以结案:

(一)责令改正和行政处罚决定由当事人履行完毕的;

(二)生态环境主管部门依法申请人民法院强制执行行政处罚决定,人民法院依法受理的;

(三)不予行政处罚等无须执行的;

(四)按照本办法第三十六条规定终止案件调查的;

(五)按照本办法第十七条规定完成案件移送,且依法无须由生态环

境主管部门再作出行政处罚决定的;

(六)行政处罚决定被依法撤销的;

(七)生态环境主管部门认为可以结案的其他情形。

第七十八条　结案的行政处罚案件,应当按照下列要求将案件材料立卷归档:

(一)一案一卷,案卷可以分正卷、副卷;

(二)各类文书齐全,手续完备;

(三)书写文书用签字笔、钢笔或者打印;

(四)案卷装订应当规范有序,符合文档要求。

第七十九条　正卷按下列顺序装订:

(一)行政处罚决定书及送达回证;

(二)立案审批材料;

(三)调查取证及证据材料;

(四)行政处罚事先告知书、听证告知书、听证通知书等法律文书及送达回证;

(五)听证笔录;

(六)财物处理材料;

(七)执行材料;

(八)结案材料;

(九)其他有关材料。

副卷按下列顺序装订:

(一)投诉、申诉、举报等案源材料;

(二)涉及当事人有关商业秘密的材料;

(三)听证报告;

(四)审查意见;

(五)法制审核材料、集体讨论记录;

(六)其他有关材料。

第八十条　案卷归档后,任何单位、个人不得修改、增加、抽取案卷材料。案卷保管及查阅,按档案管理有关规定执行。

第八十一条　生态环境主管部门应当建立行政处罚案件统计制度,并按照生态环境部有关环境统计的规定向上级生态环境主管部门报送本行政区域的行政处罚情况。

第七章 监　　督

第八十二条　上级生态环境主管部门负责对下级生态环境主管部门的行政处罚工作情况进行监督检查。

第八十三条　生态环境主管部门应当建立行政处罚备案制度。

下级生态环境主管部门对上级生态环境主管部门督办的处罚案件，应当在结案后二十日内向上一级生态环境主管部门备案。

第八十四条　生态环境主管部门实施行政处罚应当接受社会监督。公民、法人或者其他组织对生态环境主管部门实施行政处罚的行为，有权申诉或者检举；生态环境主管部门应当认真审查，发现有错误的，应当主动改正。

第八十五条　生态环境主管部门发现行政处罚决定有文字表述错误、笔误或者计算错误，以及行政处罚决定书部分内容缺失等情形，但未损害公民、法人或者其他组织的合法权益的，应当予以补正或者更正。

补正或者更正应当以书面决定的方式及时作出。

第八十六条　生态环境主管部门通过接受申诉和检举，或者通过备案审查等途径，发现下级生态环境主管部门的行政处罚决定违法或者显失公正的，应当督促其纠正。

依法应当给予行政处罚，而有关生态环境主管部门不给予行政处罚的，有处罚权的上级生态环境主管部门可以直接作出行政处罚决定。

第八十七条　生态环境主管部门可以通过案件评查或者其他方式评议、考核行政处罚工作，加强对行政处罚的监督检查，规范和保障行政处罚的实施。对在行政处罚工作中做出显著成绩的单位和个人，可以依照国家或者地方的有关规定给予表彰和奖励。

第八章 附　　则

第八十八条　当事人有违法所得，除依法应当退赔的外，应当予以没收。违法所得是指实施违法行为所取得的款项。

法律、行政法规对违法所得的计算另有规定的，从其规定。

第八十九条　本办法第四十六条所称"较大数额""较大价值"，对公民是指人民币（或者等值物品价值）五千元以上、对法人或者其他组织是指人民币（或者等值物品价值）二十万元以上。

地方性法规、地方政府规章对"较大数额""较大价值"另有规定的，从其规定。

第九十条　本办法中"三日""五日""七日"的规定是指工作日,不含法定节假日。

期间开始之日,不计算在内。期间届满的最后一日是节假日的,以节假日后的第一日为期间届满的日期。期间不包括在途时间,行政处罚文书在期满前交邮的,视为在有效期内。

第九十一条　本办法未作规定的其他事项,适用《中华人民共和国行政处罚法》《中华人民共和国行政强制法》等有关法律、法规和规章的规定。

第九十二条　本办法自 2023 年 7 月 1 日起施行。原环境保护部发布的《环境行政处罚办法》(环境保护部令第 8 号)同时废止。

生态环境行政处罚听证程序规定

1. 2024 年 12 月 17 日生态环境部办公厅发布
2. 环办执法〔2024〕30 号
3. 自 2025 年 3 月 1 日起施行

第一章　总　　则

第一条　为了规范生态环境行政处罚听证程序,保障和监督生态环境主管部门依法实施行政处罚,保护公民、法人和其他组织的合法权益,根据《中华人民共和国行政处罚法》《生态环境行政处罚办法》及有关法律、行政法规和规章的规定,制定本程序规定。

第二条　生态环境主管部门组织听证,应当遵循依法、公开、公正、高效的原则,保障和便利公民、法人和其他组织充分行使陈述权、申辩权和质证权。

第三条　生态环境主管部门拟作出下列行政处罚决定,当事人要求听证的,生态环境主管部门应当组织听证:

(一)对公民处以五千元以上、对法人或者其他组织处以二十万元以上罚款;

(二)对公民、法人或者其他组织作出没收违法所得或者没收非法财物价值总额达到第一项所列数额;

(三)暂扣许可证件、降低资质等级、吊销许可证件、一定时期内不得申请行政许可;

(四)限制开展生产经营活动、责令停产整治、责令停产停业、责令关闭、限制从业、禁止从业;

（五）其他较重的行政处罚；

（六）法律、法规、规章规定的其他情形。

地方性法规、地方政府规章对前款第一项、第二项所列罚没数额另有规定的，从其规定。

第二章　听证人员和听证参加人

第四条　听证人员包括听证主持人、听证员和记录员。

生态环境主管部门指定1名听证主持人和1名记录员具体承担听证工作。必要时，可以指定听证员协助听证主持人。涉及专门性问题的听证案件，可以聘请具有专门知识的人担任听证员。

案件调查人员不得担任听证主持人、听证员和记录员。

第五条　听证参加人包括当事人及其代理人、第三人及其代理人、案件调查人员、翻译人员、证人、监测人员、鉴定人员以及其他有关人员。

第六条　与案件有利害关系的公民、法人或者其他组织，可以作为第三人申请参加听证。必要时，生态环境主管部门也可以通知其参加听证。

第三人超过5人的，可以推选1至5名代表参加听证，并于听证前提交授权委托书。

第七条　当事人、第三人可以委托一至二名律师、基层法律服务工作者或者其他代理人代为参加听证。

委托代理人参加听证的，应当提交由委托人签名或者盖章的授权委托书，以及委托代理人的身份证明文件。授权委托书应当明确委托事项、代理人权限。

第八条　案件调查人员应当参加听证。

第九条　与听证案件有关的证人、监测人员和鉴定人员等经听证主持人同意，可以到场参加听证。

第十条　听证主持人、听证员、记录员、翻译人员等与案件有直接利害关系或者有其他关系可能影响公正执法的，应当回避。

听证员、记录员、翻译人员的回避，由听证主持人决定；听证主持人的回避，由生态环境主管部门负责人决定。

第三章　听　证　准　备

第十一条　对适用听证程序的行政处罚案件，生态环境主管部门应当在作出行政处罚决定前，书面告知当事人有要求听证的权利、提出听证要求的期限和方式。

第十二条 当事人要求听证的,应当在收到书面告知后五日内,向拟作出行政处罚决定的生态环境主管部门提出。

以邮寄方式提出听证要求的,以寄出的邮戳日期为申请日期。

第十三条 生态环境主管部门应当在收到当事人听证要求之日起七日内进行审查。对不符合听证条件的,决定不组织听证,并告知理由。

第十四条 生态环境主管部门应当在举行听证的七日前将听证通知书送达当事人,并将举行听证的时间、地点通知其他已经确定的听证参加人。

第十五条 当事人申请变更听证时间的,应当在听证举行的三日前向组织听证的生态环境主管部门提出书面申请,并说明理由。理由正当的,生态环境主管部门应当同意。

第十六条 除涉及国家秘密、商业秘密或者个人隐私依法予以保密外,听证应当公开举行。

公开举行的听证应当设置旁听席。生态环境主管部门可以根据场地等条件,确定旁听人数。

第四章 举行听证

第十七条 未经听证主持人允许,听证参加人和旁听人员不得发言、提问,不得录音、录像或者拍照,不得喧哗、鼓掌、哄闹、随意走动、接打电话或者进行其他妨碍听证的活动。

违反上述纪律致使听证无法顺利进行的,听证主持人有权予以劝阻直至责令其退出会场。

第十八条 听证按下列程序进行:

(一)记录员核对听证参加人身份,宣布听证纪律;

(二)听证主持人说明听证案由,宣布听证主持人、听证员、记录员、翻译人员名单,告知听证参加人的权利义务,询问当事人是否提出回避申请;

(三)案件调查人员提出当事人违法的事实、证据、行政处罚依据和建议;

(四)当事人进行陈述、申辩,提出事实、理由、依据和证据;

(五)第三人进行陈述,提出事实、理由、依据和证据;

(六)证人、监测人员、鉴定人员参加听证的,由其进行相关陈述,回答听证主持人、听证员和经听证主持人同意的听证参加人的提问;

(七)案件调查人员、当事人、第三人进行质证、辩论;

（八）听证主持人、听证员进行询问；

（九）第三人、案件调查人员、当事人作最后陈述。

听证主持人可以根据具体情况，对前款规定的流程顺序进行适当调整。

证人、监测人员、鉴定人员仅在需要其进行相关陈述、回答提问、核对听证笔录环节参与听证活动。

第十九条 与案件相关的证据应当在听证中出示，并经质证后确认。

第二十条 生态环境主管部门应当对听证全过程制作笔录。听证笔录应当载明听证时间、地点、案由、听证人员、听证参加人身份信息、听证过程、各方意见以及其他需要载明的事项。

听证笔录应当交听证参加人核对无误后当场签字或者盖章。拒绝签字或者盖章的，由听证主持人在听证笔录中注明。

听证笔录经听证主持人审阅后，由听证人员签字或者盖章。

生态环境主管部门应当根据听证笔录，依法定程序作出决定。

第二十一条 有下列情形之一的，听证主持人可以决定中止听证：

（一）当事人或者案件调查人员因不可抗力，不能参加听证的；

（二）当事人临时提出回避申请，无法当场作出决定的；

（三）作为当事人的法人、其他组织终止，尚未确定权利义务承受人或者需要等待其权利义务承受人表明是否参加听证的；

（四）听证过程中提出的新的事实、理由、依据有待进一步调查核实或者鉴定的；

（五）其他需要中止听证的情形。

中止听证的情形消失后，生态环境主管部门应当恢复听证。

第二十二条 有下列情形之一的，生态环境主管部门终止听证：

（一）当事人撤回听证要求或者明确放弃听证权利的；

（二）当事人及其代理人无正当理由拒不出席听证或者未经听证主持人允许中途退出听证的；

（三）当事人死亡或者终止，无权利义务承受人或其权利义务承受人放弃听证权利的；

（四）其他需要终止听证的情形。

第二十三条 生态环境主管部门应当在收到当事人的听证要求之日起三十日内举行听证。中止听证的时间不计入上述期限。

听证时间不计入行政处罚案件办理期限。听证时间是指生态环境主管部门收到当事人的听证要求之日起至听证结束之日止的期限。

第五章 附 则

第二十四条 本规定中"三日""五日""七日"是指工作日,不含法定节假日。本规定中的"以上""内"均包括本数。

第二十五条 本规定自 2025 年 3 月 1 日起施行。《环境行政处罚听证程序规定》(环办〔2010〕174 号)同时废止。

生态环境部行政复议办法

1. 2024 年 4 月 11 日生态环境部令第 33 号公布
2. 自 2024 年 6 月 1 日起施行

目 录

第一章 总 则
第二章 行政复议申请
第三章 行政复议受理
第四章 行政复议审理
第五章 行政复议决定
第六章 附 则

第一章 总 则

第一条 为防止和纠正违法的或者不当的行政行为,保护公民、法人和其他组织的合法权益,监督和保障生态环境部依法行使职权,发挥行政复议化解行政争议的主渠道作用,依据《中华人民共和国行政复议法》等法律、行政法规,制定本办法。

第二条 生态环境部受理行政复议申请、办理行政复议案件,适用本办法。

第三条 行政复议工作坚持中国共产党的领导。

生态环境部履行行政复议职责,应当遵循合法、公正、公开、高效、便民、为民的原则,坚持有错必纠,保障法律、法规的正确实施。

第四条 生态环境部办理行政复议案件,可以进行调解。

调解应当遵循合法、自愿的原则,不得损害国家利益、社会公共利益和他人合法权益,不得违反法律、法规的强制性规定。

第五条 生态环境部法制工作部门是生态环境部行政复议机构,具体办理行政复议案件。生态环境部行政复议机构同时组织办理生态环境部的行政应诉事项。

第六条 生态环境部行政复议机构中初次从事行政复议工作的人员,应当通过国家统一法律职业资格考试取得法律职业资格,并参加统一职前培训。

第七条 对在生态环境部行政复议工作中做出显著成绩的单位和个人,按照国家有关规定给予表彰和奖励。

第八条 生态环境部应当确保行政复议机构的人员配备与所承担的工作任务相适应,提高行政复议人员专业素质,根据工作需要保障办案场所、装备等设施。行政复议工作经费列入本级预算。

第二章 行政复议申请

第九条 生态环境部管辖下列行政复议案件:

(一)对生态环境部作出的行政行为不服的;

(二)对生态环境部依法设立的派出机构依照法律、行政法规、部门规章规定,以派出机构的名义作出的行政行为不服的;

(三)对生态环境部管理的法律、行政法规、部门规章授权的组织作出的行政行为不服的。

前款规定的生态环境部、生态环境部依法设立的派出机构和生态环境部管理的法律、行政法规、部门规章授权的组织,以下简称为生态环境部及其派出机构、管理的组织。

公民、法人或者其他组织对生态环境部和其他国务院部门以共同名义作出的同一行政行为不服的,可以向生态环境部或者其他共同作出行政行为的国务院部门提出行政复议申请,由生态环境部和其他作出行政行为的国务院部门共同作出行政复议决定。

第十条 公民、法人或者其他组织可以依照行政复议法第十一条规定的行政复议范围,向生态环境部申请行政复议。

下列事项不属于行政复议范围:

(一)国防、外交等国家行为;

(二)行政法规、规章或者行政机关制定、发布的具有普遍约束力的决定、命令等规范性文件;

(三)生态环境部及其派出机构、管理的组织对本机关工作人员的奖惩、任免等决定；

（四）生态环境部及其派出机构、管理的组织对民事纠纷作出的调解。

信访事项按照《信访工作条例》有关规定办理。

第十一条　公民、法人或者其他组织认为被复议的行政行为所依据的规范性文件不合法，在对行政行为申请行政复议时，可以依据行政复议法第十三条的规定，一并向生态环境部提出对该规范性文件的附带审查申请。

第十二条　依照行政复议法规定申请行政复议的公民、法人或者其他组织是申请人。

同一行政复议案件申请人人数众多的，可以由申请人推选代表人参加行政复议。

代表人参加行政复议的行为对其所代表的申请人发生效力，但是代表人变更行政复议请求、撤回行政复议申请、承认第三人请求的，应当经被代表的申请人同意。

第十三条　申请人以外的同被申请行政复议的行政行为或者行政复议案件处理结果有利害关系的公民、法人或者其他组织，可以作为第三人申请参加行政复议，或者由生态环境部行政复议机构通知其作为第三人参加行政复议。

第三人不参加行政复议，不影响行政复议案件的审理。

第十四条　申请人、第三人可以委托一至二名律师、基层法律服务工作者或者其他代理人代为参加行政复议。

申请人、第三人委托代理人的，应当向生态环境部行政复议机构提交授权委托书、委托人及被委托人的身份证明文件。授权委托书应当载明委托事项、权限和期限。申请人、第三人变更或者解除代理人权限的，应当书面告知生态环境部行政复议机构。

第十五条　公民、法人或者其他组织认为生态环境部及其派出机构、管理的组织的行政行为侵犯其合法权益的，可以自知道或者应当知道该行政行为之日起六十日内提出行政复议申请；但是法律规定的申请期限超过六十日的除外。

因不可抗力或者其他正当理由耽误法定申请期限的，申请期限自障碍消除之日起继续计算。

生态环境部及其派出机构、管理的组织作出行政行为时，未告知公民、法人或者其他组织申请行政复议的权利、行政复议机关和申请期限的，申请期限自公民、法人或者其他组织知道或者应当知道申请行政复议的权利、行政复议机关和申请期限之日起计算,但是自知道或者应当知道行政行为内容之日起最长不得超过一年。

因不动产提出的行政复议申请自行政行为作出之日起超过二十年,其他行政复议申请自行政行为作出之日起超过五年的,生态环境部不予受理。

第十六条　申请人申请行政复议,可以书面申请;书面申请有困难的,也可以口头申请。

书面申请的,可以通过邮寄或者生态环境部指定的互联网渠道等方式提交行政复议申请书,也可以当面提交行政复议申请书。生态环境部及其派出机构、管理的组织通过互联网渠道送达行政行为决定书的,应当同时提供提交行政复议申请书的互联网渠道。

口头申请的,生态环境部应当当场记录申请人的基本情况、行政复议请求、申请行政复议的主要事实、理由和时间。

申请人对两个以上行政行为不服的,应当分别申请行政复议。

第十七条　有下列情形之一的,申请人应当先向生态环境部申请行政复议,对行政复议决定不服的,可以再依法向人民法院提起行政诉讼:

(一)对生态环境部及其派出机构、管理的组织当场作出的行政处罚决定不服的;

(二)认为生态环境部及其派出机构、管理的组织存在行政复议法第十一条规定的未履行法定职责情形的;

(三)申请政府信息公开,生态环境部及其派出机构、管理的组织不予公开的;

(四)法律、行政法规规定应当先申请行政复议的其他情形。

对前款规定的情形,生态环境部及其派出机构、管理的组织在作出行政行为时应当告知公民、法人或者其他组织先向生态环境部申请行政复议。

第三章　行政复议受理

第十八条　生态环境部收到行政复议申请后,应当在五日内进行审查。对符合下列规定的,生态环境部应当予以受理:

(一)有明确的申请人和符合行政复议法规定的被申请人;

(二)申请人与被申请行政复议的行政行为有利害关系;

(三)有具体的行政复议请求和理由;

（四）在法定申请期限内提出；

（五）属于行政复议法规定的行政复议范围；

（六）属于生态环境部的管辖范围；

（七）行政复议机关未受理过该申请人就同一行政行为提出的行政复议申请，并且人民法院未受理过该申请人就同一行政行为提起的行政诉讼。

对不符合前款规定的行政复议申请，生态环境部应当在审查期限内决定不予受理并说明理由；不属于生态环境部管辖的，还应当在不予受理决定中告知申请人有管辖权的行政复议机关。

行政复议申请的审查期限届满，生态环境部未作出不予受理决定的，审查期限届满之日起视为受理。

第十九条　行政复议申请材料不齐全或者表述不清楚，无法判断行政复议申请是否符合本办法第十八条第一款规定的，生态环境部应当自收到申请之日起五日内书面通知申请人补正。补正通知应当一次性载明需要补正的事项。

申请人应当自收到补正通知之日起十日内提交补正材料。有正当理由不能按期补正的，生态环境部可以延长合理的补正期限。无正当理由逾期不补正的，视为申请人放弃行政复议申请，并记录在案。

生态环境部收到补正材料后，依照本办法第十八条的规定处理。

第二十条　生态环境部受理行政复议申请后，发现该行政复议申请不符合本办法第十八条第一款规定的，应当决定驳回申请并说明理由。

第四章　行政复议审理

第二十一条　生态环境部行政复议机构应当指定行政复议人员负责办理行政复议案件。

行政复议人员对办理行政复议案件过程中知悉的国家秘密、商业秘密和个人隐私，应当予以保密。

第二十二条　被申请人对其作出的行政行为的合法性、适当性负有举证责任。

有下列情形之一的，申请人应当提供证据：

（一）认为被申请人不履行法定职责的，提供曾经要求被申请人履行法定职责的证据，但是被申请人应当依职权主动履行法定职责或者申请人因正当理由不能提供的除外；

(二)提出行政赔偿请求的,提供受行政行为侵害而造成损害的证据,但是因被申请人原因导致申请人无法举证的,由被申请人承担举证责任;

　　(三)法律、法规规定需要申请人提供证据的其他情形。

第二十三条　生态环境部有权向有关单位和个人调查取证,查阅、复制、调取有关文件和资料,向有关人员进行询问。

　　调查取证时,行政复议人员不得少于两人,并应当出示行政复议工作证件。

　　被调查取证的单位和个人应当积极配合行政复议人员的工作,不得拒绝或者阻挠。

第二十四条　行政复议期间涉及专门事项需要鉴定的,当事人可以自行委托鉴定机构进行鉴定,也可以申请生态环境部行政复议机构委托鉴定机构进行鉴定。

　　案件复杂、涉及专业问题以及其他需要现场勘验情形的,可以委托专业机构进行现场勘验。

　　鉴定、现场勘验所用时间不计入行政复议审理期限。鉴定、现场勘验的启动和终止,应当告知申请人。

第二十五条　行政复议期间有行政复议法第三十九条规定的中止情形的,行政复议中止。

　　行政复议中止的原因消除后,应当及时恢复行政复议案件的审理。

　　生态环境部中止、恢复行政复议案件的审理,应当书面告知当事人。

第二十六条　行政复议期间有行政复议法第四十一条规定的终止情形的,生态环境部决定终止行政复议。

第二十七条　行政复议期间行政行为不停止执行;但是有行政复议法第四十二条规定情形的,应当停止执行。

第二十八条　适用普通程序审理的行政复议案件,生态环境部行政复议机构应当自行政复议申请受理之日起七日内,将行政复议申请书副本或者行政复议申请笔录复印件发送被申请人。被申请人应当自收到行政复议申请书副本或者行政复议申请笔录复印件之日起十日内,提出书面答复,并提交作出行政行为的证据、依据和其他有关材料。

第二十九条　适用普通程序审理的行政复议案件,生态环境部行政复议机构应当当面或者通过互联网、电话等方式听取当事人的意见,并将听取的意见记录在案。因当事人原因不能听取意见的,可以书面审理。

第三十条　审理重大、疑难、复杂的行政复议案件,生态环境部行政复议机构应当组织听证。

生态环境部行政复议机构认为有必要听证的,或者申请人请求听证的,生态环境部行政复议机构可以组织听证。

听证由一名行政复议人员任主持人,两名以上行政复议人员任听证员,一名记录员制作听证笔录。

第三十一条　生态环境部审理下列复议案件,认为事实清楚、权利义务关系明确、争议不大的,可以适用简易程序:

（一）被申请行政复议的行政行为是当场作出；

（二）被申请行政复议的行政行为是警告或者通报批评；

（三）案件涉及款额三千元以下；

（四）属于政府信息公开案件。

除前款规定以外的行政复议案件,当事人各方同意适用简易程序的,可以适用简易程序。

第三十二条　适用简易程序审理的行政复议案件,生态环境部行政复议机构应当自受理行政复议申请之日起三日内,将行政复议申请书副本或者行政复议申请笔录复印件发送被申请人。被申请人应当自收到行政复议申请书副本或者行政复议申请笔录复印件之日起五日内,提出书面答复,并提交作出行政行为的证据、依据和其他有关材料。

适用简易程序审理的行政复议案件,可以书面审理。

适用简易程序审理的行政复议案件,生态环境部行政复议机构认为不宜适用简易程序的,经生态环境部行政复议机构的负责人批准,可以转为普通程序审理。

第三十三条　申请人依照行政复议法第十三条的规定提出对有关规范性文件的附带审查申请的,或者生态环境部对被申请人作出的行政行为进行审查时,认为其依据不合法的,生态环境部依据行政复议法第五十六条、第五十七条、第五十八条、第五十九条、第六十条的规定进行处理。

第三十四条　行政复议期间,申请人、第三人及其委托代理人可以按照规定查阅、复制被申请人提出的书面答复、作出行政行为的证据、依据和其他有关材料,除涉及国家秘密、商业秘密、个人隐私或者可能危及国家安全、公共安全、社会稳定的情形外,生态环境部行政复议机构应当同意。

第五章　行政复议决定

第三十五条　当事人在行政复议决定作出前可以自愿达成和解,和解内容不得损害国家利益、社会公共利益和他人合法权益,不得违反法律、法规的强制性规定。

当事人达成和解后,由申请人向生态环境部行政复议机构撤回行政复议申请。生态环境部行政复议机构准予撤回行政复议申请、生态环境部决定终止行政复议的,申请人不得再以同一事实和理由提出行政复议申请。但是,申请人能够证明撤回行政复议申请违背其真实意愿的除外。

第三十六条　当事人经调解达成协议的,生态环境部应当制作行政复议调解书,经各方当事人签字或者签章,并加盖生态环境部印章,即具有法律效力。

调解未达成协议或者调解书生效前一方反悔的,生态环境部应当依法审查或者及时作出行政复议决定。

第三十七条　生态环境部依照行政复议法审理行政复议案件,由生态环境部行政复议机构对行政行为进行审查,提出意见,经生态环境部的负责人同意或者集体讨论通过后,以生态环境部的名义作出行政复议决定。

生态环境部作出行政复议决定,应当制作行政复议决定书,并加盖生态环境部印章。

行政复议决定书一经送达,即发生法律效力。

第三十八条　被申请人不按照本办法第二十八条、第三十二条的规定提出书面答复、提交作出行政行为的证据、依据和其他有关材料的,视为该行政行为没有证据、依据,生态环境部决定撤销、部分撤销该行政行为,确认该行政行为违法、无效或者决定被申请人在一定期限内履行,但是行政行为涉及第三人合法权益,第三人提供证据的除外。

第三十九条　适用普通程序审理的行政复议案件,生态环境部应当自受理申请之日起六十日内作出行政复议决定;但是法律规定的行政复议期限少于六十日的除外。情况复杂,不能在规定期限内作出行政复议决定的,经生态环境部行政复议机构的负责人批准,可以适当延长,并书面告知当事人;但是延长期限最多不得超过三十日。

适用简易程序审理的行政复议案件,生态环境部应当自受理申请之日起三十日内作出行政复议决定。

第四十条　生态环境部在办理行政复议案件过程中,发现被申请人或者其他下级行政机关的有关行政行为违法或者不当的,可以向其制发行政复议意见书。有关机关应当自收到行政复议意见书之日起六十日内,将纠正相关违法或者不当行政行为的情况报送生态环境部。

第四十一条　被申请人不履行或者无正当理由拖延履行行政复议决定书、调解书、意见书的,生态环境部应当责令其限期履行,并可以约谈被申请人的有关负责人或者予以通报批评。

第四十二条　申请人、第三人逾期不起诉又不履行行政复议决定书、调解书的,按照下列规定分别处理:

（一）维持行政行为的行政复议决定书,由作出行政行为的生态环境部及其派出机构、管理的组织依法强制执行,或者申请人民法院强制执行;

（二）变更行政行为的行政复议决定书,由生态环境部依法强制执行,或者申请人民法院强制执行;

（三）行政复议调解书,由生态环境部依法强制执行,或者申请人民法院强制执行。

第四十三条　生态环境部依照行政复议法等法律、行政法规和国务院有关规定,加强对下级生态环境主管部门依法行政、行政复议答复与行政应诉有关工作的指导。

第六章　附　　则

第四十四条　办结的行政复议案件应当一案一档,由承办人员按时间顺序将案件材料进行整理,立卷归档。

第四十五条　生态环境部应当按照国务院行政复议机构有关行政复议案件和行政应诉案件统计的要求,向国务院行政复议机构报送行政复议和行政应诉情况。

第四十六条　本办法关于行政复议期间有关"三日""五日""七日""十日"的规定是指工作日,不含法定休假日。

期间开始之日,不计算在内。期间届满的最后一日是节假日的,以节假日后的第一日为期间届满的日期。期间不包括在途时间,行政复议文书在期满前交邮的,不算过期。

第四十七条　本办法自2024年6月1日起施行。2008年12月30日原环境保护部发布的《环境行政复议办法》同时废止。

环保举报热线工作管理办法

1. 2010年12月15日环境保护部令第15号公布
2. 根据2021年12月13日生态环境部令第25号《关于修改部分部门规章的决定》修正

第一章 总 则

第一条 为了加强环保举报热线工作的规范化管理,畅通群众举报渠道,维护和保障人民群众的合法环境权益,根据《信访条例》以及环境保护法律、法规的有关规定,制定本办法。

第二条 公民、法人或者其他组织通过拨打环保举报热线电话,向各级环境保护主管部门举报环境污染或者生态破坏事项,请求环境保护主管部门依法处理的,适用本办法。

环保举报热线应当使用"12369"特服电话号码,各地名称统一为"12369"环保举报热线。

承担"12369"环保举报热线工作的机构依法受理的举报事项,称举报件。

第三条 环保举报热线工作应当遵循下列原则:
(一)属地管理、分级负责,谁主管、谁负责;
(二)依法受理,及时办理;
(三)维护公众对环境保护工作的知情权、参与权和监督权;
(四)调查研究,实事求是,妥善处理,解决问题。

第四条 环保举报热线要做到有报必接、违法必查,事事有结果、件件有回音。

除发生不可抗力情形外,环保举报热线应当保证畅通。

第二章 机构、职责和人员

第五条 承担环保举报热线工作机构的职责是:
(一)依法受理环境污染、生态破坏的举报事项;
(二)对举报件及时转送、交办、催办、督办;
(三)向上级交办部门报告交办件的办理结果;
(四)研究、分析环保举报热线工作情况,向环境保护主管部门提出改进工作的意见和建议；

（五）向本级和上一级环境保护主管部门提交年度工作报告，报告举报事项受理情况以及举报件的转送、交办、答复、催办、督办等情况；

（六）检查、指导和考核下级环保举报热线工作，总结交流工作经验，组织工作人员培训。

各地承担环保举报热线工作的机构可以根据实际情况依法履行其他工作职责，或者承担当地人民政府授予的其他职责。

第六条 环保举报热线工作人员应当具备以下条件：

（一）遵纪守法，政治立场坚定，熟悉环境保护业务，了解相关的法律、法规和政策，经业务培训并且考核合格；

（二）热爱本职工作，有较强的事业心和责任感；

（三）大专以上文化程度；

（四）掌握受理举报事项的基本知识和技能，有较强的协调能力和沟通能力；

（五）作风正派，实事求是；

（六）严格遵守各项规章制度。

第三章 工 作 程 序

第七条 环保举报热线工作人员接听举报电话，应当耐心细致，用语规范，准确据实记录举报时间、被举报单位的名称和地址、举报内容、举报人的姓名和联系方式、诉求目的等信息，并区分情况，分别按照下列方式处理：

（一）对属于各级环境保护主管部门职责范围的环境污染和生态破坏的举报事项，应当予以受理。

（二）对不属于环境保护主管部门处理的举报事项不予受理，但应当告知举报人依法向有关机关提出。

（三）对依法应当通过诉讼、仲裁、行政复议等法定途径解决或者已经进入上述程序的，应当告知举报人依照有关法律、法规规定向有关机关和单位提出。

（四）举报事项已经受理，举报人再次提出同一举报事项的，不予受理，但应当告知举报人受理情况和办理结果的查询方式。

（五）举报人对环境保护主管部门做出的举报件答复不服，仍以同一事实和理由提出举报的，不予受理，但应当告知举报人可以依照《信访条例》的规定提请复查或者复核。

（六）对涉及突发环境事件和有群体性事件倾向的举报事项，应当立即受理并及时向有关负责人报告。

（七）涉及两个或者两个以上环境保护主管部门的举报事项，由举报事项涉及的环境保护主管部门协商受理；协商不成的，由其共同的上一级环境保护主管部门协调、决定受理机关。

对举报人提出的举报事项，环保举报热线工作人员能当场决定受理的，应当当场告知举报人；不能当场告知是否受理的，应当在15日内告知举报人，但举报人联系不上的除外。

第八条　属于本级环境保护主管部门办理的举报件，承担环保举报热线工作的机构受理后，应当在3个工作日内转送本级环境保护主管部门有关内设机构。

第九条　属于下级环境保护主管部门办理的举报件，承担环保举报热线工作的机构受理后，应当通过"12369"环保举报热线管理系统于3个工作日内向下级承担环保举报热线工作的机构交办。

地方各级环保举报热线工作人员应当即时接收上级交办的举报件，并按规定及时进行处理。

第十条　举报件应当自受理之日起60日内办结。情况复杂的，经本级环境保护主管部门负责人批准，可以适当延长办理期限，并告知举报人延期理由，但延长期限不得超过30日。

对上级交办的举报件，下级承担环保举报热线工作的机构应当按照交办的时限要求办结，并将办理结果报告上级交办机构；情况复杂的，经本级环境保护主管部门负责人批准，并向交办机构说明情况，可以适当延长办理期限，并告知举报人延期理由。

第十一条　举报件办结后，举报件办理部门应当将举报件办理结果及时答复举报人并转送承担环保举报热线工作的机构。

对上级交办的举报件，负责办理的下级环境保护主管部门应当在办理后及时将办理结果向上级交办机构报告；上级交办机构发现报告内容不全或者事实不清的，可以退回原办理部门重新办理。

举报件办理结果应当由环境保护主管部门负责人签发，并说明举报事项、查处情况、处理意见、答复情况等。

第十二条　举报件办理部门未及时转送或者报告办理结果的，环保举报热线工作人员应当及时催办。

第十三条　上级承担环保举报热线工作的机构发现向下级交办的举报件有

下列情形之一的,应当向环境保护主管部门报告,由环境保护主管部门按照有关规定及时督办:

(一)办结后处理决定未得到落实的;

(二)问题久拖不决,群众反复举报的;

(三)办理时弄虚作假的;

(四)未按照规定程序办理的;

(五)其他需要督办的情形。

第十四条 各级承担环保举报热线工作的机构应当视情况抽查、回访已经办结的举报件,听取意见,改进工作。

第四章 工 作 制 度

第十五条 各级环境保护主管部门应当建立健全环保举报热线工作规章制度,确保环保举报热线工作有章可循、规范有序。

第十六条 各级承担环保举报热线工作的机构应当对各类举报信息和办理情况进行汇总、分析,提出建议,并向本级环境保护主管部门和上级承担环保举报热线工作的机构报告。

第十七条 各级环境保护主管部门应当定期分析总结环保举报热线工作情况,并根据工作需要,向有关单位和部门通报。

第十八条 各级环境保护主管部门应当通过电视、报刊、网络等媒体宣传环保举报热线,提高公众的参与意识和监督意识。

第十九条 各级环境保护主管部门应当定期组织开展环保举报热线工作人员政治理论学习和业务工作培训,加强队伍建设,不断提高工作人员的思想觉悟和业务水平。

第二十条 各级承担环保举报热线工作的机构应当健全保密管理制度,完善保密防护措施,加强保密检查,并积极开展保密宣传教育。

第二十一条 各级承担环保举报热线工作的机构应当妥善保存相关书面材料或者录音资料,并按照档案管理的有关规范建立档案。

第二十二条 各级环境保护主管部门应当结合本单位工作实际,制定环保举报热线工作表彰和奖励制度,对事迹突出、成绩显著的工作人员或者单位给予表彰和奖励。

第二十三条 各级环境保护主管部门应当积极争取当地财政部门资金支持,将环保举报热线的建设、运行、管理、维护等资金纳入财政预算,确保环保举报热线工作及其管理系统正常运行。

第二十四条　各级环境保护主管部门以及环保举报热线工作人员玩忽职守、滥用职权、徇私舞弊的，依法给予处分；涉嫌犯罪的，依法移送司法机关追究刑事责任。

环境保护主管部门及其工作人员对举报人进行打击报复的，依法给予处分；涉嫌犯罪的，依法移送司法机关追究刑事责任。

第五章　附　　则

第二十五条　本办法未作规定的事项，按照《信访条例》和《环境信访办法》的有关规定执行。

地方各级环境保护主管部门可以结合本地实际情况制定实施细则。

第二十六条　本办法自2011年3月1日起施行。

生态环境信访工作办法

1. 2024年12月20日生态环境部发布
2. 环厅〔2024〕87号
3. 自2025年1月1日起施行

第一章　总　　则

第一条　为了规范生态环境信访工作，维护生态环境信访秩序，保护信访人的合法权益，根据《信访工作条例》和生态环境有关法律、行政法规，制定本办法。

第二条　生态环境信访工作是送上门的群众工作，是生态环境部门了解社情民意、听取意见建议、发现并解决问题、维护群众权益的一项重要工作，是各级生态环境部门及其领导干部、工作人员接受群众监督、改进工作作风的重要途径。

第三条　生态环境信访工作坚持以习近平新时代中国特色社会主义思想为指导，贯彻落实习近平生态文明思想、习近平总书记关于加强和改进人民信访工作的重要思想，增强"四个意识"、坚定"四个自信"、做到"两个维护"，牢记为民解难、为党分忧的政治责任，坚守人民情怀，坚持底线思维、法治思维，服务生态环境工作大局，维护群众合法权益，化解信访突出问题，促进社会和谐稳定。

第四条　生态环境信访工作应当遵循下列原则：

(一)坚持党的全面领导。把党的领导贯穿到生态环境信访工作各方面和全过程,确保正确政治方向。

(二)坚持以人民为中心。践行党的群众路线,维护公众合法权益,保障公众对生态环境工作的知情权、参与权和监督权。

(三)坚持落实信访工作责任。党政同责、一岗双责、属地管理、分级负责,谁主管、谁负责。

(四)坚持依法、及时、就地解决问题。将信访投诉举报作为精准发现生态环境问题的重要信息来源,及时快速响应,深入调查核实,依法依规处理,就地解决问题。

(五)坚持源头治理化解矛盾。科学民主决策,依法履行职责,着力推进源头预防和前端化解,把可能引发生态环境信访问题的矛盾纠纷化解在基层、化解在萌芽状态。

第五条　各级生态环境部门应当畅通信访渠道,优化工作流程,规范信访秩序,依法分类处理信访事项,倾听人民群众建议、意见和要求,接受人民群众监督,为人民群众服务。

第二章　信访工作体制

第六条　各级生态环境部门要坚持和加强党对生态环境信访工作的全面领导,构建党组(委)统一领导、信访工作机构推动、各方齐抓共管的生态环境信访工作格局。地方各级生态环境部门在本级党委和政府领导及上级生态环境部门指导下开展信访工作。

第七条　各级生态环境部门领导干部应当阅批群众来信和网上信访,定期接待群众来访、定期下访,听取生态环境信访工作汇报,包案化解群众反映强烈的突出问题,研究解决信访工作中的难点问题。

第八条　各级生态环境部门应当落实本级信访工作联席会议确定的工作任务和议定事项,及时报送落实情况;及时将生态环境领域重大敏感信访问题提请本级信访工作联席会议研究。

第九条　各级生态环境部门应当建立健全科学民主决策、信访矛盾排查化解、信访督办等工作机制,提升生态环境信访工作的科学化、法治化水平。

第十条　各级生态环境部门应当按照有利工作、方便信访人的原则,明确负责生态环境信访工作的机构。

各级生态环境信访工作机构履行下列职责:

(一)受理信访人提出的生态环境信访事项;

（二）向本级生态环境部门有关内设机构或者单位、下级生态环境部门转送、交办生态环境信访事项；

（三）承办上级生态环境部门和本级党委、政府交办的生态环境信访事项；

（四）协调、处理生态环境信访事项；

（五）督促检查生态环境信访事项的处理和落实情况；

（六）指导下级生态环境部门的信访工作；

（七）分析、研究生态环境信访情况，开展调查研究，提出工作建议；

（八）组织生态环境信访业务培训；

（九）承担其他生态环境信访工作事项。

第十一条 各级生态环境部门应当加强信访工作能力建设，保证工作经费和必要的设备设施，选优配强信访工作干部，打造高素质专业化信访干部队伍；应当建立健全年轻干部和新录用干部到信访工作岗位锻炼制度。

从事生态环境信访工作的人员按照国家有关规定享受信访岗位津贴。

第三章 信访事项的提出和受理

第十二条 公民、法人或者其他组织可以采用信息网络、书信、电话、传真、走访等形式，向各级生态环境部门反映情况，提出建议、意见或者投诉请求，有关生态环境部门应当依规依法处理。

采用前款规定的形式，反映情况，提出建议、意见或者投诉请求的公民、法人或者其他组织，称信访人。

第十三条 各级生态环境部门应当向社会公布生态环境信访工作机构的网络信访渠道、通信地址、投诉举报电话、信访接待时间和地点、信访事项处理进展及结果的查询方式等相关事项，在其信访接待场所或者本机关网站公布与生态环境信访工作有关的党内法规和法律、法规、规章，信访事项的处理程序，以及其他为信访人提供便利的相关事项。

第十四条 信访人一般应当采用书面形式提出信访事项，并载明其姓名（名称）、住址、联系方式、请求、主要事实等。采用口头形式提出的，生态环境信访机构应当如实记录。

信访人提出信访事项，应当客观真实，对其所提供材料内容的真实性负责，不得捏造、歪曲事实，不得诬告、陷害他人。

第十五条 信访人采用走访形式提出信访事项的，应当到有权处理该事项的本级或者上一级生态环境部门设立或者指定的接待场所提出。多人提出同一信访事项的，应当推选代表，代表人数不得超过 5 人。

第十六条 各级生态环境部门应当加强信访工作信息化、智能化建设，依规依法有序推进信访信息系统优化整合、互联互通、信息共享，方便信访人通过信息网络渠道提出信访事项。

各级生态环境部门应当及时将信访事项录入全国生态环境信访投诉举报管理平台，使网上信访、来信、来访、来电情况在网上流转，方便信访人查询、评价信访事项办理情况。

第十七条 各级生态环境部门收到信访事项，应当予以登记，并区分情况，在 15 日内分别按照下列方式处理：

（一）对属于本级生态环境部门职权范围的，应当告知信访人接收情况以及处理途径和程序。

（二）对属于下级生态环境部门职权范围的，按照"属地管理、分级负责，谁主管、谁负责"的原则，转送、交办有权处理的下级生态环境部门，并告知信访人转送、交办去向。

（三）对不属于本级生态环境部门或者生态环境系统职权范围的，应当告知信访人向有权处理的机关、单位提出。

（四）对转送信访事项中的重要情况需要反馈办理结果的，要求相关生态环境部门在指定办理期限内反馈结果，提交办结报告。

对信访人直接提出的信访事项，生态环境部门能够当场告知的，应当当场告知；不能当场告知的，应当自收到信访事项之日起 15 日内以信息网络、手机短信、书信等书面形式告知信访人，但信访人的姓名（名称）、住址或者联系方式不详而无法联系的除外。

对党委和政府信访部门或者上级生态环境部门转送、交办的信访事项，不属于本级生态环境部门职权范围的，应当自收到之日起 5 个工作日内提出异议，并详细说明理由，经转送、交办的信访部门或者生态环境部门核实同意后退回，并交还相关材料。

第十八条 信访事项存在下列情形之一的，不予受理：

（一）信访事项已经受理或者正在办理，信访人在规定期限内向上级生态环境部门提出同一事项；

（二）跨越有权处理的本级和上一级生态环境部门，走访提出申诉求决类事项；

（三）属于审判和检察机关管辖，已经、正在或者应当通过审判机关诉讼程序或者检察机关法律监督程序处理的事项。

第十九条　各级生态环境部门对可能造成社会影响的重大、紧急信访事项和信访信息,应当及时报告本级党委和政府,通报相关主管部门和本级信访工作联席会议办公室,在职责范围内依法采取措施,防止不良影响的产生、扩大。

第二十条　信访人在信访过程中应当遵守法律、法规,自觉维护工作秩序和信访秩序,不得损害国家、社会、集体的利益和其他公民的合法权利。

第四章　信访事项的办理

第二十一条　各级生态环境部门及其工作人员办理信访事项,应当恪尽职守、秉公办理,查清事实,分清责任,正确疏导,及时、恰当、妥善处理,不得推诿、敷衍、拖延。

各级生态环境部门应当按照诉讼与信访分离制度要求,将涉及民事、行政、刑事等诉讼权利救济的信访事项从普通信访体制中分离出来,并引导信访人向有关政法部门提出。

生态环境部门工作人员与信访事项或者信访人有直接利害关系的,应当回避。

第二十二条　各级生态环境部门对信访人反映的情况、提出的建议意见类事项,应当认真研究论证。对科学合理、具有现实可行性的,应当采纳或者部分采纳,并予以回复。

第二十三条　对信访人提出的检举控告类事项,有权处理的生态环境部门应当依规依纪依法接收、受理、办理和反馈。

不得将信访人的检举、揭发材料以及有关情况透露或者转给被检举、揭发的人员或者单位。

第二十四条　对信访人提出的申诉求决类事项,有权处理的生态环境部门应当区分情况,分别按照下列方式处理：

（一）可以通过党员申诉、申请复审等解决的,导入相应程序处理。

（二）可以通过行政复议、行政确认、行政许可、行政处罚等行政程序解决的,导入相应程序处理。

（三）属于要求查处生态环境违法行为、履行保护人身权或者财产权等合法权益职责的,依法履行或者答复。

（四）不属于以上情形的,应当听取信访人陈述事实和理由,并调查核实,出具信访处理意见书。

处理前款第三项信访事项过程中,未经信访人允许,不得将信访人信息透露给被投诉、举报对象。

第二十五条 信访处理意见书应当载明信访人诉求、事实和理由、处理意见及其法律法规依据:

（一）请求事实清楚,符合法律、法规、规章或者其他规定的,予以支持;

（二）请求事由合理但缺乏法律依据的,应当作出解释说明;

（三）请求缺乏事实根据或者不符合法律、法规、规章或者其他有关规定的,不予支持。

有权处理的生态环境部门作出支持信访请求意见的,应当督促有关内设机构、单位执行;不予支持的,应当做好信访人疏导教育工作。

第二十六条 各级生态环境部门在处理申诉求决类事项过程中,可以在不违反政策法规强制性规定的情况下,在裁量权范围内,经争议双方当事人同意进行调解;可以引导争议双方当事人自愿和解。经调解、和解达成一致意见的,应当制作调解协议书或者和解协议书。

第二十七条 对本办法第二十四条第一款第三项规定的申诉求决类事项,应当自受理之日起60日内履行或者答复。法律、法规另有规定的,从其规定。

第二十八条 对本办法第二十四条第一款第三项规定的申诉求决类事项,可以按照方便、规范的原则,通过信息网络、电话、现场告知等形式将办理结果反馈信访人。信访人明确要求书面反馈的,应当予以书面反馈。

第二十九条 对本办法第二十四条第一款第四项规定的信访事项,应当自受理之日起60日内办结;情况复杂的,经本级生态环境部门负责人批准,可以适当延长办理期限,但延长期限不得超过30日,并应当告知信访人延长理由。

第三十条 对本办法第二十四条第一款第四项规定的信访事项,信访人对信访处理意见不服的,可以自收到书面答复之日起30日内请求原办理机关、单位的上一级机关、单位复查。收到复查请求的机关、单位应当自收到复查请求之日起30日内提出复查意见,并予以书面答复。

第三十一条 信访人对复查意见不服的,可以自收到书面答复之日起30日内向复查机关、单位的上一级机关、单位请求复核。收到复核请求的机关、单位应当自收到复核请求之日起30日内提出复核意见。

信访人对复核意见不服,仍以同一事实和理由提出投诉请求的,各级生态环境部门不再受理。

第三十二条 各级生态环境部门对生态环境投诉、举报，可以根据实际情况建立接诉即办机制，缩短办理时限，提高办理效能。

第三十三条 各级生态环境部门对重大、复杂、疑难的生态环境信访事项可以举行听证。听证所需时间不计算在信访事项办理期限内。

第三十四条 各级生态环境部门对信访人反映集中、突出或者久拖不决的生态环境问题，应当及时进行督办，并可以按程序将问题线索提供给生态环境保护督察、纳入专项执法行动等推动解决。

第三十五条 各级生态环境部门应当坚持社会矛盾纠纷多元预防调处化解，人民调解、行政调解、司法调解联动，综合运用法律、政策、经济、行政等手段和教育、协商、疏导等办法，多措并举化解矛盾纠纷。

第三十六条 信访人举报生态环境违法行为、反映情况、提出建议意见，对生态环境保护工作有重要推动作用的，生态环境部门应当按照有关规定给予奖励。

第五章 监督和追责

第三十七条 各级生态环境部门应当落实信访工作责任制，对信访工作中失职、渎职行为，依法追究有关责任人员的责任；对在信访工作中作出突出成绩的单位或者个人，可以按照有关规定给予表彰和奖励。

第三十八条 各级生态环境部门信访工作机构发现本级生态环境部门内设机构、单位，下级生态环境部门存在违反信访工作规定受理、办理信访事项，办理信访事项推诿、敷衍、拖延、弄虚作假或者拒不执行信访处理意见等情形的，应当及时督办，并提出改进工作的建议。

对工作中发现的有关政策性问题，应当及时向本级生态环境部门党组（委）报告，并提出完善政策的建议。

对在信访工作中推诿、敷衍、拖延、弄虚作假造成严重后果的本级生态环境部门内设机构、单位，下级生态环境部门及其工作人员，应当向有管理权限的机关、单位提出追究责任的建议。

对生态环境部门信访工作机构提出的改进工作、完善政策、追究责任的建议，有关责任机构、单位、部门应当书面反馈采纳情况。

第三十九条 因下列情形之一导致信访事项发生，造成严重后果的，对直接负责的主管人员和其他直接责任人员依规依纪依法严肃处理；构成犯罪的，移交司法机关依法追究刑事责任：

（一）超越或者滥用职权，侵害公民、法人或者其他组织合法权益；

(二)应当作为而不作为,侵害公民、法人或者其他组织合法权益;

(三)适用法律、法规错误或者违反法定程序,侵害公民、法人或者其他组织合法权益;

(四)拒不执行有权处理的生态环境部门做出的支持信访请求意见。

第四十条 对负有受理信访事项职责的生态环境部门有下列情形之一的,由其上级生态环境部门责令改正;造成严重后果的,对直接负责的主管人员和其他直接责任人员依规依纪依法严肃处理:

(一)对收到的信访事项不按照规定登记;

(二)对属于其职权范围的信访事项不予受理;

(三)未在规定期限内告知信访人是否受理信访事项。

第四十一条 对信访事项有权处理的生态环境部门有下列行为之一的,由其上级生态环境部门责令改正;造成严重后果的,对直接负责的主管人员和其他直接责任人员依规依纪依法严肃处理:

(一)推诿、敷衍、拖延信访事项办理或者未在法定期限内办结信访事项;

(二)对事实清楚、符合法律、法规、规章或者其他有关规定的投诉请求未予支持;

(三)对党委和政府信访部门以及上级生态环境部门提出的改进工作、完善政策等建议重视不够、落实不力,导致问题长期得不到解决;

(四)其他不履行或者不正确履行信访事项处理职责的情形。

第四十二条 有关生态环境部门及其领导干部、工作人员有下列情形之一的,应当予以改正;造成严重后果的,对直接负责的主管人员和其他直接责任人员依规依纪依法严肃处理;构成犯罪的,移交司法机关依法追究刑事责任:

(一)对待信访人态度恶劣、作风粗暴,损害党群干群关系;

(二)在处理信访事项过程中吃拿卡要、谋取私利;

(三)对规模性集体访、负面舆情等处置不力,导致事态扩大;

(四)对可能造成社会影响的重大、紧急信访事项和信访信息隐瞒、谎报、缓报,或者未依法及时采取必要措施;

(五)将信访人的检举、揭发材料或者有关情况透露、转给被检举、揭发的人员或者单位;

(六)打击报复信访人;

(七)其他违规违纪违法的情形。

第四十三条 信访人违反本办法第十五条、第二十条规定的,工作人员应当对其进行劝阻、批评或者教育。

信访人滋事扰序、缠访闹访情节严重的,捏造歪曲事实、诬告陷害他人的,有关生态环境部门应当及时报公安机关依法处置。

第六章 附 则

第四十四条 外国人、无国籍人、外国组织生态环境信访事项的处理,参照本办法执行。

第四十五条 本办法自 2025 年 1 月 1 日起施行。

八、法律责任

中华人民共和国刑法(节录)

1. 1979年7月1日第五届全国人民代表大会第二次会议通过
2. 1997年3月14日第八届全国人民代表大会第五次会议修订
3. 根据1998年12月29日《全国人民代表大会常务委员会关于惩治骗购外汇、逃汇和非法买卖外汇犯罪的决定》、1999年12月25日《中华人民共和国刑法修正案》、2001年8月31日《中华人民共和国刑法修正案(二)》、2001年12月29日《中华人民共和国刑法修正案(三)》、2002年12月28日《中华人民共和国刑法修正案(四)》、2005年2月28日《中华人民共和国刑法修正案(五)》、2006年6月29日《中华人民共和国刑法修正案(六)》、2009年2月28日《中华人民共和国刑法修正案(七)》、2009年8月27日《全国人民代表大会常务委员会关于修改部分法律的决定》、2011年2月25日《中华人民共和国刑法修正案(八)》、2015年8月29日《中华人民共和国刑法修正案(九)》、2017年11月4日《中华人民共和国刑法修正案(十)》、2020年12月26日《中华人民共和国刑法修正案(十一)》和2023年12月29日《中华人民共和国刑法修正案(十二)》修正

第三百三十条 【妨害传染病防治罪】违反传染病防治法的规定,有下列情形之一,引起甲类传染病以及依法确定采取甲类传染病预防、控制措施的传染病传播或者有传播严重危险的,处三年以下有期徒刑或者拘役;后果特别严重的,处三年以上七年以下有期徒刑:

(一)供水单位供应的饮用水不符合国家规定的卫生标准的;

(二)拒绝按照疾病预防控制机构提出的卫生要求,对传染病病原体污染的污水、污物、场所和物品进行消毒处理的;

(三)准许或者纵容传染病病人、病原携带者和疑似传染病病人从事国务院卫生行政部门规定禁止从事的易使该传染病扩散的工作的;

(四)出售、运输疫区中被传染病病原体污染或者可能被传染病病原体污染的物品,未进行消毒处理的;

(五)拒绝执行县级以上人民政府、疾病预防控制机构依照传染病防

治法提出的预防、控制措施的。

单位犯前款罪的,对单位判处罚金,并对其直接负责的主管人员和其他直接责任人员,依照前款的规定处罚。

甲类传染病的范围,依照《中华人民共和国传染病防治法》和国务院有关规定确定。

第三百三十八条 【污染环境罪】违反国家规定,排放、倾倒或者处置有放射性的废物、含传染病病原体的废物、有毒物质或者其他有害物质,严重污染环境的,处三年以下有期徒刑或者拘役,并处或者单处罚金;情节严重的,处三年以上七年以下有期徒刑,并处罚金;有下列情形之一的,处七年以上有期徒刑,并处罚金:

(一)在饮用水水源保护区、自然保护地核心保护区等依法确定的重点保护区域排放、倾倒、处置有放射性的废物、含传染病病原体的废物、有毒物质,情节特别严重的;

(二)向国家确定的重要江河、湖泊水域排放、倾倒、处置有放射性的废物、含传染病病原体的废物、有毒物质,情节特别严重的;

(三)致使大量永久基本农田基本功能丧失或者遭受永久性破坏的;

(四)致使多人重伤、严重疾病,或者致人严重残疾、死亡的。

有前款行为,同时构成其他犯罪的,依照处罚较重的规定定罪处罚。

第三百三十九条 【非法处置进口的固体废物罪】违反国家规定,将境外的固体废物进境倾倒、堆放、处置的,处五年以下有期徒刑或者拘役,并处罚金;造成重大环境污染事故,致使公私财产遭受重大损失或者严重危害人体健康的,处五年以上十年以下有期徒刑,并处罚金;后果特别严重的,处十年以上有期徒刑,并处罚金。

【擅自进口固体废物罪】未经国务院有关主管部门许可,擅自进口固体废物用作原料,造成重大环境污染事故,致使公私财产遭受重大损失或者严重危害人体健康的,处五年以下有期徒刑或者拘役,并处罚金;后果特别严重的,处五年以上十年以下有期徒刑,并处罚金。

以原料利用为名,进口不能用作原料的固体废物、液态废物和气态废物的,依照本法第一百五十二条第二款、第三款的规定定罪处罚。

第三百四十条 【非法捕捞水产品罪】违反保护水产资源法规,在禁渔区、禁渔期或者使用禁用的工具、方法捕捞水产品,情节严重的,处三年以下有期徒刑、拘役、管制或者罚金。

第三百四十一条 【危害珍贵、濒危野生动物罪】非法猎捕、杀害国家重点保护的珍贵、濒危野生动物的,或者非法收购、运输、出售国家重点保护的珍贵、濒危野生动物及其制品的,处五年以下有期徒刑或者拘役,并处罚金;情节严重的,处五年以上十年以下有期徒刑,并处罚金;情节特别严重的,处十年以上有期徒刑,并处罚金或者没收财产。

【非法狩猎罪】违反狩猎法规,在禁猎区、禁猎期或者使用禁用的工具、方法进行狩猎,破坏野生动物资源,情节严重的,处三年以下有期徒刑、拘役、管制或者罚金。

【非法猎捕、收购、运输、出售陆生野生动物罪】违反野生动物保护管理法规,以食用为目的非法猎捕、收购、运输、出售第一款规定以外的在野外环境自然生长繁殖的陆生野生动物,情节严重的,依照前款的规定处罚。

第三百四十二条 【非法占用农用地罪】违反土地管理法规,非法占用耕地、林地等农用地,改变被占用土地用途,数量较大,造成耕地、林地等农用地大量毁坏的,处五年以下有期徒刑或者拘役,并处或者单处罚金。

第三百四十二条之一 【破坏自然保护地罪】违反自然保护地管理法规,在国家公园、国家级自然保护区进行开垦、开发活动或者修建建筑物,造成严重后果或者有其他恶劣情节的,处五年以下有期徒刑或者拘役,并处或者单处罚金。

有前款行为,同时构成其他犯罪的,依照处罚较重的规定定罪处罚。

第三百四十三条 【非法采矿罪】违反矿产资源法的规定,未取得采矿许可证擅自采矿,擅自进入国家规划矿区、对国民经济具有重要价值的矿区和他人矿区范围采矿,或者擅自开采国家规定实行保护性开采的特定矿种,情节严重的,处三年以下有期徒刑、拘役或者管制,并处或者单处罚金;情节特别严重的,处三年以上七年以下有期徒刑,并处罚金。

【破坏性采矿罪】违反矿产资源法的规定,采取破坏性的开采方法开采矿产资源,造成矿产资源严重破坏的,处五年以下有期徒刑或者拘役,并处罚金。

第三百四十四条 【危害国家重点保护植物罪】违反国家规定,非法采伐、毁坏珍贵树木或者国家重点保护的其他植物的,或者非法收购、运输、加工、出售珍贵树木或者国家重点保护的其他植物及其制品的,处三年以下有期徒刑、拘役或者管制,并处罚金;情节严重的,处三年以上七年以下有期徒刑,并处罚金。

第三百四十四条之一 【非法引进、释放、丢弃外来入侵物种罪】违反国家规定,非法引进、释放或者丢弃外来入侵物种,情节严重的,处三年以下有期徒刑或者拘役,并处或者单处罚金。

第三百四十五条 【盗伐林木罪】盗伐森林或者其他林木,数量较大的,处三年以下有期徒刑、拘役或者管制,并处或者单处罚金;数量巨大的,处三年以上七年以下有期徒刑,并处罚金;数量特别巨大的,处七年以上有期徒刑,并处罚金。

【滥伐林木罪】违反森林法的规定,滥伐森林或者其他林木,数量较大的,处三年以下有期徒刑、拘役或者管制,并处或者单处罚金;数量巨大的,处三年以上七年以下有期徒刑,并处罚金。

【非法收购、运输盗伐、滥伐的林木罪】非法收购、运输明知是盗伐、滥伐的林木,情节严重的,处三年以下有期徒刑、拘役或者管制,并处或者单处罚金;情节特别严重的,处三年以上七年以下有期徒刑,并处罚金。

盗伐、滥伐国家级自然保护区内的森林或者其他林木的,从重处罚。

第三百四十六条 【单位犯破坏环境资源保护罪的处罚规定】单位犯本节第三百三十八条至第三百四十五条规定之罪的,对单位判处罚金,并对其直接负责的主管人员和其他直接责任人员,依照本节各该条的规定处罚。

第四百零八条 【环境监管失职罪】负有环境保护监督管理职责的国家机关工作人员严重不负责任,导致发生重大环境污染事故,致使公私财产遭受重大损失或者造成人身伤亡的严重后果的,处三年以下有期徒刑或者拘役。

生态环境损害赔偿管理规定

1. 2022年4月26日生态环境部、最高人民法院、最高人民检察院、科技部、公安部、司法部、财政部、自然资源部、住房和城乡建设部、水利部、农业农村部、卫生健康委、市场监管总局、林草局发布
2. 环法规〔2022〕31号

第一章 总 则

第一条 为规范生态环境损害赔偿工作,推进生态文明建设,建设美丽中国,根据《生态环境损害赔偿制度改革方案》和《中华人民共和国民法典》《中华人民共和国环境保护法》等法律法规的要求,制定本规定。

第二条 以习近平新时代中国特色社会主义思想为指导,全面贯彻党的十九

大和十九届历次全会精神,深入贯彻习近平生态文明思想,坚持党的全面领导,坚持以人民为中心的发展思想,坚持依法治国、依法行政,以构建责任明确、途径畅通、技术规范、保障有力、赔偿到位、修复有效的生态环境损害赔偿制度为目标,持续改善环境质量,维护国家生态安全,不断满足人民群众日益增长的美好生活需要,建设人与自然和谐共生的美丽中国。

第三条 生态环境损害赔偿工作坚持依法推进、鼓励创新,环境有价、损害担责,主动磋商、司法保障,信息共享、公众监督的原则。

第四条 本规定所称生态环境损害,是指因污染环境、破坏生态造成大气、地表水、地下水、土壤、森林等环境要素和植物、动物、微生物等生物要素的不利改变,以及上述要素构成的生态系统功能退化。

违反国家规定造成生态环境损害的,按照《生态环境损害赔偿制度改革方案》和本规定要求,依法追究生态环境损害赔偿责任。

以下情形不适用本规定:

(一)涉及人身伤害、个人和集体财产损失要求赔偿的,适用《中华人民共和国民法典》等法律有关侵权责任的规定;

(二)涉及海洋生态环境损害赔偿的,适用海洋环境保护法等法律及相关规定。

第五条 生态环境损害赔偿范围包括:

(一)生态环境受到损害至修复完成期间服务功能丧失导致的损失;

(二)生态环境功能永久性损害造成的损失;

(三)生态环境损害调查、鉴定评估等费用;

(四)清除污染、修复生态环境费用;

(五)防止损害的发生和扩大所支出的合理费用。

第六条 国务院授权的省级、市地级政府(包括直辖市所辖的区县级政府,下同)作为本行政区域内生态环境损害赔偿权利人。赔偿权利人可以根据有关职责分工,指定有关部门或机构负责具体工作。

第七条 赔偿权利人及其指定的部门或机构开展以下工作:

(一)定期组织筛查案件线索,及时启动案件办理程序;

(二)委托鉴定评估,开展索赔磋商和作为原告提起诉讼;

(三)引导赔偿义务人自行或委托社会第三方机构修复受损生态环境,或者根据国家有关规定组织开展修复或替代修复;

(四)组织对生态环境修复效果进行评估;

(五)其他相关工作。

第八条　违反国家规定,造成生态环境损害的单位或者个人,应当按照国家规定的要求和范围,承担生态环境损害赔偿责任,做到应赔尽赔。民事法律和资源环境保护等法律有相关免除或者减轻生态环境损害赔偿责任规定的,按相应规定执行。

赔偿义务人应当依法积极配合生态环境损害赔偿调查、鉴定评估等工作,参与索赔磋商,实施修复,全面履行赔偿义务。

第九条　赔偿权利人及其指定的部门或机构,有权请求赔偿义务人在合理期限内承担生态环境损害赔偿责任。

生态环境损害可以修复的,应当修复至生态环境受损前的基线水平或者生态环境风险可接受水平。赔偿义务人根据赔偿协议或者生效判决要求,自行或者委托开展修复的,应当依法赔偿生态环境受到损害至修复完成期间服务功能丧失导致的损失和生态环境损害赔偿范围内的相关费用。

生态环境损害无法修复的,赔偿义务人应当依法赔偿相关损失和生态环境损害赔偿范围内的相关费用,或者在符合有关生态环境修复法规政策和规划的前提下,开展替代修复,实现生态环境及其服务功能等量恢复。

第十条　赔偿义务人因同一生态环境损害行为需要承担行政责任或者刑事责任的,不影响其依法承担生态环境损害赔偿责任。赔偿义务人的财产不足以同时承担生态环境损害赔偿责任和缴纳罚款、罚金时,优先用于承担生态环境损害赔偿责任。

各地可根据案件实际情况,统筹考虑社会稳定、群众利益,根据赔偿义务人主观过错、经营状况等因素分类处置,探索分期赔付等多样化责任承担方式。

有关国家机关应当依法履行职责,不得以罚代赔,也不得以赔代罚。

第十一条　赔偿义务人积极履行生态环境损害赔偿责任的,相关行政机关和司法机关,依法将其作为从轻、减轻或者免予处理的情节。

对生效判决和经司法确认的赔偿协议,赔偿义务人不履行或者不完全履行义务的,依法列入失信被执行人名单。

第十二条　对公民、法人和其他组织举报要求提起生态环境损害赔偿的,赔偿权利人及其指定的部门或机构应当及时研究处理和答复。

第二章　任务分工

第十三条　生态环境部牵头指导实施生态环境损害赔偿制度,会同自然资源部、住房和城乡建设部、水利部、农业农村部、国家林草局等相关部门负责指导生态环境损害的调查、鉴定评估、修复方案编制、修复效果评估等业务工作。科技部负责指导有关生态环境损害鉴定评估技术研究工作。公安部负责指导公安机关依法办理涉及生态环境损害赔偿的刑事案件。司法部负责指导有关环境损害司法鉴定管理工作。财政部负责指导有关生态环境损害赔偿资金管理工作。国家卫生健康委会同生态环境部开展环境健康问题调查研究、环境与健康综合监测与风险评估。市场监管总局负责指导生态环境损害鉴定评估相关的计量和标准化工作。

最高人民法院、最高人民检察院分别负责指导生态环境损害赔偿案件的审判和检察工作。

第十四条　省级、市地级党委和政府对本地区的生态环境损害赔偿工作负总责，应当加强组织领导，狠抓责任落实，推进生态环境损害赔偿工作稳妥、有序进行。党委和政府主要负责人应当履行生态环境损害赔偿工作第一责任人职责；党委和政府领导班子其他成员应当根据工作分工，领导、督促有关部门和单位开展生态环境损害赔偿工作。

各省级、市地级党委和政府每年应当至少听取一次生态环境损害赔偿工作情况的汇报，督促推进生态环境损害赔偿工作，建立严考核、硬约束的工作机制。

第三章　工 作 程 序

第十五条　赔偿权利人应当建立线索筛查和移送机制。

赔偿权利人指定的部门或机构，应当根据本地区实施方案规定的任务分工，重点通过以下渠道定期组织筛查发现生态环境损害赔偿案件线索：

（一）中央和省级生态环境保护督察发现的案件线索；

（二）突发生态环境事件；

（三）资源与环境行政处罚案件；

（四）涉嫌构成破坏环境资源保护犯罪的案件；

（五）在生态保护红线等禁止开发区域、国家和省级国土空间规划中确定的重点生态功能区发生的环境污染、生态破坏事件；

（六）日常监管、执法巡查、各项资源与环境专项行动发现的案件线索；

（七）信访投诉、举报和媒体曝光涉及的案件线索；

（八）上级机关交办的案件线索；

（九）检察机关移送的案件线索；

(十)赔偿权利人确定的其他线索渠道。

第十六条 在全国有重大影响或者生态环境损害范围在省域内跨市地的案件由省级政府管辖;省域内其他案件管辖由省级政府确定。

生态环境损害范围跨省域的,由损害地相关省级政府共同管辖。相关省级政府应加强沟通联系,协商开展赔偿工作。

第十七条 赔偿权利人及其指定的部门或机构在发现或者接到生态环境损害赔偿案件线索后,应当在三十日内就是否造成生态环境损害进行初步核查。对已造成生态环境损害的,应当及时立案启动索赔程序。

第十八条 经核查,存在以下情形之一的,赔偿权利人及其指定的部门或机构可以不启动索赔程序:

(一)赔偿义务人已经履行赔偿义务的;

(二)人民法院已就同一生态环境损害形成生效裁判文书,赔偿权利人的索赔请求已被得到支持的诉讼请求所全部涵盖的;

(三)环境污染或者生态破坏行为造成的生态环境损害显著轻微,且不需要赔偿的;

(四)承担赔偿义务的法人终止、非法人组织解散或者自然人死亡,且无财产可供执行的;

(五)赔偿义务人依法持证排污,符合国家规定的;

(六)其他可以不启动索赔程序的情形。

赔偿权利人及其指定的部门或机构在启动索赔程序后,发现存在以上情形之一的,可以终止索赔程序。

第十九条 生态环境损害索赔启动后,赔偿权利人及其指定的部门或机构,应当及时进行损害调查。调查应当围绕生态环境损害是否存在、受损范围、受损程度、是否有相对明确的赔偿义务人等问题开展。调查结束应当形成调查结论,并提出启动索赔磋商或者终止索赔程序的意见。

公安机关在办理涉嫌破坏环境资源保护犯罪案件时,为查明生态环境损害程度和损害事实,委托相关机构或者专家出具的鉴定意见、鉴定评估报告、专家意见等,可以用于生态环境损害调查。

第二十条 调查期间,赔偿权利人及其指定的部门或机构,可以根据相关规定委托符合条件的环境损害司法鉴定机构或者生态环境、自然资源、住房和城乡建设、水利、农业农村、林业和草原等国务院相关主管部门推荐的机构出具鉴定意见或者鉴定评估报告,也可以与赔偿义务人协商共同委托上述机构出具鉴定意见或者鉴定评估报告。

对损害事实简单、责任认定无争议、损害较小的案件,可以采用委托专家评估的方式,出具专家意见;也可以根据与案件相关的法律文书、监测报告等资料,综合作出认定。专家可以从市地级及以上政府及其部门、人民法院、检察机关成立的相关领域专家库或者专家委员会中选取。鉴定机构和专家应当对其出具的鉴定意见、鉴定评估报告、专家意见等负责。

第二十一条　赔偿权利人及其指定的部门或机构应当在合理期限内制作生态环境损害索赔磋商告知书,并送达赔偿义务人。

　　赔偿义务人收到磋商告知书后在答复期限内表示同意磋商的,赔偿权利人及其指定的部门或机构应当及时召开磋商会议。

第二十二条　赔偿权利人及其指定的部门或机构,应当就修复方案、修复启动时间和期限、赔偿的责任承担方式和期限等具体问题与赔偿义务人进行磋商。磋商依据鉴定意见、鉴定评估报告或者专家意见开展,防止久磋不决。

　　磋商过程中,应当充分考虑修复方案可行性和科学性、成本效益优化、赔偿义务人赔偿能力、社会第三方治理可行性等因素。磋商过程应当依法公开透明。

第二十三条　经磋商达成一致意见的,赔偿权利人及其指定的部门或机构,应当与赔偿义务人签署生态环境损害赔偿协议。

第二十四条　赔偿权利人及其指定的部门或机构和赔偿义务人,可以就赔偿协议向有管辖权的人民法院申请司法确认。

　　对生效判决和经司法确认的赔偿协议,赔偿义务人不履行或不完全履行的,赔偿权利人及其指定的部门或机构可以向人民法院申请强制执行。

第二十五条　对未经司法确认的赔偿协议,赔偿义务人不履行或者不完全履行的,赔偿权利人及其指定的部门或机构,可以向人民法院提起诉讼。

第二十六条　磋商未达成一致的,赔偿权利人及其指定的部门或机构,应当及时向人民法院提起诉讼。

第二十七条　赔偿权利人及其指定的部门或机构,应当组织对受损生态环境修复的效果进行评估,确保生态环境得到及时有效修复。

　　修复效果未达到赔偿协议或者生效判决规定修复目标的,赔偿权利人及其指定的部门或机构,应当要求赔偿义务人继续开展修复,直至达到赔偿协议或者生效判决的要求。

第四章　保障机制

第二十八条　完善从事生态环境损害鉴定评估活动机构的管理制度,健全信用评价、监督惩罚、准入退出等机制,提升鉴定评估工作质量。

省级、市地级党委和政府根据本地区生态环境损害赔偿工作实际,统筹推进本地区生态环境损害鉴定评估专业力量建设,满足生态环境损害赔偿工作需求。

第二十九条 国家建立健全统一的生态环境损害鉴定评估技术标准体系。

科技部会同相关部门组织开展生态环境损害鉴定评估关键技术方法研究。生态环境部会同相关部门构建并完善生态环境损害鉴定评估技术标准体系框架,充分依托现有平台建立完善服务于生态环境损害鉴定评估的数据平台。

生态环境部负责制定生态环境损害鉴定评估技术总纲和关键技术环节、基本生态环境要素、基础方法等基础性技术标准,商国务院有关主管部门后,与市场监管总局联合发布。

国务院相关主管部门可以根据职责或者工作需要,制定生态环境损害鉴定评估的专项技术规范。

第三十条 赔偿义务人造成的生态环境损害无法修复的,生态环境损害赔偿资金作为政府非税收入,实行国库集中收缴,全额上缴本级国库,纳入一般公共预算管理。赔偿权利人及其指定的部门或机构根据磋商协议或生效判决要求,结合本区域生态环境损害情况开展替代修复。

第三十一条 赔偿权利人及其指定的部门或机构可以积极创新公众参与方式,邀请相关部门、专家和利益相关的公民、法人、其他组织参加索赔磋商、索赔诉讼或者生态环境修复,接受公众监督。

生态环境损害调查、鉴定评估、修复方案编制等工作中涉及公共利益的重大事项,生态环境损害赔偿协议、诉讼裁判文书、赔偿资金使用情况和生态环境修复效果等信息应当依法向社会公开,保障公众知情权。

第三十二条 建立生态环境损害赔偿工作信息和重大案件信息的报告机制。

省级生态环境损害赔偿制度改革工作领导小组办公室于每年1月底前,将本地区上年度工作情况报送生态环境部。生态环境部于每年3月底前,将上年度全国生态环境损害赔偿工作情况汇总后,向党中央、国务院报告。

第三十三条 生态环境损害赔偿工作纳入污染防治攻坚战成效考核以及环境保护相关考核。

生态环境损害赔偿的突出问题纳入中央和省级生态环境保护督察范围。中央和省级生态环境保护督察发现需要开展生态环境损害赔偿工的,移送有关地方政府依照本规定以及相关法律法规组织开展索赔。

建立重大案件督办机制。赔偿权利人及其指定的部门或机构应当对重大案件建立台账,排出时间表,加快推进。

第三十四条 赔偿权利人及其指定的部门或机构的负责人、工作人员,在生态环境损害赔偿过程中存在滥用职权、玩忽职守、徇私舞弊等情形的,按照有关规定交由纪检监察机关依纪依法处理,涉嫌犯罪的,移送司法机关,依法追究刑事责任。

第三十五条 对在生态环境损害赔偿工作中有显著成绩,守护好人民群众优美生态环境的单位和个人,按规定给予表彰奖励。

第五章 附 则

第三十六条 本规定由生态环境部会同相关部门负责解释。

第三十七条 本规定中的期限按自然日计算。

第三十八条 本规定自印发之日起施行。法律、法规对生态环境损害赔偿有明确规定的,从其规定。

最高人民法院关于审理生态环境损害赔偿案件的若干规定(试行)

1. 2019年5月20日最高人民法院审判委员会第1769次会议通过、2019年6月4日公布、自2019年6月5日起施行(法释〔2019〕8号)
2. 根据2020年12月23日最高人民法院审判委员会第1823次会议通过、2020年12月29日公布、自2021年1月1日起施行的《最高人民法院关于修改〈最高人民法院关于在民事审判工作中适用《中华人民共和国工会法》若干问题的解释〉等二十七件民事类司法解释的决定》(法释〔2020〕17号)修正

为正确审理生态环境损害赔偿案件,严格保护生态环境,依法追究损害生态环境责任者的赔偿责任,依据《中华人民共和国民法典》《中华人民共和国环境保护法》《中华人民共和国民事诉讼法》等法律的规定,结合审判工作实际,制定本规定。

第一条 具有下列情形之一,省级、市地级人民政府及其指定的相关部门、机构,或者受国务院委托行使全民所有自然资源资产所有权的部门,因与造成生态环境损害的自然人、法人或者其他组织经磋商未达成一致或者无法

进行磋商的,可以作为原告提起生态环境损害赔偿诉讼:

(一)发生较大、重大、特别重大突发环境事件的;

(二)在国家和省级主体功能区规划中划定的重点生态功能区、禁止开发区发生环境污染、生态破坏事件的;

(三)发生其他严重影响生态环境后果的。

前款规定的市地级人民政府包括设区的市,自治州、盟、地区,不设区的地级市,直辖市的区、县人民政府。

第二条 下列情形不适用本规定:

(一)因污染环境、破坏生态造成人身损害、个人和集体财产损失要求赔偿的;

(二)因海洋生态环境损害要求赔偿的。

第三条 第一审生态环境损害赔偿诉讼案件由生态环境损害行为实施地、损害结果发生地或者被告住所地的中级以上人民法院管辖。

经最高人民法院批准,高级人民法院可以在辖区内确定部分中级人民法院集中管辖第一审生态环境损害赔偿诉讼案件。

中级人民法院认为确有必要的,可以在报请高级人民法院批准后,裁定将本院管辖的第一审生态环境损害赔偿诉讼案件交由具备审理条件的基层人民法院审理。

生态环境损害赔偿诉讼案件由人民法院环境资源审判庭或者指定的专门法庭审理。

第四条 人民法院审理第一审生态环境损害赔偿诉讼案件,应当由法官和人民陪审员组成合议庭进行。

第五条 原告提起生态环境损害赔偿诉讼,符合民事诉讼法和本规定并提交下列材料的,人民法院应当登记立案:

(一)证明具备提起生态环境损害赔偿诉讼原告资格的材料;

(二)符合本规定第一条规定情形之一的证明材料;

(三)与被告进行磋商但未达成一致或者因客观原因无法与被告进行磋商的说明;

(四)符合法律规定的起诉状,并按照被告人数提出副本。

第六条 原告主张被告承担生态环境损害赔偿责任的,应当就以下事实承担举证责任:

(一)被告实施了污染环境、破坏生态的行为或者具有其他应当依法承担责任的情形;

（二）生态环境受到损害，以及所需修复费用、损害赔偿等具体数额；

（三）被告污染环境、破坏生态的行为与生态环境损害之间具有关联性。

第七条 被告反驳原告主张的，应当提供证据加以证明。被告主张具有法律规定的不承担责任或者减轻责任情形的，应当承担举证责任。

第八条 已为发生法律效力的刑事裁判所确认的事实，当事人在生态环境损害赔偿诉讼案件中无须举证证明，但有相反证据足以推翻的除外。

对刑事裁判未予确认的事实，当事人提供的证据达到民事诉讼证明标准的，人民法院应当予以认定。

第九条 负有相关环境资源保护监督管理职责的部门或者其委托的机构在行政执法过程中形成的事件调查报告、检验报告、检测报告、评估报告、监测数据等，经当事人质证并符合证据标准的，可以作为认定案件事实的根据。

第十条 当事人在诉前委托具备环境司法鉴定资质的鉴定机构出具的鉴定意见，以及委托国务院环境资源保护监督管理相关主管部门推荐的机构出具的检验报告、检测报告、评估报告、监测数据等，经当事人质证并符合证据标准的，可以作为认定案件事实的根据。

第十一条 被告违反国家规定造成生态环境损害的，人民法院应当根据原告的诉讼请求以及具体案情，合理判决被告承担修复生态环境、赔偿损失、停止侵害、排除妨碍、消除危险、赔礼道歉等民事责任。

第十二条 受损生态环境能够修复的，人民法院应当依法判决被告承担修复责任，并同时确定被告不履行修复义务时应承担的生态环境修复费用。

生态环境修复费用包括制定、实施修复方案的费用，修复期间的监测、监管费用，以及修复完成后的验收费用、修复效果后评估费用等。

原告请求被告赔偿生态环境受到损害至修复完成期间服务功能损失的，人民法院根据具体案情予以判决。

第十三条 受损生态环境无法修复或者无法完全修复，原告请求被告赔偿生态环境功能永久性损害造成的损失的，人民法院根据具体案情予以判决。

第十四条 原告请求被告承担下列费用的，人民法院根据具体案情予以判决：

（一）实施应急方案、清除污染以及为防止损害的发生和扩大所支出的合理费用；

（二）为生态环境损害赔偿磋商和诉讼支出的调查、检验、鉴定、评估等费用；

(三)合理的律师费以及其他为诉讼支出的合理费用。

第十五条 人民法院判决被告承担的生态环境服务功能损失赔偿资金、生态环境功能永久性损害造成的损失赔偿资金，以及被告不履行生态环境修复义务时所应承担的修复费用，应当依照法律、法规、规章予以缴纳、管理和使用。

第十六条 在生态环境损害赔偿诉讼案件审理过程中，同一损害生态环境行为又被提起民事公益诉讼，符合起诉条件的，应当由受理生态环境损害赔偿诉讼案件的人民法院受理并由同一审判组织审理。

第十七条 人民法院受理因同一损害生态环境行为提起的生态环境损害赔偿诉讼案件和民事公益诉讼案件，应先中止民事公益诉讼案件的审理，待生态环境损害赔偿诉讼案件审理完毕后，就民事公益诉讼案件未被涵盖的诉讼请求依法作出裁判。

第十八条 生态环境损害赔偿诉讼案件的裁判生效后，有权提起民事公益诉讼的国家规定的机关或者法律规定的组织就同一损害生态环境行为有证据证明存在前案审理时未发现的损害，并提起民事公益诉讼的，人民法院应予受理。

民事公益诉讼案件的裁判生效后，有权提起生态环境损害赔偿诉讼的主体就同一损害生态环境行为有证据证明存在前案审理时未发现的损害，并提起生态环境损害赔偿诉讼的，人民法院应予受理。

第十九条 实际支出应急处置费用的机关提起诉讼主张该费用的，人民法院应予受理，但人民法院已经受理就同一损害生态环境行为提起的生态环境损害赔偿诉讼案件且该案原告已经主张应急处置费用的除外。

生态环境损害赔偿诉讼案件原告未主张应急处置费用，因同一损害生态环境行为实际支出应急处置费用的机关提起诉讼主张该费用的，由受理生态环境损害赔偿诉讼案件的人民法院受理并由同一审判组织审理。

第二十条 经磋商达成生态环境损害赔偿协议的，当事人可以向人民法院申请司法确认。

人民法院受理申请后，应当公告协议内容，公告期间不少于三十日。公告期满后，人民法院经审查认为协议的内容不违反法律法规强制性规定且不损害国家利益、社会公共利益的，裁定确认协议有效。裁定书应当写明案件的基本事实和协议内容，并向社会公开。

第二十一条 一方当事人在期限内未履行或者未全部履行发生法律效力的

生态环境损害赔偿诉讼案件裁判或者经司法确认的生态环境损害赔偿协议的,对方当事人可以向人民法院申请强制执行。需要修复生态环境的,依法由省级、市地级人民政府及其指定的相关部门、机构组织实施。

第二十二条 人民法院审理生态环境损害赔偿案件,本规定没有规定的,参照适用《最高人民法院关于审理环境民事公益诉讼案件适用法律若干问题的解释》《最高人民法院关于审理环境侵权责任纠纷案件适用法律若干问题的解释》等相关司法解释的规定。

第二十三条 本规定自 2019 年 6 月 5 日起施行。

最高人民法院关于审理环境民事公益诉讼案件适用法律若干问题的解释

1. 2014 年 12 月 8 日最高人民法院审判委员会第 1631 次会议通过、2015 年 1 月 6 日公布、自 2015 年 1 月 7 日起施行(法释〔2015〕1 号)
2. 根据 2020 年 12 月 23 日最高人民法院审判委员会第 1823 次会议通过、2020 年 12 月 29 日公布、自 2021 年 1 月 1 日起施行的《最高人民法院关于修改〈最高人民法院关于人民法院民事调解工作若干问题的规定〉等十九件民事诉讼类司法解释的决定》(法释〔2020〕20 号)修正

  为正确审理环境民事公益诉讼案件,根据《中华人民共和国民法典》《中华人民共和国环境保护法》《中华人民共和国民事诉讼法》等法律的规定,结合审判实践,制定本解释。

第一条 法律规定的机关和有关组织依据民事诉讼法第五十五条、环境保护法第五十八条等法律的规定,对已经损害社会公共利益或者具有损害社会公共利益重大风险的污染环境、破坏生态的行为提起诉讼,符合民事诉讼法第一百一十九条第二项、第三项、第四项规定的,人民法院应予受理。

第二条 依照法律、法规的规定,在设区的市级以上人民政府民政部门登记的社会团体、基金会以及社会服务机构等,可以认定为环境保护法第五十八条规定的社会组织。

第三条 设区的市、自治州、盟、地区,不设区的地级市,直辖市的区以上人民政府民政部门,可以认定为环境保护法第五十八条规定的"设区的市级以上人民政府民政部门"。

第四条 社会组织章程确定的宗旨和主要业务范围是维护社会公共利益,且

从事环境保护公益活动的,可以认定为环境保护法第五十八条规定的"专门从事环境保护公益活动"。

社会组织提起的诉讼所涉及的社会公共利益,应与其宗旨和业务范围具有关联性。

第五条 社会组织在提起诉讼前五年内未因从事业务活动违反法律、法规的规定受过行政、刑事处罚的,可以认定为环境保护法第五十八条规定的"无违法记录"。

第六条 第一审环境民事公益诉讼案件由污染环境、破坏生态行为发生地、损害结果地或者被告住所地的中级以上人民法院管辖。

中级人民法院认为确有必要的,可以在报请高级人民法院批准后,裁定将本院管辖的第一审环境民事公益诉讼案件交由基层人民法院审理。

同一原告或者不同原告对同一污染环境、破坏生态行为分别向两个以上有管辖权的人民法院提起环境民事公益诉讼的,由最先立案的人民法院管辖,必要时由共同上级人民法院指定管辖。

第七条 经最高人民法院批准,高级人民法院可以根据本辖区环境和生态保护的实际情况,在辖区内确定部分中级人民法院受理第一审环境民事公益诉讼案件。

中级人民法院管辖环境民事公益诉讼案件的区域由高级人民法院确定。

第八条 提起环境民事公益诉讼应当提交下列材料:

(一)符合民事诉讼法第一百二十一条规定的起诉状,并按照被告人数提出副本;

(二)被告的行为已经损害社会公共利益或者具有损害社会公共利益重大风险的初步证明材料;

(三)社会组织提起诉讼的,应当提交社会组织登记证书、章程、起诉前连续五年的年度工作报告书或者年检报告书,以及由其法定代表人或者负责人签字并加盖公章的无违法记录的声明。

第九条 人民法院认为原告提出的诉讼请求不足以保护社会公共利益的,可以向其释明变更或者增加停止侵害、修复生态环境等诉讼请求。

第十条 人民法院受理环境民事公益诉讼后,应当在立案之日起五日内将起诉状副本发送被告,并公告案件受理情况。

有权提起诉讼的其他机关和社会组织在公告之日起三十日内申请参加诉讼,经审查符合法定条件的,人民法院应当将其列为共同原告;逾期申请的,不予准许。

公民、法人和其他组织以人身、财产受到损害为由申请参加诉讼的,告知其另行起诉。

第十一条 检察机关、负有环境资源保护监督管理职责的部门及其他机关、社会组织、企业事业单位依据民事诉讼法第十五条的规定,可以通过提供法律咨询、提交书面意见、协助调查取证等方式支持社会组织依法提起环境民事公益诉讼。

第十二条 人民法院受理环境民事公益诉讼后,应当在十日内告知对被告行为负有环境资源保护监督管理职责的部门。

第十三条 原告请求被告提供其排放的主要污染物名称、排放方式、排放浓度和总量、超标排放情况以及防治污染设施的建设和运行情况等环境信息,法律、法规、规章规定被告应当持有或者有证据证明被告持有而拒不提供,如果原告主张相关事实不利于被告的,人民法院可以推定该主张成立。

第十四条 对于审理环境民事公益诉讼案件需要的证据,人民法院认为必要的,应当调查收集。

对于应当由原告承担举证责任且为维护社会公共利益所必要的专门性问题,人民法院可以委托具备资格的鉴定人进行鉴定。

第十五条 当事人申请通知有专门知识的人出庭,就鉴定人作出的鉴定意见或者就因果关系、生态环境修复方式、生态环境修复费用以及生态环境受到损害至修复完成期间服务功能丧失导致的损失等专门性问题提出意见的,人民法院可以准许。

前款规定的专家意见经质证,可以作为认定事实的根据。

第十六条 原告在诉讼过程中承认的对己方不利的事实和认可的证据,人民法院认为损害社会公共利益的,应当不予确认。

第十七条 环境民事公益诉讼案件审理过程中,被告以反诉方式提出诉讼请求的,人民法院不予受理。

第十八条 对污染环境、破坏生态,已经损害社会公共利益或者具有损害社会公共利益重大风险的行为,原告可以请求被告承担停止侵害、排除妨碍、消除危险、修复生态环境、赔偿损失、赔礼道歉等民事责任。

第十九条 原告为防止生态环境损害的发生和扩大,请求被告停止侵害、排除妨碍、消除危险的,人民法院可以依法予以支持。

原告为停止侵害、排除妨碍、消除危险采取合理预防、处置措施而发生的费用,请求被告承担的,人民法院可以依法予以支持。

第二十条　原告请求修复生态环境的,人民法院可以依法判决被告将生态环境修复到损害发生之前的状态和功能。无法完全修复的,可以准许采用替代性修复方式。

人民法院可以在判决被告修复生态环境的同时,确定被告不履行修复义务时应承担的生态环境修复费用;也可以直接判决被告承担生态环境修复费用。

生态环境修复费用包括制定、实施修复方案的费用,修复期间的监测、监管费用,以及修复完成后的验收费用、修复效果后评估费用等。

第二十一条　原告请求被告赔偿生态环境受到损害至修复完成期间服务功能丧失导致的损失、生态环境功能永久性损害造成的损失的,人民法院可以依法予以支持。

第二十二条　原告请求被告承担以下费用的,人民法院可以依法予以支持:

(一)生态环境损害调查、鉴定评估等费用;

(二)清除污染以及防止损害的发生和扩大所支出的合理费用;

(三)合理的律师费以及为诉讼支出的其他合理费用。

第二十三条　生态环境修复费用难以确定或者确定具体数额所需鉴定费用明显过高的,人民法院可以结合污染环境、破坏生态的范围和程度,生态环境的稀缺性,生态环境恢复的难易程度,防治污染设备的运行成本,被告因侵害行为所获得的利益以及过错程度等因素,并可以参考负有环境资源保护监督管理职责的部门的意见、专家意见等,予以合理确定。

第二十四条　人民法院判决被告承担的生态环境修复费用、生态环境受到损害至修复完成期间服务功能丧失导致的损失、生态环境功能永久性损害造成的损失等款项,应当用于修复被损害的生态环境。

其他环境民事公益诉讼中败诉原告所需承担的调查取证、专家咨询、检验、鉴定等必要费用,可以酌情从上述款项中支付。

第二十五条　环境民事公益诉讼当事人达成调解协议或者自行达成和解协议后,人民法院应当将协议内容公告,公告期间不少于三十日。

公告期满后,人民法院审查认为调解协议或者和解协议的内容不损害社会公共利益的,应当出具调解书。当事人以达成和解协议为由申请撤诉的,不予准许。

调解书应当写明诉讼请求、案件的基本事实和协议内容,并应当公开。

第二十六条　负有环境资源保护监督管理职责的部门依法履行监管职责而使原告诉讼请求全部实现,原告申请撤诉的,人民法院应予准许。

第二十七条 法庭辩论终结后,原告申请撤诉的,人民法院不予准许,但本解释第二十六条规定的情形除外。

第二十八条 环境民事公益诉讼案件的裁判生效后,有权提起诉讼的其他机关和社会组织就同一污染环境、破坏生态行为另行起诉,有下列情形之一的,人民法院应予受理:

(一)前案原告的起诉被裁定驳回的;

(二)前案原告申请撤诉被裁定准许的,但本解释第二十六条规定的情形除外。

环境民事公益诉讼案件的裁判生效后,有证据证明存在前案审理时未发现的损害,有权提起诉讼的机关和社会组织另行起诉的,人民法院应予受理。

第二十九条 法律规定的机关和社会组织提起环境民事公益诉讼的,不影响因同一污染环境、破坏生态行为受到人身、财产损害的公民、法人和其他组织依据民事诉讼法第一百一十九条的规定提起诉讼。

第三十条 已为环境民事公益诉讼生效裁判认定的事实,因同一污染环境、破坏生态行为依据民事诉讼法第一百一十九条规定提起诉讼的原告、被告均无需举证证明,但原告对该事实有异议并有相反证据足以推翻的除外。

对于环境民事公益诉讼生效裁判就被告是否存在法律规定的不承担责任或者减轻责任的情形、行为与损害之间是否存在因果关系、被告承担责任的大小等所作的认定,因同一污染环境、破坏生态行为依据民事诉讼法第一百一十九条规定提起诉讼的原告主张适用的,人民法院应予支持,但被告有相反证据足以推翻的除外。被告主张直接适用对其有利的认定的,人民法院不予支持,被告仍应举证证明。

第三十一条 被告因污染环境、破坏生态在环境民事公益诉讼和其他民事诉讼中均承担责任,其财产不足以履行全部义务的,应当先履行其他民事诉讼生效裁判所确定的义务,但法律另有规定的除外。

第三十二条 发生法律效力的环境民事公益诉讼案件的裁判,需要采取强制执行措施的,应当移送执行。

第三十三条 原告交纳诉讼费用确有困难,依法申请缓交的,人民法院应予准许。

败诉或者部分败诉的原告申请减交或者免交诉讼费用的,人民法院应当依照《诉讼费用交纳办法》的规定,视原告的经济状况和案件的审理情况决定是否准许。

第三十四条 社会组织有通过诉讼违法收受财物等牟取经济利益行为的,人民法院可以根据情节轻重依法收缴其非法所得、予以罚款;涉嫌犯罪的,依法移送有关机关处理。

社会组织通过诉讼牟取经济利益的,人民法院应当向登记管理机关或者有关机关发送司法建议,由其依法处理。

第三十五条 本解释施行前最高人民法院发布的司法解释和规范性文件,与本解释不一致的,以本解释为准。

最高人民法院关于生态环境侵权案件适用禁止令保全措施的若干规定

1. 2021年11月29日最高人民法院审判委员会第1854次会议通过
2. 2021年12月27日公布
3. 法释〔2021〕22号
4. 自2022年1月1日起施行

为妥善审理生态环境侵权案件,及时有效保护生态环境,维护民事主体合法权益,落实保护优先、预防为主原则,根据《中华人民共和国民法典》《中华人民共和国环境保护法》《中华人民共和国民事诉讼法》等有关法律规定,结合审判实践,制定本规定。

第一条 申请人以被申请人正在实施或者即将实施污染环境、破坏生态行为,不及时制止将使申请人合法权益或者生态环境受到难以弥补的损害为由,依照民事诉讼法第一百条、第一百零一条规定,向人民法院申请采取禁止令保全措施,责令被申请人立即停止一定行为的,人民法院应予受理。

第二条 因污染环境、破坏生态行为受到损害的自然人、法人或者非法人组织,以及民法典第一千二百三十四条、第一千二百三十五条规定的"国家规定的机关或者法律规定的组织",可以向人民法院申请作出禁止令。

第三条 申请人提起生态环境侵权诉讼时或者诉讼过程中,向人民法院申请作出禁止令的,人民法院应当在接受申请后五日内裁定是否准予。情况紧急的,人民法院应当在接受申请后四十八小时内作出。

因情况紧急,申请人可在提起诉讼前向污染环境、破坏生态行为实施地、损害结果发生地或者被申请人住所地等对案件有管辖权的人民法院申请作出禁止令,人民法院应当在接受申请后四十八小时内裁定是否准予。

第四条 申请人向人民法院申请作出禁止令的,应当提交申请书和相应的证明材料。

申请书应当载明下列事项:

(一)申请人与被申请人的身份、送达地址、联系方式等基本情况;

(二)申请禁止的内容、范围;

(三)被申请人正在实施或者即将实施污染环境、破坏生态行为,以及如不及时制止将使申请人合法权益或者生态环境受到难以弥补损害的情形;

(四)提供担保的财产信息,或者不需要提供担保的理由。

第五条 被申请人污染环境、破坏生态行为具有现实而紧迫的重大风险,如不及时制止将对申请人合法权益或者生态环境造成难以弥补损害的,人民法院应当综合考量以下因素决定是否作出禁止令:

(一)被申请人污染环境、破坏生态行为被行政主管机关依法处理后仍继续实施;

(二)被申请人污染环境、破坏生态行为对申请人合法权益或者生态环境造成的损害超过禁止被申请人一定行为对其合法权益造成的损害;

(三)禁止被申请人一定行为对国家利益、社会公共利益或者他人合法权益产生的不利影响;

(四)其他应当考量的因素。

第六条 人民法院审查申请人禁止令申请,应当听取被申请人的意见。必要时,可进行现场勘查。

情况紧急无法询问或者现场勘查的,人民法院应当在裁定准予申请人禁止令申请后四十八小时内听取被申请人的意见。被申请人意见成立的,人民法院应当裁定解除禁止令。

第七条 申请人在提起诉讼时或者诉讼过程中申请禁止令的,人民法院可以责令申请人提供担保,不提供担保的,裁定驳回申请。

申请人提起诉讼前申请禁止令的,人民法院应当责令申请人提供担保,不提供担保的,裁定驳回申请。

第八条 人民法院裁定准予申请人禁止令申请的,应当根据申请人的请求和案件具体情况确定禁止令的效力期间。

第九条 人民法院准予或者不准予申请人禁止令申请的,应当制作民事裁定书,并送达当事人,裁定书自送达之日起生效。

人民法院裁定准予申请人禁止令申请的,可以根据裁定内容制作禁止令张贴在被申请人住所地、污染环境、破坏生态行为实施地、损害结果发生地等相关场所，并可通过新闻媒体等方式向社会公开。

第十条　当事人、利害关系人对人民法院裁定准予或者不准予申请人禁止令申请不服的，可在收到裁定书之日起五日内向作出裁定的人民法院申请复议一次。人民法院应当在收到复议申请后十日内审查并作出裁定。复议期间不停止裁定的执行。

第十一条　申请人在人民法院作出诉前禁止令后三十日内不依法提起诉讼的，人民法院应当在三十日届满后五日内裁定解除禁止令。

禁止令效力期间内，申请人、被申请人或者利害关系人以据以作出裁定的事由发生变化为由，申请解除禁止令的，人民法院应当在收到申请后五日内裁定是否解除。

第十二条　被申请人不履行禁止令的，人民法院可依照民事诉讼法第一百一十一条的规定追究其相应法律责任。

第十三条　侵权行为实施地、损害结果发生地在中华人民共和国管辖海域内的海洋生态环境侵权案件中，申请人向人民法院申请责令被申请人立即停止一定行为的，适用海洋环境保护法、海事诉讼特别程序法等法律和司法解释的相关规定。

第十四条　本规定自2022年1月1日起施行。

附件：1.民事裁定书（诉中禁止令用）样式（略）
　　　2.民事裁定书（诉前禁止令用）样式（略）
　　　3.民事裁定书（解除禁止令用）样式（略）
　　　4.禁止令（张贴公示用）样式（略）

最高人民法院关于审理生态环境侵权纠纷案件适用惩罚性赔偿的解释

1. 2021年12月27日最高人民法院审判委员会第1858次会议通过
2. 2022年1月12日公布
3. 法释〔2022〕1号
4. 自2022年1月20日起施行

为妥善审理生态环境侵权纠纷案件，全面加强生态环境保护，正确适用惩罚性赔偿，根据《中华人民共和国民法典》《中华人民共和国环境保护法》《中华人民共和国民事诉讼法》等相关法律规定,结合审判实践,制定本解释。

第一条 人民法院审理生态环境侵权纠纷案件适用惩罚性赔偿,应当严格审慎,注重公平公正,依法保护民事主体合法权益,统筹生态环境保护和经济社会发展。

第二条 因环境污染、生态破坏受到损害的自然人、法人或者非法人组织,依据民法典第一千二百三十二条的规定,请求判令侵权人承担惩罚性赔偿责任的,适用本解释。

第三条 被侵权人在生态环境侵权纠纷案件中请求惩罚性赔偿的,应当在起诉时明确赔偿数额以及所依据的事实和理由。

被侵权人在生态环境侵权纠纷案件中没有提出惩罚性赔偿的诉讼请求,诉讼终结后又基于同一污染环境、破坏生态事实另行起诉请求惩罚性赔偿的,人民法院不予受理。

第四条 被侵权人主张侵权人承担惩罚性赔偿责任的,应当提供证据证明以下事实:

(一)侵权人污染环境、破坏生态的行为违反法律规定;

(二)侵权人具有污染环境、破坏生态的故意;

(三)侵权人污染环境、破坏生态的行为造成严重后果。

第五条 人民法院认定侵权人污染环境、破坏生态的行为是否违反法律规定,应当以法律、法规为依据,可以参照规章的规定。

第六条 人民法院认定侵权人是否具有污染环境、破坏生态的故意,应当根据侵权人的职业经历、专业背景或者经营范围,因同一或者同类行为受到行政处罚或者刑事追究的情况,以及污染物的种类,污染环境、破坏生态行为的方式等因素综合判断。

第七条 具有下列情形之一的,人民法院应当认定侵权人具有污染环境、破坏生态的故意:

(一)因同一污染环境、破坏生态行为,已被人民法院认定构成破坏环境资源保护犯罪的;

(二)建设项目未依法进行环境影响评价,或者提供虚假材料导致环境影响评价文件严重失实,被行政主管部门责令停止建设后拒不执行的;

(三)未取得排污许可证排放污染物,被行政主管部门责令停止排污后拒不执行,或者超过污染物排放标准或者重点污染物排放总量控制指标排放污染物,经行政主管机关责令限制生产、停产整治或者给予其他行政处罚后仍不改正的；

（四）生产、使用国家明令禁止生产、使用的农药，被行政主管部门责令改正后拒不改正的；

（五）无危险废物经营许可证而从事收集、贮存、利用、处置危险废物经营活动，或者知道或者应当知道他人无许可证而将危险废物提供或者委托给其从事收集、贮存、利用、处置等活动的；

（六）将未经处理的废水、废气、废渣直接排放或者倾倒的；

（七）通过暗管、渗井、渗坑、灌注、篡改、伪造监测数据，或者以不正常运行防治污染设施等逃避监管的方式，违法排放污染物的；

（八）在相关自然保护区域、禁猎（渔）区、禁猎（渔）期使用禁止使用的猎捕工具、方法猎捕、杀害国家重点保护野生动物、破坏野生动物栖息地的；

（九）未取得勘查许可证、采矿许可证，或者采取破坏性方法勘查开采矿产资源的；

（十）其他故意情形。

第八条 人民法院认定侵权人污染环境、破坏生态行为是否造成严重后果，应当根据污染环境、破坏生态行为的持续时间、地域范围，造成环境污染、生态破坏的范围和程度，以及造成的社会影响等因素综合判断。

侵权人污染环境、破坏生态行为造成他人死亡、健康严重损害，重大财产损失，生态环境严重损害或者重大不良社会影响的，人民法院应当认定为造成严重后果。

第九条 人民法院确定惩罚性赔偿金数额，应当以环境污染、生态破坏造成的人身损害赔偿金、财产损失数额作为计算基数。

前款所称人身损害赔偿金、财产损失数额，依照民法典第一千一百七十九条、第一千一百八十四条规定予以确定。法律另有规定的，依照其规定。

第十条 人民法院确定惩罚性赔偿金数额，应当综合考虑侵权人的恶意程度、侵权后果的严重程度、侵权人因污染环境、破坏生态行为所获得的利益或者侵权人所采取的修复措施及其效果等因素，但一般不超过人身损害赔偿金、财产损失数额的二倍。

因同一污染环境、破坏生态行为已经被行政机关给予罚款或者被人民法院判处罚金，侵权人主张免除惩罚性赔偿责任的，人民法院不予支持，但在确定惩罚性赔偿金数额时可以综合考虑。

第十一条 侵权人因同一污染环境、破坏生态行为,应当承担包括惩罚性赔偿在内的民事责任、行政责任和刑事责任,其财产不足以支付的,应当优先用于承担民事责任。

侵权人因同一污染环境、破坏生态行为,应当承担包括惩罚性赔偿在内的民事责任,其财产不足以支付的,应当优先用于承担惩罚性赔偿以外的其他责任。

第十二条 国家规定的机关或者法律规定的组织作为被侵权人代表,请求判令侵权人承担惩罚性赔偿责任的,人民法院可以参照前述规定予以处理。但惩罚性赔偿金数额的确定,应当以生态环境受到损害至修复完成期间服务功能丧失导致的损失、生态环境功能永久性损害造成的损失数额作为计算基数。

第十三条 侵权行为实施地、损害结果发生地在中华人民共和国管辖海域内的海洋生态环境侵权纠纷案件惩罚性赔偿问题,另行规定。

第十四条 本规定自 2022 年 1 月 20 日起施行。

最高人民法院关于审理生态环境侵权责任纠纷案件适用法律若干问题的解释

1. 2023 年 6 月 5 日最高人民法院审判委员会第 1890 次会议通过
2. 2023 年 8 月 14 日公布
3. 法释〔2023〕5 号
4. 自 2023 年 9 月 1 日起施行

为正确审理生态环境侵权责任纠纷案件,依法保护当事人合法权益,根据《中华人民共和国民法典》《中华人民共和国民事诉讼法》《中华人民共和国环境保护法》等法律的规定,结合审判实践,制定本解释。

第一条 侵权人因实施下列污染环境、破坏生态行为造成他人人身、财产损害,被侵权人请求侵权人承担生态环境侵权责任的,人民法院应予支持:

(一)排放废气、废水、废渣、医疗废物、粉尘、恶臭气体、放射性物质等污染环境的;

(二)排放噪声、振动、光辐射、电磁辐射等污染环境的;

(三)不合理开发利用自然资源的;

(四)违反国家规定,未经批准,擅自引进、释放、丢弃外来物种的;

(五)其他污染环境、破坏生态的行为。

第二条 因下列污染环境、破坏生态引发的民事纠纷,不作为生态环境侵权案件处理:

(一)未经由大气、水、土壤等生态环境介质,直接造成损害的;

(二)在室内、车内等封闭空间内造成损害的;

(三)不动产权利人在日常生活中造成相邻不动产权利人损害的;

(四)劳动者在职业活动中受到损害的。

前款规定的情形,依照相关法律规定确定民事责任。

第三条 不动产权利人因经营活动污染环境、破坏生态造成相邻不动产权利人损害,被侵权人请求其承担生态环境侵权责任的,人民法院应予支持。

第四条 污染环境、破坏生态造成他人损害,行为人不论有无过错,都应当承担侵权责任。

行为人以外的其他责任人对损害发生有过错的,应当承担侵权责任。

第五条 两个以上侵权人分别污染环境、破坏生态造成同一损害,每一个侵权人的行为都足以造成全部损害,被侵权人根据民法典第一千一百七十一条的规定请求侵权人承担连带责任的,人民法院应予支持。

第六条 两个以上侵权人分别污染环境、破坏生态,每一个侵权人的行为都不足以造成全部损害,被侵权人根据民法典第一千一百七十二条的规定请求侵权人承担责任的,人民法院应予支持。

侵权人主张其污染环境、破坏生态行为不足以造成全部损害的,应当承担相应举证责任。

第七条 两个以上侵权人分别污染环境、破坏生态,部分侵权人的行为足以造成全部损害,部分侵权人的行为只造成部分损害,被侵权人请求足以造成全部损害的侵权人对全部损害承担责任,并与其他侵权人就共同造成的损害部分承担连带责任的,人民法院应予支持。

被侵权人依照前款规定请求足以造成全部损害的侵权人与其他侵权人承担责任的,受偿范围应以侵权行为造成的全部损害为限。

第八条 两个以上侵权人分别污染环境、破坏生态,部分侵权人能够证明其他侵权人的侵权行为已先行造成全部或者部分损害,并请求在相应范围内不承担责任或者减轻责任的,人民法院应予支持。

第九条 两个以上侵权人分别排放的物质相互作用产生污染物造成他人损害,被侵权人请求侵权人承担连带责任的,人民法院应予支持。

第十条 为侵权人污染环境、破坏生态提供场地或者储存、运输等帮助,被侵权人根据民法典第一千一百六十九条的规定请求行为人与侵权人承担连带责任的，人民法院应予支持。

第十一条　过失为侵权人污染环境、破坏生态提供场地或者储存、运输等便利条件，被侵权人请求行为人承担与过错相适应责任的，人民法院应予支持。

前款规定的行为人存在重大过失的，依照本解释第十条的规定处理。

第十二条　排污单位将所属的环保设施委托第三方治理机构运营，第三方治理机构在合同履行过程中污染环境造成他人损害，被侵权人请求排污单位承担侵权责任的，人民法院应予支持。

排污单位依照前款规定承担责任后向有过错的第三方治理机构追偿的，人民法院应予支持。

第十三条　排污单位将污染物交由第三方治理机构集中处置，第三方治理机构在合同履行过程中污染环境造成他人损害，被侵权人请求第三方治理机构承担侵权责任的，人民法院应予支持。

排污单位在选任、指示第三方治理机构中有过错，被侵权人请求排污单位承担相应责任的，人民法院应予支持。

第十四条　存在下列情形之一的，排污单位与第三方治理机构应当根据民法典第一千一百六十八条的规定承担连带责任：

（一）第三方治理机构按照排污单位的指示，违反污染防治相关规定排放污染物的；

（二）排污单位将明显存在缺陷的环保设施交由第三方治理机构运营，第三方治理机构利用该设施违反污染防治相关规定排放污染物的；

（三）排污单位以明显不合理的价格将污染物交由第三方治理机构处置，第三方治理机构违反污染防治相关规定排放污染物的；

（四）其他应当承担连带责任的情形。

第十五条　公司污染环境、破坏生态，被侵权人请求股东承担责任，符合公司法第二十条规定情形的，人民法院应予支持。

第十六条　侵权人污染环境、破坏生态造成他人损害，被侵权人请求未尽到安全保障义务的经营场所、公共场所的经营者、管理者或者群众性活动的组织者承担相应补充责任的，人民法院应予支持。

第十七条　依照法律规定应当履行生态环境风险管控和修复义务的民事主体，未履行法定义务造成他人损害，被侵权人请求其承担相应责任的，人民法院应予支持。

第十八条　因第三人的过错污染环境、破坏生态造成他人损害,被侵权人请求侵权人或者第三人承担责任的,人民法院应予支持。

侵权人以损害是由第三人过错造成的为由,主张不承担责任或者减轻责任的,人民法院不予支持。

第十九条　因第三人的过错污染环境、破坏生态造成他人损害,被侵权人同时起诉侵权人和第三人承担责任,侵权人对损害的发生没有过错的,人民法院应当判令侵权人、第三人就全部损害承担责任。侵权人承担责任后有权向第三人追偿。

侵权人对损害的发生有过错的,人民法院应当判令侵权人就全部损害承担责任,第三人承担与其过错相适应的责任。侵权人承担责任后有权就第三人应当承担的责任份额向其追偿。

第二十条　被侵权人起诉第三人承担责任的,人民法院应当向被侵权人释明是否同时起诉侵权人。被侵权人不起诉侵权人的,人民法院应当根据民事诉讼法第五十九条的规定通知侵权人参加诉讼。

被侵权人仅请求第三人承担责任,侵权人对损害的发生也有过错的,人民法院应当判令第三人承担与其过错相适应的责任。

第二十一条　环境影响评价机构、环境监测机构以及从事环境监测设备和防治污染设施维护、运营的机构存在下列情形之一,被侵权人请求其与造成环境污染、生态破坏的其他责任人根据环境保护法第六十五条的规定承担连带责任的,人民法院应予支持:

(一)故意出具失实评价文件的;

(二)隐瞒委托人超过污染物排放标准或者超过重点污染物排放总量控制指标的事实的;

(三)故意不运行或者不正常运行环境监测设备或者防治污染设施的;

(四)其他根据法律规定应当承担连带责任的情形。

第二十二条　被侵权人请求侵权人赔偿因污染环境、破坏生态造成的人身、财产损害,以及为防止损害发生和扩大而采取必要措施所支出的合理费用的,人民法院应予支持。

被侵权人同时请求侵权人根据民法典第一千二百三十五条的规定承担生态环境损害赔偿责任的,人民法院不予支持。

第二十三条　因污染环境、破坏生态影响他人取水、捕捞、狩猎、采集等日常生活并造成经济损失,同时符合下列情形,请求人主张行为人承担责任的,人民法院应予支持：

（一）请求人的活动位于或者接近生态环境受损区域；

（二）请求人的活动依赖受损害生态环境；

（三）请求人的活动不具有可替代性或者替代成本过高；

（四）请求人的活动具有稳定性和公开性。

根据国家规定须经相关行政主管部门许可的活动，请求人在污染环境、破坏生态发生时未取得许可的，人民法院对其请求不予支持。

第二十四条 两个以上侵权人就污染环境、破坏生态造成的损害承担连带责任，实际承担责任超过自己责任份额的侵权人根据民法典第一百七十八条的规定向其他侵权人追偿的，人民法院应予支持。侵权人就惩罚性赔偿责任向其他侵权人追偿的，人民法院不予支持。

第二十五条 两个以上侵权人污染环境、破坏生态造成他人损害，人民法院应当根据行为有无许可，污染物的种类、浓度、排放量、危害性，破坏生态的方式、范围、程度，以及行为对损害后果所起的作用等因素确定各侵权人的责任份额。

两个以上侵权人污染环境、破坏生态承担连带责任，实际承担责任的侵权人向其他侵权人追偿的，依照前款规定处理。

第二十六条 被侵权人对同一污染环境、破坏生态行为造成损害的发生或者扩大有重大过失，侵权人请求减轻责任的，人民法院可以予以支持。

第二十七条 被侵权人请求侵权人承担生态环境侵权责任的诉讼时效期间，以被侵权人知道或者应当知道权利受到损害以及侵权人、其他责任人之日起计算。

被侵权人知道或者应当知道权利受到损害以及侵权人、其他责任人之日，侵权行为仍持续的，诉讼时效期间自行为结束之日起计算。

第二十八条 被侵权人以向负有环境资源监管职能的行政机关请求处理因污染环境、破坏生态造成的损害为由，主张诉讼时效中断的，人民法院应予支持。

第二十九条 本解释自 2023 年 9 月 1 日起施行。

本解释公布施行后，《最高人民法院关于审理环境侵权责任纠纷案件适用法律若干问题的解释》（法释〔2015〕12 号）同时废止。

最高人民法院关于生态环境
侵权民事诉讼证据的若干规定

1. 2023 年 4 月 17 日最高人民法院审判委员会第 1885 次会议通过
2. 2023 年 8 月 14 日公布
3. 法释〔2023〕6 号
4. 自 2023 年 9 月 1 日起施行

为保证人民法院正确认定案件事实，公正、及时审理生态环境侵权责任纠纷案件，保障和便利当事人依法行使诉讼权利，保护生态环境，根据《中华人民共和国民法典》《中华人民共和国民事诉讼法》《中华人民共和国环境保护法》等有关法律规定，结合生态环境侵权民事案件审判经验和实际情况，制定本规定。

第一条 人民法院审理环境污染责任纠纷案件、生态破坏责任纠纷案件和生态环境保护民事公益诉讼案件，适用本规定。

生态环境保护民事公益诉讼案件，包括环境污染民事公益诉讼案件、生态破坏民事公益诉讼案件和生态环境损害赔偿诉讼案件。

第二条 环境污染责任纠纷案件、生态破坏责任纠纷案件的原告应当就以下事实承担举证责任：

（一）被告实施了污染环境或者破坏生态的行为；

（二）原告人身、财产受到损害或者有遭受损害的危险。

第三条 生态环境保护民事公益诉讼案件的原告应当就以下事实承担举证责任：

（一）被告实施了污染环境或者破坏生态的行为，且该行为违反国家规定；

（二）生态环境受到损害或者有遭受损害的重大风险。

第四条 原告请求被告就其污染环境、破坏生态行为支付人身、财产损害赔偿费用，或者支付民法典第一千二百三十五条规定的损失、费用的，应当就其主张的损失、费用的数额承担举证责任。

第五条 原告起诉请求被告承担环境污染、生态破坏责任的，应当提供被告行为与损害之间具有关联性的证据。

人民法院应当根据当事人提交的证据，结合污染环境、破坏生态的行为方式、污染物的性质、环境介质的类型、生态因素的特征、时间顺序、空间距离等因素，综合判断被告行为与损害之间的关联性是否成立。

第六条　被告应当就其行为与损害之间不存在因果关系承担举证责任。

被告主张不承担责任或者减轻责任的，应当就法律规定的不承担责任或者减轻责任的情形承担举证责任。

第七条　被告证明其排放的污染物、释放的生态因素、产生的生态影响未到达损害发生地，或者其行为在损害发生后才实施且未加重损害后果，或者存在其行为不可能导致损害发生的其他情形的，人民法院应当认定被告行为与损害之间不存在因果关系。

第八条　对于发生法律效力的刑事裁判、行政裁判因未达到证明标准未予认定的事实，在因同一污染环境、破坏生态行为提起的生态环境侵权民事诉讼中，人民法院根据有关事实和证据确信待证事实的存在具有高度可能性的，应当认定该事实存在。

第九条　对于人民法院在生态环境保护民事公益诉讼生效裁判中确认的基本事实，当事人在因同一污染环境、破坏生态行为提起的人身、财产损害赔偿诉讼中无需举证证明，但有相反证据足以推翻的除外。

第十条　对于可能损害国家利益、社会公共利益的事实，双方当事人未主张或者无争议，人民法院认为可能影响裁判结果的，可以责令当事人提供有关证据。

前款规定的证据，当事人申请人民法院调查收集，符合《最高人民法院关于适用〈中华人民共和国民事诉讼法〉的解释》第九十四条规定情形的，人民法院应当准许；人民法院认为有必要的，可以依职权调查收集。

第十一条　实行环境资源案件集中管辖的法院，可以委托侵权行为实施地、侵权结果发生地、被告住所地等人民法院调查收集证据。受委托法院应当在收到委托函次日起三十日内完成委托事项，并将调查收集的证据及有关笔录移送委托法院。

受委托法院未能完成委托事项的，应当向委托法院书面告知有关情况及未能完成的原因。

第十二条　当事人或者利害关系人申请保全环境污染、生态破坏相关证据的，人民法院应当结合下列因素进行审查，确定是否采取保全措施：

（一）证据灭失或者以后难以取得的可能性；

（二）证据对证明待证事实有无必要；

（三）申请人自行收集证据是否存在困难；

（四）有必要采取证据保全措施的其他因素。

第十三条　在符合证据保全目的的情况下，人民法院应当选择对证据持有人利益影响最小的保全措施，尽量减少对保全标的物价值的损害和对证据持有人生产、生活的影响。

确需采取查封、扣押等限制保全标的物使用的保全措施的，人民法院应当及时组织当事人对保全的证据进行质证。

第十四条　人民法院调查收集、保全或者勘验涉及环境污染、生态破坏专门性问题的证据，应当遵守相关技术规范。必要时，可以通知鉴定人到场，或者邀请负有环境资源保护监督管理职责的部门派员协助。

第十五条　当事人向人民法院提交证据后申请撤回该证据，或者声明不以该证据证明案件事实的，不影响其他当事人援引该证据证明案件事实以及人民法院对该证据进行审查认定。

当事人放弃使用人民法院依其申请调查收集或者保全的证据的，按照前款规定处理。

第十六条　对于查明环境污染、生态破坏案件事实的专门性问题，人民法院经审查认为有必要的，应当根据当事人的申请或者依职权委托具有相应资格的机构、人员出具鉴定意见。

第十七条　对于法律适用、当事人责任划分等非专门性问题，或者虽然属于专门性问题，但可以通过法庭调查、勘验等其他方式查明的，人民法院不予委托鉴定。

第十八条　鉴定人需要邀请其他机构、人员完成部分鉴定事项的，应当向人民法院提出申请。

人民法院经审查认为确有必要的，在听取双方当事人意见后，可以准许，并告知鉴定人对最终鉴定意见承担法律责任；主要鉴定事项由其他机构、人员实施的，人民法院不予准许。

第十九条　未经人民法院准许，鉴定人邀请其他机构、人员完成部分鉴定事项的，鉴定意见不得作为认定案件事实的根据。

前款情形，当事人申请退还鉴定费用的，人民法院应当在三日内作出裁定，责令鉴定人退还；拒不退还的，由人民法院依法执行。

第二十条　鉴定人提供虚假鉴定意见的，该鉴定意见不得作为认定案件事实的根据。人民法院可以依照民事诉讼法第一百一十四条的规定进行处理。

鉴定事项由其他机构、人员完成，其他机构、人员提供虚假鉴定意见的，按照前款规定处理。

第二十一条 因没有鉴定标准、成熟的鉴定方法、相应资格的鉴定人等原因无法进行鉴定,或者鉴定周期过长、费用过高的,人民法院可以结合案件有关事实、当事人申请的有专门知识的人的意见和其他证据,对涉及专门性问题的事实作出认定。

第二十二条 当事人申请有专门知识的人出庭,就鉴定意见或者污染物认定、损害结果、因果关系、生态环境修复方案、生态环境修复费用、生态环境受到损害至修复完成期间服务功能丧失导致的损失、生态环境功能永久性损害造成的损失等专业问题提出意见的,人民法院可以准许。

对方当事人以有专门知识的人不具备相应资格为由提出异议的,人民法院对该异议不予支持。

第二十三条 当事人就环境污染、生态破坏的专门性问题自行委托有关机构、人员出具的意见,人民法院应当结合本案的其他证据,审查确定能否作为认定案件事实的根据。

对方当事人对该意见有异议的,人民法院应当告知提供意见的当事人可以申请出具意见的机构或者人员出庭陈述意见;未出庭的,该意见不得作为认定案件事实的根据。

第二十四条 负有环境资源保护监督管理职责的部门在其职权范围内制作的处罚决定等文书所记载的事项推定为真实,但有相反证据足以推翻的除外。

人民法院认为有必要的,可以依职权对上述文书的真实性进行调查核实。

第二十五条 负有环境资源保护监督管理职责的部门及其所属或者委托的监测机构在行政执法过程中收集的监测数据、形成的事件调查报告、检验检测报告、评估报告等材料,以及公安机关单独或者会同负有环境资源保护监督管理职责的部门提取样品进行检测获取的数据,经当事人质证,可以作为认定案件事实的根据。

第二十六条 对于证明环境污染、生态破坏案件事实有重要意义的书面文件、数据信息或者录音、录像等证据在对方当事人控制之下的,承担举证责任的当事人可以根据《最高人民法院关于适用〈中华人民共和国民事诉讼法〉的解释》第一百一十二条的规定,书面申请人民法院责令对方当事人提交。

第二十七条 承担举证责任的当事人申请人民法院责令对方当事人提交证据的,应当提供有关证据的名称、主要内容、制作人、制作时间或者其他可以将有关证据特定化的信息。根据申请人提供的信息不能使证据特定化的,人民法院不予准许。

人民法院应当结合申请人是否参与证据形成过程、是否接触过该证据等因素,综合判断其提供的信息是否达到证据特定化的要求。

第二十八条　承担举证责任的当事人申请人民法院责令对方当事人提交证据的,应当提出证据由对方当事人控制的依据。对方当事人否认控制有关证据的,人民法院应当根据法律规定、当事人约定、交易习惯等因素,结合案件的事实、证据作出判断。

有关证据虽未由对方当事人直接持有,但在其控制范围之内,其获取不存在客观障碍的,人民法院应当认定有关证据由其控制。

第二十九条　法律、法规、规章规定当事人应当披露或者持有的关于其排放的主要污染物名称、排放方式、排放浓度和总量、超标排放情况、防治污染设施的建设和运行情况、生态环境开发利用情况、生态环境违法信息等环境信息,属于《最高人民法院关于民事诉讼证据的若干规定》第四十七条第一款第三项规定的"对方当事人依照法律规定有权查阅、获取的书证"。

第三十条　在环境污染责任纠纷、生态破坏责任纠纷案件中,损害事实成立,但人身、财产损害赔偿数额难以确定的,人民法院可以结合侵权行为对原告造成损害的程度、被告因侵权行为获得的利益以及过错程度等因素,并可以参考负有环境资源保护监督管理职责的部门的意见等,合理确定。

第三十一条　在生态环境保护民事公益诉讼案件中,损害事实成立,但生态环境修复费用、生态环境受到损害至修复完成期间服务功能丧失导致的损失、生态环境功能永久性损害造成的损失等数额难以确定的,人民法院可以根据污染环境、破坏生态的范围和程度等已查明的案件事实,结合生态环境及其要素的稀缺性、生态环境恢复的难易程度、防治污染设备的运行成本、被告因侵权行为获得的利益以及过错程度等因素,并可以参考负有环境资源保护监督管理职责的部门的意见等,合理确定。

第三十二条　本规定未作规定的,适用《最高人民法院关于民事诉讼证据的若干规定》。

第三十三条　人民法院审理人民检察院提起的环境污染民事公益诉讼案件、生态破坏民事公益诉讼案件,参照适用本规定。

第三十四条　本规定自2023年9月1日起施行。

本规定公布施行后,最高人民法院以前发布的司法解释与本规定不一致的,不再适用。

最高人民法院、最高人民检察院关于办理环境污染刑事案件适用法律若干问题的解释

1. 2023年3月27日最高人民法院审判委员会第1882次会议、2023年7月27日最高人民检察院第十四届检察委员会第十次会议通过
2. 2023年8月8日公布
3. 法释〔2023〕7号
4. 自2023年8月15日起施行

为依法惩治环境污染犯罪，根据《中华人民共和国刑法》、《中华人民共和国刑事诉讼法》、《中华人民共和国环境保护法》等法律的有关规定，现就办理此类刑事案件适用法律的若干问题解释如下：

第一条 实施刑法第三百三十八条规定的行为，具有下列情形之一的，应当认定为"严重污染环境"：

（一）在饮用水水源保护区、自然保护地核心保护区等依法确定的重点保护区域排放、倾倒、处置有放射性的废物、含传染病病原体的废物、有毒物质的；

（二）非法排放、倾倒、处置危险废物三吨以上的；

（三）排放、倾倒、处置含铅、汞、镉、砷、铊、锑的污染物，超过国家或者地方污染物排放标准三倍以上的；

（四）排放、倾倒、处置含镍、铜、锌、银、钒、锰、钴的污染物，超过国家或者地方污染物排放标准十倍以上的；

（五）通过暗管、渗井、渗坑、裂隙、溶洞、灌注、非紧急情况下开启大气应急排放通道等逃避监管的方式排放、倾倒、处置有放射性的废物、含传染病病原体的废物、有毒物质的；

（六）二年内曾因在重污染天气预警期间，违反国家规定，超标排放二氧化硫、氮氧化物等实行排放总量控制的大气污染物受过二次以上行政处罚，又实施此类行为的；

（七）重点排污单位、实行排污许可重点管理的单位篡改、伪造自动监测数据或者干扰自动监测设施，排放化学需氧量、氨氮、二氧化硫、氮氧化物等污染物的；

(八)二年内曾因违反国家规定,排放、倾倒、处置有放射性的废物、含传染病病原体的废物、有毒物质受过二次以上行政处罚,又实施此类行为的;

(九)违法所得或者致使公私财产损失三十万元以上的;

(十)致使乡镇集中式饮用水水源取水中断十二小时以上的;

(十一)其他严重污染环境的情形。

第二条 实施刑法第三百三十八条规定的行为,具有下列情形之一的,应当认定为"情节严重":

(一)在饮用水水源保护区、自然保护地核心保护区等依法确定的重点保护区域排放、倾倒、处置有放射性的废物、含传染病病原体的废物、有毒物质,造成相关区域的生态功能退化或者野生生物资源严重破坏的;

(二)向国家确定的重要江河、湖泊水域排放、倾倒、处置有放射性的废物、含传染病病原体的废物、有毒物质,造成相关水域的生态功能退化或者水生生物资源严重破坏的;

(三)非法排放、倾倒、处置危险废物一百吨以上的;

(四)违法所得或者致使公私财产损失一百万元以上的;

(五)致使县级城区集中式饮用水水源取水中断十二小时以上的;

(六)致使永久基本农田、公益林地十亩以上,其他农用地二十亩以上,其他土地五十亩以上基本功能丧失或者遭受永久性破坏的;

(七)致使森林或者其他林木死亡五十立方米以上,或者幼树死亡二千五百株以上的;

(八)致使疏散、转移群众五千人以上的;

(九)致使三十人以上中毒的;

(十)致使一人以上重伤、严重疾病或者三人以上轻伤的;

(十一)其他情节严重的情形。

第三条 实施刑法第三百三十八条规定的行为,具有下列情形之一的,应当处七年以上有期徒刑,并处罚金:

(一)在饮用水水源保护区、自然保护地核心保护区等依法确定的重点保护区域排放、倾倒、处置有放射性的废物、含传染病病原体的废物、有毒物质,具有下列情形之一的:

1.致使设区的市级城区集中式饮用水水源取水中断十二小时以上的;

2.造成自然保护地主要保护的生态系统严重退化,或者主要保护的自然景观损毁的;

3.造成国家重点保护的野生动植物资源或者国家重点保护物种栖息地、生长环境严重破坏的;

4.其他情节特别严重的情形。

(二)向国家确定的重要江河、湖泊水域排放、倾倒、处置有放射性的废物、含传染病病原体的废物、有毒物质,具有下列情形之一的:

1.造成国家确定的重要江河、湖泊水域生态系统严重退化的;

2.造成国家重点保护的野生动植物资源严重破坏的;

3.其他情节特别严重的情形。

(三)致使永久基本农田五十亩以上基本功能丧失或者遭受永久性破坏的;

(四)致使三人以上重伤、严重疾病,或者一人以上严重残疾、死亡的。

第四条 实施刑法第三百三十九条第一款规定的行为,具有下列情形之一的,应当认定为"致使公私财产遭受重大损失或者严重危害人体健康":

(一)致使公私财产损失一百万元以上的;

(二)具有本解释第二条第五项至第十项规定情形之一的;

(三)其他致使公私财产遭受重大损失或者严重危害人体健康的情形。

第五条 实施刑法第三百三十八条、第三百三十九条规定的犯罪行为,具有下列情形之一的,应当从重处罚:

(一)阻挠环境监督检查或者突发环境事件调查,尚不构成妨害公务等犯罪的;

(二)在医院、学校、居民区等人口集中地区及其附近,违反国家规定排放、倾倒、处置有放射性的废物、含传染病病原体的废物、有毒物质或者其他有害物质的;

(三)在突发环境事件处置期间或者被责令限期整改期间,违反国家规定排放、倾倒、处置有放射性的废物、含传染病病原体的废物、有毒物质或者其他有害物质的;

(四)具有危险废物经营许可证的企业违反国家规定排放、倾倒、处置有放射性的废物、含传染病病原体的废物、有毒物质或者其他有害物质的;

(五)实行排污许可重点管理的企业事业单位和其他生产经营者未依法取得排污许可证,排放、倾倒、处置有放射性的废物、含传染病病原体的废物、有毒物质或者其他有害物质的。

第六条 实施刑法第三百三十八条规定的行为,行为人认罪认罚,积极修复生态环境,有效合规整改的,可以从宽处罚;犯罪情节轻微的,可以不起诉或者免予刑事处罚;情节显著轻微危害不大的,不作为犯罪处理。

第七条 无危险废物经营许可证从事收集、贮存、利用、处置危险废物经营活动,严重污染环境的,按照污染环境罪定罪处罚;同时构成非法经营罪的,依照处罚较重的规定定罪处罚。

实施前款规定的行为,不具有超标排放污染物、非法倾倒污染物或者其他违法造成环境污染的情形的,可以认定为非法经营情节显著轻微危害不大,不认为是犯罪;构成生产、销售伪劣产品等其他犯罪的,以其他犯罪论处。

第八条 明知他人无危险废物经营许可证,向其提供或者委托其收集、贮存、利用、处置危险废物,严重污染环境的,以共同犯罪论处。

第九条 违反国家规定,排放、倾倒、处置含有毒害性、放射性、传染病病原体等物质的污染物,同时构成污染环境罪、非法处置进口的固体废物罪、投放危险物质罪等犯罪的,依照处罚较重的规定定罪处罚。

第十条 承担环境影响评价、环境监测、温室气体排放检验检测、排放报告编制或者核查等职责的中介组织的人员故意提供虚假证明文件,具有下列情形之一的,应当认定为刑法第二百二十九条第一款规定的"情节严重":

(一)违法所得三十万元以上的;

(二)二年内曾因提供虚假证明文件受过二次以上行政处罚,又提供虚假证明文件的;

(三)其他情节严重的情形。

实施前款规定的行为,在涉及公共安全的重大工程、项目中提供虚假的环境影响评价等证明文件,致使公共财产、国家和人民利益遭受特别重大损失的,应当依照刑法第二百二十九条第一款的规定,处五年以上十年以下有期徒刑,并处罚金。

实施前两款规定的行为,同时索取他人财物或者非法收受他人财物构成犯罪的,依照处罚较重的规定定罪处罚。

第十一条 违反国家规定,针对环境质量监测系统实施下列行为,或者强令、指使、授意他人实施下列行为,后果严重的,应当依照刑法第二百八十六条的规定,以破坏计算机信息系统罪定罪处罚:

(一)修改系统参数或者系统中存储、处理、传输的监测数据的;

(二)干扰系统采样,致使监测数据因系统不能正常运行而严重失真的;

(三)其他破坏环境质量监测系统的行为。

重点排污单位、实行排污许可重点管理的单位篡改、伪造自动监测数据或者干扰自动监测设施,排放化学需氧量、氨氮、二氧化硫、氮氧化物等污染物,同时构成污染环境罪和破坏计算机信息系统罪的,依照处罚较重的规定定罪处罚。

从事环境监测设施维护、运营的人员实施或者参与实施篡改、伪造自动监测数据、干扰自动监测设施、破坏环境质量监测系统等行为的,依法从重处罚。

第十二条 对于实施本解释规定的相关行为被不起诉或者免于刑事处罚的行为人,需要给予行政处罚、政务处分或者其他处分的,依法移送有关主管机关处理。有关主管机关应当将处理结果及时通知人民检察院、人民法院。

第十三条 单位实施本解释规定的犯罪的,依照本解释规定的定罪量刑标准,对直接负责的主管人员和其他直接责任人员定罪处罚,并对单位判处罚金。

第十四条 环境保护主管部门及其所属监测机构在行政执法过程中收集的监测数据,在刑事诉讼中可以作为证据使用。

公安机关单独或者会同环境保护主管部门,提取污染物样品进行检测获取的数据,在刑事诉讼中可以作为证据使用。

第十五条 对国家危险废物名录所列的废物,可以依据涉案物质的来源、产生过程、被告人供述、证人证言以及经批准或者备案的环境影响评价文件、排污许可证、排污登记表等证据,结合环境保护主管部门、公安机关等出具的书面意见作出认定。

对于危险废物的数量,依据案件事实,综合被告人供述,涉案企业的生产工艺、物耗、能耗情况,以及经批准或者备案的环境影响评价文件等证据作出认定。

第十六条 对案件所涉的环境污染专门性问题难以确定的,依据鉴定机构出具的鉴定意见,或者国务院环境保护主管部门、公安部门指定的机构出具的报告,结合其他证据作出认定。

第十七条 下列物质应当认定为刑法第三百三十八条规定的"有毒物质":

(一)危险废物,是指列入国家危险废物名录,或者根据国家规定的危险废物鉴别标准和鉴别方法认定的,具有危险特性的固体废物;

(二)《关于持久性有机污染物的斯德哥尔摩公约》附件所列物质;

(三)重金属含量超过国家或者地方污染物排放标准的污染物;

(四)其他具有毒性,可能污染环境的物质。

第十八条 无危险废物经营许可证,以营利为目的,从危险废物中提取物质作为原材料或者燃料,并具有超标排放污染物、非法倾倒污染物或者其他违法造成环境污染的情形的行为,应当认定为"非法处置危险废物"。

第十九条 本解释所称"二年内",以第一次违法行为受到行政处罚的生效之日与又实施相应行为之日的时间间隔计算确定。

本解释所称"重点排污单位",是指设区的市级以上人民政府环境保护主管部门依法确定的应当安装、使用污染物排放自动监测设备的重点监控企业及其他单位。

本解释所称"违法所得",是指实施刑法第二百二十九条、第三百三十八条、第三百三十九条规定的行为所得和可得的全部违法收入。

本解释所称"公私财产损失",包括实施刑法第三百三十八条、第三百三十九条规定的行为直接造成财产毁损、减少的实际价值,为防止污染扩大、消除污染而采取必要合理措施所产生的费用,以及处置突发环境事件的应急监测费用。

本解释所称"无危险废物经营许可证",是指未取得危险废物经营许可证,或者超出危险废物经营许可证的经营范围。

第二十条 本解释自2023年8月15日起施行。本解释施行后,《最高人民法院、最高人民检察院关于办理环境污染刑事案件适用法律若干问题的解释》(法释〔2016〕29号)同时废止;之前发布的司法解释与本解释不一致的,以本解释为准。

附　　录

1. 最高人民法院指导性案例

睢宁县人民检察院诉睢宁县环境保护局
不履行环境保护监管职责案

（最高人民法院指导案例 216 号）

裁判要点

危险废物污染环境且污染者不能处置的，危险废物所在地的生态环境主管部门应履行组织代为处置的法定职责，处置费用依法由污染者承担。生态环境主管部门以危险废物的来源或产生单位不在其辖区范围内为由进行不履责抗辩的，人民法院不予支持。①

昆明闽某纸业有限责任公司等
污染环境刑事附带民事公益诉讼案

（最高人民法院指导案例 215 号）

裁判要点

公司股东滥用公司法人独立地位、股东有限责任，导致公司不能履行其应当承担的生态环境损害修复、赔偿义务，国家规定的机关或者法律规定的组织请求股东对此依照《中华人民共和国公司法》第二十条的规定承担连带责任的，人民法院依法应当予以支持。

---

① 扫描二维码，获取案例全文，下同。

黄某辉、陈某等 8 人非法捕捞
水产品刑事附带民事公益诉讼案

（最高人民法院指导案例 213 号）

裁判要点

破坏环境资源刑事案件中，附带民事公益诉讼被告具有认罪认罚、主动修复受损生态环境等情节的，可以依法从轻处罚。

人民法院判决生态环境侵权人采取增殖放流方式恢复水生生物资源、修复水域生态环境的，应当遵循自然规律，遵守水生生物增殖放流管理规定，根据专业修复意见合理确定放流水域、物种、规格、种群结构、时间、方式等，并可以由渔业行政主管部门协助监督执行。

九江市人民政府诉江西正鹏环保
科技有限公司、杭州连新建材有限公司、
李德等生态环境损害赔偿诉讼案

（最高人民法院指导案例 210 号）

裁判要点

生态环境损害赔偿案件中，国家规定的机关通过诉前磋商，与部分赔偿义务人达成生态环境损害赔偿协议的，可以依法向人民法院申请司法确认；对磋商不成的其他赔偿义务人，国家规定的机关可以依法提起生态环境损害赔偿诉讼。

侵权人虽因同一污染环境、破坏生态行为涉嫌刑事犯罪，但生态环境损害赔偿诉讼案件中认定侵权事实证据充分的，不以相关刑事案件审理结果为依据，人民法院应当继续审理，依法判决侵权人承担生态环境修复和赔偿责任。

浙江省遂昌县人民检察院
诉叶继成生态破坏民事公益诉讼案

（最高人民法院指导案例 209 号）

裁判要点

生态恢复性司法的核心理念为及时修复受损生态环境，恢复生态功能。生态环境修复具有时效性、季节性、紧迫性的，不立即修复将导致生态环境损害扩大的，属于《中华人民共和国民事诉讼法》第一百零九条第三项规定的"因情况紧急需要先予执行的"情形，人民法院可以依法裁定先予执行。

江西省上饶市人民检察院诉张永明、
张鹭、毛伟明生态破坏民事公益诉讼案

（最高人民法院指导案例 208 号）

裁判要点

破坏自然遗迹和风景名胜造成生态环境损害，国家规定的机关或者法律规定的组织请求侵权人依法承担修复和赔偿责任的，人民法院应予支持。

对于破坏自然遗迹和风景名胜造成的损失，在没有法定鉴定机构鉴定的情况下，人民法院可以参考专家采用条件价值法作出的评估意见，综合考虑评估方法的科学性及评估结果的不确定性，以及自然遗迹的珍稀性、损害的严重性等因素，合理确定生态环境损害赔偿金额。

江苏省南京市人民检察院
诉王玉林生态破坏民事公益诉讼案

（最高人民法院指导案例 207 号）

裁判要点

人民法院审理环境民事公益诉讼案件，应当坚持山水林田湖草沙一体化保护和系统治理。对非法采矿造成的生态环境损害，不仅要对造成山体（矿

产资源)的损失进行认定,还要对开采区域的林草、水土、生物资源及其栖息地等生态环境要素的受损情况进行整体认定。

人民法院审理环境民事公益诉讼案件,应当充分重视提高生态环境修复的针对性、有效性,可以在判决侵权人承担生态环境修复费用时,结合生态环境基础修复及生物多样性修复方案,确定修复费用的具体使用方向。

北京市人民检察院第四分院诉朱清良、 朱清涛环境污染民事公益诉讼案

(最高人民法院指导案例206号)

裁判要点

两个以上侵权人分别实施污染环境、破坏生态行为造成同一损害,每一个侵权人的污染环境、破坏生态行为都不足以造成全部损害,部分侵权人根据修复方案确定的整体修复要求履行全部修复义务后,请求以代其他侵权人支出的修复费用折抵其应当承担的生态环境服务功能损失赔偿金的,人民法院应予支持。

对于侵权人实施的生态环境修复工程,应当进行修复效果评估。经评估,受损生态环境服务功能已经恢复的,可以认定侵权人已经履行生态环境修复责任。

上海市人民检察院第三分院 诉郎溪华远固体废物处置有限公司、 宁波高新区米泰贸易有限公司、黄德庭、 薛强环境污染民事公益诉讼案

(最高人民法院指导案例205号)

裁判要点

侵权人走私固体废物,造成生态环境损害或者具有污染环境、破坏生态重大风险,国家规定的机关或者法律规定的组织请求其依法承担生态环境侵权责任的,人民法院应予支持。在因同一行为引发的刑事案件中未被判处刑事责任的侵权人主张不

承担生态环境侵权责任的,人民法院不予支持。

对非法入境后因客观原因无法退运的固体废物采取无害化处置是防止生态环境损害发生和扩大的必要措施,所支出的合理费用应由侵权人承担。侵权人以固体废物已被行政执法机关查扣没收,处置费用应纳入行政执法成本作为抗辩理由的,人民法院不予支持。

重庆市人民检察院第五分院诉重庆瑜煌电力设备制造有限公司等环境污染民事公益诉讼案

(最高人民法院指导案例 204 号)

裁判要点

受损生态环境无法修复或无修复必要,侵权人在已经履行生态环境保护法律法规规定的强制性义务基础上,通过资源节约集约循环利用等方式实施环保技术改造,经评估能够实现节能减排、减污降碳、降低风险效果的,人民法院可以根据侵权人的申请,结合环保技术改造的时间节点、生态环境保护守法情况等因素,将由此产生的环保技术改造费用适当抵扣其应承担的生态环境损害赔偿金。

为达到环境影响评价要求、排污许可证设定的污染物排放标准或者履行其他生态环境保护法律法规规定的强制性义务而实施环保技术改造发生的费用,侵权人申请抵扣其应承担的生态环境损害赔偿金的,人民法院不予支持。

左勇、徐鹤污染环境刑事附带民事公益诉讼案

(最高人民法院指导案例 203 号)

裁判要点

对于必要、合理、适度的环境污染处置费用,人民法院应当认定为属于污染环境刑事附带民事公益诉讼案件中的公私财产损失及生态环境损害赔偿范围。对于明显超出必要合理范围的处置费用,不应当作为追究被告人刑事责任,以及附带民事公益诉讼被告承担生态环境损害赔偿责任的依据。

武汉卓航江海贸易有限公司、向阳等 12 人污染环境刑事附带民事公益诉讼案

（最高人民法院指导案例 202 号）

裁判要点

船舶偷排含油污水案件中，人民法院可以根据船舶航行轨迹、污染防治设施运行状况、污染物处置去向，结合被告人供述、证人证言、专家意见等证据对违法排放污染物的行为及其造成的损害作出认定。

认定船舶偷排的含油污水是否属于有毒物质时，由于客观原因无法取样的，可以依据来源相同、性质稳定的舱底残留污水进行污染物性质鉴定。

北海市乃志海洋科技有限公司诉北海市海洋与渔业局行政处罚案

（最高人民法院指导案例 178 号）

裁判要点

行为人未依法取得海域使用权，在海岸线向海一侧以平整场地及围堰护岸等方式，实施筑堤围割海域，将海域填成土地并形成有效岸线，改变海域自然属性的用海活动可以认定为构成非法围海、填海。

同一海域内，行为人在无共同违法意思联络的情形下，先后各自以其独立的行为进行围海、填海，并造成不同损害后果的，不属于共同违法的情形。行政机关认定各行为人的上述行为已构成独立的行政违法行为，并对各行为人进行相互独立的行政处罚，人民法院应予支持。对于同一海域内先后存在两个以上相互独立的非法围海、填海行为，行为人应各自承担相应的行政法律责任，在后的违法行为不因在先的违法行为适用从轻或者减轻行政处罚的有关规定。

海南临高盈海船务有限公司诉三沙市渔政支队行政处罚案

（最高人民法院指导案例 177 号）

裁判要点

我国为《濒危野生动植物种国际贸易公约》缔约国，对于列入该公约附录一、附录二中的珊瑚、砗磲的所有种，无论活体、死体，还是相关制品，均应依法给予保护。行为人非法运输该公约附录一、附录二中的珊瑚、砗磲，行政机关依照野生动物保护法等有关规定作出行政处罚的，人民法院应予支持。

湖南省益阳市人民检察院诉夏顺安等 15 人生态破坏民事公益诉讼案

（最高人民法院指导案例 176 号）

裁判要点

人民法院审理环境民事公益诉讼案件，应当贯彻损害担责、全面赔偿原则，对于破坏生态违法犯罪行为不仅要依法追究刑事责任，还要依法追究生态环境损害民事责任。认定非法采砂行为所导致的生态环境损害范围和损失时，应当根据水环境质量、河床结构、水源涵养、水生生物资源等方面的受损情况进行全面评估、合理认定。

江苏省泰州市人民检察院诉王小朋等 59 人生态破坏民事公益诉讼案

（最高人民法院指导案例 175 号）

裁判要点

当收购者明知其所收购的鱼苗系非法捕捞所得，仍与非法捕捞者建立固定买卖关系，形成完整利益链条，共同损害生态资源的，收购者应当与捕捞者对共同实施侵权行为造成的生态资源损失承担连带赔偿责任。

侵权人使用禁用网具非法捕捞,在造成其捕捞的特定鱼类资源损失的同时,也破坏了相应区域其他水生生物资源,严重损害生物多样性的,应当承担包括特定鱼类资源损失和其他水生生物资源损失在内的生态资源损失赔偿责任。当生态资源损失难以确定时,人民法院应当结合生态破坏的范围和程度、资源的稀缺性、恢复所需费用等因素,充分考量非法行为的方式破坏性、时间敏感性、地点特殊性等特点,并参考专家意见,综合作出判断。

中国生物多样性保护与绿色发展
基金会诉雅砻江流域水电开发有限公司
生态环境保护民事公益诉讼案

(最高人民法院指导案例174号)

裁判要点

人民法院审理环境民事公益诉讼案件,应当贯彻绿色发展理念和风险预防原则,根据现有证据和科学技术认为项目建成后可能对案涉地濒危野生植物生存环境造成破坏,存在影响其生存的潜在风险,从而损害生态环境公共利益的,可以判决被告采取预防性措施,将对濒危野生植物生存的影响纳入建设项目的环境影响评价,促进环境保护和经济发展的协调。

北京市朝阳区自然之友环境研究所
诉中国水电顾问集团新平开发有限公司、
中国电建集团昆明勘测设计研究院有限公司
生态环境保护民事公益诉讼案

(最高人民法院指导案例173号)

裁判要点

人民法院审理环境民事公益诉讼案件,应当贯彻保护优先、预防为主原则。原告提供证据证明项目建设将对濒危野生动植物栖息地及生态系统造成毁灭性、不可逆转的损害后果,人民法院应当从被保护对象的独有价值、损害结果发生的可能性、损害后果的严重性及不可逆性等方面,综合判断被告的行为是否具有《最高人民法院关于审理环境民事公益诉讼案件适用法律若干问题的解释》第一条规定的"损害社会公共利益重大风险"。

秦家学滥伐林木刑事附带民事公益诉讼案

（最高人民法院指导案例172号）

裁判要点

人民法院确定被告人森林生态环境修复义务时，可以参考专家意见及林业规划设计单位、自然保护区主管部门等出具的专业意见，明确履行修复义务的树种、树龄、地点、数量、存活率及完成时间等具体要求。

被告人自愿交纳保证金作为履行生态环境修复义务担保的，人民法院可以将该情形作为从轻量刑情节。

上海鑫晶山建材开发有限公司诉上海市金山区环境保护局环境行政处罚案

（最高人民法院指导案例139号）

裁判要点

企业事业单位和其他生产经营者堆放、处理固体废物产生的臭气浓度超过大气污染物排放标准，环境保护主管部门适用处罚较重的《中华人民共和国大气污染防治法》对其进行处罚，企业事业单位和其他生产经营者主张应当适用《中华人民共和国固体废物污染环境防治法》对其进行处罚的，人民法院不予支持。

陈德龙诉成都市成华区环境保护局环境行政处罚案

（最高人民法院指导案例138号）

裁判要点

企业事业单位和其他生产经营者通过私设暗管等逃避监管的方式排放水污染物的，依法应当予以行政处罚；污染者以其排放的水污染物达标、没有对环境造成损害为由，主张不应受到行政处罚的,人民法院不予支持。

云南省剑川县人民检察院诉剑川县森林公安局怠于履行法定职责环境行政公益诉讼案

（最高人民法院指导案例 137 号）

裁判要点

环境行政公益诉讼中,人民法院应当以相对人的违法行为是否得到有效制止,行政机关是否充分、及时、有效采取法定监管措施,以及国家利益或者社会公共利益是否得到有效保护,作为审查行政机关是否履行法定职责的标准。

吉林省白山市人民检察院诉白山市江源区卫生和计划生育局、白山市江源区中医院环境公益诉讼案

（最高人民法院指导案例 136 号）

裁判要点

人民法院在审理人民检察院提起的环境行政公益诉讼案件时,对人民检察院就同一污染环境行为提起的环境民事公益诉讼,可以参照行政诉讼法及其司法解释规定,采取分别立案、一并审理、分别判决的方式处理。

江苏省徐州市人民检察院诉苏州其安工艺品有限公司等环境民事公益诉讼案

（最高人民法院指导案例 135 号）

裁判要点

在环境民事公益诉讼中,原告有证据证明被告产生危险废物并实施了污染物处置行为,被告拒不提供其处置污染物情况等环境信息,导致无法查明污染物去向的,人民法院可以推定原告主张的环境污染事实成立。

重庆市绿色志愿者联合会诉恩施自治州建始磺厂坪矿业有限责任公司水污染责任民事公益诉讼案

（最高人民法院指导案例134号）

裁判要点

环境民事公益诉讼中，人民法院判令污染者停止侵害的，可以责令其重新进行环境影响评价，在环境影响评价文件经审查批准及配套建设的环境保护设施经验收合格之前，污染者不得恢复生产。

山东省烟台市人民检察院诉王振殿、马群凯环境民事公益诉讼案

（最高人民法院指导案例133号）

裁判要点

污染者违反国家规定向水域排污造成生态环境损害，以被污染水域有自净功能、水质得到恢复为由主张免除或者减轻生态环境修复责任的，人民法院不予支持。

中华环保联合会诉德州晶华集团振华有限公司大气污染责任民事公益诉讼案

（最高人民法院指导案例131号）

裁判要点

企业事业单位和其他生产经营者多次超过污染物排放标准或者重点污染物排放总量控制指标排放污染物，环境保护行政管理部门作出行政处罚后仍未改正，原告依据《最高人民法院关于审理环境民事公益诉讼案件适用法律若干问题的解释》第一条规定的"具有损害社会公共利益重大风险的污染环境、破坏生态的行为"对其提起环境民事公益诉讼的，人民法院应予受理。

李劲诉华润置地(重庆)有限公司环境污染责任纠纷案

（最高人民法院指导案例128号）

裁判要点

由于光污染对人身的伤害具有潜在性、隐蔽性和个体差异性等特点，人民法院认定光污染损害，应当依据国家标准、地方标准、行业标准，是否干扰他人正常生活、工作和学习，以及是否超出公众可容忍度等进行综合认定。对于公众可容忍度，可以根据周边居民的反应情况、现场的实际感受及专家意见等判断。

吕金奎等79人诉山海关船舶重工有限责任公司海上污染损害责任纠纷案

（最高人民法院指导案例127号）

裁判要点

根据海洋环境保护法等有关规定，海洋环境污染中的"污染物"不限于国家或者地方环境标准明确列举的物质。污染者向海水水域排放未纳入国家或者地方环境标准的含有铁物质等成分的污水，造成渔业生产者养殖物损害的，污染者应当承担环境侵权责任。

2. 最高人民检察院指导性案例

最高人民检察院督促整治南四湖流域生态环境受损公益诉讼案

（检例第218号）

要旨

检察机关办理江河湖泊等跨行政区划流域生态环境公益诉讼案件，可以由上级检察机关统筹不同地方检察机关一体办案、综合履职，利用现代技术手段高效开展线索摸排和调查取证,依法开展行政公益诉讼和民事公益诉讼。积极争取地方党委支持,融合法治监督体系合力,有效督促地方政府及行政机关依法履职,助推构建上下游贯通一体的生态环境治理体系。注重强化司法公开,根据办案需要,可以在不同阶段开展个案听证、类案听证或者全案听证,并确定适当的听证范围、听证方式。在实现流域污染治理目标后,可以依法推动地方建立健全区域一体化发展、生态产品价值转化等长效机制。

最高人民检察院督促整治万峰湖流域生态环境受损公益诉讼案

(检例第 166 号)

要旨

对于公益损害严重,且违法主体较多、行政机关层级复杂,难以确定具体监督对象的,检察机关可以基于公益损害事实立案。对于跨两个以上省或者市、县级行政区划的生态环境公益损害,共同的上级人民检察院可以直接立案。上级人民检察院可以采用检察一体化办案模式,依法统一调用辖区的检察人员组成办案组,可同时在下级检察机关设立办案分组,统一工作方案,明确办案目标任务,统一研判案件线索,以交办或指定管辖等方式统一分配办案任务。上级人民检察院可以督办或者提办重点案件,下级人民检察院可以将办案中的重要问题逐级请示上级人民检察院决定,包括需要上级人民检察院直接协调解决的相关问题。检察机关办理公益诉讼案件,对于拟采取的公益损害救济方案或者已经取得的阶段性治理成效,包括涉及不同区域之间利益关系调整的,或者涉及案件当事人以外的利益主体,特别是涉及不特定多数的利益群体和社会民众,可以通过公开听证等方式进行客观评估,或者征询对相关问题的治理对策和意见。对于因跨行政区划导致制度供给不足等根源性问题,检察机关可以通过建立健全跨区划协同履职机制,在保护受损公益的同时,推动有关行政机关和相关地方政府统一监管执法,协同强化经济社会管理,促进诉源治理。

山东省淄博市人民检察院对 A 发展基金会诉 B 石油化工有限公司、C 化工有限公司民事公益诉讼检察监督案

（检例第 165 号）

要旨

人民检察院发布民事公益诉讼诉前公告后，社会组织提起民事公益诉讼的，人民检察院应当继续履行法律监督机关和公共利益代表职责。发现社会组织与侵权人达成和解协议，可能损害社会公共利益的，人民检察院应当依法开展调查核实，在人民法院公告期限内提出书面异议。人民法院不采纳书面异议而出具调解书，可能损害社会公共利益的，人民检察院应当依法提出抗诉或者再审检察建议。

江西省浮梁县人民检察院诉 A 化工集团有限公司污染环境民事公益诉讼案

（检例第 164 号）

要旨

检察机关提起环境民事公益诉讼时，对于侵权人违反法律规定故意污染环境、破坏生态致社会公共利益受到严重损害后果的，有权要求侵权人依法承担相应的惩罚性赔偿责任。提出惩罚性赔偿数额，可以以生态环境功能损失费用为基数，综合案件具体情况予以确定。

山西省检察机关督促整治浑源矿企非法开采行政公益诉讼案

（检例第 163 号）

要旨

检察机关办理重大公益损害案件，要积极争取党委领导和政府支持。在

多层级多个行政机关都负有监管职责的情况下,要统筹发挥一体化办案机制作用,根据同级监督原则,由不同层级检察机关督促相应行政机关依法履行职责。办案过程中,可以综合运用诉前检察建议和社会治理检察建议等相应监督办案方式,推动形成检察监督与行政层级监督合力,促进问题解决。

吉林省检察机关督促履行环境保护监管职责行政公益诉讼案

(检例第 162 号)

要旨

《中华人民共和国行政诉讼法》第二十五条第四款中的"监督管理职责",不仅包括行政机关对违法行为的行政处罚职责,也包括行政机关为避免公益损害持续或扩大,依据法律、法规、规章等规定,运用公共权力、使用公共资金等对受损公益进行恢复等综合性治理职责。上级检察机关对于确有错误的生效公益诉讼裁判,应当依法提出抗诉。